华侨学院成立十周年暨第五届
国际移民与海外华人丽水论坛

海外华人与人类命运共同体研究

主　编　李其荣
副主编　詹　娜　彭　慧
　　　　陈　轶　吕　键

中国華僑出版社
·北京·

图书在版编目（CIP）数据

海外华人与人类命运共同体研究 / 李其荣主编. --北京：中国华侨出版社, 2022.9
ISBN 978-7-5113-8713-4

Ⅰ. ①海… Ⅱ. ①李… Ⅲ. ①华人-研究-世界 Ⅳ. ①D634.3

中国版本图书馆CIP数据核字（2021）第 248981 号

●海外华人与人类命运共同体研究

主　　编 / 李其荣
副 主 编 / 詹娜　彭慧　陈铁　吕键
责任编辑 / 高文喆　桑梦娟
封面设计 / 姜宜彪
经　　销 / 新华书店
开　　本 / 710毫米×1000毫米　1/16　印张/25　字数/396 千字
印　　刷 / 北京天正元印务有限公司
版　　次 / 2022 年 9 月第 1 版　2022 年 9 月第 1 次印刷
书　　号 / ISBN 978-7-5113-8713-4
定　　价 / 98.00元

中国华侨出版社　北京市朝阳区西坝河东里77号楼底商5号　邮编：100028
发行部：（010）64443051　传真：（010）64439708
网　址：www.oveaschin.com　E-mail：oveaschin@sina.com

丽水学院华侨学院成立10周年暨第五届国际移民与海外华人丽水论坛
The 10th Anniversary of Overseas Chinese College at Lishui University & The Fifth Lishui International Forum on Migration and Overseas Chinese
后疫情时代华侨华人的生存与发展
Post-pandemic Survival and Development of Overseas Chinese
中国·浙江·丽水

丽水学院华侨学院成立10周年暨第五届国际移民与海外华人丽水论坛
The 10th Anniversary of Overseas Chinese College at Lishui University & The Fifth Lishui International Forum on Migration and Overseas Chinese
2020.12.12

前言

PREFACE

2020年12月11—14日，以“后疫情时代华侨华人的生存与发展”为主题的第五届国际移民与海外华人丽水论坛在丽水学院顺利举行，本次国际论坛以浙江省政协港澳台侨和外事委员会、浙江省归国华侨联合会为指导单位；丽水市人民政府侨务办公室、丽水市归国华侨联合会、青田县人民政府、丽水学院为主办单位；中央统战部·国务院侨办侨务理论研究武汉基地、新加坡华裔馆、欧洲华商商学院、韩国国民大学中国人文社会研究所为协办单位；丽水学院华侨学院为承办单位。在2020年新冠肺炎肆虐的特殊国际背景之下，此次国际论坛采取线上与线下会议相结合的方式，分6大专题9个场次进行研讨。近140多位来自美国、加拿大、日本、新加坡、马来西亚、澳大利亚、韩国、新西兰等国的学者、侨务工作者和华侨代表齐聚一堂，共话疫情挑战、共商应对之策、共谋发展新路。清华大学华商研究中心、厦门大学国际关系学院（南洋研究院）、山东大学移民研究所等20多家研究机构、个人发来贺信预祝丽水学院华侨学院成立十周年和第五届国际移民与海外华人丽水论坛圆满成功。本次论坛反响强烈，《人民日报》海外版、中国新闻网、中国侨网、中国社会科学网、光明网、腾讯网、新浪网、浙江侨联网、印尼新报、《丽水日报》、《处州晚报》等新媒体对此次论坛展开报道，并有多家媒体转载。

本次论坛对后疫情时代华侨华人更好的求生存、谋发展建言献策。此次论坛规模宏大，内容丰富，共收到学术论文60余篇，内容涉及“海外华人抗疫与走出疫情困境研究”“华侨华人与构建人类命运共同体研究”“大变局下的华文教育、华人社团研究”“华侨华人文化认同与侨乡文化研究”“地区、国别华侨华人历史、政治、经济研究”“侨务资源、侨务政策与侨务工作研究”六个专题。论坛上交流的论文都是专家学者们的最新研究成果，侨界学者就后疫情时代的发展新路进行探讨。开幕式上，北京师范大学陈奉林教授介绍了丽水学院华侨学院院长、特聘教授李其荣教授团队的新著《华侨华人家国情怀与文化认同研究》（该书被列为全国政协书院、国家图书馆、光明日报社主办的“加强中华儿女大团结”主题图书暨和“全国政协委员一起读书”活动的指定书目）。中央统战部培训中心赵健副主任受邀作了《华侨华人与中华文化的传承与传播》的主旨报告，韩国国民大学中国人文社会研究所教授金珠雅和新西兰梅西大学高级讲师刘良妮分别作了以《华侨华人生存与发展视角下的华文教育——以马来西亚为例》《中国新移民对新西兰应对新冠肺炎威胁的措施的回应——义务与污名化》为主题的报告。最后赵健副主任总结：丽水学院华侨学院成立至今，在华人华侨研究以及服务地方方面都做出了巨大的贡献，也形成了“国际移民与海外华人丽水论坛”这一品牌。

闭幕式上，华中师范大学国务院侨办侨务理论研究武汉基地副教授、桂子青年学者詹娜做总结陈词。本届论坛内容广泛、展示了华侨华人研究的最新成果，主题紧扣时代脉搏，理论联系实际，加深对习近平总书记关于侨务工作重要论述的理解，深化对习近平总书记关于构建人类命运共同体思想的认识，在后疫情时代为党和国家事业的发展做出了新贡献。

李其荣

2021 年 11 月于华大家园

目录

CONTENTS

第一篇

海外华人抗疫与走出疫情困境研究

海外华人应对公共卫生事件的举措及贡献①

曾少聪　陈慧萍*

【摘要】面对突如其来的疫情在全球肆虐，世界各国大多采取积极的措施，海外华人也积极参与祖籍国和住在国抗击疫情。然而，某些西方国家却出现针对海外华人的种族歧视，无视疫情不是针对某个种族和民族的事实。文章指出，海外华人积极参与全球抗击疫情的举措和贡献，彰显了构建人类命运共同体的感召力；世界各国必须摒弃种族歧视，共同抗击疫情，才能夺取全球抗击疫情的胜利。

【关键词】公共卫生事件；海外华人；举措及贡献

一、全球视野下的疫情发展

自新冠肺炎疫情暴发以来，作为一种流行性疾病，随着全球人口的流动，很快在全世界蔓延开来。2020 年 1 月 30 日，世界卫生组织（WHO）正式宣

① 本文是曾少聪主持的 2020 年国家社会科学基金项目“海外侨胞与铸牢中华民族共同体意识研究”（批准号：20AMZ015，项目类别：重点项目）、何星亮主持的国家社科基金专项研究项目“历史经验与铸牢中华民族共同体意识——中华民族共同体的形成和发展研究”（项目批准号：20VMZ001）、中国社会科学院民族学与人类学研究所铸牢中华民族共同体意识研究基地的阶段性研究成果。本文载《世界民族》2020 年第 6 期，第 77–85 页。

* 作者简介：曾少聪，研究员 / 教授、博士生导师，中国社会科学院民族学与人类学研究所；陈慧萍，博士研究生，中国社会科学院大学研究生院。

布将此次疫情列为“国际关注的突发公共卫生事件”（PHEIC），随后宣布已构成全球范围内的“大流行病”（pandemic），并呼吁各国采取紧急措施和行动共同抗击疫情。自疫情暴发以来，严重威胁世界各国人民的生命健康和社会经济稳定。截至2020年8月30日，疫情已经蔓延至全球200多个国家和地区，确诊人数累计达2485万多例。疫情在世界的蔓延，说明在全球化时代，世界已经是一个地球村，世界各国人民的联系越来越密切。

2017年1月，习近平主席在联合国日内瓦总部发表题为《共同构建人类命运共同体》的主旨演讲，提出“构建人类命运共同体”倡议，并于同年11月首次被写入联合国决议。①党的十九大报告指出：“中国特色大国外交要推动构建新型国际关系，推动构建人类命运共同体。”②面对公共卫生危机，本着对人民群众生命安全和身体健康高度负责的态度，中国政府采取严苛的防控救治措施，领导全国各族人民众志成城共同“抗疫”，并积极援助一些疫情严重的国家抗击疫情，共度时艰。在这场伟大的抗疫斗争中，海外华人同祖籍国和住在国始终同处在一个“命运共同体”之中，海外华人积极投身到祖籍国和住在国抗疫斗争中，成为全球抗击疫情的一支重要力量。

面对疫情的蔓延和肆虐，不同学科的学者从不同的角度研究，民族学人类学界也积极开展这方面的研究。彭兆荣指出全球化的“移动性”对病毒在全球蔓延起到推波助澜的作用，成为疾病快速传播的“帮凶”。这提醒我们，当我们在充分享受现代移动性带来的便捷和高效时，谨防移动性同时带给我们前所未有的灾难。③朱荟和郝亚明指出：当世界各国携手应对这场全球性公共卫生危机之时，种族主义、民族主义、仇外主义的言行却不断喷涌而出。在大众恐慌、媒体鼓吹和政客操弄等因素的共同作用之下，种族主义、民族

① 张春旺：《关于人类命运共同体与国际移民、华侨华人的几点思考》，载《华侨华人历史研究》，2018年第1期，第5页。“构建人类命运共同体”有关论述参见习近平：《论坚持推动构建人类命运共同体》，中央文献出版社，2018年。

② 习近平：《决胜全面建成小康社会 夺取新时代中国特色社会主义伟大胜利——在中国共产党第十九次全国代表大会上的报告》，人民出版社，2017年，第19页。

③ 彭兆荣：《移动之悖：全球新冠病毒传播的人类学反思》，载《民族研究》，2020年第3期，第55–65页。

主义和仇外主义不仅成为当前全人类团结对抗新冠病毒肺炎的巨大障碍，也为未来的国际关系和世界格局增添了几分变数。鉴于种族主义、民族主义和仇外主义与人类命运共同体理念之间在本质上的对抗性，在构建人类命运共同体的实践过程中必须高度警惕这些因素的深层负面影响。[①] 由于学界有关海外华人在全球抗击疫情的研究尚不多见，因此本文拟从全球的视角探讨海外华人应对疫情的举措及贡献。

二、海外华人支持祖籍国抗击疫情

海外华人是中国的海外移民及其后裔，他们拥有华人血统和传承中华文化，与中国有着密切的联系。[②] 自武汉出现公共卫生事件以来，海外华人时刻牵挂着祖籍国疫情的发展状况，以实际行动支援中国抗疫。

在武汉爆发公共卫生事件时，国内重点疫区防疫医疗物资短缺，海外华人四处奔走积极募捐，投身于祖籍国抗击疫情的战斗中。从亚洲到欧洲、美洲、非洲和大洋洲，可以说有华侨华人的地方就有筹集捐款、购买物资支援祖国抗疫的行动。比如，美东华人社团联合总会采购 10 万个医用 N95 口罩，是全球最先抵达武汉的海外捐赠物资之一；菲律宾闽籍侨社捐赠了一批医用口罩和防护服，还另外募捐超过 800 万元人民币善款给武汉同胞；澳大利亚新南威尔士州侨社各社团和商界人士组成“武汉抗疫筹委会”开展捐赠倡议活动，其中湖北同乡会等一些华人社团已直接将一批湖北疫情急需的防护服、口罩、手套等送达武汉等地一线医院。[③] 海外华侨华人、留学生、公益组织收集来自世界各地的医疗防护用品，他们昼夜兼程地争取在第一时间将物资送

① 朱荟、郝亚明:《新冠肺炎疫情中的西方种族主义与民族主义》，载《民族研究》，2020 年第 4 期，第 30–41 页。

② 曾少聪:《民族学视野中的海外华人——两岸民族学海外华人研究述评》，载《民族研究》，2003 年第 5 期，第 93 页。

③ 参见高乔:《海外华侨华人战“疫”的故事》，载《人民日报海外版》，2020 年 2 月 5 日第 6 版，又见人民网；冯学知:《涓涓细流 寸寸丹心（侨界传真）——海外华侨华人倾情支援祖（籍）国抗击疫情》，载《人民日报》，2020 年 2 月 16 日第 6 版，又见人民网；王传军、王思成:《积极行动助力中国抗击疫情》，载《光明日报》，2020 年 2 月 14 日 12 版，又见光明网。

到祖国抗“疫”一线，驰援国内。疫情初期，面对部分国家加强出入境管制措施，减少或取消中国航班，海外华人积极破解运输难题，从国外运回大批医用物资。

自2020年1月26日截至8月31日，中国华侨公益基金会公布的疫情捐款数据显示共收到人民币256 943 337.95元、美元2 046 472.23元（合人民币14 409 385.55元）和港币2 104 463.16元（合人民币1 911 497.88元），展现了海外华人支持祖籍国抗击疫情的爱国情怀。①

三、海外华人参与住在国的疫情防控

由于海外华人与祖籍国和住在国具有双重关联性，在疫情防控期间海外华人也呈现出双重抗疫防疫形象，在中国发生疫情初期，海外华人对祖籍国进行大量物资援助，到2月底3月初国外疫情暴发时海外华人又对住在国展开援助。②随着中国疫情逐渐趋于平缓，面对住在国疫情的迅速蔓延，海外华人积极投入住在国的抗疫斗争中，以实际行动助力全球抗“疫”。

在欧洲暴发疫情的时候，海外华人在为祖籍国筹集防疫医疗物质的同时，又开启了一场新的战“疫”——向身处其他疫情严峻国家伸出援手。在欧洲的海外华人自发捐款捐物，采购物资支援住在国抗疫。许多意大利华侨华人表示今年是中意建交50周年，也是中意文化和旅游年，为抗击疫情他们积极奔走和呼吁当地华侨华人行动起来，为意大利抗“疫”提供帮助和支持。在意大利首都罗马的华侨华人将口罩分批装入信封并挨家挨户投递信箱中；在德国、英国的华人社团建立抗疫互助群，将中国抗疫的经验与信息翻译成当地文字进行传播，开展线上防疫讲座，不少学医的中国留学生也积极投身到

① 中国华侨公益基金会:《疫情捐款明细表（截止至8. 31中午12点）》，2020年8月31日，来源：中国华侨公益基金会官网。

② 耿羽:《新冠肺炎疫情防控期间中国社交媒体中的海外华人形象——基于爬虫技术获取大数据的分析》，载《华侨华人历史研究》，2020年第3期，第14页。

住在国抗疫一线。①

海外华人也积极参与美洲的抗疫斗争。自 2020 年 3 月开始，美国确诊病例急剧攀升，防疫物资极其短缺，在美华侨华人通过各类平台募捐，为美国各地的医院、社区和养老院送去急需的医疗防疫物资，缓解美国的燃眉之急。据美国《世界日报》报道，全美约 100 家中餐厅送出上万份餐点给前线抗击疫情的工作人员，亚利桑那州各华人社团为菲尼克斯、吉尔伯特等 6 个城市的医院、警局送去了爱心中餐，展现美国华人积极参与融入住在国社会公益事业。② 另外，华侨华人也为南美国家的抗疫雪中送炭。在巴西侨胞的牵线下，圣保罗十多位一线医疗专家得以与武汉资深专家视频连线，与此同时由浙江大学医学院编写的《病毒防治手册》在巴西侨胞的热心协助下被翻译成葡萄牙文，免费提供给巴西医护人员学习参考。③

海外华人在亚洲的抗疫。中国侨网报道了日本海外侨胞抗疫录，在东京的华侨华人免费向日本市民发放 20,000 枚口罩并为日本民众提供力所能及的援助；日本九州华侨华人青年会向福冈市市政厅捐赠了约 2,000 个口罩；日本爱知县的华侨华人志愿者们则在名古屋车站分发了 5,000 枚爱心口罩。④ 东南亚是海外华人最为集中的地区，与中国往来密切的东南亚国家同样遭受新冠肺炎疫情所带来的社会经济影响。菲律宾红烛华文教育基金会侨胞向菲律宾务端市抗疫一线工作人员捐赠防疫和生活物资；菲律宾华侨华人从中国采购口罩、呼吸机、防护服捐给菲律宾当地政府、医院、监狱和农村，当地主流社会对华侨华人的支援和帮助表示衷心的感谢。⑤

① 王艺宁、张帆:《意大利华侨华人:“风雨过后见彩虹”是中意两国人民的共同期盼》，2020 年 3 月 5 日，来源：中国新闻网；楠娅:《山高水长 休戚与共（观沧海）》，载《人民日报》，2020 年 3 月 29 日第 6 版，又见人民网。

② 吴侃:《海外华侨华人用正能量应对种族歧视》，2020 年 5 月 19 日，来源：中国新闻网。

③ 冯学知:《海外侨胞积极投身疫情防控（侨界传真）》，载《人民日报》，2020 年 4 月 12 日 6 版，又见人民网。

④ 刘立琨:《海外侨胞抗疫录 | 日本华侨华人：从容应对，投桃报李》，2020 年 3 月 30 日，来源：中国侨网。

⑤ 高乔:《“抗击疫情，中国做得好也帮得好！”（侨界关注）》，载《人民日报海外版》，2020 年 5 月 11 日第 6 版，又见人民网。

海外华人在非洲的抗疫。非洲在经受多年疟疾和埃博拉疫情的困扰后，如今又面临新冠肺炎疫情的急剧扩散。2020 年 4 月 18 日，“海外华商谈抗疫”在线观察系列活动连线非洲，就非洲的疫情发展，疫情下非洲各国的举措以及华侨华人面临的考验等问题进行深入探讨。中非民间交流与合作促进会会长南庚戌以非洲华文传媒集团为例，讲述华文媒体为非洲当地的疫情防控做出的贡献和努力；南非华人警民合作中心主任李新铸讲述了南非 30 万华侨华人“至今为止零感染”，当地华侨华人在“封城”期间除了做好自身防护外还积极为南非提供各种医疗物资援助、全力宣讲和引导南非人民做好防疫工作；面对突如其来的疫情，在非的华侨社团也采取积极有效的防疫措施，还专门成立针对非洲特殊情形的新社团以应对新冠肺炎疫情导致的社会经济问题。①

海外华人在大洋洲的抗疫。自疫情在澳大利亚爆发以来，在澳华侨华人积极参与到当地抗疫当中，组织向澳大利亚的医护人员、当地居民和警察局等捐献活动。澳大利亚总理莫里森曾多次公开盛赞在澳华人为抗疫做出的贡献，称“澳大利亚的华人社区一直保护着整个澳大利亚”。② 在澳海外华人表示要与住在国民众加强沟通交流，相互尊重彼此的习俗和文化，增进民间的友好交往，从而成为祖籍国与住在国民众之间的桥梁，减少国家间的误解、歧视和偏见，推动祖籍国和住在国的防疫合作。

四、疫情暴发以来海外华人遭受的种族歧视

新冠肺炎疫情暴发后，对海外华人生活造成一定的影响。他们面临经济、社会、文化和舆论等方面的挑战，其中海外华人遭受种族歧视的现象尤为突出，这里只讨论海外华人遭受的种族歧视。

---

① 曲娜：《揭秘非洲大陆 分享在非华人抗疫的故事》，2020 年 4 月 23 日，来源：中华全国归国华侨联合会官网。

② 高楚颐、罗海兵：《澳大利亚华商谈抗疫：愿做两国民众间的“润滑剂”》，2020 年 6 月 13 日，来源：中国新闻网。

（一）海外华人遭受的种族歧视

疫情暴发初期，中国抗击新冠肺炎疫情的举措得到国际社会持续广泛关注，多国领导人表示愿为中国抗击疫情提供支持并主动向中国捐助急需的防疫物资，国际各界友好人士纷纷通过不同方式向中国表达抗击疫情的理解和关心，对中国打赢疫情防控阻击战充满信心。[①] 与此同时，一些国家和地区却出现针对中国不合时宜的负面评价，甚至引发了当地针对海外华人的种族歧视言论和暴力行为等。

疫情防控期间西方国家的一些人对海外华人的种族歧视，具体表现为一些歧视中国和海外华人的论调沉渣泛起，不少海外华人表示他们在网络上以及现实生活中遭遇到种族歧视。某些外国民众因恐惧心理作祟和受虚假信息误导，对佩戴口罩的亚洲面孔产生一定的排斥情绪和过激反应，在公众场合抛出一些极端言论和恶意诽谤，媒体上频繁出现侮辱中国人的信息，当地一些民众在公开场合发表华人与病毒挂钩的言论，极尽所能地污蔑打压中国。总体而言，因疫情暴发导致一些国家针对海外华人的歧视行为增多，偏见程度较大。[②] 甚至影响到海外华人正常的生活。

因病毒导致国际社会针对海外华人的种族歧视问题增多，各地海外华人纷纷表达强烈抗议并要求赔礼道歉。英国的华人社团成立“全英华人反种族歧视小组”，批驳一切形式的种族歧视行为并为受到歧视的华人提供相应帮助。美国纽约州民主党国会议员孟昭文提出“谴责与病毒相关的所有形式反亚裔情绪”法案，敦促执法部门调查所有亚裔仇恨相关犯罪的报告。[③] 根据《联合早报》报道，新加坡总理李显龙就疫情暴发期间的排华现象和种族歧视问题表示是“愚昧且不合逻辑的”[④]，对歧视和侮辱海外华人的现象表示严厉谴责和坚决反对。人类共同的敌人是病毒而不是中国人，国际社会要高度重视

---

① 王毅:《坚决打赢抗击疫情阻击战 推动构建人类命运共同体》，载《求是》，2020 年 3 月 1 日，又见求是网。

② 聂选华、周文:《应对新型冠状病毒肺炎的海外华人华侨调查分析报告（一）》，载云南大学西南边疆少数民族研究中心微信公众号“人类学之滇”。

③ 吴侃:《海外华侨华人用正能量应对种族歧视》，2020 年 5 月 19 日，来源：中国新闻网。

④ 张霓:《新加坡总理：肺炎疫情是公共卫生事件 排华行为不合逻辑》，2020 年 2 月 3 日，来源：海外网。

并尽快采取有效举措，引导民众正确理性看待疫情，友善对待海外的中国公民，杜绝任何歧视性言行并依法保护住在国中国公民的安全与合法权益。病毒是全球公共卫生事件，不是国家和种族之间的问题，更不是种族歧视的借口，任何因恐惧疫情而歧视中国公民和海外华人的行为都不可接受。国际社会要坚决回击此类错误行径和不实言论，不能让海外华人蒙上污名，绝不放纵任何种族歧视行为。

（二）海外华人遭受种族歧视的原因分析

疫情在中国爆发成为某些西方国家针对中国歧视和排外行径的借口，种族主义言论得以借此“登堂入室”，大量“仇外”事件所暴露的深层偏见是长期妖魔化中国的结果。钟南山院士表示，疫情首先出现在中国，但是不一定发源于中国。[①] 虽然病毒在中国武汉爆发，但病源究竟发生在何处，目前尚未查证清楚。西方眼中的中国形象也并非是真实的中国，而是按照西方逻辑想象、建构出的“他者”，是“把中国当作了寄托自己文化理想的一种符码和载体”[②]。

种族歧视是种族主义的一种表现形式，“种族主义认为不同文化是由不同种族，或可说是由不同体质类型的群体所创造的一种说教。……种族主义的极端派宣扬某些人种天生就是优越，并激起对那些所谓劣等人群的偏见和仇视”[③]。种族歧视包括任何反映种族世界观的行为、实践和信仰，是根据种族的生理特征加以区别对待并带有显著的“集体行为特征”。[④] 种族主义意识形态包括以下三条内容：人类可以被划分为独立的、排他的生物实体——种族；遗传生理特征与个性、智力、道德以及其他文化和行为特征之间存在因果联系；有些种族天生就优于其他种族。任何反映上述种族世界观的行为、实践

① 蔡敏捷：《钟南山：疫情首先出现在中国 但不一定发源于中国》，2020 年 2 月 27 日，来源：中国新闻网。

② 王艳、薛英英：《论美国动画电影中的“中国形象”》，载吴秀明主编：《文化转型与百年文学“中国形象”塑造》，浙江工商大学出版社，2011 年，第 552 页。

③ 吴泽霖总纂：《人类学词典》，上海辞书出版社，1991 年，第 571 页。

④ 汪诗明，王艳芬：《种族歧视 · 种族主义 · 种族和解》，载《史学集刊》，2016 年第 2 期，第 89 页。

和信仰，都可以称之为种族主义。人们通常所说的种族主义表现在三个不同的方面：态度（意见、偏见、信仰、倾向等），举止（行为、行动、实践等）和意识形态结构（理论、学说、世界观、现代神话等）。因此，种族主义也相应存在三种意义，即种族主义－偏见，种族主义－行为，种族主义－思想意识。[①] 从表现形式上来看，西方国家的种族主义大致可以区分为种族主义言论和种族主义行为两种类型。疫情暴发初期，一些西方国家的主流媒体，无视国际社会对流行病毒的命名有个统一的标准，把病毒的名称与武汉或中国挂钩。有些西方主流媒体使用“中国病毒”作为其报道的题目，或是在报纸的封面强行将新冠病毒的发源地列为中国。[②] 德国《明镜》的封面赫然写着“病毒：中国制造”。[③] 种族主义言论最突出的表现是将病毒与特定种族或国家联系在一起。“疫情发生以来，西方一些人发表的种种怪论，暴露的是种族主义惯性思维。他们试图给病毒和疫情贴上种族标签，妄称为‘黄种人的病’，‘病毒只攻击亚裔免疫系统’，傲慢与偏见交织，无知与狂妄相杂，无不是在煽动种族主义和排外情绪，堪称国际社会的‘公害’。”[④] 笔者认为这种“中国病毒”“病毒中国制造”的标题赤裸裸地反映出某些西方主流媒体的文化敌对、固有偏见以及盲目无知，是一种极端的种族主义行径。

为什么西方国家的一些媒体要把病毒与武汉、中国挂钩，这是西方国家种族歧视与“甩锅”的惯用手法。比如16世纪在欧洲爆发的梅毒疫情，这种病毒普遍认为起源于北美洲，被哥伦布首次带回西班牙，但梅毒疫情的暴发源于1494年法国查理八世入侵意大利。1495年7月的富尔诺沃战役中，意大利医生首次发现法国士兵患有梅毒。而伴随战争结束，法国和意大利解散了他们来自欧洲各地的雇佣军，这样梅毒就伴随着雇佣军返回了他们各自的

① 朱荟、郝亚明：《新冠肺炎疫情中的西方种族主义与民族主义》，载《民族研究》，2020年第4期，第31页。

② 比如（1）2020年2月2日，《美国新闻和世界报道》（U. S. News & World Report）的“New China Virus Details Show Challenge for Outbreak Control”。（2）2020年2月9日美国广播公司（ABC NEWS）的“Mainland China virus cases rise again after earlier decline”。

③ 彭大伟：《记者手记：病毒面前，没有人是一座孤岛》，2020年2月6日，来源：中国新闻网。

④ 钟声：《根除种族主义言行刻不容缓》，载《人民日报》，2020年4月6日第3版，又见人民网。

家园，于是梅毒在欧洲开始大规模爆发。面对梅毒疫情，每一个欧洲人都将这种疾病归咎为邻国或是敌对国，德国人、英国人和意大利人将其称之为“法国病”，而法国将其称为“那不勒斯病”，而当时在欧洲的奥斯曼土耳其则称其为“基督教病”。[①]可见以什么名字命名病毒，这其中就蕴含着文化敌视和仇外主义。而且近年来世界卫生组织决定将世界范围内的疫情病毒冠以一个中立的名称，明确规定禁止使用国名和地名对病毒命名，其原因就是为了避免可能造成的歧视问题。所以西方某些主流媒体将病毒与中国挂钩，是一种赤裸裸的种族歧视。

其实我们不难发现，西方主流媒体针对中国负面信息的不实报道是长期的，因而此次的歧视性言论并非偶然现象。随着世界多极化、经济全球化的深入发展以及人们对人类社会美好未来期许的不断提升，由民族主义实践引发的不稳定性和不确定性更加突出和严峻。在经济全球化时代，中国是世界经济体发展当中的重要一环，倘若中国遭受到严重损害，经济发展停滞不前，人类社会发展进程将会大大减缓。“种族歧视或种族主义不仅造成种族之间的隔膜与敌视，而且有可能演化成冲突与战争。所以，种族和解被视为破解上述困局的一种手段或路径，意味着有利害冲突的不同种族基于一种共同体意识，在相互尊重等原则下实现利益共享和共同发展。”[②]

五、海外华人应对疫情彰显人类命运共同体的感召力

中国作为“构建人类命运共同体”的首倡者，为世界和平发展和共同繁荣提供中国智慧和中国方案。感召力包含“感化”和“召唤”两层含义，具体指一国（人）用自身的行为或话语来感化和劝导被感召者而使他国（人）出于崇拜、信仰或信念在思想和行动上逐渐追随该国（人），感召者与被感召者之间通常不存在权力关系。[③]

---

① 参见［英］弗雷德里克·F. 卡特赖特、迈克尔·比迪斯著，陈仲丹译：《疾病改变历史》，华夏出版社，2018 年，第 52 页。

② 徐步华：《民族主义的本质与动力：基于社会运动理论的分析》，《西南民族大学学报》（人文社会科学版），2019 年第 6 期，第 89 页。

③ 徐进：《世界政治中的感召力及中国的选择》，载《世界经济与政治》，2011 年第 3 期，第 124–125 页。

新冠肺炎疫情的暴发是自1918年“大流感”之后人类遭遇的又一次严重的危机，也是自2008年国际金融危机之后又一次重大的国际性危机。无论是在国内疫情暴发危难之际还是全球疫情广泛蔓延，海外华人都积极参与全球抗疫，与祖籍国和住在国人民一道投身于疫情抗击与防控的战斗中。

“构建人类命运共同体”作为一种强大的精神力量，通过不断的实践，使得包括海外华人在内的中华民族，无论在当下全球肆虐的公共卫生危机中，还是在今后社会经济环境平稳发展进程当中都能保持命运与共、福祸相依的凝聚力和向心力。在当今全球化快速发展进程中，人类命运始终紧密相连，可以说任何国际社会成员都无法置身于全球公共卫生危机之外。

在抗击疫情的过程中，海外华人自觉或不自觉地受到构建人类命运共同体理念的感召，接受和认同个人作为人类命运共同体的一个组成部分，践行“人类命运共同体”理念，成为构建人类命运共同体的一支强劲力量。中国华侨华人研究所所长张春旺在文章中提到，早在1995年，时任福州市委书记的习近平同志就提出了侨务工作要有新的观念、新的思路。在“对投资者有利、对所在国有利、对中国有利”的“三有利”的前提下，充分发挥“侨”的优势，深层次、宽领域、全方位地开展经济、科技、文化等方面的交流与合作，为现代化建设服务，为社会主义市场经济同国际经济接轨铺路，为世界和平和发展作出贡献。“习近平同志的这个思想，已经孕育着人类命运共同体理念的萌芽，充分说明华侨华人不仅是中国现代化建设的宝贵资源，也是住在国经济社会发展、构建人类命运共同体的重要力量。”[①]

海外华人作为世界抗击疫情的一支重要力量，同时也是构建人类命运共同体的重要参与者、贡献者和受益者，在抗疫过程中发挥了巨大作用。国家主席习近平对海外华人援助中国抗疫给予充分的肯定。[②]即使遭受到某些西方国家的种族歧视，海外华人依然冲锋在前，发挥自身独特优势促进祖籍国与住在国人民通力合作，共抗疫情。海外侨胞的抗疫行动践行了社会责任，展

---

① 张春旺:《关于人类命运共同体与国际移民、华侨华人的几点思考》，载《华侨华人历史研究》，2018年第1期，第7页。

② 习近平:《在全国抗击新冠肺炎疫情表彰大会上的讲话》，2020年9月8日，来源：新华网。

现出不带任何偏见且相对客观理性的全球视野。[①]通过广大海外华人的努力，世界各国人民可以更深刻、更全面地认识中国和了解中国，进而增强中国软实力，提高中国的国际话语权。病毒不分国界，也不分种族，所有国家应该摒弃种族歧视，紧密地团结在一起，共同抗疫，就可以扭转势态，战胜疫情，实现人类社会的可持续发展。

结　论

公共卫生危机下，西方国家一些人无视病毒不是针对某个种族和民族的事实，用种族主义的言语污名和诽谤中国，把病毒与中国挂钩，用语言和行为歧视海外华人，给全球的抗击疫情蒙上了阴影。面对疫情在全球的肆虐，海外华人积极参与祖籍国和住在国的抗疫斗争，以实际行动践行人类命运共同体理念，彰显了构建人类命运共同体的感召力。人类只有一个地球，各国共处一个世界。在抗击疫情的斗争中，世界各国必须团结一致、齐心协力，根除种族主义和种族歧视，共同抗疫，才能夺取全球抗击疫情的胜利。

---

① 邢菁华:《全球抗疫命运与共 华侨华人共克时艰——“海外华商谈抗疫”在线观察系列活动综述》，载《华侨华人历史研究》，2020 年第 2 期，第 95 页。

大国竞争时代美国华裔科学家、学者与学生生存与发展研究

江 峡*

【摘要】特朗普就任总统后，全面调整美国对华战略，将中国定位为美国的“主要战略竞争对手”，对中国发起空前贸易战，科技战与舆论战，将美国与中国推进剧烈的大国竞争时代。美中两国竞争的核心是科技竞争。美国华裔科学家、学者与留学生，被特朗普政府指控为中国盗窃知识产权，收集科技与经济情报的嫌疑人，对美国经济与国家安全构成威胁，以采取各种策略手段对他们进行歧视，限制与打压，使其在美国的生存与发展受到空前的威胁与挑战。民主党的拜登政府上台后，延续前任政府对华竞争与对抗政策，将中国视为美国“最严重的战略竞争者”，不仅强化与中国的战略竞争，还根本忽视对包括华裔与亚裔社区在内的社会各界要求改变针对华裔科学家、学者与学生错误种族歧视政策的呼声。本文以大量第一手英文资料，对特朗普上台以来如何挑起对华战略竞争与对抗，如何对美国华裔科学家，学者及留学生进行歧视与打击，影响他们在美国的生存与发展，以及拜登政府上台后，如何延续特朗普政府对华强硬政策及其对美国华裔科学家的影响，进行初步研究探讨。

【关键词】特朗普；拜登；大国竞争；华裔科学家；“中国行动计划”

2015年夏天，特朗普宣布参选2016年总统大选时，高举“美国优先”

* 作者简介：江峡，美国《亚省时报》专栏作家、华侨大学国际关系学院特约研究员。

的大旗，以反移民，反贸易和反全球化为竞选策略。在参选演说中，特朗普指控是外来移民和与中国不公平的贸易，抢走了美国工人的工作，给美国造成贸易赤字，影响了美国的衰落。他在竞选演说中提到中国多达25次。[①]在随后的竞选集会，电视辩论，竞选广告和所发的推特中，特朗普继续将中国作为抨击的主要靶子，指责中国对美国实行不公平的贸易，操纵汇率，偷走美国工人的工作，占尽美国的便宜。特朗普还一再表示，过去的历届总统对中国都太软弱，如果他成为总统，他会把美国利益放在优先位置，将对中国无比严厉，会对中国输美贸易产品征收25%至45%的关税。[②]

特朗普在2016年大选中的首席竞选策略师斯蒂夫·班农（Stephen Bannon）指出："他（指特朗普）准备与中国的对抗有30年时间了。他一生中考虑最多的一件事就是中国的经济威胁。"班农被认为是特朗普的政治大脑，对特朗普形成对华政策影响极大。班农认为："美中之间将有一个国家在25或30年内成为一个霸权国家。如果我们走上这条道路，中国将成为霸权国家。"[③]他始终认为："中国是真正的敌人。""中国的经济规模很快就会超过美国，可能在10年之内。"[④]班农表示："中国就是一切，没有什么比这更重要了。我们过去没有把中国问题处理好。"班农向特朗普灌输，中国是对美国的最大威胁，美国必须与中国进行对抗。美国《商业内幕》指出："班农一直在批评中国。在2016年大选期间，他协助特朗普制定了强硬的反华政策。"[⑤]班农相信，下一代美国人面临的将是"与中国的战争——包括商业战、贸易战、文化战和外交战——这将是一场目前在美国很少人理解的必须战斗的全面战争，而且几

① "Donald Trump' s presidential announcement speech", *Time*. June 16, 2015.

② Tim Worstall, "Donald Trump' s entirely ridiculous idea of a 45% tax on Chinese imports", Forbes, January 8, 2016.

③ Tina Nguyen: "Bannon lays ground work for economic war in China". Vanity Fair. September 28, 2017.

④ Bob Woodward,《Fear: Trump in the White House》. Simon & Schuster, New York London Toronto Sydney New Delhi, 2018 p. 298.

⑤ Bob Bryan: "New book – Steve Bannon told Roger Alies that China is on the verge of turning into Nazi Germany ", Business Inside. January 3, 2018.

乎没有人准备这一战。”①

班农帮助特朗普赢得总统大选后，特朗普任命他为白宫高级政治顾问，并罕见地安排他进入国家安全委员会，协助特朗普打造强硬的对华政策。《外交事务》杂志指出：“有很好的理由相信，特朗普允许班农来协助他塑造其外交政策。特朗普就任总统后，给班农奖励了在国家安全委员会一个位置，对一个政治顾问来说，是非同寻常的。”② 班农加入国家安全委员会，成为特朗普政府对外政策的主要操盘手。

2017 年 12 月，白宫公布了特朗普签署的《2017 美国国家安全战略》报告，明确将中国定义为美国的主要战略竞争对手，称中国一直在挑战美国主导的国际秩序，危害美国国家安全与利益。在论述中国对美国的威胁时，强调“中国的军事现代化和经济增长，在一定程度是由于利用了美国的经济创新，包括美国的世界一流大学”。报告的一个重要结论是：“为了确保知识产权不被竞争对手转移，我们将考虑对来自指定国家（中国，作者注）的外国科学家、技术、数学和工程学生实行限制。”并将收紧签证程序，“以减少非传统情报收集人员的经济盗窃行为”。③

“2017 年美国国家战略报告”公布后不久，美国国防部于 2018 年 1 月公布“2018 年国防战略年度报告”，明确将中国定义为“正在兴起的对美国繁荣与安全构成核心挑战的长期战略竞争对手”，并称“中国正在企图在短期内寻求印太地区的霸权，并在长期内实现取代美国而获得全球主导地位的目标”。④

特朗普政府的国家安全战略报告与国防战略报告都强调中国对美国的战略威胁，强调中国与美国的战略竞争核心是高科技竞争，并尤其指出中国在高科技领域对美国的威胁与挑战不是偶然的。早在 2016 年底与 2017 年初，

---

① Michael Wolff, “Fire and Fury: Inside the Trump White House” , Henry Holt and Company. New York, 2018 pp. 6–8.

② Elliott Abrams: “Trump the traditionalist” . Foreign Affairs, July/August, 2017.

③ “National Security Strategy of the United State America” , White House December 18，2017.

④ “Summary of the 2018 National Defense Strategy of the United States of America – Sharpening the American military’ s competitive edge” , The DoD，January 19, 2018.

美国国防部就提出了一份关于“中国技术转移战略”的内部报告，将中国定义为战略竞争者，并详细论述中国在用一切手段窃取美国创新的皇冠——高科技。该报告指出，中国正在执行一个通过科技战转移来增加其经济附加值规模的数十年计划。到2050年，中国的经济规模将相当于美国的150%，美国的全球地位将下降。该报告认为，科技是美军保持全球领先地位的关键。美国可能因中国的科技进步而失去技术上的优势地位，并影响美军的优势地位。报告强调说，“中国与美国的战略竞争是一个长期的威胁，而不是一个短期的危机”。中国的目标是成为在关键工业领域成为全球市场中的第一名。美国至今没有一个全面的政策和工具应对这种大规模的向中国进行的技术转移。① 这份报告将美国军方对中国在高科技领域的大规模投资与快速发展的前景，挑战与担忧描述得淋漓尽致。

以《2017美国国家安全战略》公布为转折点，特朗普政府开始利用一切策略手段对中国展开全面战略竞争，尤其是在经济与高科技领域的竞争，因为特朗普身边鹰派的政治顾问与经济智囊们如班农、纳瓦罗（Peter Navarro）等人认为，与中国的竞争是你死我活的对抗，其竞争的核心是高科技的竞争，如果在高科技领域压制住中国，保持美国高科技优势，中国的经济与军事就不可能超越美国。②

一、华裔科学家、学者与留学生成为被调查与打击的靶子

在定义中国是美国主要战略竞争对手和中国的高科技发展是对美国的最大威胁与挑战之后，特朗普政府谋划各种策略手段与工具来限制和防堵高科技向中国转移，在美国的华裔科学家，访问学者与中国留学生日益成为其怀疑，限制与打击的主要目标。

---

① Michael Brown and Pavneet Single, “China’s technology transfer strategy: How Chinese investments in emerging technology enable a strategy competitor to access the crown jewels of U. S. innovation”. Defense Innovation Unit Experimental. January 2018, updated with 2016 and 2017 data.

② 参见 : Peter Navarro, The coming China wars: Where there will be fought, how they can be won, FT Press, 2006; Peter Navarro & Greg Autry, Death by China: Confronting the Dragan. Pearson Prentice Hall, 2011; Crouching Tiger: What China’s militarism means for the world. Prometheus Books, 2015.

首先，抛出“中国间谍论”，指控在美国的华裔科学、研究学者及留美学生都是为中国服务的间谍，将美国的高科技与商业情报信息盗窃转移给中国，帮助中国经济发展来超越美国，为全面监视，限制打压华裔科学家，学者以及留学生制造舆论。

2018 年 2 月 13 日，《美国国家安全战略》发布后不到 2 个月，美国联邦调查局局长克里斯托弗•雷（Christopher Wray）与中央情报局局长蓬佩奥（Mike Pompeo，后来成为国务卿）以及有关安全与情报部门负责人在国会参议院情报委员会听证会上作证。联邦调查局局长雷在作证时宣称，中国情报收集人员渗透遍布全美各地，在几乎所有大学与研究机构各种岗位的中国“教授、科学家与学生”，是秘密为中国政府收集情报的“非传统情报收集人员”，是美国国家安全的威胁，需要美国全社会关注应对。蓬佩奥表示，联邦调查局正监视在美国大学工作的由中国政府资助的学者与学生，他的指控随后得到了中央情报局长等多名美国情报高官的附和。① 另据美国媒体报道，自特朗普对中国发起贸易战，中国实行反制之后，华盛顿对北京的调门日益丑恶与充满敌意。特朗普开始亲自上阵，无中生有地指责在美中国留学生都是间谍。据美国 Politico 网站披露，特朗普在同年 8 月 7 日晚上宴请一批美国企业与商界高管时突然说，某个国家在美国的留学生，几乎都是间谍。参加这次晚宴的某位不愿透露姓名的宾客告诉 CNN，特朗普总统表示担忧说，一些外国学生在这里担任外国间谍，尤其是中国来的学生。②

特朗普政府开始以国家安全的名义加强对中国留美学生和访问学者的更严格的审查与限制。2018 年春，白宫在讨论如何实施《美国国家安全战略》报告与应对所谓的中国间谍威胁时，特朗普的移民政策顾问兼演说撰稿人史蒂芬•米勒（Stephen Miller）建议，作为对抗中国间谍和惩罚与特朗普总统作对的精英大学，要终止给中国留美学生发放学生签证，禁止他们来美国留

① Greg Price: “China has spies across U. S. universities and FBI is constantly monitoring them, Director Wray says” , News Week. February 16, 2018.

② Elizabeth Redden: “Did Trump call most Chinese students spies?” Politico, August 19, 2018.

学。①英国《金融时报》最先披露白宫讨论不给中国学生留美签证，对其关上美国大学大门的消息。该报引用美国国务院一位官员的话说，国务院“会以各种方式来执行总统的2017年国家安全战略”。②

6月上旬，美国国务院表示，他们将开始限制到美国大学学习科学与工程的中国学生的签证，对在敏感研究领域学习的中国研究生的签证进行更严格的审查。美国国务院一名负责签证事务的官员向媒体证实，美国大使馆与领事馆已经收到“针对某些中国公民”的新的审查程序指南。③

《纽约时报》指出，特朗普政府正在考虑实行严格措施禁止华裔公民在美国大学和研究机构从事敏感性的研究，因为担心他们可能接触获取敏感的情报秘密。其主要措施包括，收紧给中国人的某些签证，对在美国公司与大学工作的，与军方或有情报价值的中国研究人员加强审核，做出严格规定。特别将严格限制在先进材料和软件方面的合作，以及涉及“中国制造2025计划”核心技术的合作。因为中国这个计划力图使其在先进的芯片、人工智能和电动汽车等尖端技术方面居于统治地位。④

美国“国家公共电台”报道说，越来越多的签证审查使数百名中国学生的签证延缓了，许多与中国政府有关联的杰出学者的签证被特朗普政府取消了。“签证成为美中之间日益激烈竞争中的最新武器”⑤

与此同时，美国情报机构加强了在美国研究型大学学习的中国学生与学者的监视。据美国“国家公共电台”报道，自2018年开始，FBI至少针对性地访问了由62所美国研究型大学组成的美国大学协会中的60所大学，建议这些大学的行政当局监视校园中来自中国的学生与学者，尤其是在STEM（科

① Shane Croucher: “Will Trump stop issuing students visas to Chinese citizen?” News Week, October 2, 2018.

② Demetri Sevastopulo and Tom Mitchell, “US considered ban on student visas from Chinese students”. Financial Times, October 2, 2018.

③ Brendan O’Malley: “White House discussed unilateral ban on Chinese students”, University World News. October 4, 2018.

④ Ana Swanson and Keith Bradsher, “Worried about espionage, White House may restrict Chinese in sensitive researcb in US”. The New York Times, May 2, 2018.

⑤ Emily Feng, “Visas are the newest weapon in U. S. China rivaly”, NPR News, April 25, 2019.

学，技术，工程与数学）领域的中国公民。2019 年春。FBI 给美国教育委员会下属的约 70 所大学校长作简报，强调中国对美国大学的威胁，要求他们加强对中国学生与研究人员的监视。①

2020 年 5 月底，在美国疫情不断攀升的情况下，美国国会几位强硬反华的共和党议员联名提出一个新的《安全校园法案》，以图通过法律手段禁止中国学生进入美国大学学习 STEM 专业，并审查限制参与中国海外人才招聘项目的华裔科学家。共和党参议员科顿（Tom Cotton）在宣布他提议立法禁止中国学生签证的声明中煽动性地宣称："中共长期利用美国大学对美国进行间谍活动。"共和党参议员布莱克本（Marsha Blackburn）在声明中说："北京利用学生和研究签证窃取美国学术机构的科学、技术、过程和制造秘密，我们以创造力和纳税人的钱被用来填补中国的创新需求已经太久了。现在是保护美国研究企业不受中共经济间谍活动影响的时候了。"②

其次，启动"中国行动计划"（China Initiative），全面调查打击华裔科学家与研究人员。2018 年 11 月 1 日，时任司法部部长塞申斯（Jeff Sessions）宣布司法部启动专门针对美国华裔科学家与研究学者的"中国行动计划"。巴尔指出："中国针对美国的经济间谍活动一直在增长，而且增长非常迅速。我们受够了，不能再忍受这种情况继续下去。"他随后指示由司法部助理部长德迈斯（John Demers）具体领导"中国行动计划"的执行，联邦调查局等多个情报部门参与执行。该计划设定 10 个优先目标，包括对涉嫌从事商业秘密盗窃和经济间谍活动的公司和个人展开调查并起诉；制定有关非传统情报收集者（如实验室、大学和国防基地的研究人员）的执法策略，识别和起诉那些从事商业秘密盗窃、黑客与经济间谍活动的人；应对中国海外投资构成的威胁；反制中国的情报活动和恶意影响美国公众的秘密活动等。该行动计划的目的是应对中国对美国国家安全的威胁，加强和落实总统的总体国家安全战略。③

---

① Emily Feng, "FBI urges universities to monitor some Chinese students and scholars in the U. S." NPR News, June 28, 2019.

② Elizabeth Crisp, "2 GOP senators propose bill to deny Chinese nationals student visas amid growing tensions with China", Newsweek, May 27, 2020.

③ "Attorney General's China Initiative fact sheet". Office of the Department of Justice, November 1, 2018.

“中国行动计划”是一个深思熟虑的，罕见的专门针对与中国有业务来往联系的华人与华人公司企业，华裔科学家，研究人员与中国学者学生的庞大行动计划，而且是司法部首次为维护国家安全威胁将以一个国家而命名的反间谍行动计划。该计划启动后，特朗普政府各部门开始采取协调一致的行动，在国际上围堵打击包括华为在内的中国高科技企业，在国内加强对华裔科学家与研究学者的审查与起诉。美国国立卫生研究院，国家科学基金会和受联邦政府资助的有关大学及研究机构，开始更加严格地执行联邦政府有关与中国科研合作及国际资助的规定与要求，重点针对参与中国“千人计划”及相关人才计划的华裔科学家与研究人员。

早在该计划出台之前，特朗普政府已经对参与中国“千人计划”等相关人才计划的华裔科学家下手，相关华裔科学家接二连三被查，被捕。这些华裔学者并不是从事与美国国际安全有关的工作，但他们只是因为与中国有关联，就被怀疑和除名。

“中国行动计划”出台后，司法部在全美范围内加强了调查，逮捕与起诉与中国有关联的华裔科学家与研究人员的力度。

其三，宣传“中国行动计划”成果，妖魔化中国对美国科技情报威胁。

2020 年 2 月 6 日，接替塞申斯担任司法部长的巴尔（William Barr）在华府著名智库国际战略与研究中心关于“中国行动计划”，就中国对美国的科技威胁与“中国行动计划”发表主题演说。

随着疫情在美国暴发与中美舆论战不断升级，中美之间的战略竞争性冲突愈发激烈。在美国社会饱受疫情困扰，经济下滑，失业高居不下，以及种族矛盾空前尖锐之际，特朗普为了竞选连任，推卸抗疫失败责任，将疫情政治化，一再使用“中国病毒”“功夫病毒”与“中国流感”这样带有地域与种族歧视的字眼来攻击中国，试图通过极端种族主义和民粹化的对华政策来转移国内矛盾，煽动美国公众对中国与美国华人的恐惧和敌视。而且美国两党一些政客在 2020 年大选期间都对中国发表强硬言论，国会通过一系列强硬的涉华法案，加上美国媒体对中国广泛的负面报道，导致许多美国人对中国日益反感和对华人的歧视。皮尤研究中心在 2020 年 7 月底发表的最新民调显示，73% 的美国人对中国持负面看法，比 2018 年同期进行的民调数字增加了 28%，创下该中心 15 年类似民调的新高。有 25% 的美国人现在将中国视为敌人，57% 的人视中国为竞争对手。只有 16% 的美国人视中国为伙伴。[①] 美国司法部这个时期大力推动执行并宣传“中国行动计划”，极大地影响并造成美国民众对美国华人、华裔科学家、学者与中国留学生的敌意与种族敌视。

二、美国各界对歧视华裔科学家、华人学者与学生的反应

特朗普政府上台后推动与中国的战略竞争与对抗，怀疑与指控美国华裔科学家、学者与中国学生都是间谍，并对他们实行监视、逮捕、起诉和限制签证等种种倒行逆施政策与举措，在美国各界引起巨大震动与反弹。美国华裔和亚裔社区，大学与研究机构，以及媒体舆论，都纷纷表示严重关切与反对。

美国非营利的华人精英组织“百人会”发表声明，对特朗普政府无端指控中国学生与华裔学者都是间谍，危害美国国家安全的说法表示不安与反对，认为这种“宽泛标签化”美国华裔学生学者是十分不必要的偏见。声明批评说，在摆出任何事实和证据之前，仅以纯粹的种族和出生地就对一个群体发出如此巨大的怀疑，这不但违背了无罪推定，正当程序以及平等保护等美国宪法的根基理念，也容易煽动歇斯底里的不当情绪。声明特别强调，美国历史上不乏因种族偏见给亚裔美国人带来的伤害，并举例说明 1882 年的“排华法案”和“二战”时期 11 万日裔美国人被关押进集中营的事实，以及拥有华裔背景的科学家李文和，陈霞芬与希小星等人受到不公正指控，最终被证明无罪的案例。该声明表示：“在找不到任何事实或根据之前，纯粹基于种族和国籍身份，将整个群体作为重大怀疑对象，违背了美国关于无罪推定，正当程序，和平等保护所有人的基本理念。它也助长了歇斯底里怒火。”[②]

① Laura Silver, Kat Devlin and Christine Huang: “Americans fault China for its role in the spread of COVID–19” , Pew Research Center, July 30, 2020.

② Ana Swanson and Keith Bradsher, “Worried about espionage, White House may restrict Chinese in sensitive researcb in US” . The New York Times, May 2, 2018.

美国《科学家》(*The Scientist*)杂志在2019年3月发表一篇措辞强烈的文章，批评特朗普政府攻击华裔科学家的言论与政策会伤害美国的科学研究。该杂志文章特别指出:“FBI与美国国立卫生研究院(NIH)的报告将在美国学习工作的中国学者与学生视为对美国国家利益的威胁。”“一些华裔科学家被错误地指控从事间谍活动，最后不得不释放。他们的生活与家庭遭到破坏，声誉也无缘无故受到破坏。”①

麻省理工大学有不少极其优秀的华裔学者，科学家与研究生，他们在工作与生活中日益被怀疑被歧视的处境，受到全球著名的《自然》(*Nature*)杂志的关注。该杂志引用麻省理工大学校长雷夫(Rafael Relf)的话说：一些教职工、博士后、研究人员和学生告诉他，他们在与政府机构打交道时，感到受到不公众的审查，污名化和边缘化，仅仅因为他们是华人。雷夫曾在2020年6月25日发表一封公开信指出:“我们必须格外小心，不要制造一种毫无根据的怀疑和恐惧的有毒的氛围。”②一位接受《自然》杂志采访的方姓华裔物理学家表示:“有人怀疑与中国有关的任何活动”,“这就是种族歧视，这是一个真正的问题”。《自然》杂志认为，今天，“中国背景的科学家(包括美国公民和永久居民)通常是美国政府调查的重点。这促使人们指责说，这些研究人员由于其种族身份而成为攻击目标”。这种情况已对华裔科学家造成一种“心理恐慌”。③

麻省理工学院的“关心科学家联盟”(UCS)指出，目前有大量证据表明，特朗普政府不加区分地将中国学生、学者和科学家指控从事间谍活动，以危险的方式对他们进行种族歧视和骚扰，指责FBI可能正在形成一种思维方式，使华裔科学家等同于旨在窃取专门情报的恶意行为者。“关心科学家联盟”强烈抨击说:“特朗普政府对逮捕具有华裔血统的人的数量已达到惊人的

① Ruth Williams: “Chinese – American scientists societies fear racial profiling” . The Scientist, March 21, 2019.

② Elie Dolgin: “‘Psychological fear’ : MIT scientists of Chinese origin protest toxic US climate:. Nature, July 2, 2020.

③ Elie Dolgin: “‘Psychological fear’ : MIT scientists of Chinese origin protest toxic US climate:. Nature, July 2, 2020.

程度。据一项研究，近年对带有中文名字的被告进行间谍逮捕的人数增加了3倍。”该联盟特别强调说：“特朗普政府有意将针对华裔科学家危害美国国家安全的指控与反移民政策结合在一起。”①

为亚裔提供法律援助的“亚裔美国人司法组织”负责人指出，对华裔和华裔美国科学家的怀疑正在对个人产生重大影响。“这是对一个群体进行严格审查的一种模式。通常，我们会看到涉及华裔研究人员的案件，这些人因此生活一团糟。由于基于种族偏见的过度热心起诉，人们的生活被完全改变了。”她强调说：“针对华裔研究人员的许多指控并未达到经济间谍活动或知识版权盗窃的程度，很多都是针对次要问题的，通常在大学内部就可以解决。”② 但特朗普政府却高调大肆渲染，似乎中国间谍在美国无处不在，华裔科学家都在为中国政府从事情报活动，威胁美国的经济与科技发展和国际安全，在美国社会产生极其恶劣的影响。

《时代周刊》杂志称，“特朗普对中国的不断攻击，在美国人中煽动起历史性高涨的对中国人的敌意”。③ 曾被 FBI 错误逮捕，后因无证据而被无罪释放的天普大学华裔科学家希小星告诉《今日美国报》说，当前的政治气候使他联想起 20 世纪 50 年代美国社会爆发的针对中国人的“红色恐慌”，当时许多人因被怀疑而失去工作，因为他们被描绘成共产党人。《今日美国报》指出，今天，特朗普政府的言行，使在抗击新冠疫情中的华裔科学家与中国留学生，面临着充满敌意的环境④《洛杉矶时报》发表文章，抨击特朗普政府以知识产权盗窃为由发起针对中国学生学者的歧视政策，将与中国的竞争“种族化”。该报列举一系列特朗普政府针对华裔科学家与中国学生学者的歧视行动，说这不仅伤害美国经济，而且伤害美国的民主传统价值观，损害美国的

① Antina Desikan: “Trump administration wrongfully brands Chinese scientists as spies, hurting scientific progress” , Union of Concerned Scientists. June 19, 2020.

② Eanna Kelly: “How a new cold war between China and US will hurt researchers everywhere” , Science and Business. October 10, 2020.

③ Kimberly Dozier and W. J. Hennigan, “Grave new world – How Trump ' s disruptions could be Biden ' s opportunity” . Time, December 14, 2020.

④ Deirdre Shesgreen, “ ' Painted spies, Chinese students, scientists say Trump administration has made life hostile amid battle against COVID–19” . USA Today, August 23, 2020.

国际形象，并称这种做法与当年可耻的《排华法案》一脉相承。①

《纽约时报》发表文章指出，“在美中关系正常化后的40年里，华盛顿通常欢迎中国学者和研究人员来美国”，“不论是共和党还是民主党执政。美国政府都有这样一个假设：让中国学者了解美国价值观，对国家利益有好处。”“现在，这扇门似乎在关闭。两国之间的战略竞争日益加剧。彼此都对对方的学术访问者有更大的怀疑，怀疑他们从事间谍活动，商业盗窃和政治干预。”《纽约时报》文章认为：“美国担心的核心问题是，中国已经对美国的技术主导地位构成威胁。”②

美国塞顿霍尔大学法学教授刘易斯（Margaret K. Lewis）全面深入地分析研究了“中国行动计划”她指出，“中国行动计划”以中国为线索将所有案件连接起来，使得任何与中国有关的案件都有遭刑事调查的威胁，即使这些案件与中国政府没有关联。她抨击说，司法部极其罕见地以一个国家作为关键词来命名一个反间谍执法计划，这本身就是带有偏见与违背法治精神的一种做法。她认为，这是一个将中国与华裔科学家罪名化的行动计划。③

三、拜登政府强化与中国的战略竞争

前民主党籍副总统拜登在2020年总统大选中，一再强调如果他竞选当上总统，将改变特朗普错误的外交与移民政策，进行拨乱反正，恢复美国传统的民主价值观与国际威望。拜登在2020年11月大选中获胜，使人们看到特朗普主政时期严重对抗的美中关系可能得到缓和，司法部启动的歧视打击华裔科学家，学者与留学生的“中国行动计划”有能终止的希望。因为“中国行动计划”是特朗普政府在与中国激烈对抗的背景下，针对中国与华裔科学家、学者学生种族歧视政策下的一个产物，违背了美国的民主传统和种族平

---

① Dominic NG: “Targeting Chinese students and entrepreneurs in the U. S. is the wrong way to battle Beijing”, Las Angeles Times. June 20, 2019.

② Jane Perlez: “FBI bars some Chinese scholars from visiting the U. S. over spying fears”, The New York Times. April 16, 2019.

③ Margaret Lewis, “Criminalizing China”. The Journal of Criminal Criminology, Law and Vol. 111, iss. 1/3(2020), https: //scholarlycommons. law. northwestern. edu/jclc/vol111/iss1/3.

等原则，破坏了美国的国家形象。

美国科学与教育界普遍认为，华裔科学家与研究人员以及留学生，是美国大学以及科技创新与全球领导力不可或缺的一部分，特朗普政府情报与执法部门以国家安全的名义对他们的间谍指控缺乏足够证据，以种族歧视政策来迫害打击他们，既害人又害己，不利美国的科技创新，经济发展以及在国际社会的形象。美国亚裔社区，民主党进步派，以及科学界，法律界与主流媒体已经多次表示反对专门瞄准打击华裔科学家，研究学者与留学生的“中国行动计划”，要求拜登政府上任后立即采取措施终结这个错误的行动计划。华裔与亚裔社区为拜登赢得总统大选立下汗马功劳，拜登政府终结“中国行动计划”，将是顺应舆论与民心之举。

然而，令人失望的是，拜登在就任总统后，虽然立马通过以总统行政命令的方式推翻了前任总统几乎所有外交与移民政策，却唯独保留了其十分强硬的对华政策，他不仅没有对前政府启动的“中国行动计划”采取任何行动，而且忽视放任了对华裔科学家、学者、学生怀疑和歧视的错误政策与举措。拜登在多种场合下大讲中国对美国的威胁与挑战，不断强调与中国的战略竞争，在调门上与前任总统对中国所发的狠话几乎别无二致。

2021 年 2 月 4 日，拜登在就任总统后的首次外交政策演说中高调宣布：“美国回来了！”“外交又回到我们外交政策的中心。”拜登表示，美国“将直接应对最严重竞争对手中国对（美国）繁荣，安全和民主价值观带来的挑战。我们将应对中国的经济弊端，抵制其侵略性和强制性行动，阻止中国对人权，知识产权和全球治理的攻击”。2 月 19 日，拜登参加慕尼黑年度安全视频会议并发表讲话，宣称要与欧盟“共同为与中国的长期战略竞争作准备”。他强调说：“同中国的竞争将是激烈的，也是我期待和欢迎的。”“我们必须反击有损于国际经济体系根基的中国政府的经济违规和胁迫行为。”“美国必须恢复美国永恒的优势，使我们可以从实力地位抗击今天的各种挑战。”4 月 28 日，拜登在上任后首次对国会的国情咨文演说中，在提到美国外交政策时，多次提到中国，一再强调与中国的战略竞争，并表示要通过与中国的战略竞争来“赢得 21 世纪”，保持美国的世界领袖地位。

拜登在就任总统后关键的100天里，将中国定义为美国最严重的竞争对手，为未来的美国对华政策定下主调。他的外交政策与国家安全团队也在不同场合强调中国对美国的严重威胁与挑战，主张运用美国的实力地位和盟友的力量，与中国进行全面竞争和对抗。这一切，更加加重美国社会对中国的敌意，以及对中国人和美国华人的负面看法。“皮尤研究中心”2021年新近进行的民调显示，美国公众对中国的负面看法再次达到历史的最低点。

3月3日，白宫公布《过渡期国家安全战略指南》，明确将中国界定为“唯一潜在能够整合经济、外交、军事和技术优势，对一个稳定和开放的国际体系发动持久挑战的竞争者”，提出要展现一套新的议程方案，投资美国的基础与先进科技研究，加强美国的永恒优势，在与中国和其他国家的战略竞争中获胜。[①] 拜登政府这个仍在酝酿中的国家安全战略报告，与特朗普政府上台后提出的首份国家安全战略报告大同小异，都强调美国优先，主张以美国的实力优势来战胜战略竞争对手中国。从拜登政府上台以来的情况观察，其对华政策与行动桩桩件件是在以竞争与对抗为主题。

拜登胜选和就任总统之后，美国华裔与亚裔社区、民主党进步派、民权团体以及科学界和法律界数千人曾联名给拜登写信，要求他采取措施终结歧视打击华裔科学家，学者和中国留学生的“中国行动计划”，但始终都没有得到他的回应。而负责执行“中国行动计划”的司法部助理部长德墨斯至今仍在任上，他不久前对美国媒体表示，美国不会对中国盗窃知识产权和获取敏感个人数据的需求，以及压制和审查制度视而不见。美国将致力于打击针对美国及其盟友的中国非法掠夺性行为，这一承诺不会动摇，显示出拜登政府司法部对“中国行动计划”的执法行动仍在进行。

4月中旬，国会参议院情报委员会召开情报听证会。FBI局长雷在听证会再次宣称，中国正在寻求全球大国的努力，对美国的经济与安全利益构成最大威胁。他表示：“我认为，没有哪个国家会对我们的创新，我们的经济安全和我们的民主思想构成更严重的威胁。”他老调重弹说，FBI每10个小时就在启动

---

① “Interim National Security Strategic Guidance”, White House, March 2021 www.whitehouse. gov.

一个新的针对北京的调查。FBI 现在约有 2000 个与中国有关的间谍案子。他的说法，与在特朗普政府时期对中国间谍活动的指控完全一样。表明 FBI 在拜登政府上台后仍将华裔科学家、中国学生学者作为主要监视调查对象。[①]

这一切表明，上台以来一直高唱民主与人权的拜登政府，为了与中国进行激烈的战略竞争和对抗，维持美国全球霸主地位，以短视狭隘的国家安全与国家利益之名，继续前任政府司法部的“中国行动计划”，不惜忽视和牺牲美国华裔科学家，学者学生的合法权利与利益，根本上违背了其所标榜的要捍卫美国民主传统，种族平等与司法正义的原则。

结　语

特朗普政府上台后，将中国定义为美国的主要战略竞争者与最大挑战，不断煽动中国“威胁”论，鼓吹与中国脱钩，进行全面对抗，从舆论，策略到行动，形成了对中国的围攻，将美中关系推向一个全面对抗的大国竞争新时代。

在以科技竞争为核心的美中大国竞争时代背景下，华裔科学家、研究人员和留学生被特朗普政府无端指控为帮助中国崛起的间谍，和渗透美国社会颠覆美国的中国代理人，在美国社会造成对华人，华裔科学家以及中国学生学者怀疑，恐惧与仇视的恶劣环境。特朗普政府在公共卫生危机期间，启动执行“中国行动计划”，将中国以及与中国有关的学术交流活动污名化和罪名化，更使美国广大华侨华人，特别是华裔科学家，学者和留学生的学习，工作和生活，处于危险境地。

拜登政府上台后步前任后尘，以狭隘的美国国家安全和国家利益之名，强化了与中国的战略竞争和对抗。拜登政府选择与中国在科技领域全面脱钩，采取一切措施阻止美国的高科技及相关知识产权向中国转移，阻止中国在经济与科技上超越美国，维持美国的全球霸主地位。美国研究型大学，科学研

① Gina Heeb, “FBI says it opens new espionage investigation into China ‘every 10 hours’” . Forbes, April 14，2021.

究机构正在成为美国阻止中国获得美国高科技的看不见硝烟的主战场。任何与中国有关联的美国华裔科学界，研究学者与留学生，将可能被卷入其中，成为被拜登政府怀疑和不信任的对象，最终会成为美国与中国大国战略竞争背景下的牺牲品与替罪羊。

世界历史与国际关系史显示，国与国之间如果关系正常友好，两国间人员来往与科学文化交流都会得到正常友好的交往，所居住国家的侨民也会得到善意对待，是一个双赢结果。但是，如果两国交恶，发生激烈冲突与对抗，乃至战争，不仅两国间人员来往与科学文化交流受到影响，其侨民也会受到严重影响。“二战”时期美国政府对待日裔美国侨民就是一个明显的例子。

历史上，美国的排华法案与麦卡锡主义都与华人有关。而且美国社会对华人的偏见始终存在，认为华人永远是“模范族裔”和不能融于美国社会的“永远的外国人”，缺乏对美国国家的忠诚度。华人必须采取实际行动改变这种印象与环境，积极参与政治，踊跃投票选择正确的民意代表和民选官员。华人还要认识到自己在美国永远是少数族裔，需要联合团结其他少数族裔，共同维护自己的民权平等权利。遇到法律问题时，一定要寻找法律援助，敢于以法律为武器，捍卫自己的合法权利与利益。

中国留学生在澳洲的生存和发展

邵春芬*

【摘要】自 1978 年改革开放以来，数以万计的留学生远涉重洋求学，以求科技报国振兴中华。随着中国经济在最近几十年的迅猛发展，中国留学生的人口数量也水涨船高长期大幅增长。根据教育部 2020 年 12 月 14 日发表的最新官方数据显示，2019 年留学海外的中国学生数量达到了 70.35 万人（较上一年度增加 4.14 万人，增幅 6.25%），而 2008 年为 17.98 万人。1978 年至 2019 年度，各类出国留学人员累计达到了 656.06 万人，为我国培养储备了大量的富国强民所急需的国际性人才（教育部官网）。然而 2020 年开始，海外华侨华人一年多来一直面临着前所未有的复杂形势，生存与发展路途坎坷。而遍布世界 100 多个国家的中国留学生的处境更为艰难，各种挑战层出无穷。本文以澳大利亚为个案，试图记录中国留学生近年来，在澳洲留学发展的新状态，分析面对种种挑战下的我国留澳人员谋生存求发展的新模式，寻求留学澳洲的最新趋势，并探索教育对外开放的发展新路径。

【关键词】海外华人；留学生；种族歧视；身份认同；中国；澳大利亚

自 1978 年改革开放以来，数以万计的留学生远涉重洋求学，以求科技报国振兴中华。随着中国经济在最近几十年的迅猛发展，中国留学生的人口数量也水涨船高长期大幅增长。根据教育部最新官方数据显示，2019 年留学海外的中国学生数量达到了 70.35 万人（较上一年度增加 4.14 万人，增幅

* 作者简介：邵春芬，社会学博士，澳大利亚悉尼大学终身讲席教授（B 级）。

6.25%），而2008年为17.98万人。1978—2019年度，各类出国留学人员累计达到了656.06万人（教育部官网），为我国培养储备了大量的富国强民所急需的国际性人才。

然而2020年开始，社会突变，全世界都陷入了困顿，政治的经济的社会的文化的各种问题考验着整个人类。近年来，有关中国留学生的报道屡见不鲜，见之于国内外的各大媒体。这引起国内外的高度关注，同时也使得国内家长前所未有地揪心。海外华侨华人一年多来一直面临着前所未有的复杂形势，生存与发展路途坎坷。而遍布世界100多个国家的中国留学生的处境更为艰难，各种挑战层出无穷。

在前述的历史背景下，本文以澳大利亚为个案，以留学生为研究对象，试图记录中国留学生近年来在澳洲留学发展的新状态，分析面对各种挑战下我国留澳人员谋生存求发展的新模式，寻求留学澳洲的最新趋势，并探索教育对外开放的发展新路径。

研究的个案，笔者选择澳大利亚。澳大利亚长期以来一直是继美国英国之后最受中国留学生欢迎的留学目的地，留学生人口众多，具有很好的代表性。另外就作为研究人员而言，笔者在澳洲高校执教近30年，目睹了中国留澳发展的整个过程。整天与留学生打交道，对于澳洲中国留学生比较了解也最关切。

研究对象，笔者选择中国留学生。首先为什么选择留学生而不是整个在澳中国人？理由是在海外中国人口中，留学生是个人口众多的独特的群体。他们身在海外，也有成为华侨华人的潜在可能性，但与定居海外的华侨华人无论在身份上还是国家认同上又有不同。他们年龄轻，学历高，今后活跃在中澳之间的概率大，他们在新时期的体验或许会决定将来中澳关系的走向。这个群体具有良好的语言沟通能力，又具备海外留学生活经验，国际视野的国际型人才，是挑起民族复兴振兴中华重任的栋梁，某种程度上决定着“中国梦”的早日实现。因此，这个研究课题更显其重要性。在留学生这个群体中，本文关注的是在高等教育领域的中国留学生，因为高校的留学生基数最大。在澳洲的国际学生中过半学生（51%）为接受高等教育而前往澳大利亚。

本文采用的调研手段是文献研究与实地采访的结合。资料来源主要是中日英文的各类主流媒体的报道，中澳政府部门官方的统计数据，各类机构的统计数据，有代表性的大数据，脱离主观偏见报道的客观调查研究的各种调研报告，社交媒体的体验谈，以及笔者邀约的特别采访。

研究目的是利用最新数据归纳出百年未遇之大变局对澳大利亚中国留学生的影响。笔者的研究发现，作为个体，面对社会巨变下的中国留学生临危不惧，灵活多变，在危机中寻求生存和发展的机会，取得可喜的成绩。从国家层面上看，社会的变迁改变了中国学生的留学轨迹，打断了至今为止正常的留学模式，扭转了海外留学的态势，也提供了“就地留学”的新机遇。本文希望为选择澳洲出国留学的学生和家长与涉及人才流动的各方提供一个较为全面的参考。

对于以下问题，笔者也同样关注：百年未遇之大变局下澳大利亚华侨华人现在的处境怎么样？面临着怎样的困境？就如何应对现有的困境会有哪些措施？国际形势的变化对于在澳华人的身份认同产生了哪些影响（Hsu，2021；邓飞，2020）？在接下来的续篇中，笔者会分各个阶层和群体分别进行分析研究。

一、在澳洲的中国留学生

澳大利亚的国际教育产业自二战后逐渐在世界上占据了越来越高的地位。作为英语国家的澳大利亚是国际学生留学目的地的热门选择之一，为全球第四大留学目的地国（见表 1）。

表 1　全球八大留学目的地国接受高等教育国际学生人数及增长情况

单位：人，%

排名	国家	2016—2017 学年人数	2017—2018 学年人数	2018—2019 学年人数	2019—2020 学年人数	2016—2017 学年同比增幅	2017—2018 学年同比增幅	2018—2019 学年同比增幅	2019—2020 学年同比增幅
1	美国	1 078 822	1 094 792	1 095 299	1 075 496	3.4	1.5	0.05	–1.8%
2	英国	501 045	506 480	496 570	–	0.9	1.1	–2.0	

续表

排名	国家	2016—2017 学年人数	2017—2018 学年人数	2018—2019 学年人数	2019—2020 学年人数	2016—2017 学年同比增幅	2017—2018 学年同比增幅	2018—2019 学年同比增幅	2019—2020 学年同比增幅
3	中国	442 773	489 200	492 185	–	11. 4	10. 5	0. 6	
4	澳大利亚	327 606	371 885	420 501	–	12.1	13. 5	13.1	
5	法国	323 933	343 386	343 400	–	4. 6	6. 0	0. 0	
6	加拿大	312 100	370 710	435 415	–	18. 3	18. 8	17. 5	
7	俄罗斯	296 178	313 089	334 497	–	4. 7	5. 7	6. 8	
8	德国	251 542	265 484	282 002	–	6. 6	5. 5	6. 2	
八大留学目的地国总人数		3 533 999	3 755 026	3 899 869	–	6. 36	6. 25	3. 86	

资料来源：美国国际教育协会，Project Atlas(2019 release), The Open Doors Report 2020

资料来源：王辉耀 & 全球化智库，2021.

首先来看一下中国在澳洲留学产业中的重要性。当今的中国，今非昔比，已经发展成了全世界第一大留学生生源国。中国同样也是澳大利亚最大的国际学生来源国（见图 1），而且跟第二大来源国的印度差距超过一倍。

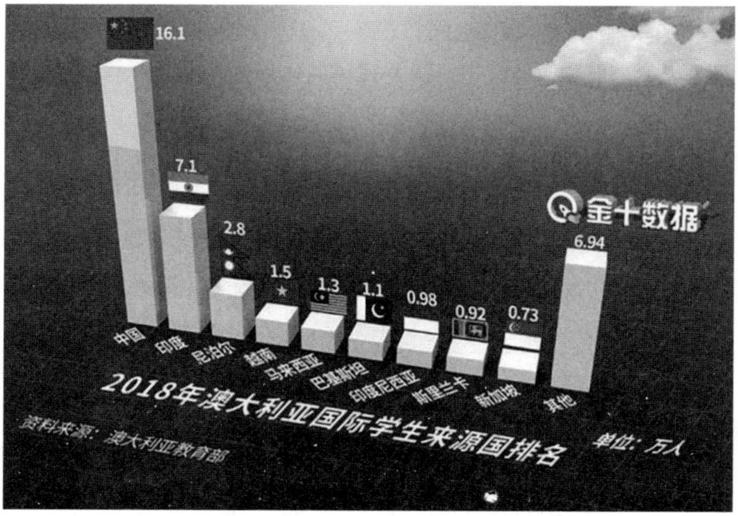

图 1　澳大利亚国际学生来源国排名（2018 年）

资料来源：金十数据。

百年之大变局下澳洲的国际教育产业

首先从人口数量方面来看，2020 年这一年，澳洲留学产业受到了巨大的打击。虽然澳大利亚自新世纪以来一直都是最受中国学生欢迎的留学目的地之一，但目前澳大利亚面临的“国际学生危机”被认为是正在造成一场“人口冲击”。澳大利亚的国际学生已经流失了 21 万多人。就生源国来看，在澳中国留学生的人口数量在 2019 年达到最高峰后直线下跌，显现了长期高速增长的拐点已然悄然出现的迹象。“根据澳教育部统计，2016—2018 年，中国内地赴澳留学生均以每年约 3 万人的数字增长，并于 2019 年达到 25.9 万人的高峰。不过，澳洲留学环境恶化、中澳关系陷入低谷等原因影响，2020 年在澳注册的中国内地留学生降至 22.9 万人”（环球日报，2021-02-06）。

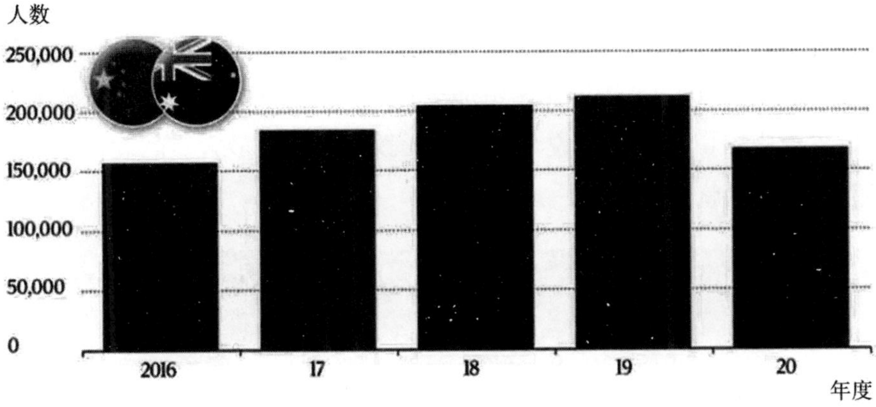

图 2　在澳中国留学生人口（2016—2020）

资料来源：BEN PACKHAM，RICHARD FERGUSON，The Australian Jun 11, 2020.

接着，我们来看一下对于将来留学生人口的预测。如果中澳关系持续交恶，2020 年的下跌可能成为一种下降趋势的先兆。澳大利亚正面临着入学人数减少和境内国际学生减少的双重问题。根据教育政策智库米切尔研究所（Mitchell Institute）的预测，如果旅行限制持续，澳洲估计学生的人口下降情况只会变得越来越糟。到 2021 年 7 月，澳大利亚的国际学生将减少 30 多万人，留学生人数将减少至 2020 年前一半的水平。

尽管，2021 年 1 月在澳中国公民递交的学生签证申请比以往的任何一年同期的数量都多（2021 年 1 月：1978 人，2020 年 1 月：1652 人），但其数量的增加远不能弥补海外申请者数量的不足（ABC，2021-03-05）。

澳大利亚非常关注留学生，特别是中国留学生人口的变动，这与国际教育在澳洲出口产业中的重要性紧密相关。国际教育系澳洲的支柱产业之一，是澳洲第四大出口产业。除了铁矿石、煤、天然气等矿产出口之外，国际教育是澳大利亚最大的服务类出口行业。据澳大利亚机构的统计，2018 年留学行业为澳大利亚创造 320 亿澳元（见图 4）。而中国留学生又是澳洲教育出口的主要服务对象。澳洲国立大学的研究报告指出，在 2020 年前，中国留学生为澳大利亚每年带来 120 亿澳元的收入，在留学生的收入中占近三分之一的份额。与之相比，澳大利亚每年对中国出口额最高的产品前三名分别是铁矿石（约为 630 亿澳元）、天然气（170 亿澳元）和煤炭（140 亿澳元）（Kley & Herscovitch，2021）。从中国留学生那里获得的收入在大学的财政中占有很重要的位置。中国留学生可以说是澳大利亚教育行业的最大贡献者，为当地创造了大量收入和就业机会。

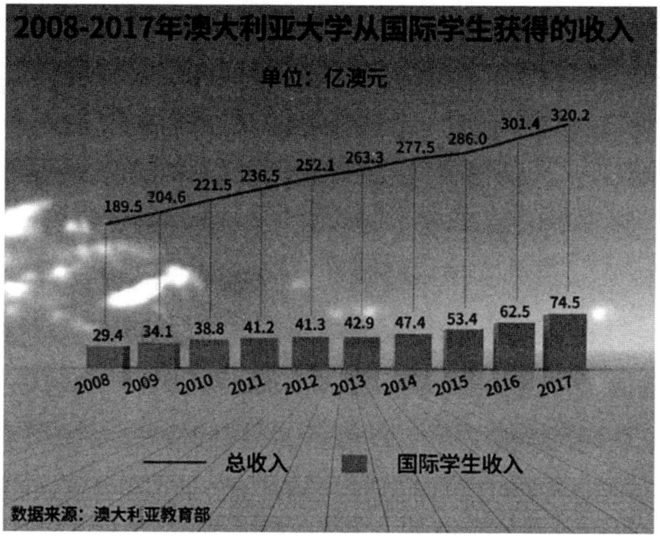

图 4　国际学生为澳大利亚大学带来的收入（2008–2017）

资料来源：https: //www.sohu.com/a/442639603_334198.

中国学生人数的直线下降首先给澳洲大学构成了巨大的挑战，这对于澳洲的高校来说“可能将意味着一场严峻而痛苦的革命”。现在澳洲各高校也正因封闭国境而蒙受巨额损失。据米切尔研究所（Mitchell Institute）的调研报告预计，在未来3年内（2020—2022年），留学生赴澳留学受阻将使澳洲经济面临最高600亿澳元（约合3011亿元人民币）的损失。

留学生支付的学费（“金钱之河”）带来的金钱洪流长期以来被用来支付教员（包括大量合同工、临时工）的工资，提升教学和研究水平，同时用于推动澳大利亚在“全球百强学府”榜单上占据10个位置。但中国留学生的人数减少，立刻使昔日的“金钱之河”变成了涓涓细流，教学和科研的预算锐减，教育行业失业率提升。澳大利亚广播公司（ABC）从澳大利亚统计局（ABS）获得的独家薪资数据显示，从3月14日到8月22日，高等教育就业人数下降了2.4%（ABC中文，“收入锐减的澳洲大学路在何方”，2020-10-02）。

另外，近年来澳洲不仅与美国、加拿大、英国等竞争对手的竞争加剧，澳洲本地的高校之间的竞争也变得更加激烈。规模较大、声誉较好的大学挖走本地学生，并将规模较小的教育机构推向崩溃的边缘。目前规模较小的教育机构，以及偏远地区大学更加难以生存。

教学、研究、基础设施资金的严重不足，将影响澳洲高校维持它们进行得到全球认可的顶尖研究的能力，继而影响世界排名。这样做又会危及其对留学生的吸引力，因而进入恶性循环。边境关闭的时间越长，就越吸引不到国际学生，特别是优质的国际学生。不仅是边境封锁将国际学生拒之门外，而且留学生在特殊时期受到的待遇也寒了他们的心，特别是总理在2020年的发言，建议在澳留学资源不足的留学生可以选择返回自己的国家，和越来越显性化的种族歧视（Berg，2020；Biddle等，2020；Morris等，2020；Om，2020；王晰宁，2020；Zhou，2020）。有些同学已经不再想来澳大利亚（Madeleine Morris，“砍断摇钱树：国际留学生为何不想来澳大利亚了？”，ABC中文，2020-10-5）。有76%的中国学生回答说不太可能推荐澳大利亚给后辈。在这样严峻的背景下，又出于安全原因，继2020年之后，于2021年2月5日再一次针对澳洲发布了留学预警，这预计将深刻影响澳洲未来

2~5 年的留学市场。

目前留学生的问题已经超越教育界，引起了整个社会的深度关切，来自澳大利亚境外的留学生签证申请出现断崖式下跌，这引起了人们对澳大利亚高等教育预算黑洞增加的深切担忧。澳洲的国际教育正处于临界点，此前也有专家呼吁，需要找出针对临时和永久移民的方法，以防止这个价值 400 亿澳元的行业倒闭。留学生人数的减少不仅仅是某个大学的问题。国际学生在经济上的花费远远超过了学费开销，因此当他们不来时，这会对整个教育相关产业乃至整个经济产生巨大的影响。米切尔学院的分析预测，“如果国际边界一直持续关闭到 2021 年底，则未来三年学生收入将减少 190 亿澳元”。全国高等教育工会（National Tertiary Education Union）估计，今年该产业已经失去了至少 12 500 个工作岗位。

中国留学生在澳洲社会中的重要性不光局限于教育行业，因为留学生在更广泛的经济领域中消费。在与国际教育产业相关的 375 亿澳元中，占约 57%，即 214 亿澳元，来自商品和服务支出。如果国际学生不在澳大利亚境内，这将影响许多依赖他们的当地社区和企业（Hurley，2020；悉尼邮报，2020-06-17）。

但就目前的情况来看，不确定性仍在前方。根据《先驱太阳报》报道，直至 2021 年 2 月 13 日，澳洲边防局已经准许 1050 名外国公民（留学生）豁免“封国令”。他们必须在澳学习医学、牙医或是护理专业，且学业已经到了最后两年，同时必须在接下来的 2 个月内在澳洲医疗机构就职。另外，部分博士生因为必须返澳完成重要的研究工作而被准许入境（“最新：1050 名留学生已豁免入境澳洲！本地人不满，澳媒：数万澳人滞留海外，边防局允许留学生‘插队’”，亿忆网，2021 年 02 月 13 日）。澳洲一直在讨论，“是否”让国际学生返回？“何时”让他们返回？“怎样”让他们返回？如何通过国际学生返澳计划来确保澳大利亚重建一个可持续和公平的国际教育产业（James，2020；Lowrey，2020；Patty，2021）。“封国令”下，直到 2021 年第一学年开学，具有最终决策权的联邦政府仍未宣布国际学生回国的时间表，并且尚未批准 2021 年将国际学生带回澳大利亚的试点计划，尽管高校和州政府一直在游说“留学生优先”。留学生通过所谓“安全走廊”返澳的提议推迟，而且尚不清楚这种努力是否足以扭转在澳国际学生人数下降的趋势。

可以肯定的是，百年未遇的大变局下，澳大利亚的国际教育产业将会与此前有很大的不同。澳洲大学现在设想“效仿麻省理工和哈佛等学校，招聘优秀的教育科研人员，完善师资力量，提供世界一流的教育”。另外“与外部企业合作，让学生能够在毕业后更容易就业。比如提供企业实习和培训等等”。同时，澳大利亚国立大学的调研报告指出，澳洲“越来越敏锐地意识到与高度依赖中国市场相关的风险”，提议“越来越多地寻找替代市场”，促进留学生生源的多元化（Kley & Herscovitch，2021）。

二、在澳洲的留学生活

那 2020 年 1 月开始的社会巨变给留学澳洲的中国学生带来了怎样的影响？他们的留学生活受到了哪些挑战呢？

（一）边境紧闭，滞留境外

中国留学生遇到的最大的挑战是封国禁令，边境难越，曲线返澳和天价网课。一道旅行禁令无情地打碎了很多即将出国的新生的出洋留学的梦想，打乱了回国过年准备返还校园的在校生的留学计划。本来被视为理所应当的出国实地留学变得异常艰难，至今难以实现。在美国前一天的中国禁令后，2020 年 2 月 1 日，澳洲政府第一时间宣布了针对中国大陆的入境禁令，大陆的留学生被暂时禁止进入澳洲。这确实让许多中国留学生措手不及，完全打乱了他们的留学计划。因此，这立刻引发了中国留学生的“维权请愿”活动，要求大学延迟两周开学（如悉尼大学）。在澳洲高校的集体游说下，2 月 13 日，入境政策修正为：“学生只有在赴澳前在中国大陆以外停留超过连续 14 天后，才会获准进入澳大利亚。”这又引发了中国留学生的“曲线返澳”。很多同学转道泰国、日本甚至欧美等，经第三国入境澳洲。笔者的学生中，同班同学竟然在泰国的酒店意外相遇。很多留学生刚开始为了能赶上开学，不惜周转各地曲线回澳，无论是曼谷、迪拜、吉隆坡、东京，都能找到在返澳长征中的澳洲留学生的身影。有报告显示，年初返澳的受访者，平均耗时3.28周才回到澳洲（《中国留学生白皮书》，2020）。

2020年3月19日澳大利亚政府发布了二次封锁令，将旅行禁令的范围扩大到了“外国公民”。自3月19日莫里森宣布“封国”后，彻底切断了很多澳洲留学生的回澳之路，不少被“困”在澳洲境外的同学开始焦虑，“接下来的半年时间是不是就这么荒废了？不能到校园去上学，只能接受远程教育，Study at home”（笔者的采访记录）。比较澳大利亚国内发生社会巨变时（2020年3月）至2020年11月的数据，注册澳大利亚教育机构并正在海外进行远程学习的国际学生人数从116 774人增加到138 060人。

2020年，留学生都在哪里？有多少留学生在澳洲境内，有多少人滞留澳洲境外？表2显示，超过半数的中国留学生被搁浅在澳洲国门之外。3月29日，173 724人名中国留学生中，66 928人在澳洲境外，占38.53%。到了10月25日，在澳洲境外的中国留学生的人数不降反升，达84 688人，占51.01%。来自中国的学生受到社会巨变的影响最大，因为一开始的旅行禁令是针对入境前在中国停留了14天以上者。许多中国留学生因在2020年第一学期开始前就滞留澳大利亚境外，无法入境。如果说当初滞留境外是被动的，那么后来增加的部分是对中国取得的成绩更肯定，前景更看好，而主动从澳洲返回中国的。祖国是危难之中中国学子的避风港，母亲的怀抱温暖着他们疲惫的身心（光明日报，2020-04-13）。

表2 澳大利亚国内外留学生

国别	2020年3月29日			2020年10月25日			总计
	境外	境内	总计	境外	境内	总计	变化
中国	66 928	106 796	173 724	84 688	81 220	165 908	−7 816
印度	5 743	91 994	97 737	8 665	78 659	87 324	−10 413
尼泊尔	1 259	44 052	45 311	1 345	39 480	40 825	−4 486
越南	2 894	19 434	22 328	3 522	17 311	20 833	−1 495

续表

国别	2020 年 3 月 29 日			2020 年 10 月 25 日			总计
	境外	境内	总计	境外	境内	总计	变化
马来西亚	1 664	17 352	19 016	2 975	13 231	16 206	–2 810
巴西	2 627	16 843	19 470	1 599	13 809	15 408	–4 062
哥伦比亚	1 940	15 914	17 854	1 600	13 379	14 979	–2 875
菲律宾	883	14 667	15 550	1 309	13 225	14 534	–1 016
韩国	1 733	14 424	16 157	3 088	10 941	14 029	–2 128
印度尼西亚	1 446	14 568	16 014	2 854	11 377	14 231	–1 783
其他	29 657	141 450	171 107	25 005	110 400	135 405	–35 702
总计	116 774	497 494	614 268	136 650	403 032	539 682	–74 586

资料来源：Peter Hurley, 2020: P8, Table 1

那 2021 年的境况又如何呢？“大学联会引述澳洲内政部的数据显示，截至 2021 年 1 月 31 日，澳洲境内有 37.6 万名国际留学生，其中 22.6 万人就读高等教育或研究课程；境外的国际学生数量则有 17.2 万人（占整体逾三成），其中 14.8 万人就读高等教育或研究课程。目前逾三成国际学生身处境外”。

（二）授课方式：从面授到网授

授课方式，从面对面授课变成了网上授课，“校园学习”变成了“居家学习”，而且渐渐成了一种新常态。据报道，网课也有受留学生欢迎的一方面，比如事先录制的网课，学生可以根据自己的需求，随时随地反复听看直到完全明白。其次国外的校园很大，网课不需要将时间消耗在从一个教室到另外一个教室转移的路程上，时间可以更加有效地被利用，比如更多地陪伴家人。但对于理工科而言，大学课程不仅是学习专业知识，更是需要从各个实操和实验课中实践出真知。有些需要自己动手制作手工模型的学科，专业能力的培养会受到一定的影响。而且网课也牺牲了大学校园的氛围、课堂的互动和社交的各项活动。网课成效大小一方面取决于学生的自律程度，另一方面也取决于校方是否有给予国际学生合理的关心和足够的支持。对网课的心态，随着时间的不断延期，很多学生已经从一开始的“期待”转换成了“厌倦”。对不得不网课感到失望和无奈，期盼着早日回归校园和课堂，见到久违的老师和同学们亲切的笑脸。

严格的边境管制，曲线返澳也被禁止，留学生回不了课堂，大学不得不采用完全网上授课新模式。但有澳洲的调查显示，受访学生们认为网课使得教学质量平均缩水 53.3%。“据教育部留学服务中心此前组织的关于中国留学生对澳高校网络授课的满意度调查，受各种措施限制，在澳境内的中国留学生 2020 年春季学期至今仍主要维持网络授课，学生普遍满意度较低。”（见《环球日报》2021-02-06 的报道）。天价网课受到广大留学生的质疑，因为这不仅意味着学生将肩负起更多自学的压力，还意味着留学生缴纳的高额学费大大缩水。

据留学生反映，授课方式，从在澳洲校园里面对面授课突然之间切换为网上授课，“时差和网络的关系，网课上得那叫一个糟心”。学生们的不满和抱怨声音日渐增多，学生和家长都担心网课会影响教学和学习的质量和效率。在家里上网课缺乏留学氛围的中国在线学习的学生渴望更多的互动机会，希望早日返回澳洲校园。

2020 年，从第二学期开始，有些大学尝试着回归传统的线下教育，但考虑到滞留在境外的留学生的需求，大学采用线下和线上相结合的方式。多数高校在 2021 年第一学期开始时，采用一种“混合式”授课模式。拥挤的大课因危险度大则仍然坚持网课，但小规模的辅导、研讨会和实验室教学在线下进行，部分面课回归，但取决于任课老师的裁决。

三、留学趋势：“新留学”模式兴起

在百年未遇之大变局下，留学模式从到国外“出国留学”“海外留学”变成了在国内“就地留学”，并且这或许会成为新的留学常态。

危难时刻，边境紧闭，入境无门，网上授课成为无奈的选择，但毕竟难以达到面授的效果。在听取了中国留学生对于“网上留学”，“居家学习”的反馈意见之后，澳洲高校积极应对，纷纷在中国开设“中国中心”，为留学生在中国国内提供校园生活，实现“就地留学”。根据 SMH 报道，澳洲高校纷纷直接在中国开起了学习中心，以留住滞留海外的留学生，帮助身在国内的中国留学生们也能获得禁令之下最佳的“校园学习体验”，为学生们提供一个能与同龄人一起在大学环境中学习的场所。UNSW2020 年在宜兴设立了一个中国学习中心，2021 年又在上海设立了学习中心。悉尼大学和 Study Group International 在上海开设了专门为中国留学生定制的预科项目。悉尼科技大学在其海外学习中心（OLC）为在中国上网课的学生提供物理学习空间和额外支持（2020 年在秦皇岛、重庆及南京的学习中心）。澳洲国立大学于 2020 年在上海设立了学习中心。Monash 大学原本在苏州就已经设立了学习中心，2020 年 11 月又与中国东南大学联合创办了一所研究生院。RMIT、斯威本科技大学等也都在中国设立了自己的学习中心（“澳专家建议降低移民门槛来吸引留学生，多校在中国开学习中心”，土澳的生活，2021–03–01；“澳多所高校设中国学习中心供中国学生线下学习，学生：仍想返澳”，微报澳洲，2021–03–02）。

面对面交流方式的效率高，效果好。很多留学生很想早点回到澳大利亚继续在课堂上的深造。除了学业，同时也体验澳大利亚的生活和丰富的文化。如何让这些滞留海外的留学生早日归来，各界争论不休，什么时候接他们回来，在莫里森政府坚持的“澳人优先”的原则下，在至今仍在海外的 4 万澳洲公民的回澳问题解决之前暂时难有具体的时间表。所以在这种不确定性的状态下，在国际边界仍然关闭的情况下，这种“就地留学”的模式，至少仍可以开展合作项目，让滞留海外的中国学生建立一种社区意识。创建中国中心这类国际合作平台，同时也显示出澳大利亚各个高校积极的态度，愿意为那些被禁止旅行的人提供额外的解决方案和服务。

从将来来看，现在出现了留学模式的多元化趋势。越来越多的学子将目光转向了国内的国际化教育项目。我们预测，“就地留学”或将迎来发展机遇。

结　论

通过对百年未遇之大变局下在澳洲的中国留学生的调查研究，我们得出以下结论：2020 年的社会巨变，对澳洲的中国留学生乃至澳洲华人社区都产生了巨大的负面影响，突如其来的全球性社会巨变，使得本来就饱受国际政治影响中的中澳留学发展遭遇到了极为严峻的挑战。

从留学生人口规模上来看，在全球性社会巨变的背景下，来自中国的国际学生人数在 2020 年出现了大幅下跌，使得持续保持了 19 年之久的留学生最大生源国的位置让位于印度。在社会巨变并未明显影响中国学生出国留学的热情，2020 年我国出国留学人数仍保持增长（白，2021；王，2021）的大背景下，而偏偏长期持续增长的澳洲却出现大幅下跌。这似乎可以说明中国留学生的持续上升态势出现了拐点。从对于将来留学生人口的预测来看，假如中澳关系得不到改善，2020 年的下跌在 2021 年将继续恶化，可能成为一种下降趋势的先兆。

中国留学生的大幅度下跌给澳洲的国际教育行业，澳洲的高等教育及其相关产业（留学中介，不动产，培训等）造成了极大的打击。社会巨变造成跨境流动受限，前景至今不明，在澳洲留学及相关产业面临严重危机。受社会巨变之影响，澳洲的多数高校收入大幅减少，裁员到处可见，失业率上升。而且目前留学生的问题已经超越教育界，严重波及许多留学相关产业，引起了社会的深度关切。同时也让澳洲教育界和社会各界清楚地认识到中国的分量，中国留学生的重要性，和为中国留学生提供更高品质的国际教育的必要性和继续努力的紧迫性。

全球性社会巨变彻底改变了既有的留学模式。严格的边境管控同时也对中国留学生的澳洲留学构成了极大的挑战。一道旅行禁令无情地打碎了很多即将出国的新生的出洋留学的梦想，打乱了回国过年准备返还校园的在校生的留学计划。封国禁令下，边境紧闭，难以跨越。一时风气的曲线返澳也在短时间内夭折。过半中国留学生滞留澳洲境外。

社会巨变并没有彻底阻断中澳间的国际教育交往，曾经侧重线下互联的中澳，借助信息技术的发展，转型为以线上互联为主的模式，留学澳洲也转为了在线学习。授课方式，从面对面授课变成了“网上授课”，校园学习变成了“居家学习”，而且渐渐成了一种新常态。不过网上授课，效果未及预期，满足度没有达到正常授课的高度。在澳洲的竞争对手如英国加拿大开放边境的情况下，社会巨变可能会更加深刻地影响到未来一段时期内中国学生选择澳洲作为出国留学目的地的意愿与积极性，对澳洲的国际教育和整个留学产业的发展具有深远影响。

博士生在澳洲的留学生总人口中约占三分之一的比重。全球性社会巨变具有改变澳洲作为中国人留学目的地国首选之一的可能性。新西兰或将有可能迎来高层次人才竞争的新机遇。有受访的在澳华人认为，莫里森政府应该敏锐地认识到，在美国的单边主义、保护主义的影响下，中澳之间的国际关系因中美关系的牵连而受到了严重冲击，我国留学趋势正在向选择开放的区域迁转，澳大利亚如果不认清形势及时悬崖勒马停止做美国的马前卒，有可能被中国留学生抛弃，其重要性有可能被对华态度相对灵活的邻国新西兰所取代，对澳洲国家利益非常不利。澳洲留学相关政策走向与以往不尽相同，国际学生流动格局或存在更多变数。在中美交恶，澳洲的外交政策紧跟美国的大背景下（Cotton，2021），中国留学生比以往更担心受民粹主义，种族歧视的影响。澳洲对全球突发性事件的管控相对较好，受到中国留学生的好评，但莫里森政府接下来如何确保澳洲外交独立，同时促进作为移民国家多元社会的价值观的回归，怎样对留学和移民政策进行具体调整，能否有效挽救其留学产业发展，仍有待进一步观察。

“新留学”模式兴起，百年未遇之大变局下，留学模式从赴国外“出国留学/海外留学”变成了在国内“就地留学”，并且这或许会成为一种新的留学常态。国际合作办学成为趋势，且充满机遇。

我国将可能迎来高层次人才竞争的新机遇。特朗普政府出台了各类限制留学生赴美留学、就业和移民等相关政策之后，澳洲政府也同时打压有中国背景的高层次人才，特别是科技精英，促使他们下定决心回归祖国的怀抱，寻求更大的施展才华的舞台。

在改革开放后中国的现代化实践过程中，无论是回归祖国的还是暂时留在海外发展的留学生都发挥了重要的作用，这有目共睹。这次全球性突发事件面前，留学生与分布于全球的6000万华侨华人一样热爱自己的祖国，热爱自己的家乡，关爱自己的家人。面向未来，无论留学生对于今后的居住国家和城市作出什么样的选择，他们在经历了这次全球性的社会巨变的洗礼之后，定将变得更加坚强，并且在中外文明互相借鉴完善，共同构建人类命运共同体的伟大进程中继续发挥独特的，不可替代的作用。

参考文献：

1. 澳大利亚华语辩论协会，《澳洲中国留学生白皮书》，2020年。

2. 澳洲 Henry，《澳洲留学生市场还有未来吗？》，YouTube，2020–05–15。

3. 白紫文：《CCG中国留学发展报告2020~2021：留学目的地国已更加多元化》，观察者网，2021年3月2日。

4. Berg，Laurie.，2020调查报告，《好像我们不是人：被离弃的澳洲临时居民》（As if we weren' t humans: The abandonment of temporary migrants in Australia during COVID–19）。

5. Biddle, Nicholas., Matthew Gray and Jieh Yung Lo, 2020, "The experience of Asian–Australians during the COVID–19 pandemic: Discrimination and wellbeing".

6. 邓飞，《中澳贸易与政治的倒置澳洲国民身份认同的纠结》，《联合早报》，2020年12月6日。

7. Hsu，Jennifer., Natasha Kassam., 2021，《"在澳大利亚做中国人"——华人社区民意调查》（"BEING CHINESE IN AUSTRALIA" Public Opinion in Chinese Communities），罗伊研究所（Lowy Institute）。

8. Hurley, P., 2020, "Coronavirus and International Students", Mitchell Institute, Victoria University, Melbourne.

9. Hurley, P., 2020, "International students vital to coronavirus recovery",

Mitchell Institute, Victoria University, Melbourne.

10. Hurley, P., & Van Dyke, N., 2020, "Australian investment in education: higher education", Mitchell Institute, Victoria University, Melbourne.

11. James, F., "International students could soon fly to Darwin from Singapore, but questions about cost still remain".(2020, 29 September).

12. Kley, Dirk van der., Benjamin Herscovitch, 2021, "Protecting Education Exports", Policy Options Paper No. 18, National Security College, Australian National University, Canberra.

13. Lowrey, T., & Borys, S., "Proposal to fly hundreds of international students back to Canberra university campuses", ABC News,(2020, 18 June).

14. Morris, A., Hastings, C., Wilson, S., Mitchell, E., Ramia, G., & Overgaard, C., 2020, The experience of international students before and during COVID–19: Housing, work, study and wellbeing. Sydney: Sydney: University of Technology Sydney.

15. Om, Jason., "Report reveals racist abuse experienced by Asian Australians during coronavirus pandemic", ABC NEWS, 2020–07–24.

16. Cotton, Tom., "Beat China: Tageted Decoupling and the Economic Long War" 2021–02–17.

17. Patty, Anna., "Australian university study hubs keep students engaged in China", SMH, 2021–02–28.

18. 王辉耀苗绿全球化智库（CCG）与西南财经大学发展研究院共同研究编著,《中国留学发展报告（2020~2021）》蓝皮书，北京：社会科学文献出版社，2021年。

19. 王俊岭:《隐蔽的歧视：华人留学澳洲的交友难题》，纽约时报中文网，2017年8月9日。

20. 王晰宁:《现在在澳大利亚做中国的朋友真难——王晰宁公使在澳大利亚中国工商委员会首都分会年度晚宴上的讲话》，中华人民共和国驻澳大利亚大使馆官网，2021年3月1日。

21. 张明丽:《中国留学生图鉴：出国回国都不容易，教育资源如何调配？》,《财经》，2021 年 2 月 14 日。

22. Zhou, Naaman., “Asian Australians threatened and spat on in racism incidents amid coronavirus” , The Guardian, 2020–07–24.

23. “How unis are preparing for a looming crisis” , The Australian, 2021–03–01.

24.《连续“留学预警”，澳大利亚对中国留学生究竟有多不友好》,《环球时报》，2021 年 2 月 6 日。

25.《在澳中国留学生：实体转线上，YQ 改变我的就业观》，中国新闻网，2020 年 8 月 10 日。

26.《中国留学预警或伤澳洲华人企业》,《悉尼邮报》,2020 年 6 月 17 日。

27.《情系留澳学子 祖国在你身边——我驻澳使领馆大力帮助留学生安心学业、团结抗疫》,《光明日报》，2020 年 4 月 1 日。

公共卫生危机下美国唐人街餐饮业面临的困境及应对

詹娜　徐惠临 *

【摘要】现今的公共卫生危机对美国唐人街餐饮业造成了巨大的负面影响，失去了大量人流的唐人街餐饮业面临着营业额大幅且持续下降的危机，许多店铺在收入和成本不成正比的情况难以为继，走向崩溃。而造成这种局面的因素是复杂多样的，既有在全美各地出现的反亚裔仇恨情绪、唐人街餐饮业商业模式难以适应现状等间接因素影响，也有在公共卫生危机下游客减少、成本提高等直接因素影响。正是在各种因素的共同打击下，唐人街餐饮业的复苏举步维艰。虽然困难重重，但唐人街没有自我放弃，从餐饮业业主个人到民间组织，从青年学生到退休老人，从普通社区居民到公众人物都试图以各种方式拯救美国唐人街餐饮业，为美国唐人街餐饮业找到未来的方向。

【关键词】公共卫生危机；美国；唐人街；餐饮业

唐人街（Chinatown），又称华埠、中国城，是华人地区以外国家的城市里的华人聚居区。美国唐人街的形成最初是从19世纪30年代开始，1848年加利福尼亚发现金矿后规模化的中国移美浪潮形成，颠沛流离的中国人作为少数族裔为防止种族敌意和暴力“抱团取暖”的安全港，并逐渐发展调

---

* 作者简介：詹娜，女，华中师范大学历史文化学院副教授，主要研究方向为法国史、国际移民与华侨华人研究；徐惠临，女，华中师范大学历史文化学院研究生。基金项目：国家社科基金一般项目“近代法国王权与地方贵族关系研究”（17BSS035），中央高校基本科研业务费华中师范大学青年学术创新团队项目《近代欧洲国家治理研究》（CCNU20TD010）。

动中国移民的金融和社会资本的场所。简而言之，美国唐人街逐渐从华人居住区发展为一个集旅游、餐饮、历史等多领域齐头并进、极具商业价值和特色的华人社区。与许多当代美国移民一样，1965 年的《移民与国籍法》（Immigration and Nationality Act）在过去 50 年为越来越多的中国移民打开了大门。1979 年中美关系正常化后，一波又一波来自中国大陆的移民因为经济的吸引力不断涌入美国，由于语言沟通困难、种族歧视由来已久以及在劳动力市场上缺乏足够的竞争力，美国唐人街率先兴起的行业便是“依赖廉价、脆弱和充足的低工资劳动力”①的服装业和餐饮业。

美国唐人街餐饮业最初是 19 世纪为中国码头工人和水手提供服务而出现的，随后又因其价格低廉，营业时间长，美国本土居民也被神秘的异国风味的食物所吸引，在需求刺激下，美国唐人街餐饮业逐渐形成规模。1882 年《排华法案》禁止了华人劳工的移民，但豁免了符合“商人”资格的移民。麻省理工学院法律历史学家希瑟·李（Heather Lee）指出：“这些法律有一个重要的例外：一些在美国的中国企业主可以获得特殊的商业签证，允许他们前往中国，并将员工带回美国。最开始只有少数类型的企业有资格获得这种地位。1915 年联邦法院将餐馆列入了这一名单，餐饮业的繁荣由此开启。美国中餐馆的数量从 1910 年到 1920 年翻了一番，从 1920 年到 1930 年又翻了一番。”②“商人签证使企业主能够担保亲属移民，为中国的工人和资本转移至美国提供了一条渠道。他们的生意（餐饮业）变成了规避移民限制和培养稳定的移民劳动力的工具。”③因此，美国华人的餐饮业日益壮大。到 20 世纪 80 年代中期，美国中餐厅的雇佣人数达到 1.5 万人。在美国唐人街餐饮业繁荣的同时，一个垂直整合的唐人街餐饮业供应商网络出现了，服务于中国民族餐馆经济的各个方面——蔬菜批发商从新泽西、长岛和佛罗里达的华人农场购买农产品；进出口公司从中国进口蘑菇、竹笋和荔枝罐头；餐馆供应商店出售厨房设备、筷子、茶杯、酱油包、十二生肖桌垫和商店橱窗的霓虹灯招牌，纽约的仓库和面

① Joshua B. Freeman: City of Workers, City of Struggle: How Labor Movements Changed New York[M], New York: Columbia University Press, 2019, p. 375.

② Maria Godoy: “Lo Mein Loophole: How U. S. Immigration Law Fueled A Chinese Restaurant Boom”, National Public Radio, February 22, 2016.

③ Michelle Chen: “Chinatown’s Long Covid”, The New York Review, March 4, 2021.

条工厂将米粉和饺子运往美国各地，印刷店为全国各地的中餐馆制作菜单。①

由此，聚集在美国唐人街的餐饮业供应商网络使开办餐馆变得容易很多，商业投资的机会也更容易获得。同时，从华裔到本土居民，从留学生到外来游客，唐人街餐饮业的受众范围广且数量大，发展较为迅速，到 2020 年美国约有 4 万家中餐馆，比麦当劳、温迪汉堡和汉堡王的总数还多。②然而，2020 年公共卫生危机的爆发使得美国唐人街餐饮业陷入多重困境中。

一、唐人街餐饮业遭受打击

根据美国人口普查局的初步数据，2020 年 4 月份餐饮场所的销售额仅为 324 亿美元，扣除通货膨胀因素后，餐饮场所的销售额跌至 1984 年 10 月以来的最低水平。③据美国国家餐馆协会（National Restaurant Association）的数据，从经济角度来看，美国有 10 万家餐馆暂时或永久关闭，仅在 2020 年 12 月，就有约 40 万个餐馆工作岗位流失。④小型企业软件数据提供商 Womply 研究小组深入分析了因公共卫生危机导致的各行业关门率，如图 1 所示，餐馆的关门率在一众行业中遥遥领先并一直高居不下。

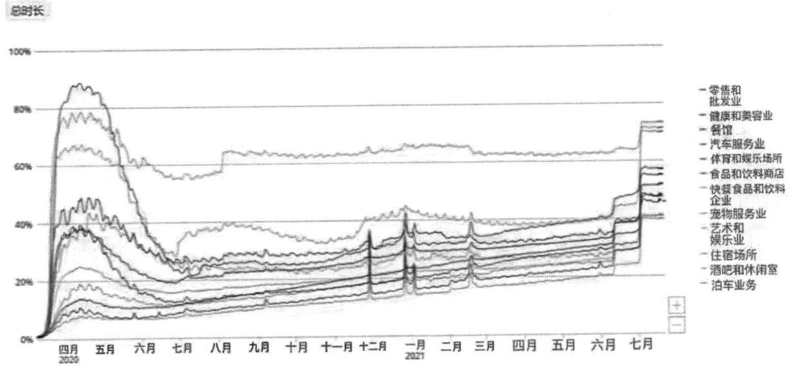

图 1　Business Closure Rate by Category 各行业关门率

① Joshua B. Freeman: *City of Workers, City of Struggle*, p. 387.

② Joshua B. Freeman: *City of Workers, City of Struggle*, p. 389.

③ https: //restaurant. org/articles/news/restaurant-sales-fell-to-lowest-level-in-35-years.

④ Lee Breslouer: "The Best Things That Happened To Restaurants In The Worst Of COVID Times", *Huffpost* April14, 2021.

另一方面，与其他族裔的企业相比，亚裔企业所遭受的损失更大。据加州大学洛杉矶分校的研究人员估计，仅在 2020 年 2 月至 4 月间，就有估计约 28% 的亚裔美国人拥有的小企业被迫关闭，而非拉丁裔白人所拥有的小企业的关闭率仅有 17%。[①] 故两相结合之后，亚裔餐饮业的受打击程度可想而知。Womply 研究在 2020 年 5 月所追踪的 2833 家美国中餐馆中，近一半已停止交易，表明它们已经关闭。而这个数据随着疫情范围的扩大还在持续增长中。[②]Womply 研究小组对美国各国菜系餐馆的倒闭率对比数据研究更直接了当展现出中餐馆在公共卫生危机一开始便陷入超高倒闭率的困境（如图 2）：

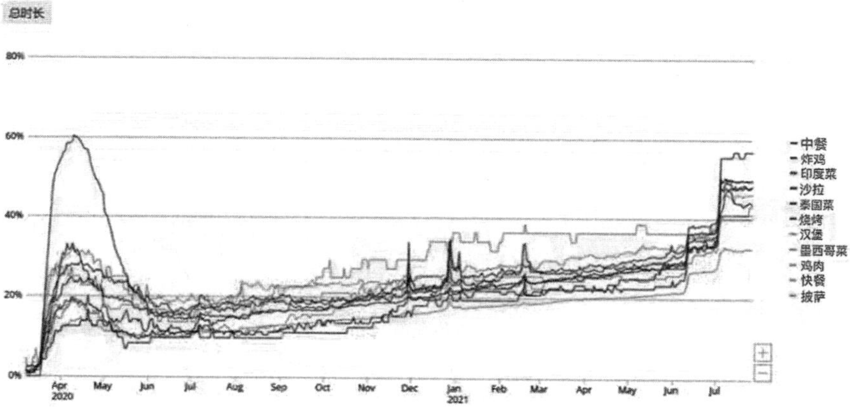

图 2

在各类新闻报刊对美国唐人街餐饮业业主和员工的采访中也验证了上述现象。纽约唐人街佩尔 12 号理发店的创始人卡霍·梁（Karho Leung）在接受 BBC 的采访时说："纽约市的唐人街是世界上唯一一个从未真正关闭的地方。我们圣诞节不关门，新年不关门，但去年 5 月商店基本都关门了。"[③]"唐人街如同鬼城，许多店铺都拉上了铁闸，人烟稀少。" 在唐人街附近经营马来菜餐厅的华裔餐饮业者蔡孟伶说：4 月底时，餐厅的日营业额就只有以往的 2%—

① Michelle Chen: "Chinatown's Long Covid", *The New York Review*, March 4, 2021.

② Stephanie Yang: "New York's Chinatown Businesses Struggle to Survive Coronavirus Shutdown", *The Wall Street Journal*, May 7, 2020.

③ Sophie Williams: "Covid-19: Chinatowns fighting racism and pandemic to survive", BBC News, 12 February, 2021.

5%。[①]这些实际案例揭露出美国唐人街餐饮业面临的困境，具体表现在客流量、贸易额大幅下降，租金成本负担不减，以及遭受歧视、骚扰三方面。

首先，在客流量和贸易额方面，美国全国广播公司（NBC）报道称，早在2019春节开始，美国各地唐人街就遭受了巨大打击。唐人街合作组织（Chinatown Partnership）的执行董事惠灵顿·陈（Wellington Chen）说，2020年2月他便注意到了大型宴会场所出现了大规模的活动取消的现象，另外该地区商业垃圾收集量也有所下降。这表明唐人街的人流正在下降。往年农历1—2月通常是春节前后最繁忙的时段，商人能赚取的利润占其年收入的30%。[②]然而疫情开始后，本就利润微薄的唐人街餐饮业遭受到沉重打击。尽管从2020年夏天开始，纽约、旧金山等城市陆续推出“户外用餐”计划和有限的室内用餐，虽然增加了一些客流量，但情况依旧没有得到很大的改善，纽约中华公所主席于金山（Justin Yu）告诉NBC，自9月底以来，恢复25%的室内服务或许使一些大型餐厅受益，但对于小餐馆来说，收益往往不足以支付工资。[③]例如曼哈顿唐人街最受欢迎的一家广式茶餐厅Noodle Village的工作人员对《德国之声》透露：“虽然现在主管部门允许餐厅开放25%容量的堂食服务，但目前连这25%的客源都没有达到”，而这家餐厅在此前通常要排队才能吃到。[④]至于放宽限制成效微弱的原因，纽约《食客》杂志进行了一项问卷调查，得出如图3的结果：

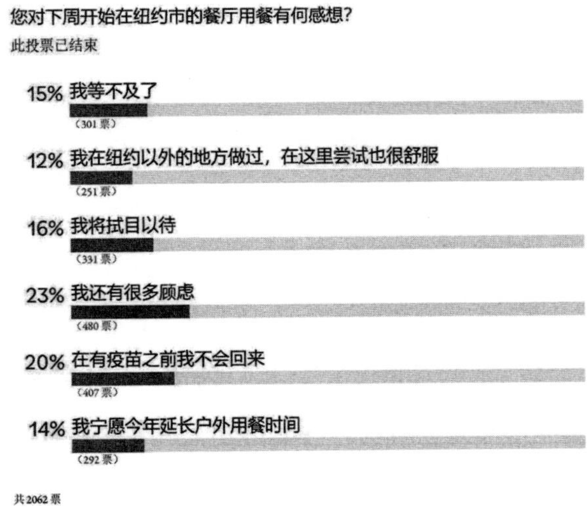

图3

---

① 《唐人街：疫情之后，还会好吗？》，中国侨网，2020年6月28日。

② Michelle Chen: “Chinatown’s Long Covid”, *The New York Review*, March 4, 2021.

③ 齐倩：《美国唐人街一度沦为“鬼城”，挣扎自救》，观察者网，2020年12月17日。

④ 李媚玲：《疫情下的纽约曼哈顿唐人街正在消失》，*Made For Minds*, October 17, 2020。

由图表看出，尽管一些用餐者对再次进入室内用餐感到兴奋，但更多人仍对回归深表怀疑，不愿意在室内用餐，故美国唐人街的客流量和营业额的危机迟迟得不到解决，收入不足的同时又面临着租金成本不减的威胁。

NBC 还指出，对许多商人来说，比客流不稳定更紧迫的担忧是“商业驱逐禁令”即将到期。旧金山的禁令原定于 11 月 30 日结束，但在上月被延长至 2021 年 3 月。这代表着，如果租户未能在 3 月份之前缴纳房租，房东则有权利将其“驱逐”。一直在唐人街为商业租户提供无偿服务的房地产律师洛先生（Allan Low）说，他的客户中只有少数人有财力在短期内偿还租金，除非有人干预，否则“我们社区将出现大规模流离失所的情况”。[①] 因此，很多餐厅为了降低损失宣布关门。

除此之外，根据中国侨网的报道，一些唐人街商户华裔、亚裔背景受到骚扰。例如，“茶霸”以及“九汤屋”面馆的老板林国耀表示他们曾接到过许多骚扰电话。比电话骚扰更骇人的是对店铺的暴力破坏，在 6 月初的一场示威游行中，洛杉矶唐人街的益群药房、真心金铺，以及华人阅览室、万里香餐馆等，都遭到了打砸抢，电脑、投影仪、现金、药品及首饰等众多财物在混乱中被抢走。[②] 此外，非裔男子乔治·弗洛伊德遭白人警察暴力执法致死引发的风波愈演愈烈，唐人街也受到了波及，如西雅图因弗洛伊德之死暴发的抗议导致数十家亚洲人拥有的商店遭到大规模的暴力破坏，[③] 这些骚扰和暴力破坏让唐人街商家“雪上加霜”。

无论是简洁有力的数据图表统计，还是令人揪心的业主口述和新闻报道，都显示出美国唐人街餐饮业客流量和营业额的惨淡、租金成本的难题以及倍受歧视和骚扰的现状共同构成了新形势下美国唐人街餐饮业的困境。

二、唐人街餐饮业萧条的原因

正如纽约历史学家米歇尔·陈（Michelle Chen）在《纽约书评》杂志中

① 齐倩：《美国唐人街一度沦为“鬼城”，挣扎自救》，观察者网，2020 年 12 月 17 日。
② 《唐人街：疫情之后，还会好吗？》，中国侨网，2020 年 6 月 28 日。
③ 齐倩：《美国唐人街一度沦为“鬼城”，挣扎自救》，观察者网，2020 年 12 月 17 日。

指出：美国唐人街餐饮业在过去经历了多次危机，如911危机、2008年经济危机和2012年的超级风暴“桑迪”等，但从来没有像这样如此严重且旷日持久的收入损失①。这种反常现象是多种因素综合作用而成。

（一）排华情绪和种族歧视重现

美国的种族歧视由来已久，特别是针对华裔。19世纪加州作家皮尔顿·W.杜纳（Pilton W. Duna）在他的未来主义小说中讲述了一段虚构的中国移民到西海岸的历史，描绘了一个反乌托邦的未来。根据杜纳的说法，中国人与美国白人在“礼仪、衣着、生活习惯、宗教和教育”方面存在差异，但更重要的是，“他们也无法同化，无法进行社会交往”，仍然是“与美国生活的每一种情感和联系都格格不入的种族”。②杜纳的观点代表了当时美国社会反华势力对华人、华裔的主流观点，把他们称为“异教徒苦力”，“异教徒”是种族和宗教的标志，“苦力”是一种经济形态，象征着廉价的、奴性的和外来的劳工。种族和经济因素的交织让许多美国人看到了威胁——“中国人通过劳动力竞争压低了白人的工资，同时拒绝消费美国产品”。③如果说“苦力”的形象激起了人们对奴隶制度重生的恐惧，那么“异教徒”的形象则激起了人们对美利坚合众国破灭的噩梦。④这种双重反面形象成为反华情绪和反华运动的重要源泉。在19世纪60—70年代，一个庞大的草根反华运动与排外呼声联合起来。在1879年加州的选举投票中，99%的加州选民宣称他们“反对中国移民”，成千上万的加州白人参加了反华集会。⑤

在这种背景下，美国政府陆续出台多项针对华人的排挤法案，首先是1875年的《佩奇法案（Page Act）》，减缓了中国妇女的移民，1880年的《安吉尔条约（Angell Treaty）》和1882年的《排华法案（Chinese Exclusion

---

① Michelle Chen: “Chinatown’s Long Covid”, *The New York Review*, March 4, 2021.

② Beth Lew-Williams: *The Chinese Must Go: Violence, Exclusion, and the Making of the Alien in America*[M], Cambridge: Harvard University Press, 2018, p. 28.

③ Beth Lew-Williams: *The Chinese Must Go*, p. 32.

④ Beth Lew-Williams: *The Chinese Must Go*, p. 33.

⑤ Beth Lew-Williams: *The Chinese Must Go*, p. 40.

Act）》暂时限制了中国劳工的迁移。在 19 世纪 80 年代中期爆发的前所未有的反华浪潮的推动下，美国国会于 1888 年转向单方面的排外政策，并在 1892 年进行了驱逐。甚至 19 世纪在美国公民权陆陆续续向黑人和印第安人开放时，华人依然备受打压。在地方层面，反华人士竭力禁止华人进入被视为白人公民权利的领域，禁止从事一些白人公民的职业。在国家层面，他们努力阻止中国移民进入美国，并拒绝那些已经在美国的华人成为美国公民。在国际层面，竭力将中国排除在移民问题讨论外，希望将双边政策转变为单边政策。[①] 简而言之，华人在美国的移民史也是一部声泪俱下的受歧视史，再加上现今的公共卫生危机，以及部分政客的故意误导，都诱发了美国社会排华情绪和种族主义的复燃。

同时，针对亚裔的骚扰和暴力行为大幅上升，由亚太政策与规划委员会（A3PCON）、华人权益促进会（CAA）和旧金山州立大学亚裔美国人研究中心共同发起的“停止歧视亚裔和太平洋岛居民（Stop AAPI Hare）”项目记录了针对亚裔社区的恶意攻击事件及其令人惊恐不安的趋势，根据该组织统计：从 2020 年 3 月 19 日至 2021 年 3 月 31 日期间，共收到来自全美范围内 6603 起反亚裔仇恨事件报告，言语骚扰（65.2%）和回避（18.1%）占两个最大比例，身体攻击（12.6%）排第三，侵犯公民权利的行为（如工作场所歧视、拒绝服务和被禁止交通等）占事件总数的 10.3%，在线骚扰占事件约 7.3%。华人华侨报告的仇恨事件（43.7%）明显多于亚裔其他民族（韩国人 16.6%、菲律宾人 8.8%、越南人 8.3%）。

唐人街合作伙伴（Chinatown Partnership）和唐人街商业改善区（Chinatown Business Improvement District）主管陈先生（Wellington Chen）说，这些袭击不仅威胁到华人华侨的生命安全，还造成了大量失业问题。尤其是对亚裔小企业不利：从 2020 年 2—4 月，全美有 233 000 家亚裔企业关闭，损失巨大。[②] 根据美国劳工统计局的数据，亚洲人的就业下降幅度大于其他人群。将

① Beth Lew-Williams: *The Chinese Must Go*, p. 5.

② Kara Chin, Amelia Kosciulek, and Mark Abadi: “2 organizations are working to revive NYC’s Chinatown as it reels from the pandemic and racial stigma”, *Insider*, Aug 5, 2020.

公共卫生危机（2020 年 2 月）前 12 个月与后 12 个月的平均就业水平进行比较，亚洲就业人数下降了 8.2%。比总人口下降 7.3% 的幅度更大。在个体经营户中，亚裔在大流行后的 12 个月内下降了 5.8%，高于总人口下降的 2.2%，具体情况如下图所示：

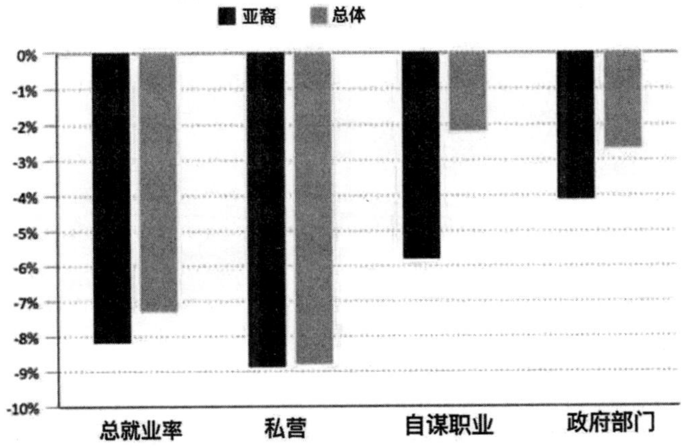

图 4　按工人类别划分的就业率下降百分比

由此可见，新形势下种族歧视的重现造成了排华情绪高涨，滋生了众多骚扰和暴力行径，以及华人华侨的失业率大增，这种歧视不仅毫无道理，而且也会造成恶果，正如香港教育大学社会学的李老师（Minnie Li）在 Facebook 中写道："把一种疾病与一群人联系在一起，并认为驱逐、隔离这群人是一种有效的保护措施，只会分散我们对真正威胁的注意力。"①

（二）公共卫生危机下旅游业的凋零

美国国土安全部 I–94 记录的 2019 年海外入境数据总计 4039.3 万游客，同比增长 1.3%，支出（旅行和旅游出口）估计总额为 2114 亿美元。旅游业创造了 1.9 万亿美元的经济产出，提供了 950 万个就业岗位，占 2019 年美国 GDP 的 2.9%，超过农业、采矿业或公共事业部门。然而公共卫生危机后，旅游业受到了严重的影响。2020 年，全球国际游客人数比 2019 年下降了 74%，

① Yasmeen Serhan, Timothy Mclaughlin: "The Other Problematic Outbreak", *The Atlantic, March* 13, 2020.

而美国的国际游客人数也下降了 75%，并且在 2021 年初仍处于低迷状态。根据美国旅游业指标数据统计，公共卫生危机下该产业的凋零十分显著：

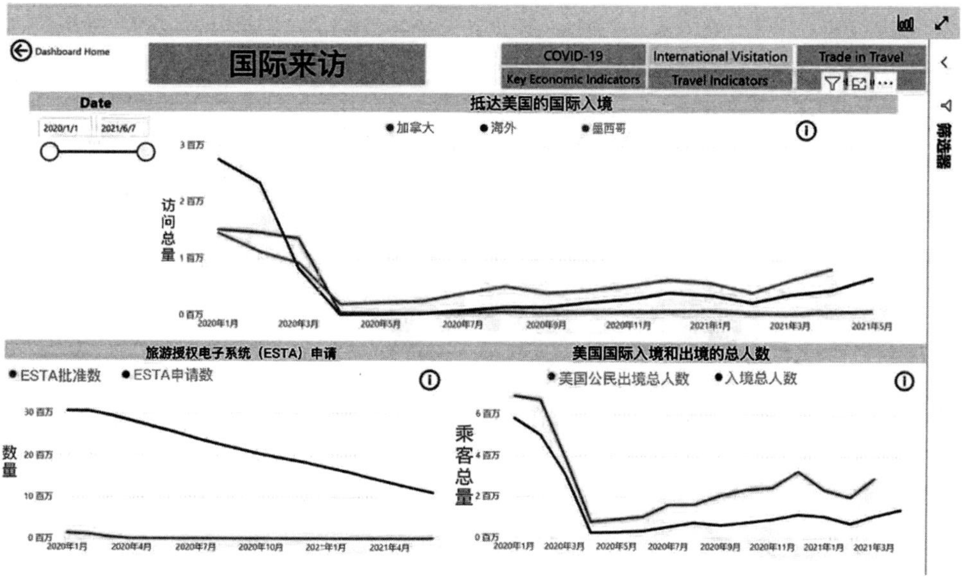

图 5

另外，根据美国旅游协会（U. S. Travel Association）2018 年的数据显示，中国是美国第三大海外游客的来源国。在美国各城市中，纽约是首选目的地。而在纽约市，中国游客又是第二大外国游客群体。[①] 这些中国游客是唐人街餐饮业收入的重要支柱。从事旅游业研究的旅游经济学预测，2020 年来自中国的游客将减少 28%，消费额将减少 58 亿美元。纽约大学的助理教授肖恩·F·亨尼西（Sean F. Hennessey）表示：非典结束后三年中国游客人数才恢复到非典前的数字，而当时中国占该市外国游客的比例不到 2%。[②] 因此，这次公共卫生危机对美国旅游业的影响必然大大超过了非典暴发时期。

依赖旅游业的唐人街在城市封锁、航班取消的困境中难以脱身。以纽约

① James Barron: "Coronavirus in N Y.: Without Chinese Tourists, Business Says", *The New York Times*, Oct, 1, 2020.

② James Barron: "Coronavirus in N. Y.: Without Chinese Tourists, Business Says", *The New York Times*, Oct, 1, 2020.

曼哈顿唐人街为例，其经济主要以每年访问纽约的游客为基础，但现在游客很少。“我们通常有 30 万市中心的工人，但现在没有人来上班。2019 年，曼哈顿有 6650 万游客，即使三分之一或一半的人来到唐人街，能想象会损失多少生意？相当于整个客户群都消失了。”[①] 一家安排中文巴士旅游的公司的经理唐陈说：“在旅行限制生效之前，每辆巴士上的乘客数量大约是一年前的一半——每天接待 10–20 名顾客，而去年每天接待 30—40 名”。城市封锁后，“一切都停了，乘客和收入都为零”，法拉盛的另一位旅行社杨立军坦言。[②] 简而言之，没有游客支撑，唐人街经济举步维艰。正如格蕾丝·杨（Grace Young）在《美食与葡萄酒》（Food & Wine）杂志上所写的那样，唐人街的经济“依赖于数量”，以低价格吸引顾客。[③] 故如果没有大量的订单支撑，这种薄利多销的商业模式是不可持续的。一般来说，曼哈顿唐人街的商家不愿意涨价，因为他们担心会疏远那些期望低价的顾客。而反华情绪的高涨和旅游业的凋零，使唐人街餐饮业的客流量大大减少，其餐饮业的惨淡收入可想而知。

（三）唐人街餐饮业固有的商业模式

当人们不愿或不得进入餐馆时，一些地方的餐饮业就开始发展外卖业务，但对于唐人街餐饮业来说，外卖业务却发展困难。首先，唐人街周边的常住居民少，中国留学生也基本走光了。其次，以堂食为主的中餐厅无法适应向外卖的转型。此前纽约一家著名中餐连锁西安名吃曾在点餐处重点标明：“堂吃效果最好，如外带汤面口感会出现偏差。”纽约曼哈顿唐人街面食店铺（Noodle Village）的工作人员也强调：“我们是以堂吃为主的餐厅，我们的粥、汤面和馄饨都是现做现吃味道最好。我们不怎么做外卖，外卖的业务也不太

① Garin Pirnia: “Grace Young: Most People Have No Idea How Much Chinatowns Are Hurting”, Huffpost, May 12, 2021.

② James Barron: “Coronavirus in N. Y.: Without Chinese Tourists, Business Says”, *The New York Times*, Oct, 1, 2020.

③ Chris Crowley: “Two Chinatown Closings Are Signs of a Bigger Problem”, *New York Magazine*, November 4, 2020.

好。”①

但为了生存，越来越多的唐人街餐馆开始尝试送外卖，与纽约当地的外卖送餐平台合作，大一点的餐馆甚至开始做自己的外卖网站，客人扫码就可以在线点餐送外卖。但包装、提货和送货的成本问题又出现了。外卖包装包括可生物降解的饭盒、牛皮纸袋、外部贴纸等，再加上与Caviar、Doordash、Uber Eats 和 Postmates 等各种第三方交付和外卖平台相关的提成费用压缩了利润空间，一直以来以低廉价格取胜的中餐很难长久支撑。正如纽约唐人街无赖潜水酒吧（Ruffian Does Dive Bar）的管理合伙人与总监在接受采访时透露："我们在一个地方每周的销售额要达到 3 万美元才能满足开支。也就是说，每周约有 650 人订购送货或取货，平均每人 45 美元。这在外卖平台抽成 30% 之后近乎不可能。”② 因此唐人街餐饮业陷入矛盾的困境。

（四）配合防护的成本增加

从 2020 年夏天开始，美国各地陆陆续续开始了“户外用餐”计划和有限的室内用餐，死寂多月的唐人街餐饮业似乎终于可以开门营业了，但营业结果不尽人意，其重要原因便是一系列用餐条件的限制和成本的增加。

以纽约市为例，开放餐厅计划（NYC Open Restaurants Program）启动后，由纽约市小企业服务局、交通局、卫生局以及夜生活办公室和特别执法办公室组成的跨机构特别工作组制定了纽约市开放餐厅计划参与商家的核查清单，核查清单中要求商家遵循纽约州法律和指导准则，包括食品服务行政命令和纽约州个人防护装备（PPE）要求。核查清单也要求商家遵循纽约市交通局开放餐厅指导准则，尤其是室外座位和道路无障碍指导准则的要求。具体来说，为保证户外就餐的安全性，对户外就餐区距离马路路缘的距离、围墙高度提出了要求，不能阻碍人行道、骑行道和公交车道等。这一方面直接过滤掉唐人街一些位置不适合的商家，另一方面在合适的位置布置安全舒

---

① 李媚玲：《疫情下的纽约曼哈顿唐人街正在消失》，*Made For Minds*, October 17, 2020.

② Moshe Schulman, Alexis Percival, Patrick Cournot: “The Paycheck Protection Program Is Failing” , *The Atlantic*, April 16, 2020.

适的户外就餐也是一笔不小的开支。随着天气转凉和纽约感染率的下降，有限的室内用餐也逐渐恢复。然而室内用餐并不比户外就餐省力，纽约政府针对室内用餐也颁布了一系列的规定：允许餐馆以25%的容量重新开业；除了坐在桌子旁时，任何时候都必须戴口罩；进入餐厅的人都需要进行体温检测；餐厅必须收集保留每个顾客的信息，以便追踪病例时方便联系；餐厅要求安装增强型过滤系统；桌子需要相距六英尺；所有餐厅都必须在午夜关闭；餐厅要求在外面张贴其全部容量，并通过语音或文本方式提醒违反社交距离的规定。由此可见，室内用餐的限制和规定也十分烦琐，正如平氏海鲜（Ping’s）的老板兼行政总厨陈平辉（Chuen Ping Hui）所说："室内用餐对你的需求更高，因为防护罩、口罩、消毒剂、空气过滤、高效微粒空气过滤器（HEPA）设备的额外成本从来没有出现在之前的预算中。"①

三、应对措施

新形势下美国唐人街餐饮业的困境前所未有，而且是多因素综合作用的结果，因此面对这些困境需要采取更全面、更有针对性的措施，需要唐人街居民团结一心，共同努力。

（一）加强人身安全防卫

保证唐人街餐饮业正常营业的一个重要前提是店主和顾客的人身安全得到保障，特别是现形势下美国社会排华情绪和种族歧视抬头，针对华人华侨的暴力袭击数量急剧增加，许多唐人街的工作人员在上下班的路上受到骚扰，曼哈顿唐人街社区委员会成员卡林·陈（Karlin Chan）注意到与公共卫生危机同时蔓延的种族歧视情绪已经威胁到了唐人街居民的安全，2020年2月，他联络了一些朋友，成立了"唐人街街区守望台"（Chinatown Block Watch），成员们统一穿上了颜色鲜艳的橙色T恤和背心，轮流在唐人街及其附近的街上巡逻，该团体包括男女志愿者，年龄从20—60多岁。如果情况好转，他们

① Kara Chin, Amelia Kosciulek, and Mark Abadi: "2 organizations are working to revive NYC’s Chinatown as it reels from the pandemic and racial stigma", *Insider*, Aug 5, 2020.

会解散，如果情况变得更糟，可能会增加巡逻频率或增加夜班。然而一年后，情况显然没有改善[①]。最近在亚特兰大地区发生的枪击事件就是一个可怕的例子[②]，一位成员钦森·格雷森（Grayson Chin）说："反亚情绪仍在继续，我们只是想成为一股可见的威慑力量，让生活在这里的亚洲人感觉到安全和舒适。"除了社区成员们的志愿巡逻行为，美国一些唐人街采取"外包巡逻"的形式来确保附近居民的人身安全。以奥克兰唐人街为例，鉴于商家们被最近发生的一系列袭击和抢劫事件困扰，经过商议提出聘请专业的武装保安以获得更有效的安保。商家们通过"Go Fund Me"运动筹集了8万多美元，为歌利亚保护集团（Goliath Protection Group）的警卫提供资金，补充因预算削减而紧张的警察队伍，这些巡逻警卫穿着黑色制服和战术背心，带着可伸缩的警棍和装在腿套里的枪，威慑暴力行为，保护附近的店铺和居民。

街区巡逻之外，曼哈顿唐人街还推广了一种更简单省力的方法——黄哨子运动（the Yellow Whistle Campaign），即鼓励人们随身携带黄哨子，如果遇到危险，尽力吹响它，引起周围人的注意；如果你听到周围出现哨声，则是有人求助，需要报警。通过这一简单有效的工具打击犯罪和仇恨。截至2021年2月，黄哨子运动已经在全国范围内分发了25万份哨子，哨子上写着"我们属于这里"，提供了一种安全感。正如该运动创始人之一唐先生（Agnes Hsu-Tang）所说："这是一款简单易用的小玩意，没有语言障碍，也不需要电池操作，对老人和妇孺等弱势群体更友好。"[③] 虽然不同的地区采取的形式不同，但保证人身安全始终是唐人街餐饮业复苏的首要保证。

（二）民间组织的大力支持

公共卫生危机爆发以来，唐人街餐饮业的萧条显而易见，在美国整个社会弥漫的排华情绪中，唐人街民间自发形成了众多非营利性自救组织，或者在原有组织中将重点转向关注餐饮业的生存问题，并为促进唐人街餐饮业

---

① Eveline Chao：The Chinatown Block Watch, One Year Later APR. 1, 2021 New York.

② 其中一名白人枪手杀死了8人，其中大多数是亚裔女性。

③ Michelle Ross: "Asian community group gives out yellow whistles in Chinatown" , *WPIX*, Jun 24, 2021.

的营业额、减少亏损、减缓众多店铺关门步伐做出了重要贡献。首先，通过举办主题活动募捐资金以支持餐饮业。“欢迎来到唐人街（Welcome to Chinatown）”[①]组织率先开启了这一进程，为了支持附近的小企业维多利亚·李（Victoria Lee）和詹妮弗·谭（Jennifer Tam）于2020年3月创立了该草根组织，主要是与唐人街店铺合作销售商品，收入直接返还给店铺。以其早期的筹款活动之一“Feed Our Heroes”为例，呼吁人们积极捐赠，用募捐来的款项从唐人街餐馆购买餐食，将其运送给前线的工作人员。该小组在11周内为前线提供了16000多餐，筹集了数万美元，既支援了前线人员，扩大了影响力和公众关注度，也为众多唐人街餐馆提供了订单和收入。与之类似的还有“爱心餐（Heart of Dinner）”活动，由捐助者资助、志愿者运营的食品救济计划，该计划由餐馆老板蔡文琳（Moonlynn Tsai）和演员兼作家尹畅（Yin Chang）开发，旨在为纽约市亚洲移民社区的长者提供膳食，同时也为小餐馆提供工作。2020年4月1日，蔡文琳（Moonlynn Tsai）和尹畅（Yin Chang）为曼哈顿唐人街的老人烹制了第一次“关爱唐人街（Loving Chinatown）”主题的热午餐，随后在越来越多的志愿者和合作伙伴企业社区的帮助下，爱心餐已扩大到整个布鲁克林和皇后区，截至2021年5月已提供超过70 000份餐点，帮助本地企业增加收入超过20万美元。为唐人街餐饮业募捐并提供订单的民间组织不胜枚举，如AAPI和唐人街厨师联合开展的“厨师反亚洲仇恨犯罪（Chefs Stopping AAPI Hate）”活动、“送给唐人街关爱（Send Chinatown Love）”组织的“赠予餐（Gift-a-Meal）”活动等。

比起临时组建的民间自发组织，存在已久的大型组织为唐人街餐饮业提供订单的计划更具规模，最典型的便是华协中心（Chinatown CDC）的“喂养助力唐人街（Feed + Fuel Chinatown）”计划，该计划通过为最弱势的人群、老年人和居住公共住房的家庭提供食物，来资助旧金山唐人街传统餐馆的重新开业。第一阶段的“喂养助力唐人街（Feed + Fuel Chinatown）”计划从基

① Welcome To Chinatown是一个由唐人街居民詹妮弗·谭和维多利亚·李创立的非营利组织，在联邦资金不足的情况下，该组织在网上筹集了数万美元的小企业补助资金，并帮助当地企业在网上销售品牌商品。

金会、非营利组织、个人捐赠者和公司筹集了近70万美元的资金，在公共卫生危机爆发后的两个半月内向1000多名公共住房居民分发了122000份餐食，养活了与之合作的34家唐人街餐厅。由于多种因素，唐人街疾控中心于7月初暂停了该计划。到11月下旬，旧金山各地的病例数量开始激增，市公共卫生局关闭了户外用餐。这摧毁了许多刚刚开始从户外用餐中获益的餐馆。在12月21日与市政府官员和餐馆经营者举行的会议中，餐馆经营者提出将“喂养助力唐人街（Feed + Fuel Chinatown）”计划重新启动。对此，华协中心（Chinatown CDC）与SF New Deal①合作，重新推出2.0版本的“喂养助力唐人街（Feed + Fuel Chinatown）”计划。该计划的2.0版本在政府机构和华协中心的支持下获得250万美元的初始资金，将为餐厅支付每餐10—12美元或早餐/午餐/晚餐30美元的费用。随后唐人街疾病预防控制中心通过慈善机构和个人捐助者又筹集了100万美元，使“喂养助力唐人街（Feed + Fuel Chinatown）2.0”尽可能持续更长时间，让唐人街的餐馆看到了希望的曙光。

在募捐提供订单外，一些公益组织聚焦于激发活力，增加唐人街吸引力方面。如振奋人心的“点亮唐人街（Light Up Chinatown）”活动，该活动是由旧金山莫特街46号面包房（46 Mott St Bakery）的经理兼社区成员帕特里克·莫克（Patrick Mock）倡导，在市议会第一选区候选人珍妮·罗（Jenny Low）、珠江超市的乔安妮·邝（Joanne Kwong）、联合民主组织（UDO）和“给唐人街的关爱（Send Chinatown Love）”组织的帮助下诞生的，鼓励人们进行捐赠，捐赠达150美元以上将收到一个灯笼和“点亮唐人街”仪式的邀请，捐赠的所有收益将用于在附近安装永久性灯具和传统灯笼，“点亮唐人街”仪式是为庆祝冬至举行的庆典，活动期间，欢迎各界人士品尝美食，享受假日购物。当唐人街即将进入黑暗且寒冷的冬季时，数以百计的灯笼在莫特街闪闪发光，给社区带来了希望和温暖，既为附近的店铺提供了节日气氛，也为唐人街餐饮业招揽游客，其成效斐然，并被推广到纽约唐人街，吸引了众多游客。美国各大城市的唐人街为了激发餐饮业活力都各自组织了一

① SF New Deal是一项始于2020年3月23日启动的快速响应计划，为旧金山市的小企业提供支持服务和融资机会，旨在为小企业和城市最脆弱的人群提供即时救济。

系列活动，又如波士顿唐人街社区组织在 2021 年春节期间在线举办一个竞走和赛跑活动，鼓励参与者在活动中光顾唐人街固定的店铺，奖励唐人街餐饮业的优惠券，鼓励人们在唐人街消费，从而提升人气。诸如此类的活动还有“唐人街夜市（Chinatown Nights）”[1]“唐人街小巷旅游（Chinatown Alleyway Tours）”[2]“给唐人街的情书（Love Letters To Chinatown）”[3]等。

民间组织拯救唐人街餐饮业的另一个侧重点是尽可能为其经营提供便利。“送给唐人街关爱（Send Chinatown Love）”组织意识到唐人街餐厅的一个普遍问题是大多只收现金，且缺乏自己的网站，因此他们聚集了来自不同行业的工程师、设计师、创作者组成团队为商家提供一个在线平台，在城市封锁时也能通过贩卖礼品卡或发起捐赠带来收入，从长远来看，他们希望建立一个可以通过数字方式自我维持的亚裔美国餐馆社区。“户外用餐”计划实施后，面对政府文件各项繁杂的要求，许多唐人街餐饮业业主面临着学习新的户外用餐实践、设计新的用餐空间、采购材料、管理施工，同时努力应对不断变化的健康标准和电信部（DOT）监管的问题，一旦违规便面临罚款甚至取消营业的威胁。鉴于此，“送给唐人街关爱”组织又汇总并翻译了关于政府户外就餐和室内用餐的要求和细节、政府贷款的相关信息以及贷款流程、法律指导等各种公共资源的汇总。另外，“心目华埠（Think！ Chinatown）”[4]组织针对“户外就餐”计划推出了“组装唐人街（Assembly for Chinatown）”活动，为唐人街店铺免费打造户外用餐空间，从设计、采购材料到建造都符合电信部（DOT）标准，同时还有艺术家们在志愿者的帮助下美化和个性化

---

① 唐人街夜市是心目华埠组织于 2021 年 7 月份在纽约曼哈顿大桥标志性门户举办的全新夏季艺术与美食的系列活动，该文化节以艺术装置灯箱为特色，与当地街头食品摊贩一起以公开表演等各种形式展示以唐人街餐饮业的魅力。

② Chinatown Alleyway Tours(CATs) 是一个旧金山青年人经营的非营利性旅游团，专门揭示隐藏在唐人街 43 条小巷中的故事和秘密。由于疫情，CATs 把线下实地游转变为线上借助 Minecraft 游戏的“虚拟游”，通过在游戏中对唐人街的探索展现唐人街大街小巷的魅力。

③ “给唐人街情书”活动鼓励人们以唐人街为灵感创作情书、诗歌、插图、绘画等艺术形式并献给唐人街，这些“情书”在社区周围公开张贴，以传播爱与关怀，以帮助在最黑暗的时期振兴社区。

④ Think!Chinatown（心目华埠）是一家总部位于曼哈顿唐人街的跨代非营利组织，负责倾听、回应并将唐人街建为纽约强大而充满活力的移民社区。通过社区参与、述说故事和艺术分享等活动来培养代际社区，并在倾听、反思和庆祝的过程中培养社区凝聚力和彼此间的信任。

餐厅的空间。

从线上到线下，从直接到间接，无论是经济上的募捐，还是精神上的鼓舞，这些民间组织聚焦于唐人街餐饮业复苏的每一个细节，为危机下的唐人街餐饮业经营立下汗马功劳。

（三）积极发声寻求政府支援

美国各唐人街餐饮业虽然受到沉重打击，但没有一蹶不振，除了接受援助，他们还积极争取当地政府的支持和扶助。首先，争取政府的专项援助资金。一个典例便是如旧金山唐人街社区组织在 2020 年 12 月初开始游说官员，要求提供针对社区的援助，终于在 2021 年 1 月旧金山监事会（San Francisco Board of Supervisors）一致通过了一项唐人街救助计划，为当地餐馆提供 190 万美元的资金[①]，这笔资金在最关键的时候帮助餐馆留住了员工，维持运营。社区当局立马启动了这个项目，支援社区居民和店铺，比如有百年历史的远东咖啡馆（Far East Cafe），由于这笔资金的支援避免了原计划的永久关闭。华埠社区发展中心（Chinatown Community Development Center）执行董事杨先生（Malcolm Yeung）说："这个项目相当及时，非常关键。"他指出，唐人街 30% 的小企业收入通来源于 2 月 12 日开始的农历新年。"我们已经连续两年没有以传统方式过春节了。"[②]除了唐人街救助计划提供的 190 万美元，市长办公室承诺提供 50 万美元，唐人街社区发展中心也将提供 10 万美元，再加上非营利组织从基金会和个人捐赠者那里再筹集的款项，杨先生说："希望可以帮助减少这些餐厅的亏损，至少能挺到户外就餐重新开放的时候。"[③]

其次是以心目华埠（Think！ Chinatown）组织为代表的对唐人街餐饮业面临困境进行详细分析，向政府提出建设性意见，呼吁提供更有效更具针对

① Janelle Bitker: "S. F. greenlights $1. 9 million for Chinatown, and restaurants like 100-year-old Far East Cafe are already getting relief", *San Francisco Chronicle*, Jan. 20, 2021.

② Janelle Bitker: "S. F. greenlights $1. 9 million for Chinatown, and restaurants like 100-year-old Far East Cafe are already getting relief", *San Francisco Chronicle*, Jan. 20, 2021.

③ Janelle Bitker: "S. F. greenlights $1. 9 million for Chinatown, and restaurants like 100-year-old Far East Cafe are already getting relief", *San Francisco Chronicle*, Jan. 20, 2021.

性的援助措施。该组织在网站上总结出长篇幅的“COVID-19 对唐人街的影响”，认为主要集中在四个方面：救济计划中的资源分配不公；当前和未来粮食系统的不稳定；小业主的财产税负担和租户的商业租金负担；从 911 后复苏中吸取的经验教训。其中，在“救济计划中的资源分配不公平”这项上，心目华埠做出了巨大努力：由于纽约市中低收入（LMI）店面贷款计划通过使用邮政编码作为地理资格的唯一指标，忽略了恰好与高收入相邻、却又陷入困境的社区，因此邮政编码为 10013 的地区企业不符合 LMI 店面贷款计划的资格，这使受 COVID-19 影响最严重的社区之一、邮政编码同为 10013 曼哈顿唐人街被排除在外，面对这种不合理且不公平划分，心目华埠与唐人街社区成员多次讨论这个问题后，通过视频会议会见了纽约市小企业服务部（SBS）多位工作人员，解释了邮政编码资格标准的问题，提出修改纽约 LMI 店面贷款项目合格标准，以让一切需要和值得救济的企业和社区获得公平的申请机会。

此外，还有一个重要行动是公益组织——“送给唐人街关爱（Send Chinatown Love）”组织对唐人街餐饮业救助的信息汇总，致力于指导民众如何为自己的生存以合法的途径发声，如通过展示相关资料，向议员提出关于反对歧视亚裔和亚裔小企业、减免租金、拯救唐人街等议案信息，组织唐人街成员积极投票；收集各城市代表的联系方式，呼吁民众在社交媒体上支持相关倡议，并向当地政府勇敢发声，提出诉求等。

无论是争取资金援助还是积极发声、展示诉求，唐人街餐饮业在一些非营利性组织的帮助下，积极争取政府支持，并取得了一些成效，给绝望中的唐人街带来了些许希望。

（四）创新经营内容和经营方式

“授之以鱼”的援助无法根本改变新形势下唐人街餐饮业的困境，关键还在于经营模式和经营内容的创新。

从 19 世纪后期开始，唐人街餐饮业的历史长达百年，屹立至今的原因离不开餐饮业一代又一代的苦心经营和积极创新。最初的经营者们在异国他乡制作中餐时遇到过许多障碍，如当时在美国很难找到一些中国特有的配料，比如宫保鸡丁用的花椒，台湾珍珠冰沙用的西番莲，还有美国人不习惯使用筷子，以及难以迎合当地人口味等，但正是这些挑战造就了现在遍布大街小巷的美式中餐，其文化传统、烹饪方法可能源自中国，但为了在美国受欢迎而使用当地食材和外形显然是因地制宜的。例如，宫保鸡丁改造为腰果鸡丁、巧克力馅的小笼包等创新吸引着越来越多年轻人的尝试。①

新形势下餐饮业更注重调整菜单的更新以及与当地人饮食习惯的融合。厨师埃里克·P. 黄（Eric P. Huang）便是通过开发新菜品使得一家餐厅起死回生，他一直以来的理念就是用新的方式呈现中国风味，然而疫情的迅速传播阻碍了他开一家属于自己的中餐馆的步伐，于是借用了他叔叔在纽约皇后区唐人街“北京之家（Peking House）”餐厅的厨房，这家餐馆本来已经关闭了，但黄先生开发的新口味炸鸡却拯救了它。黄先生把这个菜品描述成纳什维尔辣鸡和台湾炸鸡的结合，“用脱脂乳腌制的辣味炸鸡，再加入天津辣椒和花椒，还有三种时令配菜就完成了”，该订单每周预订量可达 250 份，可见其受欢迎程度。② 实际上，在公共卫生危机前，唐人街餐饮业已经在自我更新的过程中了，一些餐厅引入了美国人不熟悉的口味、技术和烹饪传统，充斥着来自湖南、云南、四川和山东等省的特色菜式。新一代的餐馆老板试图开辟一条新道路，丰富唐人街餐饮业的经营内容，打破对中餐厅“大杂烩”的刻板印象，提供了更加个性化的美式中餐烹饪。

新形势下不仅是研发新菜品、创新经营内容的好时机，也是扩大外卖业务的契机。威尔逊·唐（Wilson Tang）经营着 2011 年从叔父手中接手的生意——南华茶室（Nom Wah Tea Parlor），唐先生花了多年时间来塑造这家茶室的怀旧风格，其 20 世纪 50 年代的装饰让人想起花鼓歌，以及殖民时代的香港。公共卫生危机爆发后，唐先生改变策略，把年轻的、会说英语的员工安排去从事外卖业务。南华茶室旗下的饺子厂曾是这家餐厅的供应商，现在

① Michael Lin: “The Wonder of Chinese American Food, In Five Dishes”, *RESY*, August 24, 2020.

② Sasha von Oldershausen: “How a Sous Chef Turned Fried Chicken Master Spends His Sundays”, *The New York Times*, Dec. 18, 2020.

在唐先生的授意下批量生产速冻汤饺，让顾客在家里也能体验到这种点心的味道。南华茶室既在装修风格上利用了人们的怀旧心理，又在近期趁热打铁拓展外卖业务，反映出新一代唐人街餐饮业业主复兴唐人街的历程，立足当下的同时也要回顾历史、展望未来。[①]

除了业务内容的创新，经营方式的与时俱进也不可忽视，这也是奥克兰唐人街努力的方向。芬尼·冯（Finnie Phung）和她的丈夫在奥克兰唐人街的中心经营着一家海鲜市场，她是唐人街年轻一代店主的缩影：精通社交媒体；会 2—3 种语言；有着独特的亚裔美国人观念。也正是因为如此，她在公共卫生危机期间经营着店铺，抚养着三个孩子，也依然保持乐观的心态。还有奥克兰唐人街最繁忙的餐厅——山东餐厅（Shandong），在疫情防控期间生意不降反升[②]，经营山东餐厅（Shandong）的查理·黄（Charles Hung）和他的家人在接受采访时透露，他们的生意之所以成功，一定程度上是因为他们关注讲英语的顾客群，他们不在中文媒体上做广告，也不使用中餐外卖 App，而是熟练使用当地更普及的 DoorDash、GrubHub 和 Caviar 等英文购物平台，从而获得更高的浏览量和更多的潜在顾客。[③]

总之，比起旧金山和纽约唐人街更强调“中式”特色的旅游景区属性，奥克兰唐人街则更加融入当地社区，这也是奥克兰比其他城市唐人街更好抵御经济危机的重要原因。“疫情后的即时销售至少和以前一样强劲。如果奥克兰唐人街能从今年恢复过来，那便是因为芬尼·冯这样的人。”[④] 可见，精通英文社交媒体和购物平台，与当地人更深层次的交流可以帮助唐人街餐饮业获得更广泛的客户和市场，而非仅仅依赖中国游客、华人华裔或偶尔想尝鲜的少量本土居民。

---

① Michelle Chen: “Chinatown’ s Long Covid” , *The New York Review*, March 4, 2021.

② Momo Chang: “Chinatowns Everywhere Are Suffering. In Oakland, a New Generation Has Answers.” *RESY*, November 6, 2020.

③ Momo Chang: “Chinatowns Everywhere Are Suffering. In Oakland, a New Generation Has Answers.” RESY, November 6, 2020.

④ Momo Chang: “Chinatowns Everywhere Are Suffering. In Oakland, a New Generation Has Answers.” RESY, November 6, 2020.

几代人以来，唐人街餐饮业如雨后春笋般在全美各地迅速发展，提高了他们的收入水平，也把餐饮业老板的孩子们送往唐人街之外的理想之地。根据纽约时报分析第一代和第二代华裔美国人职业的数据，这些移民的孩子倾向于进入其他职业，如计算机服务业，牙科诊所和咨询公司等。与此同时，中国餐馆在全美餐饮业的份额正在下降，其他民族菜系的份额在稳步扩大。①如果新一代华裔不再认为餐饮业是唯一的致富之路，那么中餐馆将成为他们走向成功的垫脚石。尤其在公共卫生危机的摧残下，唐人街餐饮业的未来更需要新一代接班人的重塑，及时为这个行业注入新鲜血液，在吸收优良传统的基础上创新经营方式和经营内容。正如来自研究唐人街发展的社会学家玛格丽特·M. 陈（Margaret M. Chin）说道："在疫情后幸存下来的餐馆必须改变他们的经营方式……这将变成一项不那么面对面的生意。除非，这个行业能够再次找到一种方式，将自己融入顾客的日常饮食习惯中。"②

（五）利用名人效应扩大影响

唐人街餐饮业的自救措施多是社区内部的行为，但其艰难境况需要更多外部的关注和帮助，在这方面社会公众人物和知名人士的影响力和号召力显得更为有效。2020 年 3 月，代表曼哈顿唐人街和金融区的纽约州众议员牛女士（Yuh-Line Niou）率先在她的推特上用"'牛'约美食（NiouYorkEats）"标签，记录自己品尝咖喱鸡、饺子、豆腐、鸭肉、馒头等食物的优质餐厅，利用自己的影响力传播富有特色却鲜为人知的唐人街美食店铺。③

同样利用社交媒体扩大唐人街餐饮业影响的还有美国华裔作家和烹饪历史学家格蕾丝·杨（Grace Young），她在走访唐人街的过程中意识到面对经济问题和仇外心理的双重影响，餐饮业有着令人担忧的未来，杨女士坦言："这里没有人害怕工作，但如果没有游客、市中心工人、陪审员、大学生和地铁乘客，他们就只能站在空荡荡的商店和餐厅里。我觉得他们没有能

① Michelle Chen: "Chinatown's Long Covid", *The New York Review*, March 4, 2021.

② Michelle Chen: "Chinatown's Long Covid", *The New York Review*, March 4, 2021.

③ Deanna Ting: "It's Time to Support Chinatown Restaurants. Assemblywoman Yuh-Line Niou Is Even Willing to Share Her Secret List.", *RESY*, July 27, 2020.

力让人们知道这个危机情况，而我是一个著名的美食作家，我觉得自己在媒体上有一定的号召力，可以帮助他们。”[①] 因此在过去的一年里，格蕾丝·杨发起了众多活动，她和摄像师丹·安（Dan Ahn）共同创作了“唐人街故事（Chinatown Stories）”，对社区餐厅和店主进行一系列现场短视频采访，捕捉到许多小企业主不得不做出永久或暂时关闭的痛苦决定，讲述了那些还在挣扎的店铺在危机时期努力保持营业的故事，试图通过这一系列视频让更多的人关注到唐人街目前的困境，并提供帮助。随后杨女士与詹姆斯比尔德（James Beard）基金会[②] 合作，在社交平台“照片墙（Instagram）”上推广“拯救中国餐馆（Save Chinese Restaurants）”的话题，发布唐人街餐馆菜肴的照片，吸引和鼓励更多人去唐人街购物、用餐和参观。此外，她还在个人网站上列举了更具体的拯救唐人街的措施，如鼓励大家用现金支付、优先自取外卖、探索唐人街并参与“拯救中国餐馆”活动等，试图用自己的影响力号召更多人关注和帮助唐人街的餐饮业。

有些从唐人街走出来的知名人士采取更加直接的方式来表达自己对唐人街餐饮业的支持，如在百年老店远东咖啡馆（Far East Cafe）面临倒闭时，威斯康星大学密尔沃基分校（University of Wisconsin–Milwaukee）建筑系兼职教授杨红岩（Hongyan Yang）专门为此发起了一项众筹活动，筹款以减缓其倒闭速度，而且一直在旧金山政府那里争取远东咖啡馆的历史性称号。历史学家戴维·雷（David Lei）帮助这家餐馆通过“工资保障计划”（Paycheck Protection Program）争取到了联邦贷款，用以支付两个多月的员工工资和租金，缓解了其燃眉之急。[③]

无论是利用个人号召力间接支援，还是直接投身唐人街餐饮业的拯救事

---

① Garin Pirnia: “Grace Young: Most People Have No Idea How Much Chinatowns Are Hurting”, *Huffpost*, May 12, 2021.

② 詹姆斯比尔德基金会是一个非营利组织，其使命是庆祝、支持和提升美国饮食文化背后的人们，并倡导以人才、公平和可持续性为基础的优质食品标准。詹姆斯比尔德基金会的 Open for Good 活动支持独立餐厅在大流行中幸存下来，并长期蓬勃发展。

③ Janelle Bitker: “S. F. greenlights $1. 9 million for Chinatown, and restaurants like 100–year–old Far East Cafe are already getting relief”, *San Francisco Chronicle*, Jan. 20, 2020.

业，这些公众人物都为挽救困境中的唐人街餐饮业贡献出了巨大的力量。

结 语

公共卫生危机极大地改变了人们的生活方式，对经济也造成了巨大的影响。新形势下高度依赖人流量的美国唐人街餐饮业面临着毁灭性的打击，城市和海关封锁，客流量、销售额大幅下降，租金、工人成本不减导致了恶性循环，而薄利多销的营销策略、以网上点餐效果最佳的特殊商业模式、防疫成本增加等因素都不断压在唐人街餐饮业头上，许多店铺走向崩溃的边缘。同时，由来已久的排华情绪和种族歧视使唐人街更是雪上加霜。虽然困难重重，但唐人街餐饮业没有自我放弃，从店主对创新经营方式和经营内容的努力，有影响力的公众人物的号召，到社区组织援助，从对业主和顾客人身安全的保护，到努力发声、寻求政府的援助，美国唐人街餐饮业的复苏不是一蹴而就的，需要社会各界的支持和关注。正如格蕾丝·杨女士所说："我相信，如果我们都全力以赴，可以拯救这些餐馆和珍贵的民族社区。"

第二篇

华侨华人与构建人类命运共同体研究

华侨华人是构建人类命运共同体的重要资源

刘芳彬*

【摘要】推进构建人类命运共同体，促进世界各国各民族和谐相处、合作共赢、和平发展，兼具融通中外独特优势的广大华侨华人，承担着不可替代的关键角色。

【关键词】华侨华人；融通中外；命运共同体

突如其来的新冠肺炎疫情以一种特殊形式再次告诫世人："人类是荣辱与共的命运共同体，重大危机面前没有任何一个国家可以独善其身，团结合作才是人间正道。"① 党的十八大报告中首次提出，"要倡导人类命运共同体意识，在追求本国利益时兼顾他国合理关切，在谋求本国发展中促进各国共同发展"，充分彰显了中国共产党人和中国政府对人类整体命运的终极关怀、对世界和平与发展事业的责任担当，牢牢占据了国际关系和国际秩序价值规范的"制高点"，与包括华侨华人在内的世界各国人民的整体利益和长远利益相通相融。

---

* 作者简介：刘芳彬，中央社会主义学院副教授。

① 习近平：在全国抗击新冠肺炎疫情表彰大会上的讲话，新华网，2020 年 9 月 8 日。

一、构建人类命运共同体对华侨华人的生存和发展意义重大

中国是一个侨务大国，6000多万华侨华人生活在世界上近200个国家和地区。长期以来，华侨华人的生存境遇和命运沉浮，始终与国际风云变幻、世界发展大势息息相关，始终与祖（籍）国与住在国双边关系休戚相关，始终与中华民族命运荣辱与共。推进构建人类命运共同体，为促进世界和平与发展、解决人类社会共同面临的问题提供了全新选择，对海外侨胞在世界各地的生存发展具有重大意义和深远影响。

就国际环境而言，“建设持久和平、普遍安全、共同繁荣、开放包容、清洁美丽的世界”，是人类文明的发展方向，更是广大华侨华人孜孜以求的共同愿望和奋斗目标。当今世界正经历百年未有之大变局，世界格局世界秩序的演变波谲云诡，国际上诸多不稳定性不确定性因素更加突出。人类命运共同体理念源于中华优秀文化互惠共荣、协和万邦的国际秩序观，遵循共商共建共享原则，旨在把握人类利益和价值的通约性，在国与国关系中寻找最大公约数，建构相互合作、公平竞争、和平发展的新的世界格局，逐步实现人类对和谐共存的美好世界的梦想和追求，符合包括华侨华人在内的世界各国人民的共同利益。

就双边关系而言，华侨华人于中国与住在国双边嵌入的跨国生活，已经构成一种以华侨华人为纽带的双边命运共同体，中国与侨胞住在国关系友好与否，直接关乎华侨华人的生存状况和境遇。长期以来，国际社会流行一种血统论观念，即“一旦为华人，永远为华人；哪里有华人，哪里就有中国”。历史上，华侨华人不但是中国与住在国关系的友好使者，为中国与世界各国之间建立稳固、互信的合作关系发挥了重要作用。同时，当中国与住在国关系紧张或产生矛盾时，华侨华人也往往成为首当其冲的受害者。构建人类命运共同体从改善与世界各国关系处着眼，倡导相互尊重、平等协商、和平发展、合作共赢，有利于推动中国与华侨华人住在国深化合作和交流，创建多层次多样性的伙伴关系，营造多族群和谐相处的友好环境，有利于华侨华人在海外的生存与发展。这也是华侨华人参与构建人类命运共同体的内在动力。

二、华侨华人是促进中国与世界各国互联互通的桥梁纽带

人类命运共同体思想植根于中华优秀传统文化，蕴含着数千年的中国智慧，凝聚着海内外中华儿女共同的愿望和梦想，与世界各国和各族人民追求美好未来的世界梦紧密相连。广大华侨华人游走于中国与住在国、穿行于不同的文明体系和社会制度之间，是中国连接世界的桥梁，是推进构建人类命运共同体不可或缺的重要力量。

就历史维度而言，华侨华人和平移民历史的沿续，正是实践人类命运共同体精神的生动写照。中国人移居海外最早可追溯到先秦时期，华侨华人开拓的足迹遍布五大洲的多个国家和地区，是实践人类命运共同体理念的先驱。长期以来，移居世界各地的广大华侨华人带着“和合”民族文化基因，与侨居地各族裔人民和平相处，共同生存和发展，共同创造人类福祉和美好未来。从东南亚地区的早期垦殖到澳洲金矿的挖掘，从巴拿马运河的开凿到北美太平洋铁路的修建，华侨华人在海外开拓的足迹和造福当地的历史诠释了合作共赢、共建共享的命运共同体精神。这种共同奋斗的历史记忆构成中国与侨胞住在国互联互信的情感纽带，成为两国建构双边命运共同体的民意基础。而这种双边命运共同体正是构建人类命运共同体的重要保障，也是中国、华侨华人及其住在国三方共赢的战略选择。

就构建人类命运共同体的现实需要而言，华侨华人具有跨国流动、融通中外的独特优势，是沟通中国与住在国双边友好、联通中国与世界多边交流的重要媒介，是中国公共外交的主体。历史上，很多华人精英在促进中外关系、中国同一些国家建立外交关系中发挥了重要作用。比如，中马建交、中韩建交、中印（印度尼西亚）复交以及中新建交，马籍华人李引桐、印籍华人实业家唐裕等功不可没；20 世纪 70 年代中美破冰交往，美籍华人陈香梅、杨振宁等从中穿针引线、发挥了不可替代的重要作用；改革开放以来，中国与世界上多个国家的数百个城市缔结友好省市，发展政府和民间的多方交流与合作，海外侨胞也都做了大量的工作。全球化浪潮下，推动构建人类命运共同体，广大华侨华人仍将承担不可替代的关键角色。

三、以华侨华人优势助力构建人类命运共同体

人类命运共同体的构建与实现，需要汇聚全人类的智慧和力量。广大华侨华人身处这一大潮的前沿，兼具双重语言文化、深度融入的在地化、全球网络等方面的优势，发挥华侨华人优势助力推进构建人类命运共同体是新时代侨务工作的新任务新使命。

（一）双重语言文化优势：构建人类命运共同体的人文基础

文明因交流而多彩，文明因互鉴而丰富。不同文明文化交流互鉴是人类发展进步的不竭动力。“中国移民从走出国门的第一步即带去了种族上与文化上的中华民族因子，正是这个因子构成了华侨社会最坚韧的纽带。”① 伴随着中国数千年的移民史，旅居海外的华侨华人不仅将中华优秀传统文化的价值理念、生活态度展现给国际社会，用实际行动诠释着中华文化和谐、包容、共生的世界意义；而且汲取住在国文明、文化营养，创造出一种颇具特色的跨地域跨民族的“侨文化”，不但推动了中华文化与当地文化融合互鉴，丰富了世界文明的多元多样性，且使得华侨华人能够自由游弋在两种或多种文化之间，为开展中外文化交流牵线搭桥。

文明交流互鉴是构建人类命运共同体的人文基础。世界各国都有着自己独特的制度和文化变迁路径，处于不同语言文化圈，社会习俗、文字话语体系和民族传统等方面各不相同。人类命运共同体思想的深刻内涵能否得到各国人民的准确理解，成为凝聚构建人类命运共同体合力与共识的重要前提。华侨华人兼具双重语言文化优势，可以精准把握中华文化与当地文化的“异同点”和“共振点”，采用当地人听得懂、易接受的话语体系和表达方式，生动鲜活的解读、传播人类命运共同体理念，阐述中国倡导构建人类命运共同体的初衷，向住在国社会讲好中国故事，宣介中华文化的精神价值和世界意义，不断巩固扩大人类命运共同体的民意基础。

① 全国统一战线干部培训教材编审：《中华文化概论》，北京：华文出版社，2002 年，第 224 页。

（二）深度融入的在地化优势：构建人类命运共同体的社会基础

国之交在于民相亲，民相亲在于心相通。习近平总书记明确指出，国家关系发展，说到底要靠人民心通意合。只有人民之间的相互了解、心灵相通，才能使国家之间的关系真正可持续发展。遍布世界各地的广大华侨华人，长期工作生活在海外甚至绵延几代人，了解当地政府和民众的思维逻辑和心理诉求，兼具促进中国与世界各国人民友好互信、消弭心灵隔阂的人脉资源，可以"当事人"的身份主动与当地政府和民众沟通联系、释疑解惑，增进住在国政府和民众对中国的了解和信任。

民心相通是构建人类命运共同体的社会基础。当前，国际形势错综复杂，文明冲突与种族歧视明暗交织，世界范围内两条道路、两种制度和两种意识形态较量更趋激烈，多元思想交流交融交锋前所未有，推进构建人类命运共同体的目标任务更加艰巨繁重。华侨华人深具浓重的双重情感认同，既对住在国忠诚负责，又与祖（籍）国有着深情厚谊，是中国与住在国的共享资源。尤其是改革开放以来，伴随着国际国内形势的巨大变化，广大海外侨胞完成了由"侨居者"到"当地人"、由"落叶归根"到"落地生根"的艰难转变，深度融入当地社会，成为住在国的重要组成部分；同时与祖（籍）国保持着密切的交往与互动，且这种互动始终有利于两国关系的友好发展、合作共赢，成为沟通中外民意、连接中国梦与世界梦的天然载体，是推进构建人类命运共同体的独特机遇。

（三）全球流动的网络优势：构建人类命运共同体的实践基础

全球化浪潮的推动下，世界人口的跨国流动日趋频繁。深具开拓进取精神的广大华侨华人游走于世界各国，在全球范围内谋划事业，正逐渐形成跨越地域、民族、文化、政治边界的华侨华人网络，特别是华商企业作为世界上一支重要的经济力量，正加速实现跨国经营，构建起"全球华人经济圈"，有助于全球经贸合作共赢模式的建构。

"一带一路"是构建人类命运共同体的重要实践平台。习近平总书记在中国共产党与世界政党高层对话会上说，"我提出'一带一路'倡议，就是要实践人类命运共同体理念。”据有关统计数据，“一带一路”沿线国家和地区生活着4000多万华侨华人，全球华商企业资产约4万亿美元，其中东南亚华商经济总量为1.1万亿至1.2万亿美元。[1]东南亚是“一带一路”规划的重点区域，其华商资本自近代以来就是推进我国经济现代化的重要力量，现已成为当地经济的重要支柱。在推进构建人类命运共同体背景下，华侨华人更能主动发挥自身优势和力量，积极参与“一带一路”建设，促进中国与沿线国家政治互信、经济互融、人文互通，扮演多层次多方位合作共赢的践行者。

① 谢俊、申明浩：“海外粤商研究”，载于王耀辉等主编：《世界华商发展报告（2018）》，北京：社会科学文献出版社，2018年，第167页。

海外华商与“一带一路”倡议的构建与实施

——以世界华商大会为中心

胡春艳*

【摘要】海外华商遍布世界各地，是当地经济乃至世界经济的重要组成部分。世界华商大会是全球华商乃至全球工商界交流、合作的平台机制，它促进了中外经贸交流，推动了所在国家和地区的经济发展。随着“一带一路”倡议的实施，中国企业“走出去”成为必然，而遍布世界各地的海外华商以及世界华商大会可以成为中国企业“走出去”的中介和桥梁，有利于中国企业形象以及中国形象的提升。世界华商大会还逐渐成为展示中华文化的大舞台，有利于中外的文化交流。海外华商在“一带一路”倡议的构建与实施中将会发挥着越来越重要的作用，同时，“一带一路”的推进也给海外华商带来了难得的发展机遇。当然肆虐全球的新冠肺炎疫情给世界也给海外华商带来严峻挑战，如何在危机四伏的环境中实现“一带一路”倡议的协同发展还需要不断探索。

【关键词】一带一路；海外华商；世界华商大会；企业形象；文化交流

海外华商遍布世界各地，全球华商资产规模超过5万亿美元，是当地经济乃至世界经济的重要组成部分。世界华商大会是由新加坡中华总商会、香港中华总商会以及泰国中华总商会发起和组织的一个由全球工商界华人参与的商务论坛。其宗旨是向全世界的华商和工商界提供加强经济合作、促进相

* 作者简介：胡春艳，河南理工大学马克思主义学院副教授。

互了解的论坛，为各地的华商和机构提供难得的交流机会，建立商业联系网络，探讨合作方向，交换企业家精神、心得等。世界华商大会从 1991 年创办到今天已走过了 29 个春秋，召开了 15 次世界性大会。在这近 30 年间，世界华商大会的参加者不断增多，讨论的议题不断扩大，促进了中外经贸与文化交流，推动了全球华人的经济合作乃至全世界的经济合作。

改革开放以来，海外华资一直都是中国吸引的主要资金来源。海外华商不但率先在中国投资建厂，还积极引导中国大陆与世界市场接轨，了解世界市场的运行规则，融入国际产业链和国际价值分工体系，并把境外的学术思想、理论观点，管理方式、生活理念带到中国。2013 年，中国提出了“一带一路”的伟大构想并付诸实施，引起了世界各国的关注和回应。“一带一路”倡议主要覆盖区亚洲是华侨华人传统聚居区，亚洲华商经济实力占全球海外华商经济的 70% 以上。在“一带一路”倡议的构建和实施中，中国企业“走出去”成为必然，而遍布世界各地的海外华商以及世界华商大会可以成为中国企业“走出去”的中介和桥梁，有利于中国企业形象以及中国形象的提升，并能促进中外的文化交流。可以预见，海外华商在“一带一路”倡议的构建与实施中将会发挥着越来越重要的作用，同时，“一带一路”的推进也给海外华商带来了难得的发展机遇。当然肆虐全球的新冠肺炎疫情给世界也给海外华商带来严峻挑战，如何在危机四伏的环境中实现“一带一路”倡议的协同发展还需要不断探索。

一、海外华商助推中国经济发展

1978 年召开的十一届三中全会党中央做出了改革开放的伟大决定。改革开放之初中国最需要的是引进外资，但由于冷战尚未结束，西方对中国的防备与疑虑仍然存在，外资也不敢轻易进入中国。而遍布世界各地有着同根、同种、同文的海外华商就成为当时招商引资的重点，邓小平成为利用海外华资推动中国改革开放的决策者。1980 年，中国政府设立了深圳、珠海、厦门和汕头四个经济特区，目的就是为了吸引海外华商前来投资。邓小平对这一决定做了这样的解释，他说："那一年确定四个经济特区，主要是从地理条件考虑，深圳毗邻香港，珠海靠近澳门，汕头是因为东南亚国家潮州人多，厦门是因为闽南人在外国经商的很多。"[①]海外华商也确实成为经济特区的最主要投资者，在中国的整个改革开放过程中，海外华资占了相当大的比重。1979年至2008年，中国已累计批准了外商直接投资项目约63.6万个，实际利用外资金额累计达8990亿美元，65%的FDI来自海外华资。其中，来自香港近50%。[②]在第二届世界华商大会上，华商们就开始关注中国。当时的筹委会主席霍英东还专门安排海外与会者实地考察中国的珠江三角洲。他说："在中国大陆经济改革开放政策下，华商在促进各所在国及地区的对华贸易和交往方面，一定会扮演重要角色。"[③]

改革开放初期，我国不但需要资金，更需要了解世界经济状况，以及世界市场的运行规则，实现从计划经济向市场经济的转型。在这个过程中，海外华商发挥了重要作用。他们在带来资金同时，还把"竞争意识"和"国际规则意识"带入中国，促进中国国内改革，推动产业管理逐渐国际化，进而引领中国经济融入全球。对此，邓小平给予了高度肯定。他在1993年发表南方谈话之后，提出了海外同胞的"机遇论"，他强调："对于中国人来说，大发展的机遇并不多。中国与世界各国不同，有着自己独特的机遇。比如，我们有几千万爱国同胞在海外，他们对祖国做出了很多贡献。"[④]

总之，世界华商大会近30年的发展历程正是中国改革开放不断发展、深化的过程，是中国经济不断积累、崛起的过程。改革开放初期，中国的经济发展需要大量资金的注入，由于海外华人的自身特性，加之资本的逐利性，使得海外华资成为进军中国市场的主力，为中国的经济发展做出了很大贡献。经过40多年的改革开放，中国的经济不断发展壮大，成为世界第二大经济体。在世界经济低迷的形势下，中国经济仍然保持了中高速增长，成为世界

① 中共中央文献编辑委员会编辑:《邓小平文选》，北京：人民出版社，1993年，第366页。

② 中国商务部统计资料，商务部网站。

③ 《十三次世界华商大会 一部跨世纪的华商发展史》，中国侨网，2015年9月24日。

④ 邓小平:《同上海各界人士共迎新春佳节讲话》,《人民日报》，1993年1月23日。

经济的领头羊，“中国机遇论”被不断提起。世界华商大会关注的焦点也越来越聚焦在中国经济上，广大华商希望借助中国经济获得自身更大发展。第十二届世界华商大会的主题就是“中国发展·华商机遇”，围绕世界经济格局下，华商未来的发展方向和前景等问题展开广泛探讨和交流。

自“一带一路”倡议提出以来，海外华商在其中发挥了非常重要的作用。在印度尼西亚召开的第十三届世界华商大会上，就专门探讨了“海上新丝路的合作”问题，并举办主题为“建设一带一路，推进合作共赢”的“世界华商领袖峰会”。海外华商希望能积极参与中国新一轮改革和对外开放，借“一带一路”拓展务实合作。据统计，自2006年至今，已有几万名海外华商携带高新技术项目与中国企业开展项目对接。在上海，海外华商创办的企业已超过3500家。① 对此，国家主席习近平在给第十二届世界华商大会开幕的贺信中专门提出：“中国改革开放事业取得伟大成就，广大华侨华人功不可没。30多年来，华侨华人发挥在资金、技术、管理、商业网络等方面的优势，在中国各地投资兴业，用自己的智慧和汗水，有力促进了中国经济社会发展，有力推动了中国同世界的交流合作。”②

二、海外华商是中国企业“走出去”的中介和桥梁

随着中国改革的不断深化，以及“一带一路”倡议的推进与实施，我国企业大规模“走出去”成为必然，这也是我国发展外向型经济的必由之路以及参与全球化的客观要求。近些年来，中国对外投资的规模不断扩大，对外投资的影响力日益增强。中国对外直接投资从2003年的29亿美元，增长到2015年1456.7亿美元，创历史最高值，连续13年实现增长，2015年流量是2002年的近54倍，2002—2015年的年均增长速度高达37.5%。中国境内2.02万家投资者在境外设立直接投资企业3.08万家，分布在全球188个国家（地区）。③（详见表1）其中，对“一带一路”沿线国家的直接投资流量高达

① 《海外华商拥抱“中国机遇”》，《人民日报》海外版，2016年2月3日。

② 习近平：《改革开放取得成就 华侨华人功不可没》，新华网，2013年9月26日。

③ 《2015年度中国对外直接投资统计公报》，中华人民共和国商务部网站，2016年12月8日。

189.3亿美元，同比增长38.6%，占中国对外直接投资流量的13%。[①]2005年，在韩国举行的第八届世界华商大会上，众多中国企业前来参加，这个新现象充分说明了“中国企业‘走出去’的国际化意识正在不断增长，华商对中国企业走出去将发挥越来越大的作用”。[②]

表1　1990—2016年中国对外直接投资净额（流量）一览表

（单位：亿美元）

1990年	1991年	1992年	1993年	1994年	1995年	1996年	1997年	1998年
9	10	40	43	20	20	21	26	27
1999年	2000年	2001年	2002年	2003年	2004年	2005年	2006年	2007年
19	10	69	27	28.5	55.3	122.6	211.6	265.1
2008年	2009年	2010年	2011年	2012年	2013年	2014年	2015年	2016年
559.1	565.3	688.1	746.5	878	1078.4	1231.2	1456.7	1701.1
2017年	2018年	2019年						
1582.9	1430.4	1369.1						

数据来源：根据1990—2019年商务部数据整理。

但中国企业在“走出去”的过程中，由于缺乏对境外法律法规和文化习俗的了解，以及对当地社会关系和市场信息的掌控不够，加之高素质涉外人才的缺乏，使得企业经常在国外遭遇法律纠纷和文化冲突，面临着诸多政治、法律和财务风险，在经营中常常处于被动。目前，中国到海外投资合作的企业基本上三成盈利、三成亏损、四成空转。而华商经过几代人在海外的打拼，积累了丰富的资源，深谙所在国的文化传统、熟悉当地政局及政策法规。可以为中国企业“走出去”化解合作风险和障碍，提供准确的政治、经济和市场信息，规避政治性风险。世界华商大会作为华裔工商界人士的全球性聚会，聚集了众多来自全球各地出类拔萃的企业家，汇聚了无数的跨国经营智慧。这一广阔的平台，对于“走出去”的企业来说，是“非常有用的联系网络”，可以为中国企业提供增进信息交流、创造商机、拓展销售渠道，可以成为中

① 《2015年度中国对外直接投资统计公报》，中华人民共和国商务部网站，2016年12月8日。

② 《十三次世界华商大会 一部跨世纪的华商发展史》，中国侨网，2015年9月24日。

国企业“走出去”的中介和桥梁。正如国务院侨办原主任裘援平所说：“世界华商大会是促进全球华商与各国工商界增进了解、开展合作的重要平台，对推动海外华商进一步助力中国发展有重要作用。海外华商能够成为促进中国与各国发展经贸合作关系、融入经济全球化和区域合作的独特桥梁。”① 例如在第十二届世界华商大会分论坛“携手华商·共促民企‘走出去’”，就吸引了来自各国华商及国内各地民营企业家近300人。在会上，一些国内民营企业家就表示，自己也在考虑走出去，但有很多困惑，不了解海外市场，对投资国的法律、风土人情都缺乏了解，企业很难快速融入当地社会，这对走出去都很不利。民营企业家主动走出去，需要“引路人”，而先走出去的华商可以成为这样的“引路人”。在大会上，香港中华总商会的会长杨钊在发言中就直接对香港进行了推介，把香港视为民营企业“走出去”的桥头堡，“民营企业走出去的过程中，香港可以凭借自身的独特优势，发挥‘超级联系人’的作用。香港在开拓国际市场方面，拥有非常多的专业人才，可以为内地企业走向海外提供专业服务。”② 此外，还要对海外华侨华人专业人士给予重视，他们不但精通所在国的政治、政策、法规和市场情况，而且熟悉中国文化。不但能协助国内去企业引进海外资金、技术和人才，还可帮助中国企业制定国际化战略，寻找海外投资机会和合作伙伴等。

总之，随着中国“一带一路”倡议的实施，中国企业大规模“走出去”成为必然。海外华商的“桥梁和纽带”作用日益凸显，尤其是在国际上形成的一些“华人经济圈”，已与所在国经济很好地融合，货物、服务、技术和资本流动不断增强。正如云南华海集团总裁徐杰在首届“服务桥头堡 走出去战略论坛”和第九届华商投资西南项目推介暨亚太华商论坛上所认为的，“‘华人经济圈’为中国企业提供了良好的国际环境，为中国与国际市场接轨提供了极大便利。” ③ 由此可见，庞大的华商网络必将促进中国经济与世界经济的融合。

---

① 裘援平：《世界华商大会连接中国与世界经济发展》，《中国新闻报》，2013年9月27日。

② 蒋君芳：《如何走出去？海外华商就是一座“桥”》，《四川日报》，2013年9月26日。

③ 《中国企业“走出去”可充分发挥海外华商作用》，新华网，2011年6月6日。

三、海外华商有利于中国企业形象以及中国形象的提升

广大海外华商不但精通市场经济运作，而且熟悉中国传统文化，具有在中国发展的独特优势。随着全球经济日益朝向高科技化方向发展，加上海外新移民群体不断增加，海外华侨华人专业人士群体正在不断崛起。他们多数从事技术性或管理性工作，并参与组建或活跃于各种专业社团。这批专业人士是我国宝贵的“海外人才库”和“战略资源库”。而且这一群体的崛起，有利于改变海外华人的整体专业形象。长期以来，海外华侨华人的整体专业形象是“三刀”（菜刀、剪刀、剃刀），如今他们的整体专业形象是“三师”（工程师、医师、会计师）与“三家”（科学家、企业家、发明家）。随着拥有专业技能与管理知识的新一代华商的涌现，也在不断改变着海外华商的形象。海外华商对企业形象历来重视，在第十二届世界华商大会上就专门设置了“海外华商新形象”论坛。国内知名学者和海外代表围绕如何树立和维护海外华商新形象这一主题进行了深入探讨。

随着中国经济影响力的不断提升，以及“一带一路”倡议的实施与推广，中国企业“走出去”步伐加快，日益深入参与国际分工。海外民众对中国经济发展现状表示积极认可，但对中国企业的整体评价仍然偏低。2014 年，由中国外文局中国报道杂志社、中国外文局对外传播研究中心以及市场调研机构华通明略共同在亚太地区进行的“中国企业海外形象调查”报告表明，与主要发达国家相比，海外民众对中国企业整体印象评价仍然偏低，他们主要担心中国企业会对当地企业造成威胁、可能掠夺当地优势资源、破坏当地的生态环境等。并指出中国企业在“本土化”、提升企业形象方面存在以下主要问题：中国企业对当地文化、历史、消费者等的了解不够；在主动融入当地社会文化的力度不够；吸纳当地员工就业的力度不够；参与社区公益活动的力度不够；企业宣传活动少、知名度低等。

因而，提升企业形象也就成为中国企业“走出去”，成功开拓海外市场的当务之急和重要保障。华商在海外长期的经营过程中，了解当地的风俗民情、法律法规，并热衷于公益性活动。这些都可以为中国企业“走出去”提供有

益借鉴。中国企业在海外开拓市场时，通常会遇到来自当地政界的阻力，为此，要不断完善政府公关，保持中国企业与投资国政府的良好关系。而海外华商在所在国经营多年，又多与政府关系良好，可以为中国企业和所在国政府牵线搭桥。与此同时，中国企业“走出去”还要积极参与一些公益性活动，提升企业的本土化形象。正如怡海置业控股有限公司董事长、香港国际华商协会荣誉会长王绯玲所言：“无论是华商还是中国企业‘走出去’，都不应该只是去拿资源，更应该把中国的文化、教育带出去，并在当地播下友谊的种子。”①

四、海外华商助推中外文化交流

当今世界的竞争不仅仅是经济、军事等硬实力的竞争，更是文化等软实力的较量。正如党的十六大报告所指出的：“当今世界，文化与经济和政治相互交融，在综合国力竞争中的地位和作用越来越突出。文化的力量，深深熔铸在民族的生命力、创造力和凝聚力之中。”党的十七届六中全会通过的《中共中央关于深化文化体制改革推动社会主义文化大发展大繁荣若干重大问题的决定》中也指出：“文化是民族的血脉，是人民的精神家园。在我国五千多年文明发展历程中，各族人民紧密团结、自强不息，共同创造出源远流长、博大精深的中华文化，为中华民族发展壮大提供了强大精神力量，为人类文明进步作出了不可磨灭的重大贡献。”②可见，博大精深的中国传统文化不但是中华民族的财富，也是人类的瑰宝。中国传统文化在长期的发展过程中形成了一些优秀的精神内涵，这些文化精神被人们长期尊崇，成为中国人生活行动的最高指导原则，推动着社会的发展与进步。但中国的传统文化并没有被外界广泛了解和接受，在“西方文化中心主义”话语下甚至对中国文化充满误读。在全球化进程中，中国正努力了解其他国家，并不断赶超其他国家，与此同时，中国也在不断向世人展示自己的文化及民族理念。中国传统文化

① 《华商争乘“一带一路”快车》，搜狐网，2017 年 4 月 25 日。

② 《中共中央关于深化文化体制改革推动社会主义文化大发展大繁荣若干重大问题的决定》，北京：人民出版社，2011 年，第 3 页。

推崇的孝道、和谐、中庸、仁爱、和而不同等理念不但规范着国人的行为，而且能够为解决人类面临的共同问题提供新的思路和价值支撑，可以成为中外的共有知识，甚至成为世人的行为规范和价值导向，有利于和谐社会、和谐世界的构建。

国之交在于民相亲。“一带一路”沿线60多个国家和地区在历史传统、语言文化、社会制度和宗教信仰等方面存在很大差异，需要大批熟悉沿线国家与地区的高端复合型人才和关键领域的专业人才，加强沟通与交流，实现民心相通。这也是“一带一路”的关键。

世界华商大会作为全球海外华商的沟通平台，还致力于中国传统文化的推广，在大会召开前后都会举办系列中外文化交流活动，向世人介绍、推介中国传统文化。广大海外华人深知自己的祖辈之所以能在“异国他乡”打拼出来，在所在国的经济领域取得一番成就，不能忽视中国传统文化的影响。在历届世界华商大会上，不管是成功的企业家代表，还是华人专家学者都会提到中国的传统文化对海外华人的影响。如在第一届世界华商大会上已故的新加坡内阁资政李光耀先生就作了《中国与海外华人那不可或缺的亲切感》的演讲、哈佛大学的杜维明教授作了《大处着眼，小处着手：儒家对文化认同与社会责任的看法》的演讲，关注与研究儒家思想及其在现代世界里扮演的角色。在第二届世界华商大会上，王赓武教授作了《华人企业家及其文化策略》的演讲，就提出文化是导致华人在经商上有别于其他民族的主要因素。这些演讲都对中国的传统文化做了介绍，肯定了他们对于海外华商的重要意义。

世界华商大会召开前后，经常会配合大会举办中外系列交流活动，推荐丰富多彩的中华文化活动，全面宣传中华文化，加强了中国与其他国家的文化交流，大会平台成为展示中华文化的舞台。例如，2007年9月15–17日在日本的神户大阪举行了第九届世界华商大会，而且为了配合大会还举办了为期1年的“2007日本中华年”系列活动。从2006年秋天开始，在神户、大阪、和歌山、横滨、东京等地举办了一系列与中国有关的丰富多彩的活动，内容包括音乐会、展览会、研讨会等多种形式。

总之，散布在世界各地的华商具有同根、同祖、同文、同种、同行，同时又彼此熟悉的优势，借助世界华商大会这个大舞台可以发挥华侨华人敦亲睦邻、守望相助、扶危济困等优良传统，成为世界各地华商促进经贸合作、加强人文交流的桥梁和纽带。

结　语

在全球经济低迷，中国正处于经济转型升级关键时期的今天，广大华商凭借其在语言文化、资本积累、科技人才以及国际网络化等方面的优势，能够促进我国产业的转型升级，实现与中国经济社会发展更加紧密的对接。尤其是“两个一百年”的奋斗目标，实现中华民族伟大复兴的“中国梦”提出之后，中国需要海外华商投资，当然海外华商也离不开中国这个庞大的市场。

世界华商大会作为海外华商沟通与交流的民间组织，在经济全球化日益发展的今天，作用不断加大，影响不断增强。除了每两年召开一次大会外，世界华商大会在日常生活中也通过各种形式发挥着自己的影响力，践行着促进海外华商交流，致力于中华传统文化推广的宗旨。正如印度尼西亚中华总商会执行主席张锦雄所言，“融聚全球华商力量，构建更加稳健、广泛的世界华商交流、合作平台，世界华商大会就是要引领全球华商新时期下合力共赢。”[①] 总之，海外华商和世界华商大会可以为中国“一带一路”倡议的推行提供重要的助力。但我们也要看到沿线 60 多个国家情况复杂，不仅存在着比其他地区更严重的地缘政治矛盾，而且还存在语言、文化、历史、宗教、制度、族群等各个方面的深层隔阂，每个国家的政治和族群关系状况各不相同，中国在借助海外华侨华人这一角色时，尤其要因国而异、谨慎处理。

---

① 陶煌蟒:《十三次世界华商大会一部跨世纪的华商发展史》，中国侨网，2015 年 9 月 24 日。

马来西亚华商与“一带一路”

娄雅图 *

【摘要】自2020年以来，主要经济体国家经济市场接连动荡，直接和间接影响了各个发展中和欠发达国家的市场经济，世界最大经济体美国和一些欧洲国家，希望降低外来因素对经济发展的影响，采取更加严厉的限制措施和制定自我贸易保护措施，这种变动对于全球经济的恢复产生巨大打击。在此背景下，本文从宏观上，介绍马来西亚国家的整体经济情况及政府的相关应对政策。从微观上，选取最具代表性的经济力量——中小企业华商群体作为研究对象。本文采取定量与定性分析相结合的研究方法，展示了近年来，马来西亚支柱产业，即：旅游业、农业、采矿业、制造业、建筑业、服务业的变化。分析了中小企业华商，在内部因素上：需要提升自身应对危机能力和利用好马来西亚政府及马来西亚央行的一系列政策扶持措施；在外部因素上：利用中国所倡导的“一带一路”政策，双管齐下，寻找机遇。

【关键词】马来西亚；中小企业华商；机遇；“一带一路”

引言

自2020年以来，面对突如其来的金融风暴，各国的经济都无奈被按下了“暂停键”。作为亚洲重要经济体的马来西亚也不例外，尽管政府尽量采取了能力以内的措施，但马来西亚的经济仍不容乐观。首先，政治经济局势极具

* 作者简介：娄雅图，马来亚大学博士。

不确定性，马来西亚的政局在近几年比较动荡，政权更迭频繁，这在一定程度上削弱了投资者的投资热情和继续投资的信心，无法避免的外需下降，更是加剧了马来西亚的对外贸易与股市金融和资本市场的动荡；其次，马来西亚政府根据本国国情，制定颁布了MCO①，行动管制令的颁布，及多次对其的延期，严格限制了国内人员的流动和各项交通运输，从消费层面和生产层面两方，同时施压于本国经济运行。无法避免大规模的企业阶段性停工停产，所有的举措对马来西亚的国家经济的打击是相当直接和强有力的，而作为马来西亚经济最重要组成部分的中小型企业，不可避免地受到巨大冲击，很多中小型企业纷纷倒闭和破产。依据马来西亚财政部最新统计数据显示，中小型企业占比马来西亚国内企业的70%左右，而华族是拥有有限公司股权最多的族群，股权财富占华裔商人企业总数90%的是中小型企业资金。中小型企业在促进国家经济结构调整、经济模式转型中地位不断上升，作用凸显。它们凭借着灵活发展的特色，大力促进市场创新，同时提供大量就业岗位，也可以称作是人民就业的重要载体。然而中小企业风险承受能力较弱，应对突发事件造成冲击的能力较差，在行动管制令这段时间以来，马来西亚全国有60%以上的中小企业是零收入，它们手头上的资金只能够运作3个月。因此也更易遭受外部经济危机引发的不利影响。但同时应该看到，马来西亚经济较发达，长远期国家总体发展趋势向好，经济韧性大，仍具有保持一定增速的潜力，目前仍有较大政策腾移空间，加之政府具有强有力的突发事件应对能力，及世界领先的医疗水平，可以适当缓解本国经济的冲击及中小型企业的生存发展压力。本文主要针对，中小型企业面临的巨大经济危机挑战和如何找寻生存机遇。重点研究负面冲击产生的渠道与力度，进而提出有针对性的应对见解。

一、马来西亚宏观内外部经济

华裔商人中小型企业的发展，主要依附于马来西亚国家经济的发展，据

① 2020 Malaysia movement control order，简称“行管令”或“行动管制令”。

马来西亚中央银行最新发布的经济报告显示，马来西亚 2020 年度，1 到 3 月，马来西亚国内生产总值 GDP 约 795 亿美元，较 2019 年增长 0.7%，如果没有受到影响，可以达到 3.9% 至 4.2% 的增长[①]，数据分析，拉低马来西亚国内生产总值 GDP 暴降的主要原因在于出口量的大幅减少，造成 2020 年前三个月的 GDP 增速减少了 4.7%[②]。同时，大数据分析显示，提高马来西亚国内生产总值 GDP 的主要方式在于个人消费与政府消费。也因此，政府在第一时间，出台了一系列刺激经济及带动私人消费的方案。本文分为两个背景——全球背景和马来西亚国内背景来讨论马来西亚经济的具体冲击。

（一）全球背景

作为典型的出口国，马来西亚高度依赖外国经济。换句话说，稳定的外部环境对马来西亚内部经济发展至关重要。本次经济危机在全球范围内的蔓延导致了全球经济疲软和大规模的金融波动。在蝴蝶效应的影响下，外部冲击对马来西亚的经济产生了巨大影响。

1. 直接威胁到国家最主要的经济模式

对国家主要经济模式的直接威胁是在全球供应链中。马来西亚向世界各国提供大量的半成品。主要出口产品为棕榈油和棕榈低档产品，电气和电子产品，分别占出口总额的 6.5% 和 35%。同时，马来西亚是一个出口导向型经济体，经济高度依赖于进出口。2019 年为 123.09%。其中，出口依存度为 65.34%，进口依存度为 57.75%；但是，除中国以外，马来西亚的主要贸易伙伴，如美国，新加坡，欧盟等地[③]，仍然面临着严峻的经济形势。持续恶化的劳动力下降使得他们无法很好地恢复经济活动，所需的进口已不同程度地减少。3 月份，马来西亚的出口同比下降了 4.69%，其中对美国的出口同比下降了 6.1%。发达国家订单需求量的大幅下降，直接导致自身进口需求大规模下降，而高度依附出口半成品的马来西亚倒闭了大量的加工工厂，国内失

① 今年首季马来西亚经济增 0.7%，中国新闻网，2020 年 5 月 13 日。

② 丝绸之路国际合作工作委员会，马来西亚，2020 年 10 月 16 日。

③ 马来西亚概况，宏观经济，中华人民共和国商务部官网，2019 年 5 月 21 日。

业率激增，企业和国民的经济负担加重。

2. 跌宕的金融波动造成股价走低

世界最大经济体美国，股市反复熔断导致全球股市强烈波动而暴跌。一系列市场现象，加速上升了全球投资市场的恐慌情绪，马来西亚股市也深受影响。最主要的表现是马股指数从 2 月底以来下跌了约 15%。随后，马来西亚证券监管委员会和大马交易所于当地时间 24 日紧急宣布马来西亚将禁止股票卖空，这项指令被延期执行到 6 月 30 日。该法规旨在减少投资带来的全球不确定性和高波动性带来的潜在风险，并稳定马来西亚的资本市场。与此同时，美国等资本大国已经开始了一系列的救助计划，例如开放式资产购买，无限制的量化宽松政策等，在一定程度上缓解了全球经济市场的恐慌情绪，推动资金流动。内外环境共同努力下，马来西亚的金融市场暂时得到些许缓和。

（二）马来西亚国内背景

对于国民来说，最大的挑战是受到政府颁布措施的影响。自 2020 年 3 月 18 日以来，马来西亚本国已执行了历史上最严格的 MCO，无法避免造成进了经济的严重衰退。人民只能选择等在家中，企业只能停工停产，运行中的经济实体几乎全部停业，并且每次每户出行，都有严格的出行人员人数限制。一项民调显示，在受访的自由职业者中，半数已经没有工作岗位，超三成的自由职业者收入锐减九成。在行动管制令执行期间，停止的经济活动阻断了国家经济的运行。企业没有订单，工厂没有原材料，餐饮业需停业，所有的经济活动都暂停了。相关企业员工的收入减少，无法得到保障，甚至面临失业。

1. 服务业进入冰冻期

多轮 MCO 被一再延迟结束，使得本就艰难的马来西亚的国内服务业、航空、旅游和餐饮等相关行业雪上加霜。货币流通最快的餐饮业，相关数据显示，在 MCO 期间，餐厅订单的数量已大大减少，而且不同地区的降幅达 95% 以上。而作为马来西亚重要的经济支柱产业——旅游业带给马来西亚超过 400

万个就业机遇，其总价值占国民生产总值的15%以上，在MCO实施初期，旅客取消航程增多，据马来西亚航空业的相关报告指出，仅2020年第一季度，终点为亚太地区的航班，预订量同比下降了近乎百分之百，直接导致游客数量断崖式暴跌。直观对比2003年的SARS，仅导致中国前往马来西亚的游客减少了17.42%，直接造成了马来西亚旅游业当年40亿的损失，而全球游客骤降，对旅游业的打击严重程度更是可想而知。后期，马来西亚已经“封国”拒绝一切人员入境。亚洲开发银行曾预测马来西亚的旅游业将蒙受2.3亿—57亿的亏损。

2. 私人消费增长遇到阻力

面对潜在的失业潮、不明朗的经济前景，民众的收入预期与支付能力降低，可能会改变自身的消费行为，这将对零售业造成剧烈冲击。根据亚洲开发银行对2003年非典型性观察报告，零售额增长每季度下降约3%，这种负面影响会更大。正如前面所说，以马来西亚汽车行业为例，在行动限制令、消费者信心不足等因素影响下，2020年第一季度的汽车累计销量同比下降了25%，达到了106 428辆,4月份几乎达到0销量[①]。对马来西亚的汽车行业来说，2020年必然无比艰辛。

二、华商中小型企业被冲击的渠道与力度面临内外夹击的经济大环境

面临内外夹击的经济大环境，深受全球旅游禁令以及马来西亚国内政府严格的管控令影响，马来西亚国内五大领域均负增长。首先，国家的支柱产业和经济的最强推动力——旅游业由国家政府主导。而旅游业收入占马来西亚国民生产总值的15.2%，并为该国国民提供23.5%的工作。以2018年为例，马来西亚接待了近2亿游客，旅游总收入达2000亿林吉特，占年度总收入的第三位。在2020年初，时任总理马哈蒂尔计划在马来西亚的第五个旅游年中，吸引3000万国际游客和1000亿林吉特的旅游收入。随后，在3月18日，面对国家和国际环境的不确定性，时任马来西亚旅游、艺术和文化部

① 受疫情影响，马来西亚4月份汽车销量几近为零，新浪财经网，2020年4月30日。

长南希·舒克里发表声明说，政府取消旅游年活动，这项决定无疑对马来西亚造成了更大的打击。再次，基本贯穿2020年全年的行动管制令，更是给国家支柱产业旅游业雪上加霜。从2020年1月份至6月份，马来西亚旅游业已损失450亿林吉特，截至2020年底，马来西亚旅游业的损失超过1000亿林吉特。

相关批发业与零售业、餐饮住宿业、交通与仓库以及商业服务等无一幸免。由于2020年的特殊性，服务领域占据了马来西亚国内生产总值58.1%。今年下半年，服务领域萎缩至1%。制造业上，2020年上半年，几乎所有工业生产都在MCO管控令下暂停，供应链也遭中断，因此，在此领域上半年萎缩了8.7%。农业上，马来西亚的棕油种植及橡胶种植业，遭到干旱天气的影响而减少产出，让农业领域在今年上半年萎缩了3.9%，而全年估计萎缩1.2%。全球的闭关锁国政策，以及旅游与交通活动的减少，导致矿业需求大减；今年上半年，矿业领域萎缩了11%，全年萎缩7.8%。2020年，矿业占据国内生产总值6.9%。建筑业上，行动管制令期间，建筑业全面停工导致此领域在上半年大幅萎缩25.9%。下半年的萎缩幅度预计高达11.8%，全年料萎缩18.7%[①]。长时间的产业空置，进一步拉低了此领域的表现。

（一）获政府扶持相对较少，甚至还有可能遭受歧视

近年来，马来西亚政府在融资、员工培训、咨询服务、海外市场开拓、税收等领域，针对中小企业出台一些鼓励和支持措施，有效缓解一部分中小型企业资金链压力。但在政策实施过程中，华裔商人中小型企业往往不能获得平等待遇，族群歧视时有发生。马来西亚专门成立了负责向中小企业提供贷款融资、相关的技术服务和商业计划咨询工作的中小型企业银行。该银行共向符合申请条件的中小型企业提供27种配套贷款，不过，华裔真正可进行申请操作项目只有五种，它们分别是创业基金、环球基金、采购基金、连锁基金以及专业基金。5年来，筹集多达1230亿林吉特资金的中小型企业银行，只发放了5.54亿林吉特贷款给526家华裔中小企业。

① 马来西亚五大领域，《南洋商报》，2020年11月10日。

（二）消费类中小型企业

首当其冲，消费类中小型企业难以存续，马来西亚采取最严格的隔离来人为迅速降低人员流动。但是传统消费多依靠于线下实体，这就对人民出行有着极高的依赖程度，隔离措施基本切断了线下实体消费这个消费种类，居民无法实现消费需求，企业的生产无法保障，销售人员也无法销售产品，国家的国内生产总值的增长主要靠人民的主动消费，而在人民主动消费中，货物消费和服务消费比例上，各占一半。这将导致一定时期内，提供餐饮文娱、住宿、长短期旅游等，主打服务消费类的中小型企业停业，企业资金无法流通，企业生存困难加剧。

（三）中小型外贸企业

一方面，内部环境即本国内影响，隔离、封路、停工停产等防控措施造成的劳动力短缺、物流中断使得外贸型中小企业的接单、生产、供货等方面能力大幅减弱；另一方面，外部环境恶劣，多个国家或地区“封国”，“封航”，各国对外贸易活动骤减或几乎停滞，全球产业链无法正常运转，部分产业链断裂。对外贸易型中小型企业，几乎没有订单来源。

（四）生产和销售种类限制

由于出生率下降和海外移民，造成近年马来西亚的华裔人口比例持续下降，面临着族群比例逐渐下降的窘境。直接导致华裔商人主导的中小型企业的生产和商业活动种类大幅缩小。

溯源马来西亚的华裔群体，自明清时代便有记载，华裔群体祖上多来自中国福建，广东，广西和海南等省居多。他们不远万里，长途跋涉到马来西亚，几经几代的艰辛才扎根落地。马来西亚华裔是马来西亚人口总数第二大民族，仅次于马来族。马来西亚国家统计局的数据显示，早在 20 世纪 50 年代，华裔人口比例约为马来西亚全国人口总数的 40%（不包括马来西亚成立后才加入的新加坡、沙巴及砂拉越人口），而到了 21 世纪则下降至 24.6%。如果继续延续目前持续走低的移民趋势，到 2030 年，马来西亚华裔占总人口的比例将跌至 20% 不到[①]。

（五）高税负担，经营压力大

由于市场的不稳定性，给本就承担高税务负担的华裔商人带来巨大的困境。尽管华裔人口仅占马来西亚总人口的 20%，但他们的纳税率却占马来西亚总人口的 80% 以上。但是，马来西亚有很多华裔无法做的职业，或者对中国人有太多的限制。例如，马来西亚政府部门中的华裔很少。因此，大多数当地华裔只能选择经商。这创造了马来西亚的财富，其中很大一部分集中在中国人的手中，而中国人必须承担高额的税负。但这也影响了很大一部分低收入的中国人，使他们承担了很高的税收负担。

三、马来西亚政府举措及华商如何寻找发展机遇

针对马来西亚中小企业华裔商人来说，行动管制令至今仍在继续，只能从马来西亚国内和国际寻找机遇，国内，人民行动限制，消费力购买力短期内无法迅速提升，政府支援有限，并且申请需要较长的周期和复杂的手续。国际上，经济较发达地区，如欧美地区，生产力及经济复苏仍不明朗。

但是中国经济增速已经稳步回升。首先，中国防控取得重大战略成果，防控能力得到国际社会高度肯定。这种“确定性”给经济发展创造了条件。摩根士丹利的报告提到，包括中国在内的多个亚洲国家政府采取的一系列措施，势必会对经济产生积极影响。在全球主要经济体中，中国最早实现了防控常态化。良好的国内形势，给在华外商营造了稳定的经营环境，也为中国经济保持良性运转提供了保障。考虑到中国在全球产业链中的突出地位，以及作为全球供给、需求双中心的重要作用，这样的保障作用也可以说是世界性的。

其次，中国经济正在稳步复苏。这种“确定性”客观上增强了世界经济增长动能。随着防控态势趋于平稳，中国一系列经济指标全面企稳向好：

① 马来西亚人口年龄结构图，世界银行（华经产业研究院），2020 年 1 月 16 日。

5月份，服务业实现正增长；6月份，外贸进出口增速双“转正”；前三季度，中国经济同比增长0.7%。考虑到中国对世界经济增长超过30%的贡献率，中国经济已经成为推动世界经济增长的“最确定动能”。

再次，中国将坚定不移地扩大开放。这种“确定性”提升了国际社会共享中国发展红利的预期。面对经济冲击，中国出台了一系列超常规举措稳外贸稳外资，并且做到了对内外资企业一视同仁。此外，从缩减外商投资准入负面清单，到放开多个金融领域外资股比限制，从举办服贸会、广交会和进博会，到积极推动《区域全面经济伙伴关系协定》签署一系列既定举措如期实施，一系列扩大开放的新措施陆续推出，展现了中国扩大开放的坚定决心，也让国际社会进一步增强了通过中国开放政策共享中国发展红利的信心。

可以说，中国对于马来西亚华裔商人中小型企业是最优秀的投资目标。

本文主要视角为马来西亚中小企业华商，简要论述，如何在中国和马来西亚国内寻找发展机遇。

对于中小企业而言，一方面，外贸需求锐减将对其正常经营、生存造成巨大挑战；另一方面，部分全球产业链分工重新调整，中小企业可充分利用中国经济逐步恢复大势已成，迅速抢占新产业链中的优势位置。马来西亚华裔商人可以抓住中国大力推进“一带一路”倡议的机遇，利用自身处于“中国——东盟”自贸区的优越地理位置，借此“东风”促进马来西亚华裔商人中小型企业的数字经济发展。

（一）马来西亚政府与国家银行刺激经济的相关政策

为应对经济压力，本国政府携手国家银行，共同出台多项政策以提高财政政策的积极性和货币政策的稳健性，让二者相辅相成，达到效果最大化。马来西亚政府，为了遏制经济衰退，针对本国国情采取了扩张性财政政策，即大幅发行国债，增加对国民和企业的财政扶持，大幅减税和延迟还贷，等一系列的经济计划，而国家银行也配合相应政府政策，实施了宽松的货币政策，降低了存款利率的同时，促进货币流通便利。即在刺激消费的同时，也要保障企业的生存，通过增加消费需求来扩大需求总量，避免高失业率和经济暴跌造成的经济与政治动荡。政府政策层面加大逆周期宏观调控政策对中小企业的倾斜力度，通过稳定市场情绪、降低中小企业负担、激发中小企业活力，尽可能减少对中小企业的冲击。就现阶段而言，一方面，经济下行压力，给企业造成的普遍冲击，增加财政支出；另一方面，大部分企业停产歇业导致经营效益下降、缴税减少，两方面作用的共振将削弱政府部门尤其是杠杆率较高的地方政府财政可持续性。根据实际情况需要调整财政收入与支出规模与结构，通过提高财政赤字率以加大对实体企业尤其是中小企业财政支持力度。与此同时，推行阶段性减税降费，尽力缓解企业生存压力。结构上，对中小企业进一步实施定向倾斜的减税降费政策，并用好政府专项资金。对于风险承受能力更弱的中小企业而言，有针对性地在减税降费的基础上，加大定向政策扶持力度，特别需要加大对消费、服务、外贸等处于重灾区的中小型企业的政策倾斜。

时任马来西亚过渡总理的马哈蒂尔，宣布了国家准备执行《2020 年经济振兴配套方案》，此项计划总价值达到了 200 亿林吉特，主要鼓励高质量的投资，及相关民生建设，具体实施细则主要有，对符合条件的企业和相关就业者提供补贴；减税、提供大额优惠券等，大力加强文娱宣传等，推动旅游业和餐饮业复苏等举措。3 月，马来西亚政府再次加码一项 2500 亿林吉特的加强版经济刺激计划。在之前的配套方案基础上，增加 1000 亿林吉特为企业资金，1280 亿林吉特为民生福利，20 亿林吉特用于巩固国家经济。时任首相慕希丁表示，此次经济刺激方案将惠及全体民众，特别是弱势人群。同时，政府将提供卫生部专项拨款并一再提高拨款额度，用于购买急需的医护用品和医疗设备的同时，为参与防控的所有医护人员、警察、军方等相关人士发放补贴。这是马来西亚有史以来最大规模的经济刺激计划，总计约占国内生产总值的 18%。

而马来西亚国家银行今年多次下调 OPR[①] 以应对经济冲击。3 月 3 日国家银行下调几点 2.75% 降至 2.5%；5 月 5 日再次将大幅降低 50 基点，指标利

① Overnight Policy Rate，隔夜利率。

率降至2%，这是自2009年2月以来的单日最大降幅，这意味着企业能够以较低的利率获得融资。马来西亚国家银行表示，此次下调OPR，主要目的在于提供更为宽松的货币环境，稳固经济增长，并保持国内物价稳定，其将密切关注和评估国内经济和通胀前景的风险平衡。

外部环境与私人消费直接影响着马来西亚的经济走势。马来西亚的经济发展依赖稳定的外部环境。全球需求的降低与金融市场的动荡以及政府的措施都牵制着经济发展。在接下来几个月中，经济模式仍将处于收缩模式。企业在开放市场方面将保持谨慎，而民众对未来的就业状况和可支配收入缺乏信心，谨慎处理自己的个人消费情况。目前主要期待于企业和人民对经济发展的信心增强，大力消费，促进经济流通，国际投资才能逐渐增多，国民经济才能逐步恢复。

（二）华商充分参与“一带一路”相关项目，寻找商机

华裔中小型商业网络是由海外华裔商人根据市场，商品，活动领域和共同利益而形成的相对稳定的网络。这是华裔商人参与“一带一路”建设的独特优势。

全球华裔商人网络的建设，有利于促进华裔商人经济实力的扩展和企业的商业成功。华裔中小型商业网络具有交易成本低，交易量大，全球联网，点对点交付的优势，给中小企业带来了更多的竞争优势。多个发达国家首选贸易保护主义来控制本国经济增速下跌的趋势。伴随着新经济架构显然传统贸易壁垒已经无法更好地保护本国企业，于是新贸易壁垒应运而生。因此，当下阻碍全球经济发展的重要因素之一便是贸易壁垒。通过“一带一路”政策，组建服务于多国的商贸网络，使得经济上处于劣势的中小型企业和参与的企业家们，在一定程度上，规避部分潜在贸易负面影响和投资壁垒影响，所有相关企业的基本信息，如企业经营范围，所处行业介绍和其他相关资源都可以跨越国界，便捷沟通，节省运营成本，实现最佳配置组合。

因此，中国的“一带一路”倡议可以说是所有流程最重要的载体，可以说是21世纪以来中国向世界提供的最重要的国际公共产品，它是开放和包容

的。从历史上看，古代丝绸之路和欧亚商业圈的形成与发展，需要伴随着贸易往来和移民迁移，华裔商人的经济行动伴随着古丝绸之路与沿途各国经济发展密不可分。源于此，华裔商人在当今，积极参与“一带一路”建设，可以说是对历史角色的当代回归。

华裔商人有着悠久的商业运作历史，具有坚实的基础和丰富的政治和商业资源。他们熟悉马来西亚和中国两国文化，了解马来西亚的风土人情和多民族生活习俗[①]。他们具有强大的经济实力和产业优势，可以灵活沟通协调“一带一路”相关项目跨国合作

首先，华裔商人为主体的中小型商业网络，是“一带一路”项目合作的桥梁。它的沟通连接作用体现在两个方面：其一，成为促进本国与国外合作。华裔商人可以利用现有的业务网络来帮助中国公司“走到当地来”，并尽快推动项目的实施，加速两国合作；其二，可以协调沟通成为不同地域间各利益集团，“一带一路”建设遵循“共同商议，共同建设”的原则，华裔商人不仅可以直接参与项目的建设，而且可以在与当地商业群体的交流与合作中发挥作用，以吸引更多的本地企业投资合作。

其次，华裔商人可以作为“一带一路”项目实施的智库，他们是项目的实施的重要人力资源。马来西亚的华裔具有独特的语言优势，因其特殊的历史背景，成长于多民族社会，可以熟练掌握多门语言，有着独特优越的语言沟通能力，并熟悉马中两国的文化。大多数当地华裔受过较好的教育，融入“一带一路”倡议将为他们创造良好的就业和创业机会。直接参与“一带一路”的建设和管理，促进双边交流，将成为沿线国家的华裔商人为马来西亚社会服务的重要途径。

再次，华裔商人的人脉资源也为“一带一路”概念的传播创造了舆论环境。华裔商人是传播“一带一路”概念的主体，也是“一带一路”政策的主要推动者。面对其他不了解或不同意“一带一路”的地方群体，充分利用个人关系，加强与当地媒体和地方企业的沟通与合作，为发展创造良好的舆论

① 郑文标：《海外华商与一带一路协同发展》，《中国社会科学报》，2020 年 1 月 16 日，第 4 页。

环境。

在马来西亚的中小型华裔公司是马来西亚“一带一路”项目的重要合作伙伴。随着华裔商人在当地产业链中的深厚根基，可以降低政治和经济壁垒，使项目与当地产业链顺利衔接，并增强与当地需求结构的整合。

一是促进“一带一路”华裔中小型企业联盟。相近经营范围企业间的跨区域合作呼应了“一带一路”经济互补，互相提升各自发展潜力的初衷，有利于国际产业标准的提升和促进企业间的跨国发展。例如，华裔商人可以牵线搭建“丝绸之路”沿线旅游线路，一同开发和共享旅游资源带来的丰厚利润，结合豪华邮轮旅游形成完整的品牌链，进而建立以马来西亚为旅游中心，沟通世界与中国的海上丝绸之路旅游经济走廊。

二是搭建示范平台。通过建立一个演示平台，包装和展示中国商人参与该项目的过程，规模和效果。同时，结合新项目的推广和引进，将实现示范和带动作用，从而吸引更多的商业客户。

三是建立有具体分工的华裔中小型商业接洽中心并同时整合加盟商智库终端，作为一个信息服务平台来共享实时的最新成果，从多个维度如投资理念，贸易往来，产地直销等提供点对点咨询和扶持服务，为有意投资人士，提供优质的资源对接服务，并开展相关项目风险评估，并为不同的项目，独立设计相对应的配套营销策略，以促进中小型商人的产业升级，管理升级和可持续发展。

四是积极申请本地区与中国共享“一带一路”参与企业的最新资源讯息。按行业类别和企业所在地分别整合相关企业的基本信息，组建可以服务中小企业的全球数据平台，链接“一带一路”项目与本国企业的信息，方便有项目立意时，迅速找到匹配的相关企业。同时，促进了各个华裔商人企业之间，华裔商人企业与中国企业之间的联系。搭建华裔商人人才数据库，促进各国华裔商人人才的沟通交流，通过华裔商人企业之间的信息交流，建立全球华裔商人网络合作平台，促进全球华裔商人协调发展。

（三）提高自身能力，应对危机

首先，中小企业应主动提升危机应对能力。对中小企业而言，经济危机的出现既造成生存危机，又蕴含变革机遇。因此，面对不可抗力的系统性风险，中小型企业需主动提升应对能力，并积极寻求转危为机的机遇。

此外，中小企业可主动与员工、客户、供应商、政府等形成“共同体”，通过强化沟通、协调与谅解，共同抵御经济冲击。其次，华裔中小型企业应通过“做减法”保存核心竞争力。遭遇风险时中小企业需积极通过“做减法”尽可能压缩运营成本，合理进行投入规划，保障企业资金流正常运转及企业核心团队的创新力与竞争力。

再次，中小型企业可以选择通过转型升级及相关业务扩展，提升企业可持续的发展能力。各产业将加快自动化、信息化、智能化、线上化的转型步伐，中小企业应主动顺应这一发展趋势，积极进行提前布局，提升自身可持续发展能力。

最后，中小型企业应积极寻求政策支持。中小企业经营者需主动将企业实际困难与政府政策进行对接，进而更及时地获得相应政策支持，并通过政策反馈帮助政府提高政策有效性。

结　语

此轮经济危机下，马来西亚的国家经济可谓面临近乎灭顶之灾。其中，最受冲击的莫过于为贡献整个马来西亚八成税收的华裔华商，对于现阶段的马来西亚中小型华商面临的困境研究，有利于仍处于困境中的各国的中小型企业寻找“自救之路”，并且借助中国“一带一路”的政策推广恢复自身实力，以期给予困境重重的中小企业一把助力剂，以点带面，推动东南亚各国华商企业的经济复苏。

疫情下的西语国家与“一带一路”建设

——以凸显浙江作用为例[①]

张一江[*]

【摘要】随着“一带一路”建设的不断深入，中国与拉美的西语国家经贸与投资合作发展迅速。随着“义新欧”班列的常态运营，中国和西班牙的经贸往来打开了一条全新、安全、高效、便捷的物流通道，极大促进了中西经贸额的增长。当前，浙江处在疫情防控与经济社会发展“双战双赢”的关键期，加强浙江与西语各国贸易发展的研究，深入分析面临的机遇和挑战，必将推动浙江与西语国家深入合作，凸显浙江的桥梁及平台作用。

【关键词】新冠疫情；西班牙；拉美；浙江

西班牙是浙江省旅欧侨胞主要分布国之一，截止到2019年，该国华人数量超过22万，其中70%近16万是浙江籍人士。改革开放以来浙江移民拉美的人数日益增多，特别是秘鲁、智利和墨西哥等国。拉美及加勒比地区是21世纪海上丝绸之路的自然延伸，是共建“一带一路”不可或缺的重要参与方。浙江华侨在中国与西语国家共建“一带一路”的进程中扮演着重要角色。最近浙江因与西语国家双边贸易频繁，且浙籍侨胞回国心切，我省阻止疫情境外输入工作压力倍增。希望浙江相关涉外部门适当改善一下华侨华人生存状

① 基金项目：本文系“浙江越秀外国语学院东北亚研究中心2020年度招标课题－西班牙语国家与‘一带一路’建设研究——以凸显浙江平台作用为例”中期成果 项目编号：2020DBY03。

* 作者简介：张一江，男，1973.03，汉族，浙江上虞人，硕士研究生，浙江越秀外国语学院西班牙语系副教授，研究方向：西语国家国情文化及区域经济。

况，帮助复工后的浙江扩大对西语国家的出口力度，提升浙江影响力和中国国家形象，强化双边关系。

西班牙是最早同中国建立外交关系的欧洲国家之一，全国首趟“义新欧”班列，其起终点分别是浙江义乌和西班牙马德里。与此同时，近 20 年来中国在拉美的投资额翻了 7 倍，而 2016—2018 年期间投资平均额更是增长到 176 亿美元。在该地区的许多国家，中国的影响力已超越美国。随着中国经济的日益全球化及全球疫情横行下国外贸易保护主义的盛行，具备实力的企业都将拉美视为一个潜力充沛的大市场。作为全国企业界最活跃的群体——浙商也把自己的投资贸易方向瞄准了拉美为主的西语国家。

一、主要西语国家（西班牙及拉美）新冠肺炎疫情及经济萎缩状况

进入 2021 年中，值得欣慰的是中国的新冠疫情已逐渐平息，可是西班牙语系国家的新增病例却不断创造纪录，在全球抗疫战役中表现不佳。究竟是哪些环节出现了问题？

表 1　部分西班牙语系国家新冠肺炎情况一览表

	累计病例	新增病例	累计死亡	新增死亡
西班牙	3 821 305	12 345	80 883	8
墨西哥	2 513 164	5 711	232 803	195
秘鲁	2 052 065	2 498	192 331	168
智利	1 555 902	2 498	32 545	56
阿根廷	4 393 142	67 047	92 317	1 331
哥伦比亚	4 213 074	25 880	105 934	608
古巴	190 993	2 970	1 284	14
厄瓜多尔	458 504	2 761	21 560	37
玻利维亚	437 623	2 055	16 702	71

备注：截止至 2021 年 7 月 2 日，数据来源于世界卫生组织与西班牙国家电视台

造成这一局面的原因众多：其一，疫情暴发初期，各国政府及主管部门错估前期疫情，错失让全体国民提高戒心并把疫情扼杀在萌芽时期的机会。其二，西语国家人民防疫意识淡薄，习惯在见面寒暄时采用贴面吻的方式进行交流，领导高层之间也是如此。其三，西语国家的某些文化习俗，坚决不戴口罩及宗教信仰活动等客观上给新冠肺炎（COVID-19）的扩散提供了便利。其四，所谓的“自由”和“人权”使防疫工作难上加难，政党间经常就戒严措施落实及放宽进行博弈相争，疫情特殊时期民众又纷纷不愿意牺牲“自由和人权”，主要体现在个人出行及集会游行上。

综上所述，卫生医疗条件、国家政体、游行以及公民对疫情是否有正确认知是引导疫情走向的根本原因。疫情无常，风浪并未平息。现在西班牙和拉美的疫情仍旧非常严峻。冠状病毒的突然到来给各国的每一领域带来不小打击。

根据拉丁美洲和加勒比经济委员会（简称“拉美经委会”[①]）统计，加上油价暴跌等因素，2020 年拉美和加勒比地区经济平均下滑 7.7%，是 120 年来最大收缩，而 2021 年将反弹 3.7%，但很难恢复疫情前的水平。在此之前的十年中，该地区一直处于低增长轨道，尽管各国采取财政和货币政策减轻危机影响，但该地区历来的结构性问题加剧了疫情带来的经济和社会影响。2021 年经济增长动力具有不确定性，影响因素包括疫情再次爆发的风险、疫苗生产和分发的时效性、支持供需平衡、维持财政和货币刺激的措施。要实现经济可持续和包容性增长，就必须对环境可持续领域进行生产转型，创造就业机会并进行技术创新。拉美和加勒比地区的经济劣势包括：结构性缺口、狭窄的财政空间、发展不平等、生产率低下。拉加经委会建议对就业密集型和环境可持续行业进行投资，提高贫困人口收入、向微型和中小型企业提供资金、鼓励生产发展、可持续发展和清洁技术的数字革命、普及社会保护体系。除国家努力外，该地区的经济复兴和转型将需要融资和国际合作。

与此同时，西班牙国家统计局数据显示[②]，2020 年西班牙国内生产总值下

---

① 拉美经委会是联合国经社理事会下属五个区域性分支机构之一，其职能是促进拉美和加勒比国家经济与社会的发展，推动本地区各国间的经济合作。总部设在智利首都圣地亚哥。

② 依据西班牙《世界报》2021 年 1 月 29 日的报道，网址 www.elpais. es。

滑 11%，其中，旅游业和酒店业等服务行业损失最重，其次是航空运输业。尽管第四季度的 GDP 较上一季度增长 0.4%，但 2021 年初的新一波疫情阻碍了经济的恢复。据乐观估计，西班牙经济要到 2022 年末才能得到恢复。

二、浙江在西语国家与“一带一路”建设中凸显的平台作用

新冠肺炎疫情暴发之后，以美国为首的部分国家对中国产品的出口启动了贸易保护主义，因此需要我们开拓新的替代市场，浙江企业应当抓住和利用西语国家提供的新机遇；从战略高度重视对西语国家市场的开拓；着力优化贸易结构；扩大对西语国家的直接投资；主动寻找商机，立足长远发展。具体而言可就人员、企业、市场和政府等支撑平台展开一些努力，让浙江在新形势下更多地参与到中国与西语国家的“一带一路”共建中去。

（一）海外移民经济的相似性衍生出数量众多的浙江拉美双向移民

我们考虑到浙江在西语国家海外华侨人数众多及拉美在浙经商人数较多这两个人员因素进行了抽样调查，了解其在疫情之后的打算与选择。除共同拥有深厚的海洋情结外，浙江及拉美民众具有一个共性，即富有冒险精神愿意去海外发展，将所获侨汇寄回原籍国，成功人士愿回国投资从而带动母国经济发展。中国银行青田县支行是全国最多外汇存款的县级银行，而墨西哥、古巴侨汇收入也在全球各国排名位居前三。浙江与拉美民众参与两地经济合作程度加深，双向移民趋势越来越明显。

虽然中国人何时到达美洲，学术界至今尚未取得一致的结论。但 16 世纪已有中国人通过西班牙的“马尼拉大帆船”到达墨西哥和秘鲁确实有案可稽的。其大规模前往拉美是在鸦片战争以后，1847—1874 年间拉美输入契约华工人数高达 50 万人，主要分布在古巴、秘鲁和英属圭亚那。虽然他们对拉美民族独立运动和早期的经济开发贡献颇多，但拉美各国政府普遍推行歧视排斥华人的政策，故 1911 年前后旅居拉美的华侨人数下降到 10 万人。

20 世纪 70 年代末，随着中国改革开放政策的实施，国内一些侨眷开始到拉美继承祖业并开展新的业务。据统计，1982 年拉美 29 个国家和地区已

有中国移民及后裔 20 万人，其中外籍华人在 17 万以上。目前究竟有多少，尚未定论，保守估计在 100 万左右，占全球华侨华人人口的 1.5% 左右。

浙江的温州及青田人很早就往欧洲、拉美移民并自主创业，这几年绍兴和台州人在智利、秘鲁等国经商也不在少数。拉美各国中，华人移民最多的是秘鲁、巴拿马、巴西、墨西哥、智利及古巴等。

统计数据显示，在巴拿马共和国 407 万人口中有超过 30 万华人，比例近 8%。而在巴拿马城做生意的商人中，每 10 个里面就有 3 个是浙江人。早年的浙江移民多半从事小型商品零售及商业服务业，后来拓展到轻纺行业，近来随着中巴经济往来的加强，照明、太阳能光伏和会展等行业也受到越来越多关注。这种趋势也普遍体现在其他拉美各国。

但是受疫情影响，西语国家经济低迷，治安随之恶化，侨胞生命财产安全受到威胁。哥伦比亚疫情暴发后，街上抢劫随时发生。巴西和西班牙在疫情暴发后，侨胞家中也已发生多起入室被盗事件。此外，海外侨胞就医、就学、出行等面临困难，促使海外侨胞对人生、家庭及子女发展等方面进行重新规划。

依据 2020 年 7 月浙江省青田县侨联周峰老师牵头的一项调查显示，疫情暴发半年时调查对象中有 17.66% 选择回国发展、定居，0.83% 选择去其他国家发展，19.65% 表示仍在犹豫当中。从交叉分析结果看，欧洲侨胞选择继续当地生活比例较大；南美洲、非洲的侨胞，相比其他洲，考虑回国的意愿更为强烈，高达 20%—30%。

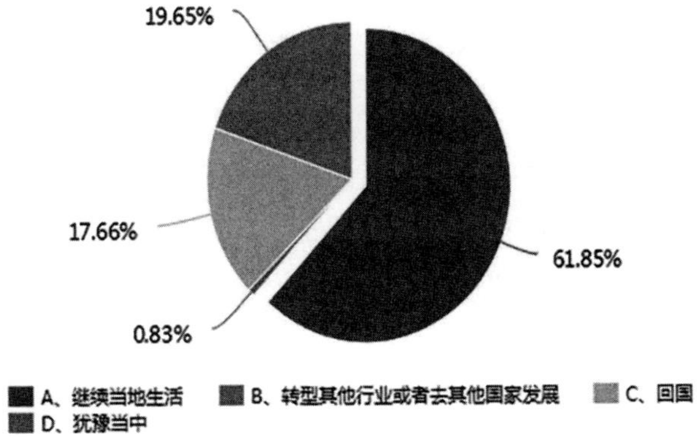

图 2　疫情暴发半年时青田华侨的回国意愿

拉美民众有自发地离乡背井前去欧洲、美国等地发展的传统。最近几年全球最大小商品市场所在地的浙江义乌成了国内最多西班牙语国家人口族群的居住地，日均1万左右的拉美籍商人在这里进行采购活动。入住义乌3星级以上宾馆可获取免费西班牙语版小商品市场指南并可接收CCTV西语频道，义乌市公安局配有懂西语的外事警察。

许多秘鲁、厄瓜多尔及玻利维亚商人在柯桥中国轻纺城从事纺织品贸易，他们喜欢中国的高铁、无现金支付和网购快递等便利生活，感受到了中国的治安良好、社会稳定和经济发展迅速，故而把其子女送到中国学习语言及文化。而在省会杭州的拉美人更多地选择在浙江大学、中国美术学院等高校求学，毕业后从事咨询和翻译工作，也有部分拉美研究生进入阿里巴巴等新型服务贸易企业工作。双方性格共性和义乌小商品城的独特存在，无疑使得两地的双向移民更易充当中国与拉美两地开展经济产业互补及合作的桥梁。疫情的暴发虽然客观上短暂中止浙江与拉美人员的密切来往，但从长远来看，双方的经济文化交往具备进一步提升的空间。

（二）"一带一路"框架下的浙江开放性经济需要浙江企业进一步开拓拉美市场

与其它省市大型国企市场行为投资或政府行为投资截然不同，以中小民企为代表的浙江企业在拉美投资情况更复杂、更有风险，但来自拉美各国政府乃至类似美国等第三国阻力也更小，船只小掉头快。浙江企业从最初建立办事处、营销网络，到在出口国建立生产工厂，在拉美地区寻找商机、开拓市场"走出去"的步伐越来越快。截至2016年6月底，经商务部门备案核准，浙江在巴西投资累计共有77家企业，在墨西哥投资累计共有60家企业，在阿根廷投资累计共有17家企业，投资主要集中在批发业、零售业、仪器仪表及文化、办公用机械制造业、采矿等行业①。

2010年前后，浙江诸暨多家衬衫企业在巴拿马科隆自由贸易区设立贸易代表处，利用其低关税进口仓储再转口至墨西哥、哥伦比亚等国家。但随着

① 依据中新网杭州2017年1月6日报道的浙江省商务厅当日发布的数据。

国内服装行业不景气，现许多代表处已相继撤回。而温岭、温州不少制鞋企业也在巴拿马科隆或智利伊基克设立商贸代表处。众多浙江绍兴纺织品生产贸易公司逐渐将秘鲁、厄瓜多尔及玻利维亚视作重要的出口市场。

智利北部城市伊基克（Iquique）①在浙江与拉美的中低端贸易中充当重要的转口港角色。该城人口 30 万，自 1975 年起设立南美最大的自由贸易区 -ZOFRI，与阿根廷、玻利维亚、秘鲁、乌拉圭、巴拉圭和巴西的陆地交通极为便利，是南美各国同太平洋国家之间的主要贸易集散地。得力于其进口关税的免除政策，发达的国际公路网，大规模的海运能力，独特的地理优势，另外拥有大量祖先为太平天国士兵的华裔人口，故浙江企业普遍喜欢在伊基克设立贸易公司，据不完全统计共有 200 余家，占中资企业总数近一半。

知名民企万向集团控股的浙江大洋世家股份有限公司，20 世纪 90 年代就前往阿根廷 200 海里经济专属区从事海外作业。这家拥有 8 艘大型鱿鱼钓船的渔业公司，不仅将鲜嫩海鲜送往中国及欧美市场，还为当地创出 200 个直接岗位，近 500 个间接工作岗位，产品年出口金额近 2000 万美元。类似大洋世家，浙江蓝雪食品有限公司南美投资成功案例的关键在于南美本地化，直接收购当地公司或入资控股，以拉美籍员工为主来开展各项业务。

作为浙江省乃至全国较早走出去的企业之一，杭州华立集团于 1987 年起就涉足国际贸易领域，不断调整经贸投资方式，从中外合资企业到国际贸易部再到进出口公司，进而在海外设立工业园区。该企业具有国际化发展视野，逐步在全球布局 3 到 4 个投资基点。在泰国泰中罗勇工业园的成功基础上，于 2016 年起尝试开发针对美国及拉美市场的墨西哥工业园区项目。华立集团海外投资亮点在于：总是优先考虑投资项目的上佳地理位置，能否为浙江企业集群式投资海外发展助力，与国家“一带一路”发展战略是否相衔接，具备对外开拓和培育新外需增长点的双重意义。

近几年浙江省以电子商务为代表的服务贸易发展势头迅猛，在全国位于

① 云南锦屏山文化振兴研究会相关研究证实智利北部重要城市伊基克的华裔人口众多。

前列，与拉美合作潜力巨大。墨西哥、巴西、阿根廷、智利等国在金融、保险、航运、旅游、教育、投资方面均各具优势，而浙江在电子商务、金融科技创新、文化创意、港口物流等领域也有世界级巨头，比如阿里巴巴、蚂蚁金服、全球吞吐量居首的宁波－舟山港务。双方可积极拓展服务及数字贸易的合作空间，让服务贸易和相互投资成为浙江与拉美深化合作的新亮点。

迄今为止，阿里巴巴已和拉美各国政府签署3个谅解备忘录。2017年初，阿里巴巴同阿根廷，达成协议，帮助阿国将水果、海鲜、食品和葡萄酒销往中国。墨西哥总统培尼亚·涅托于2017年9月6日特意专访阿里巴巴杭州总部，代表墨西哥政府与阿里巴巴培训中小企业全球化以及农村电商、支付、物流等方面经验交流并展开合作。

（三）浙江政府应当积极成为中国与西语国家共建“一带一路”的重要平台

众所周知的“义新欧”班列乃至“一带一路”在拉美国家的延伸都离不开政府层面的参与，而国内最具备外向型经济服务意识的浙江政府有必要成为探索者。其实广东政府已在此领域有所建树，珠海利用每年一届的“中国—拉美企业家高峰会”中方永久会址之优势在横琴岛上建设中拉经贸合作园并且在香洲创办拉美及葡语国家商品综合交易中心，助力广东与拉美开展全方位的经贸合作。

在拉美投资的部分浙江企业发展较好，但也有不少遭遇发展瓶颈，有的是因为法律理解不到位，有的是因为市场原因，其根本原因是未能充分了解当地各项政策，员工管理困难重重和项目推进速度缓慢，最终导致项目停滞乃至失败。浙江作为中国改革开放的前沿阵地，理应高瞻远瞩作为全国开拓拉美市场的“先行者”和“排头兵”。因此，有必要从政府政策引导、支撑层面和企业自身的角度来探讨对策，为浙江移民及企业进军拉美地区选择合适的投资策略提供一定的借鉴及参考。

传统意义上浙江对外经济贸易的主战场是亚洲和欧美市场，对拉美市场缺乏足够的重视。在后疫情时代，浙江各级政府应转变思路，重新认识世界经济格局中拉美市场的重要地位，力求体现在政府的各项工作中。在欧美及亚洲等传统市场稳定的基础上，要进一步提高对拉美市场战略地位的认识。

鉴于拉美与浙江地理相隔遥远的“空间距离”和人文交流有限的“心理距离”，政府应承担“指南针”和“宣传筒”双重职能，为浙江企业和拉美牵线搭桥。一方面，加强对省内企业在拉美贸易领域的宣传，为企业开拓拉美市场提供有效引导和知识准备。另一方面，各级政府及企业代表团可利用出访考察等交流机会，向拉美政府、企业介绍浙江省情和企业运作状况。其应当充分发挥浙江华侨在拉美人数集中及浙江义乌拉美籍商人资源丰富的优势，举办“浙江月”“企业周”“浙江－拉美经济合作论坛”等形式多样的活动，推广浙江企业投资形象。此外省里拥有的各类商务平台，类似杭州、宁波、义乌、柯桥等举办的多种商贸展会、贸易投资洽谈会适当向拉美地区倾斜。

财政政策方面，可在扶植企业“走出去”的专项资金中适当向开拓拉美的倾斜，探索设立浙江中小企业开拓拉美市场专项支持基金，打造一批浙江优势产业在拉美聚集发展基地，支持有条件、有实力的中小企业实施海外并购方式开拓拉美市场，快速获取核心生产要素。

推进发展更高层次的开放性经济，积极培育本土民营跨国公司，对海外投资项目考察、营销费用、项目贷款符合相关条件的企业，可向商务主管部门申请补助或贴息，政府对企业“走出去”绩效突出的给予一定奖励。对在开拓拉美市场中成效良好的企业进行重点培育，对发展远景广阔但暂时遇到困难的企业给予强力扶植。

拉美地区对于外国直接投资普遍欢迎，但部分国家管控较严格，许多领域禁止或严格限制外资进入，因此浙江企业在投资对象国目的地选择时要充分考虑各项因素。有效了解拉美国情，投资前就对象国政治、经济和法律稳定性进行综合考量，特别是与中国是否签署双边投资协定、有否用投资合同来保障中国投资者资产安全这两点对浙江民企尤为重要。总体可因地制宜，采用灵活多变的投资方式，规避政治或金融风险，尽量选择政局稳定、社会治安良好的国家，更重要的是选择好当地合适的投资合作伙伴。

三、加强外语专业及研究智库建设大力培养面向拉美的复合型新人才

由于部分西方媒体的传播强势及存在着对中国的种种偏见，西班牙和拉美民众并未充分了解中国抗疫形势和经济发展的真实状况，部分华人近期也曾在不同国家遭受到歧视或偏见。在上述背景下，有必要在西语国家加强中国救援抗疫的正面报道和宣传。建议强化浙江省防疫及治疗方案经验的翻译及宣传工作，组织浙一、浙二等医院与西语国家相关医院开展医疗视频连线，与世界分享浙江抗疫经验，尝试推广浙江的五色疫情图及健康码；阿里巴巴可考虑研发钉盯线上教学西班牙语版，方便西语国家师生开展网络教学活动。在展示浙江抗疫经验的同时帮助西语国家民众度过疫情特殊时期、体现浙江省数字经济优势、扩大浙江名牌的知名度，从而全面提升中国的国家形象。

新冠肺炎疫情之下，除了做好上述浙江的外宣工作外，浙江可继续尝试在西语国家的“一带一路”建设中发挥更大的平台作用，省内众多中小企业加快走进拉美市场，这些均意味着浙江对西班牙语、葡萄牙语等语种人才有着巨大需求，同时也需要他们能全方位地掌握拉丁美洲各国政治、经济、文化、法律等知识，这就对外语专业人才培养和研究机构建设提出了更高的要求。

浙江省内目前开设西班牙语、葡萄牙语本科专业高等院校仅有 3 所，分别为浙江大学、浙江外国语学院及浙江越秀外国语学院，其中浙大前几年新设，历史最久的越秀也不过十余年，唯有浙外专设拉丁美洲研究所，与开设 10 余所的山东、江苏及北京等地的高等院校相比数量和底蕴相差甚远。

而最矛盾的是浙江省恰恰因义乌大量拉美籍商人和浙江企业拉美投资热的存在，对西葡小语种人才需求又是全国最多的省份，故浙江省内既具备贸易经济法律知识又具备西葡语言能力的复合型人才紧缺，难以满足不断增长的中拉合作需要，甚而影响到面向中拉合作领域的智库机构的充实壮大和相关政策研究成果的生产和转化。

总而言之，希望浙江的企业界人士、政府决策者进一步意识到拉美市场

的重要性，在“引进来，走出去”的政策下，提高对外开放经济水平，争做全国经济发展的领跑者，顺利实现产业的转型和升级。让浙江外贸出口更加多元化，分散贸易及投资风险，加快在西语国家转播浙江好故事、浙江好经验，提升浙江在国外的形象，凸显浙江在西语国家“一带一路”建设中的平台作用。相信浙江将继续秉持共商、共建、共享的原则，与西语国家一道以共建“一带一路”为引领，携手推动双边经贸合作再上新台阶，使浙江成为双边贸易发展的重要桥梁和在拉美及西班牙推广“一带一路”合作的典范。

参考文献：

1. 李其荣，谭天星，邵元洲，曾晓祥 . 海外人才与中国现代化 [M]. 长江文艺出版社，2013.07.

2. 周峰 . 新冠疫情影响下青田海外侨情动态调查及研究调查报告 [J]. 2020. 07.

3. 胡必亮，郭存海 . 互利务实 共同发展 中拉经济合作新框架 [M]. 北京师范大学新兴市场研究院、外文出版社，2015.01.

4. 赵雪梅 . 中国与拉美国家经贸关系国际研讨会论文集 [M]. 北京：对外经济贸易大学出版社，2011.12.

5. 唐俊 . 浙江出口战略转型升级及对拉美市场的开拓——基于产品空间的视角 [J]. 对外经贸，2015（6）：51–55.

6. 刘叶华 . 他乡 . 故乡 拉美华人社会百年演变研究（1847–1970）[M]. 中国人民大学出版社，2015.12.

7. 吕宏芬，郑亚莉，赵智展 . 浙江企业开拓拉美市场面临的机遇与挑战 [J]. 浙江学刊，2013（05）：177–186.

8. 楼项飞 . 拉美信息技术发展与中来数字经济合作分析 [J]，第八届全国拉美研究青年论坛论文集，2018（06）：462–470.

第三篇

大变局下的华文教育、华人社团研究

华侨华人在海外传播中华文化独具潜力

赵　健*

关于文化的定义，当今世界还没有一个统一的界定。按照文化学的角度，文化的含义有广义与狭义之分。广义的文化，是指人类社会历史实践过程中所创造的物质财富和精神财富的总和，也就是说，人类改造自然和社会过程中所创造的一切，都属于文化的范畴。狭义的文化，是指社会的意识形态，即精神财富，如文学、艺术、教育、科学等，同时也包括社会制度和组织机构。世界上每个国家、每个民族，都在其漫长的发展历程中，形成了自己独特的文化。

中华文化，是指中华民族在历史发展进程中产生并延续下来的文化。千百年来，中华民族在长期生产生活实践中所凝练形成的生活方式、思维模式、道德情感和价值取向等，不仅体现了中华民族最深层、最根本的精神追求，也锻造和锤炼了中华民族优秀独特的精神基因，持续而深刻地影响着人们的行为方式与价值判断，形成了源远流长的中华文化。

中华文化的海外传承和传播，就是"要把跨越时空、超越国度、富有永恒魅力、具有当代价值的中华文化精神传播出去，把继承中华优秀传统文化又弘扬时代精神的当代中国文化创新成果传播出去"，从而使中华优秀文化成为接续中华民族精神血脉、助力中华民族伟大复兴的重要推动力量。

华侨华人在海外传承和传播中华文化，具有独特的优势。首先是人的优势。人是文化的载体，也是文化传播的重要媒介。中国人移居海外的历史悠

* 作者简介：赵健，中央统战部培训中心副主任。

久，分布世界198个国家和地区的六千多万华侨华人，本身的言语行为、风俗习惯、服饰饮食文化、商业活动等等，都能展示中华优秀传统文化的哲学内涵、思想观念、道德伦理。都对于外国民众了解中华文化有直接的影响。而华侨华人由于人数众多分布广泛，在传承和传播中华文化方面，具有广泛性；由于他们既了解中国文化又了解驻在国文化，他们的文化活动具有二元性。华侨华人是长期生活在当地的，其传播具有融入性和亲近性；华侨华人长居国外，并且代代薪火相传、永不间断，从而使其对中华文化在海外的传播具有长期性和永恒性。

其次是组织的优势。海外侨团是维系中华民族文化特征，在海外传承和传播中国传统文化的重要载体和窗口。据不完全统计，现今全世界逾2.57万个华侨华人社团，它们在联络华侨华人亲情乡谊、维护华社族群利益、弘扬中华文化、推动融入主流社会、提升华侨华人整体形象、保护自身权益、促进中外友好交流等方面发挥着极其重要的影响。华侨华人社团在居住国的活动，都带着中国文化的特征。他们通过成立文化社团、开展华文教育、组织节庆民俗活动、举办文化竞赛、开展慈善捐赠、举办宗乡会等弘扬中华传统文化的社团活动，极大地促进了中华文化在世界范围的广泛传播和交流。

再次，具有平台优势。大众传媒能够最大程度地超越时空的局限，汇集来自世界各地的信息，日益显示出文化传递、沟通、共享的强大功能，已成为文化传播的主要手段。海外华文媒体是一个独立的、具有跨文化传播特征的特殊大众传播媒介体系，是最关注中国的海外大众传播媒介，是中国与海外华人建立联系与交流的最重要渠道。目前，据不完全统计，截止到2015年，海外华文传媒接近3000家，种类包括报纸、杂志、广播、电视台、网站。其中华文报刊约800家，华语广播约100家、华语电视频道约70家，华文网站超过2000家。新移民办华文媒体的数量增多，决定了华文媒体对中国的关注度越来越高。同时，海外华文传媒由单一媒体发展成多种媒体共存共荣的局面。在当前新媒体迅猛发展的背景下，海外华文新媒体发展强劲，华文网络传媒异军突起。海外华文网站自20世纪90年代即开始出现，大多以发布电子刊物为主，进入21世纪，华文网站发展迅速，尤以欧美地区居多。

随着网络技术的发展，还开始出现网络电视。海外华文媒体数量多、分布广、扎根华人社会，十分谙熟住在国国情社情民情，可为当地华侨华人提供服务，又由于历史渊源，和中国保持着密切的关系。海外华文媒体通过讲述中国故事、传播中国声音，将中华文化推向世界，让世界了解中国，是中华文化海外传承和传播的前沿载体。

海外华文学校，也是传播中华文化的重要平台。据统计，当前世界各地有各类华文学校约 4869 所，主要从事中小学基础教育，在职华文教师总量为 8.12 万人，在校生总量为 162.13 万人，越来越多的非华裔学习者也加入其中。对于国外更大多数的普通公众而言，积极有效的语言文化交流活动更能够激发他们的认知兴趣，帮助他们更好地了解中华文化中的生活智慧和艺术魅力，进而真实感受到一个与日常生活相联系的、真实的中国。通过华文教育这一形式，可以将中国的语言文化、生活方式、思维理念展示在学生面前，让他们感受、了解、习得，然后传播，甚至认同。华文教育形成之初，目的比较单一，即教育华裔子弟不忘民族语言，了解中华文化。改革开放以来，中国在实施“引进来”与“走出去”战略的同时，也开始积极发挥华文教育的桥梁作用，拓展人文交流，沟通中国与世界。尤其是有规模有影响的华文教育活动，往往成为传播中华语言文化、提升文化认同、塑造传播本国形象的重要平台。

综上所述，分布在海外的 6000 万华侨华人，是中华文化海外传承和传播的宝贵独特资源，在有效促进中外人文交流和国家软实力建设、提升中华文化传播力和影响力方面，具有坚实的基础和不可替代的独特优势。今后，要发挥华侨华人传播中华文化的优势，可以大力发展海外节庆展演活动。民族节日，蕴含着民族生活中的风土人情、宗教信仰和道德伦理等文化因素，是一个民族历史文化的长期积淀。庆祝民族节日，是民族文化的集中展示，也是民族情感的集中表达。通过华侨华人庆祝春节等主要节庆活动，可以在传播中华文化，促进中外人文交流方面发挥积极作用。可以大力举办文化交流活动，加大文化交流产品品牌的开发。构建促进中华文化跨文化适应的模式，与异质文化进行沟通、借鉴、生成意义过程中，继承、发展和创新的中华文化。应当重视宗亲会活动。包括祭奠皇帝之类的活动。衣锦还乡，光宗耀祖是中华传统文化中乡土情结和人生价值认同的重要体现。通过这样的活动有助于增强认同感和凝聚力。可以充分发掘华社精英能力资源和华裔新生代优势，加强文化交流构筑，涵养侨务文化资源。还应当适应新形势的发展，充分运用网络、新媒体传播中华优秀传统文化。总之，希望通过海内外的共同努力，使中华文化为全人类的发展，作出新的更大贡献。

华侨华人生存与发展视角下的华文教育

——以马来西亚为例

金珠雅 *

【摘要】本文是从发言者最近在撰写的两篇有关华文教育的论文中抽取的内容。本论部分是华侨、华人相关研究者已经熟知的内容，可是韩国几乎没有关于马来西亚华文教育的研究，因此在论文中需要详细地说明，但在此将省略这些内容，主要讨论华侨华人的生存和发展中最需要关注的“民族语言(华文)”问题。

【关键词】华侨华人；生存与发展；华文教育；马来西亚

笔者和移居两个世纪后的今天依然自由自在地使用民族语言的马来西亚华人结下了不解之缘，因此对“马来西亚华文教育”产生了兴趣。语言可以说是思想的影子，它不仅具有反映我们思考（精神）的作用，还具有重新照亮我们思考的镜子（文化）的作用。能否使用母语（民族语），也是衡量个人或集团认同意识的重要标准，虽然它不是绝对的标准。

以第三者的眼光看马来西亚华人的“死守母语的故事”，能够再次唤醒语言（尤其是母语）对人类（或者一个民族）的意义。马来西亚华人积极对抗文化变动性的事例不仅让华人文化圈认识到华文对华人的重要性，也让人重新认识到人类母语使用权的重要性。

---

* 作者简介：金珠雅，韩国国民大学中国人文社会研究所 HK 研究教授。

绪论

语言是探索人类思维活动和存在价值（认同性）的最好的素材。在语言中，除了可以称为人类普遍思维体系的元语言（内在语言）之外，还可以根据不同民族的界限，以多种个别语言来表达。通常在区分特定民族或文化时，会分出语言圈，不过“使用同一语言”不等于“同一民族或同一文化”的情况也不少。但是，至少从语言是特定民族的标志，蕴含着这些文化圈的整体性来看，“语言文化圈”或“以语言为基础的民族文化”的概念仍然通用。因此，“语言的统一”是执政者为确立统治体系最容易使用的手段。第二次世界大战以后，新独立的国家试图通过语言计划和语言政策解决国家的统一和现代化课题。独立初期实施的语言计划和语言政策的主要任务是决定国语和官方语言，实现语言的标准化和现代化。但是，在多种族、多语言的社会，这样的语言计划反而会导致种族矛盾。因为各种族都想维持自己的母语或种族文化，而执政者却想采用单一的官方语言，来维护国家的整体性，统一社会。若母语与官方语言不一致，母语使用权和官方语言的确定有可能对立，即种族的人权和社会团结有可能对立。另外，语言使用问题与“文化认同感”或“民族认同感”问题息息相关，很容易引发种族矛盾。

本文希望通过华侨华人生存与发展的视角，了解定居在多种族国家马来西亚的华裔为了坚持他们的母语（华文）使用权而斗争的历史。虽然不能把马来西亚的事例适用于全球的华侨华人圈，但从守护民族语言的观点来看，马来西亚的华文教育机制可谓是华人圈的榜样。

一、马来西亚的华文教育

在世界任何地方都可以见到华侨、华人，甚至很难找到没有华侨的国家。第一次移居东南亚的第一代华侨已经不在人世，现在他们的后代（第二代、第三代、第四代、第五代）才是华人社会的主人公，他们是土生土长的马来西亚人。因此，维持和继承民族文化以及认同感问题成了华人社会最关注的话题。

马来西亚华人社会是遍布全球的华人社会中民族共同体活动最为活跃的地方，马来西亚被评价为除了中国本土以外，中国文化保存得最好的国家。马来西亚是以文化多元主义和宗教一元主义为目标，将以伊斯兰文化为中心的马来文化和中国裔及印度裔文化共同构建马赛克形态的多元文化社会。从英国殖民时期开始的文化分离主义反而为华人社会的稳定成长提供了基础。如今，马来西亚华人社会以第三、四代为主要社会力量，而他们仍然很好地保持着自己的民族语言（华语）并继承传统的秘诀在于华文教育机制，即华校与华教。

马来西亚是世界上唯一具备从小学到大学都可以接受“华文教育（种族教育）”条件的国家。马来西亚的教育政策和语言环境打造了华人将华文（母语）作为第一语言使用的氛围，并将居住国的语言，即马来语和英语作为第二语言或第三语言使用。根据马来西亚华人语言使用现状调查结果显示，马来西亚华人（三、四代）中 98% 会说中文（包括初级水平）。尤其在小学阶段，90% 以上的华人选择华校。

综上所述，在分散于世界各地的华侨、华人中，马来西亚华人以保存他们祖先留下的民族文化，特别是华语而闻名。虽然已经移居了两个世纪，但他们能够维持民族文化和语言的秘诀就在于华文教育系统。作为少数种族的华裔，在建立以母语为教育媒介语的种族教育体系时，虽然马来西亚当局也提供了政策上的支持，但华文教育界的辛苦仍是不可避免的。

二、林连玉（1910—1985）的生平

林连玉（Lim Lian Geok）的本名是林采居。他曾历任马来西亚华文学校教师总会主席，是为守护马来西亚民族教育献出生命的伟大教育家和社会活动家，在马来西亚华人社会被称为“族魂”，备受推崇。林连玉原籍福建省永春县，出生于大清帝国，26 岁（1927 年）以教师身份来到马来西亚后，成为马来西亚民族教育的守护者和华文教育的精神支柱。

三、知识分子的作用和林连玉研究的意义

林连玉是代表现代马来西亚华人社会知识阶层的人物。他是第一代移民，出生在中国，埋葬在马来西亚，从法律上讲，他作为马来西亚公民的时间还不到13年，但在马来西亚华人社会，他却成了永远的老师和精神支柱。从他对一个时代产生巨大影响力，引领当代社会思想和文化这一点来看，本文希望对作为知识分子的林连玉进行考察。

在任何社会都有知识分子。在没有文字的社会里，有魔术师、僧侣等；在文字时代，哲学家、诗人、法律家或作家等履行了知识分子的职能。进入近代社会后，在政治、社会、经济大变革中，知识阶层的作用、功能、范围被分化、扩大，知识分子的概念也发生了变迁，即分为批判型的知识分子和技能型知识分子。周森（2020）评价林连玉家族是第三代继承“士”精神的家族。“士”可以说是中国传统意义上的知识分子，要满足“士”的条件，首先要成为一个“知识分子”。这里的知识分子是指特定知识和技术领域的专家，如教师、文人、技术人员、建筑师等。也就是说，上述技能型知识分子在古今中外至少都属于“知识分子”的必要条件。但是，如果他们只是发挥技能型知识分子的作用，那么他只是单纯的“知识分子”（或“技术人”），而不是“士”。成为“士”的另一个充分条件是，除了专业知识和职业以外，要超越个人利益，成为关心社会和国家乃至人类公益的人，才能被称为批判型知识分子，即“士”。从这个角度出发，海外华侨华人社会和中国学界评价林连玉是中国传统“士”血的出身，是以远大的梦想和坚定的意志承担文化使命感的现代知识分子。

四、林连玉的民族教育守护运动

马来西亚是中国以外拥有华文教育体系最完整的国家，马来西亚华人将华文教育亲切地称为“华教”。今天，马来西亚的华人子弟可以堂堂正正地学习华语，许多海外的华人子女跨国、跨海到马来西亚学习华文，这一切，离不开被尊称为“华教族魂”的林连玉先生及其追随者筚路蓝缕、无私无畏的

抗争。

林连玉的生平大致可以分为四个阶段：与东南亚结缘之前的“中国大陆”生活（1901—1927）；与东南亚结缘并任教的时期（1927—1950）；作为民族教育运动家为马来西亚华文教育献身的时期（1951—1961）；以及虽然被剥夺了马来亚的公民权，但还是把自己的余生献给马来西亚华文教育事业，并亲身实践抵抗到底的精神领袖的时期（1961—1985）。将林连玉这样一个平凡的个人打造成历史记忆人物的契机在于他的“守护民族教育运动”，因此本章将集中介绍他与东南亚结缘之后走过的路程，并探讨他在华文教育史上的意义。

五、对马来西亚华文教育产生的影响

“我们的文化，就是我们民族的灵魂，我们的教育机关，就是我们民族的文化堡垒。”林连玉一直主张“各民族教育以母语为媒介”，“各民族教育一律平等”。

若将马来西亚华人的国籍转换视为“物理性认同感变化”的契机，代表林连玉精神的这种发言和态度是构建马来西亚华人共同体的“精神性认同感变化”的基础。据王赓武（1987）的介绍，所谓的传统“历史认同感”被广义的“文化认同感”概念所吸收，可以说“文化认同感”至今仍然充满活力。早期华人对政治表现出冷淡的反应，这种情绪一直持续到20世纪50年代中期，从居住国自治独立的时期开始逐渐发生变化，华侨的国家认同感也在一定程度上开始转变。当代知识分子的代表人物林连玉主张“非马来人也要忠于马来亚，马来人要坚持共存共荣的思想”，他认为马来西亚华人断绝了与祖国的物理联系（国籍），反而可以构建马来西亚华人的独立认同感（文化）。

在几百年的华侨历史中，表现华侨华人认同感转变的表述有“落叶归根”（华侨）和“落地生根”（华人）。也就是说，在坚持华侨身份的年代，他们所依赖的语句是“落叶归根”，即“叶落应归根”，随着时代的变化和处境的改变，作为当地社会成员的华人身份，要求他们改变所依赖的语句，转变为“落地生根”，即“叶落应植根于当地”。不管在什么时代，物理上的变化和精神上的变化都是难以实现的。尤其是具有封建社会儒教根源的华侨，要想蜕变为华人，需要勇气和名分。如果知识分子的角色是通过知识的谈话奠定思想基础，创造这样的名分（台阶）的话，可以说林连玉是最忠实地承担这一任务的人。

六、马来西亚华文教育面临的课题

我们详细了解了马来西亚华文学校的现状和华文教育的事例。最后，总结一下马来西亚华文教育的当前课题。

（一）下一代对华文教育的认识变化

陈美凤（2011）研究了在马来西亚维持华文教育命脉的原因。特别是，以选择独立中学的学生为对象进行问卷调查，了解他们选择民族学校的原因究竟是受到“华人意识（认同性）”这一“华侨社会”的当局权威性价值的影响，还是通过日常生活经验体会到的社会现实，还是考虑市场状况的平民生活价值的反映。研究结果表明，为了学习华文和华人的民族文化而选择独立中学的人占 18.65%，实现民族认同感并不是绝对的选择条件。相反，有 50.49% 的学生选择独立中学的理由是能够学习三国语言，还有 19.55% 的学生认为可以培养数学能力。换句话说，对于最初研究者提出疑问的进入民族学校理由，大多数（70.4%）选择了实用方面的考虑。也就是说，反映了堪称人类社会基本价值的市场经济原理。这意味着，对于第三代和第四代华裔来说，是否要上华文学校，不能单纯地诉说民族文化和民族认同感的培养等感情因素。

从在中国被称为海外华人的马来西亚华人（第三代、第四代）的观点来看，中国是海外，居住国（马来西亚）才是国内，这是无可争辩的现实。这意味着，如果华文教育只强调“继承种族文化”的崇高使命，而在居住国的生活中没有一点优势时，种族文化的命脉随时可能被废弃。虽然现在华人社会以“社团、华校、华媒”为支柱，但是一旦华人成员的价值观发生变化，这种种族体制随时都可能面临危机。因此，华人社会也充分认识到这种忧虑，以社团为中心集中培养华校，为守护“华人性”而奋战。

（二）华文教育指导体系的问题

人们经常指出马来西亚华文教育面临的问题是资金不足、教材和教师等教育质量的问题及政府的“最终目标——以马来语为教学媒介语的政府蓝图”。但是，马来西亚知识界认为，比起这些表面问题，教育阶层内部的问题是更大的弊端。目前，引领马来西亚教育界的知识分子大部分都在大学这个框架内工作，与在贫瘠的环境中引领华文教育发展的知识分子相比，差距甚大。他们的局限性在于，缺乏像老一辈一样的紧迫性，导致社会动员能力下降。加上现在马来西亚华人教育的斗争基调从原来的社会运动转变为内部协商模式。前者依靠的是群众的力量，因此与社会有着密切的关系，但后者发挥一部分领导层的作用，普通群众的参与是有限的（庄华兴，2011）。可以说，独立的“马来西亚华人文化”的现代化取决于教育领导人的教育哲学和教学理念。因此，虽然教育的“质”和“量”的提高也是摆在他们面前的课题，但也不能忽视看不见的教育阶层分裂和精神力弱化的忧虑。

结　语

在马来西亚这种多种族、多语言的社会中，有效管理不同种族和他们的语言与文化是政府的核心事项之一。在国家的层面上，普及官方语言“国语（马来语）”在国家管理和国民团结方面比较容易，这是不言而喻的。但是，语言的社会功能不仅包括“沟通功能”，还包括“认同功能”。国语教育的强化的确包括了国民之间的沟通顺畅、为确立社会秩序等政府的统治及管理提供便利、培养国家认同感的积极因素。然而，在多民族社会，如果轻视语言的“认同性功能”，强行推行“单一语言”政策，可能会引发因语言矛盾引起的种族纠纷。不仅得不到有效控制，反而会造成阻碍国民团结的反作用。

一个民族的“语言”可以说是一个民族的“精神”。能够学习母语并自由自在地使用母语的语言环境，如同我们（韩国）这样，在国家单位和民族单位的界限不明显的情况下，其价值难以估量，但对于定居在非母国环境地生活的“分散民族”来说，母语的使用权是涉及民族精神存亡的课题。不管是出于自愿还是出于他意，只要过了移民第三、四代，从祖先那里继承的民族文化和语言就会逐渐消失或者出现混种性，变得模糊不清。由此可见，从“分散民族”的角度来看，马来西亚华人对坚守民族教育的热情和努力是值得赞扬和借鉴的。

奈（Joseph Nye）教授表示：“在政治现场，思想、文化、协商能力等软实力不亚于经济、技术、军事力量等硬实力。”引领这种软实力的就是“知识分子的力量（Intellectual Power）”，直接或间接参与政治的知识分子的专业化理论和领导力。可以说这是政治最重要的因素之一。华侨、华人社会带有依赖无形政治权力的倾向性，而不是依赖看得见的政府机构。因为从“居住国”这一“他者化”的表述中可以看出，分散民族的特性是兼具民族认同感和国家认同感，即多重认同（混合性），与其对“可视性国家”的绝对依赖，不如构建“非可视性国家”的民族共同体，形成相对力量均衡。为此，组成民族共同体，不仅需要物理条件（成员、经济能力等），还要满足能够团结并带领这些团体的精神领袖。

林连玉一直想守护民族文化和语言，他的努力带来了凝聚民族力量的效果。他是第一代移居者，对他个人来说，他对马来亚的情感，远远低于他对中国本土的文化和心理倾向。可是，他躬先表率放弃中国国籍，取得马来亚国籍，他的这一举动向当地华侨表明，坚守“民族认同感”的途径就是明确“国家认同感”。之后，随着因知识分子的启蒙而获得当地公民权的华裔不断增加，他们不仅体验到了国籍这一物理变化，还体验到了认同感这一精神变化。对于华人来说，“政府”或“国家”相当于负责安全和经济活动的父亲，而以林连玉为代表的“华人共同体”如同可以缅怀民族精神及文化的母亲一样，成了精神上的抚慰。

目前，70% 以上的海外华人集中在东南亚。由于各国的历史、文化及政治现状不同，根据居住国，华人的定居现状以及文化维持状况也千差万别。但是，马来西亚是唯一能够实现民族教育机制（把民族语作为教学媒介语，传授民族文化和精神）的国家。对此，华人社会异口同声地表示，“因为有像林连玉这样的民族运动家，才能实现这一目标”，这句话是对了半句，错了半句。笔者曾向马来西亚董总（UCSCAM）的相关人士提问过为什么唯独马来西亚能维持华文教育系统的问题。他的回答出乎我的意料：“因为统治马来亚的殖民政府是英国。”虽然以林连玉为首的华人知识界为抵制殖民政府和独立政府的不平等与不当行为作出了努力，但是很难断定这完全是他们的功劳。与周边国家相比，马来西亚显然受到了相对公平的待遇。无可否认，如果没有以林连玉为首的当代知识分子的崛起，就不会有“相对公平”，这也是不言而喻的。

民族语或母语使用权是个人权利，也是国家的义务。马来西亚的事例并不是多种族、多语言社会的片面例子，而是生活在单一民族虚构中的所有国家的现实情况。在地球村，寻找单一文化和单一语言圈更加困难，我们生活在复合（多元）文化的时代。通过马来西亚华人的死守民族语言之旅，可以再次凸显民族语言的意义和价值。

大家都在讨论面对“后疫情时代”“第四次工业革命时代”等从未经历过新时代，我们应该如何生存。我不能代表“大家”，但我的一己之见是无论什么时代，未来都是未知的，在这一方面华侨华人（分散民族）最有发言权，因为他们的基因里就有对于无可预测的社会的适应能力，越是不清楚，越是要走正路。我们所经历的时代既是封锁的时代，又是开放的时代，人与人之间的交流将会更加频繁，在网络世界就像大海里的鱼一样没有国境。

教育的出路是要回到本质，人工智能（AI）的发展会提出人类最根本性的问题：“你是谁，人是什么？”机器会制造出几乎所有的产品（包括艺术创作），但它们不会享受所制造的产品。就像知识分子分两个类型，教育也分两个方面，一个是技术性教育，转授能够生存和发展的技术能力，另一个是批判性教育，让学生认识自己、发扬自己。目前，我们需要的是才德兼备的人才，“才”是生存的必备条件，国家或社会自然会与时俱进地进行这一方面的培训，“德”是人的本质，却无人问津，这是教育界（知识界）要充分发挥力量启蒙大家的领域。教育也要回到本质，那华教要传授的本质是什么？这是值得各位思考的课题。以上均为个人拙见，如有不妥，还请包涵。

参考文献：

1. 金庆国，崔承现，李康馥，崔智贤，《한국의 화교연구 배경 및 동향분석》，《중국인문과학》，제 26 집，2003.

2. 김주아，《동남아 화인의 화문교육 – 인도네시아，태국，말레이시아，싱가포르를 중심으로 –》，《중국연구》，제 76 권，2018.

3. ——，《말레이시아 화인의 다문화 수용성 조사》，《중국연구》，제 81 권，2019.

4. ——，《싱가포르 화인의 다문화수용성 조사 – 설문조사를 중심으로 한 사례연구 –》，《중국인문과학》，제 73 집，2019.

5. ——，《동남아 화교 · 화인 사회의 형성과 화문교육에 대한 小考》，《문화와 융합》，제 42 권 8 호，2020.

6. 김혜련，《말레이시아 화인디아스포라의 민족교육 실태연구》，《인문사회 21》，8 권 3 호，2017.

7. 최승현，《당대 중국의 소수민족화교화인 연구 및 정책 흐름 분석》，《중국지식네트워크》，제 16 호，2020.

8. 陈美凤，《马来西亚新世代华人对华文教育态度之研究》，《互动与创新多维视野下的华侨华人研究（暨南大学华侨华人研究院会议论文集）》，广西师范大学出版社，2011.

9. 陈业诗，《下南洋：东南亚华侨华人的过去，现代与未来’学术讲座综述》，《华侨华人历史研究》，第 2 期，2013.

10. 古鸿廷，《教育与认同：马来西亚华文中学教育之研究（1945-2000）》，厦门大学出版社，2003.

11. 郭熙，《论汉语教学的三大分野》，《中国语文》，第 5 期，2015.

12. 洪丽芬，《马来西亚华人的语言态度》，《互动与创新多维视野下的华侨华人研究（暨南大学华侨华人研究院会议论文集）》，广西师范大学出版社，2011.

13. 林蒲田 主编，《华侨教育与华文教育概论》，厦门大学出版社，1995.

14. 林水豪，《马来西亚小学及中学华文教育的发展》，朱浤源主编《东南亚华人教育论文集》，屏师院出版，1995.

15. 刘世勇，武彦斌，《马来西亚华文教育现状与发展策略》，《东南亚纵横》，第 9 期，2012.

16. 莫泰熙，《英文教育回流对马来西亚华文教育的挑战》，《华教导报》，第 54 期，2004.

17. 牟瑛，陈明辉，《马来西亚话语教育现状及发展趋势》，《国际视野》，上旬刊（12 月），2018.

18. 沈慕羽，《马来西亚华文教育奋斗史篇》，《东南亚华人教育论文集》，1995.

19. 苏秀满，《大马华裔家长选择华校为孩子的教育源流之原因探讨》，《华人移民与全球化迁移，本土化与交流》，新加坡：华裔馆，2011.

20. 许纪霖 主编，《公共性与公共知识分子》，南京：江苏人民出版社，2003.

21. 王淑慧，《调整与转型：马来西亚华人社团对华文教育的作用》，《중국지식네트워크》，제 16 호，2020.

22. 张茂桂，《族群关系与国家认同》，台北业强出版，1993.

23. 郑通涛，蒋有经，陈荣岚，《东南亚汉语教学年度报告之一》，《海外华文教学》，第 1 期，2014.

24. 郑通涛，蒋有经，陈荣岚，《东南亚汉语教学年度报告之二》，《海外华文教学》，第 2 期，2014.

25. 郑通涛，蒋有经，陈荣岚，《东南亚汉语教学年度报告之三》，《海外华文教学》，第 3 期，2014.

26. 郑通涛，蒋有经，陈荣岚，《东南亚汉语教学年度报告之四》，《海外华文教学》，第 4 期，2014.

27. 庄国土，《东南亚华侨华人数量的新估算》，《厦门大学学报》，第 3 期，2009.

28. 庄国土.《回顾与展望：中国大陆华侨华人研究述评》，《世界民族》，第 1 期，2009.

29. 庄华兴，《当前马来西亚华教问题与知识人的参与》，《互动与创新多维视野下的华侨华人研究（暨南大学华侨华人研究院会议论文集）》，广西师范大学出版社，2011.

30. Shamsul A. B, "Identity Contestation in Malaysia: A Comparative Commentary on 'Malayness' and 'Chineseness'" , Akademika 55, UKM Press 19. 1999.

31. "马来西亚的华文教育运动—马来西亚华文教育 184 年简史（1819-2003）"，《马来西亚董总》，2003.

32. 배상식，L. s. 비고츠키의 언어개념 – 언어와 사고의 관계 문제를 중심으로 – 철학연구，제 133 집，2015.

33. 우예슬，중국 정책결정과정에서 지식인의 역할과 영향력，고려대학교 정책대학원，석사학위논문，2016.

34. 蔡仁龙，《马来西亚著名华文教育工作者林连玉》，《南洋问题》第 3 期，1987.

35. 纪念陈嘉庚先生创办集美学校七十周年筹备委员会（校史编写组），《集美学校七十年》，福建人民出版社，1983.

36. 林连玉，《林连玉记事录 风雨八十年》，Kuala Lumpur：林连玉基金，1988.

37. 林连玉，《连玉诗存》，Kuala Lumpur：林连玉基金委员会，1986.

38. 张亚群，《林连玉与马来西亚华文教育节》，《海外华文教育》第 2 期，2000.

39. 周森，《"侨批"中华人精神的传承与流变：以林连玉家书为线索》，《现代传记研究》，第 1 期，2020.

40. 庄华兴，当前马来西亚华教问题与知识人的参与，华文教育 .

41. 潘永强，林连玉基金，华侨华人文献学刊（第六辑）.

42. 陈进国，士的精神与家族教化 – 以林连玉家书记忆书写为例，员道（总第 33 辑），2017.

43. 陈丽娟，《华侨华人中国民族主义》，《读书》，2004.

44. 郑良树，《华族社会第一世家—敬悼林连玉先生》，马来西亚教总秘书处编。吉隆坡：林连玉基金会出版，2001.

45. 郑良树，《族魂林连玉》，马来西亚教总秘书处编。吉隆坡：林连玉基金会出版，2001.

46. 王辉，澳大利亚语言政策研究，中国社会科学出版社，2010.

47. 王赓武着，《东南亚与华人》，中国友谊出版公司，1987.

48. 何国忠着，《马来西亚华人：身份认同、文化与族羣政治》，吉隆坡：华社研究中心，2002.

49. 黄东文《林师连玉印象记》，《南洋商报》1985 年 12 月 25 日 .

粤籍侨团与美国华文教育

裴　艳*

【摘要】美国华文教育事业一个多世纪以来有着长足的进步，其中粤籍侨团的贡献功不可没。二战前中华会馆与粤籍地邑宗乡社团创办旧金山中华中学校、纽约华侨公立学校，南侨学校等，粤籍侨校自成一体，主要靠侨团领袖、侨商发起组织，办学经费也多靠他们捐助、筹募，在日常管理和教学活动中表现出浓郁的粤籍色彩。粤籍侨校组织及办学特点在战后得到一定程度的延续，同时为了适应新的社会政治环境，粤籍侨校的教育活动日益多元化，并通过广泛的社会联系拓展了新的社会文化功能。

【关键词】美国；华文学校；粤籍；社团

一、“二战”前粤籍侨团美国兴学的历史遗产

“二战”以前美国的华文教育经历了早期私塾教育、新式华侨教育两个阶段，尤其在第二个阶段，在清末新政、民国初年和南京国民政府时期三次海外兴学运动的策动下，华文教育呈现了繁荣发展的局面，到二战前夕，美国华文学校发展到60余所，其中“在旧金山有14所，在夏威夷有23所，在加州其他城市有12所，在美国大陆除加州以外的城市如纽约、华盛顿、芝加哥、波士顿以及西雅图等地有10多所”①。这些学校按照兴办者、赞助者分

*　作者简介：裴艳，辽宁大学马克思主义学院副教授。

①　麦礼谦:《美国华侨简史》，旧金山《时代报》1981年1月7日、21日，2月18日。

类可分为会馆办学、教会办学、地缘社团办学及政党、文化社团、个人办学。其中粤籍侨校主要是由中华会馆和一些地缘社团创办。

（一）中华会馆与华文学校

中华会馆是华人社区统一的全社区性组织，在美国由于早期华人绝大多数为粤籍，因此中华会馆也可视为粤籍侨团的一种。

1. 旧金山中华中学校

旧金山中华中学校是旧金山第一所公立华文学校，1884 年由旧金山中华会馆筹建，它的前身是金山学堂，清末民初几易其名：1888 年名大清书院，1908 年名大清侨民公立学堂、民国初年名中华侨民公立学校、1927 年名中华中学校。

旧金山中华会馆是旧金山地缘型会馆和血缘型会馆组成的最高级会馆，是旧金山华人的代言人，“二战”以前实际上是全美华人的代言人。旧金山中华会馆主要由宁阳、肇庆、合和、冈州、阳和、三邑、人和七大会馆组成，前 4 个会馆的成员主要来自四邑珠江三角洲西部和西南部，阳和、三邑会馆的成员基本上来自珠江三角洲几个县，人和会馆的大部分成员是说客家话的。因此，实际上，旧金山中华会馆是典型的广东籍华侨的组织。

大约在 19 世纪 60 年代中叶，随着华人儿童数量的增多，旧金山华人子女教育成为华侨社会的一大问题。面对美国主流教育对华人的歧视政策以及少数教会学校无法满足华人入学需求的困境，华人社会中文教育开始兴起。在家庭教育和私塾、专馆等旧学机构逐渐萌芽的背景下，1884 年，旧金山中华会馆计划建立一个同时教授中文和英文的中西学堂，并得到清政府驻美国旧金山领事的参与支持，1886 年，建校工程提请中国驻美公使张荫桓批准，并请张荫桓拟定学堂章程，1887 年，会馆筹得学堂专款 1300 元，但由于教员薪资尚未筹齐，学堂开办一事进展缓慢。1888 年 4 月，经过一番努力之后，金山学堂在沙加缅街 777 号 2 楼建成开学，不久改名大清书院，程赞清担任学堂监督，学生有 60 人，分为两个班级①。上课时间为周一至周五，每日下午

① 陈国华：《先驱者的脚印——海外华人教育三百年 1690-1990 年》，第 45 页。

三时，学生从华人公立学校下课后进行，因此美国华文教育自始走的就是补习教育的道路。大清书院的教学目标是中、西学兼顾，但是限于资金，中文传统经典和语言学习的文化课程是教学的主要部分，教材为四书、五经、左传等经史典籍，教学水平与同时期国内的私塾专馆相当，有些成绩好的学生可以回国参加科举考试。1906 年，美国旧金山大地震，大清书院在地震引发的火灾中被烧成一片废墟。1908 年清政府委派内阁侍郎梁庆桂到北美兴学，梁庆桂与中华会馆成立的学务公所合作在旧金山开办了第一所新式学堂，名大清侨民公立小学，招收学生 110 名，开设经学、修身、国文、历史、地理、习字、体操和唱歌等中文科目①。民国成立后，学校改名“中华侨民公立学校”，1918 年，学生人数增加到 140 人，1920 年，学校允许女生入学，1925 年，学校设立初中部，一跃成为美国华人教育的最高学府②。1927 年，学校扩充教室，加建一座新校舍，再更名为中华中学校，直到今天。1928 年，学校开设高中课程，是全美第一所采用六三三新学制的完备的华文中等学校。

2. 纽约华侨公立学校

在纽约，华人社团创办的较大侨校是 1907 年由纽约中华公所开办的纽约侨民学堂。纽约中华公所成立于 1883 年，是纽约州全体性的华侨组织，由宁阳会馆、联成公所、中华总商会、安良工商会、协胜公会、致公堂、金兰公所等团体组成，宁阳会馆和联成公所是纽约侨团组织的两大支柱，因此纽约中华公所的主席和通事由宁阳会馆和联成公所轮流选任，39 名议员也由宁阳会馆、联成公所占据 18 个名额。因为联成公所是由广东台山籍以外的华侨组成，所以纽约中华公所不能算作纯粹的粤籍侨团，但是因为早年纽约华侨中台山县籍人数最多，台山宁阳会馆成立也较早，因此台山籍人乃至广东人在纽约中华公所中具有较强的影响力。

纽约侨民学堂初创之时学生很少，有 20 多人，没有固定校舍，只能借一所天主教堂的一间房充做教室。课程极不完善，日常教学不过是教育一般

① 麦礼谦：《传承中华传统：在美国大陆和夏威夷的中文学校》，《华侨华人历史研究》，1999 年第 4 期。

② 李永：《排拒与接纳——旧金山华人教育的历史考察（1848–1943）》，华中科技大学出版社 2015 年，第 215 页。

儿童，使他们认得华文，能够写信管账而已。民国初年，华人携带家眷到美国的人数日益增多，纽约华埠的华人学童也相应增加，纽约华侨公立学校开始走上完善化的道路。1922 年中华公所召集华侨团体代表开会，议定各派代表 1 人，正式成立校董会，中华总商会、安良总会、台山宁阳会馆等组织的负责人为常务校董。1929 年中华公所各侨团捐款购置勿街 60 号大楼作为校址。应该说，该校校舍称不上理想，地方狭小，缺乏图书室、运动场和游戏休息的地方，各种教学设备也非常简陋，但是有了固定的校址，学校的发展开始走上正轨。1933 年，学生人数达到 100 多人，另有教员 4 人，专职校长 1 人①。学校上课时间为每日下午 4 时半至 6 时半，学制与国内小学相同，程度分六级，教科书全部向祖国订购，另外设立特别班供成人失学者补习。学校日常经费主要依靠学费收入，学生每人每月缴费 3 元。教职员一般为国内大学毕业，又在纽约哥伦比亚大学或纽约大学研究院读书的留学生，性质为兼职，领取 50 元月薪。因为战前纽约华侨社会实力不足，华侨公立学校的发展比较缓慢，但是“华侨办学的目的主要是希望通过侨校教育，培养爱国观念和民族意识，希望子弟懂得中国文化，知道前辈创业的艰辛和保持中国人固有的勤劳朴素的优良传统…… 希望送子弟入侨校学习，使其能帮助记账及写信，具有一些创家立业的能力。……以上两个目的，侨校都曾有一定贡献，特别是第一个目的较为显著”②。

（二）粤籍地缘社团与中华学校

除了中华会馆外，粤籍地缘社团也兴建了一些学校，如阳和会馆创设阳和学校，冈州会馆兴办冈州学校、南海福荫堂兴办旧金山南侨学校，这些学校规模比较小，有的只招收本籍属的华侨儿童入学，所以发展受到很大限制，多数学校在二战之前就停办了。有较大影响且至今仍在勉力办学的是南海福荫堂兴办的南侨学校。

① 刘汉标、张兴汉编著:《世界华侨华人概况》(欧洲美洲卷)，暨南大学出版社 1994 年，第 188 页。

② 广东省政协文化和文史资料委员会编:《广东文史资料精编》上编第六卷，清末民国时期人物与台港澳及华侨华人篇，中国文史出版社 2008 年，第 292 页。

南侨学校隶属于旧金山旅美三邑总会馆辖下的南海福荫堂。旅美三邑总会馆是1850年由南海、番禺、顺德三邑乡梓联合建立的非营利性社团，成立之初主要为新侨提供食宿之所以及帮助找寻工作，后为检运同邑身亡异域者骸骨回籍安葬，于1855年、1858年相继成立了南海福荫堂、番禺昌后堂、顺德行安善堂。1919年南海福荫堂值理，连同各商号负责人决定开办华文学校，由李澹书、关景良、关定波、李立生、伦标等人负责劝捐，筹得数万元，随后组织南侨学校董事局，负责兴学事宜。1920年3月10日，学校正式开学，校舍暂租积臣街六百四十七号一所房屋，设教室一间，议事厅一间，学生有35人，关定波先生任校长兼教员。1924年，因为生员增多，学校董事局与福荫堂联合会议，决定购买土地自建校舍，为此福荫堂拨款八万元，加上邑属各商铺、邑侨踊跃捐款，共筹得十余万元，购入沙加缅度街七百五十五号空地，建成二层新校舍，1926年正式启用。此后学校开放招生，不分畛域，到1931年学生增加到三百余人，教员八名，校务蒸蒸日上①。

粤籍侨校自成一体，无论在日常管理还是在教学活动方面都表现出浓郁的粤籍色彩。首先，会馆、社团所办学校主要靠侨团领袖、侨商发起组织，办学经费也多靠他们捐助、筹募，因此学校的日常管理之职多由粤籍侨领担任。比如民国初年旧金山中华侨民公立学校校长由七大会馆主席每年轮值充当，曾轮值充当校长者有三邑会馆主席崔树芬、肇庆会馆主席郑尧勋、冈州会馆主席梁树屏等。校董则由中华会馆商董遴选充当②。具体而言，每年春初由七大会馆向中华总会馆选派校董共二十三名，连七个主席共为三十名。嗣由校董会互选正副主席各一名，书记一名，财政二名，核数二名，以组成校董会。校董会对于选聘校长教职员，建筑校舍，筹措经费，负全部责任。每年开会若干次，以决议各项校务工作③。因为教学语言之便，学校教员也多由粤籍人担任。比如大清书院刚开办之时，设正副教习两名，正教习多由举人或秀才充任，由各会馆轮流派出，也常常由会馆的主席兼任。例如，合和会

① 《旅美三邑总会馆史略（1850–2000）》，第77–79页。

② 刘伯骥：《美国华侨教育》，台北华侨教育丛书编辑委员会编印，1957年第31–32页。

③ 刘伯骥：《美国华侨教育》，台北华侨教育丛书编辑委员会编印，1957年第41页。

馆主席余若周（秀才）为正教习，李章伯为副；宁阳会馆主席刘庆云（秀才）为正教习，阳和会馆主席温文炳为副[①]。当然，最能体现粤籍侨校特色的还是学校的教学语言和课程设置。1930 年，张月庐旅美撰写了通讯《纽约之华侨公立学校》，刊登在《生活周刊》杂志第 17 期，详细记载了她参观纽约华侨公立学校的所见所闻，从中可以一窥粤籍侨校的教学样貌，照录如下：

学校教授的方针，第一是教学生们讲话，国内的人听了或觉得奇怪。学生们平时说的只是一点家常用语，而且说的还是广东各县的乡下土音，就是听得懂广州话的人也丝毫不懂他们说的是什么。小朋友们在玩耍时全是说英语，因受了美国学校的训练，所有的意思只有用英语才能明白表达出来。作文时每人都有一本英汉字典，国内的学生是用这字典去查英文的解释，此处的学生是有了英文的意思再去查中文是怎样写法。因此，教学生们说流利而有条理的广州话，使学生们的意思能用广州话发表出来令人明白，是华侨学校的第一件工作，这工作包含提倡演说辩论演剧等，每星期有一个演说比赛会，各级一定派两人加入。代表由年级学生轮流担任，每星期又举行级际辩论会，又将国内的剧本译成浅近的广东话，教学生们演剧。几年来实行这几种方法，颇著成效。第二个方针是教作文，讲话有进步了，作文自然也进步。学校完全授白话文，艰深难学的文言在华侨社会中当然不适用，作文时只要将广州话的语尾虚字换成国语，就是一篇好文了。现在学生们都使用四角号码法的新字典，作文参考更加便利。第三个方针是激起他们的民族观念，学生们受了美国学校的麻醉，颇以做美国人为荣。我曾问过一个小孩是哪里人，他傲然答说："My father is a Chinese，but I am an American."（译言：我的父亲是中国人，但我是美国人。）学校时时将我国悠长的历史，广阔的疆土等观念印入稚弱的脑海中，又讲外人在我国内的强横傲慢的情形，对稍高级的学生还讲些领事裁判权等不平等的地方，激发他们爱护民族的心。教授的课目，以国文为主，助以本国史地党义社会等。其他各科，如算学自然等科，在美国学校已经有了，不必重复，此外还有国语一科。在华侨社会中，标准语言

① 刘伯骥：《美国华侨教育》，台北华侨教育丛书编辑委员会编印，1957 年第 30 页。

人人都能懂的是广州话，要学讲国语是不可能的。有许多在纽约留学的人来校参观，都说学校为什么仍用广州话教书，仍奖励学生用广州话演说，不知华侨学国语没有听和讲的机会，是永远不成功的。而且学生不愿意学，家长也不赞成，所以华校教国语的目的只求学生能听得懂国语，这已经是奢望了。

二、“二战”后粤籍侨团美国兴学的延续与发展

“二战”以后，随着国际政治局势的变换和美国华侨社会的转变，美国的华文教育进入了一个挑战与机遇并存的新时代。从客观上看，美国改变了对华侨华人的歧视政策，1943 年废止了排华法律，到 1965 年前，又先后通过《战争新娘法》《新移民法案》，直接带来了华人社会人口数量的增长，来自港台、印支半岛和中国大陆的大量新移民本身增加了美国华文教育的自然基础和社会需求，他们的多元文化背景也带来了华文教育多元混杂的新图景；在文化政策上，20 世纪 60 年代以后受美国国内民权运动的影响，美国放弃了一直以来的种族熔炉政策，转而鼓励多元民族文化发展，这为包括华人在内的少数族裔保持传承本民族文化传统提供了更加开放的空间。但是一个负面的干扰因素是，1949 年以后，受冷战局势影响，中美之间建立保持了二十多年的紧张对立关系，华人与中国大陆的交流往来被隔断，对新生的中华人民共和国政权的疏离以及人为的外交隔绝在某种程度上又影响了华人对中华文化传统和语言教育传承的热情。从主观上看，战后美国在华人移民政策上的松动，允许在美华人享受入籍归化的权利，美国华人的社会地位提高、进入主流社会的渠道被打开，这些都导致华人传统的落叶归根观念逐渐被落地生根的意识所取代，表现在子女教育问题上，许多华人不再把祖籍国的语言文化教育视为主流教育之外必不可少的补充，加之，华人的居住范围从华埠扩大到更偏远的城市和郊区，直接带来了华埠侨校生源的萎缩，表现为学校数量和就学人数比战前有所减少，这种局面直到 60 年代以后，多元民族文化政策激发出华人社会寻根渴望之后才有所扭转。总之，正是在华人社会与外部政策环境不断地变幻和互动中，战后美国的华人教育走过了 40—50 年代停滞、60 年代以后复兴，90 年代上升成长的发展历程。粤籍传统侨校正是在这

样的大趋势中留下了延续与发展变迁的历史轨迹。

（一）"二战"后粤籍传统侨校的延续与发展

战后相当长一段时间，旧金山中华中学校因为历史悠久、设施完善仍保持着领头羊的地位，在20世纪50年代，其高中生人数在全美国的华侨学校中居首位，全校学生达560多名[①]，但到六七十年代，就学人数有所下降。而同时期快速崛起的是纽约华侨公立学校。战前纽约华侨公立学校发展比较缓慢，整个30年代就学人数都维持在100多人，1949年学校聘任莫其鑫担任校长，有小学6个班，中学2个班，共有学生230多人。1953年，学校建新校舍，为扩大招生创造了条件。1963年，陈冠中接任校长，他打破常规办学的传统，在平日班之外增加了周末班，使学生人数很快从600名增加到900名，以后又添置新校舍，不断扩大招生规模，到1969年另一校长接任时，学校已设有从幼儿园到高中92个班次，学生总人数达到2669名。70年代学生增加到3000多人，另外还有暑期班学生500多人，教职工130多人，成为全美规模最大的一所华侨华人学校[②]。另一间保持良好声誉的学校是南侨学校，在福荫堂的大力支持下，学校于1963年重建学校礼堂，增加了学生活动场所，设置各类奖学金，鼓励优秀儿童，到1989年周末班已发展到七个班。1992年学校利用蒙兆学基金会捐款购入十台电脑，开设电脑班，为华埠中文学校教授中文电脑输入之先河，另外从香港购入大批全新教科书，供应各班使用。如今，学校开设的课程有中文、电脑、普通话、中国舞蹈等，学生人数达九百余人[③]。

战后粤籍侨团也创办了新的华文学校，如1983年北加州潮州同乡会与美东越棉寮华侨相济会合办成立纽约中山中学小学，有学生二百余人[④]。同时期，南加州潮州同乡会也参加全美潮州总会并联合各大侨团组织中山华文学校，

---

① 刘汉标、张兴汉编著:《世界华侨华人概况》(欧洲美洲卷)，暨南大学出版社1994年，第188页。

② 刘汉标、张兴汉编著:《世界华侨华人概况》(欧洲美洲卷)，暨南大学出版社1994年，第188页。

③ 《旅美三邑总会馆史略（1850—2000）》，第80页。

④ 新加坡潮州八邑会馆主办《第四届国际潮团联谊年会纪念特刊》，1987年，第75页。

到20世纪90年代末已经发展到5个分校，1500多名学生[①]。战后新建侨校中最有影响的是罗省中华会馆创办的中华孔教学校。

罗省中华会馆是南加州华埠27个华人团体联合组成的最高领导组织，它的前身是成立于1889年的卫良公所，取“排解纷争、以安善良”之意，是洛杉矶早期华侨建立的全侨性组织。后来随着华侨人口日益增多，各种同乡会、宗亲会等联谊性团体相继设立，急需成立一个联合机构统筹慈善福利事务，于是将卫良公所扩大组织，于1910年正式改名为罗省中华会馆。目前罗省会馆团体会员有：大中华实业公司、黄氏宗亲会、龙冈亲义公所、台山宁阳会馆、台山宁侨公会、秉公堂、李氏敦宗公所、南加省开平同乡会、至孝笃亲公所、合胜总支堂、俊英工商会、至德三德公所、同源会、朱沛国堂、妇女新运会、伍胥山公所、南加省马氏宗亲会、林西河堂、中国国民党驻罗省分部、英端工商会、昭伦公所、冈州会馆、冈州保安堂、溯源堂、南加省余风采堂、凤伦公所、洛杉矶吕氏宗亲会。这些宗亲会、地缘会馆、工商会及其他团体基本都是由粤籍侨民组成，1973—1974年，曾由华北同乡会申请加入，在获准后因地域的方言风俗习惯的不同，终究没有加入会馆组织，所以罗省中华会馆始终保持了鲜明的粤籍侨团色彩。

作为一个华人社区自治性的领导机构，罗省中华会馆自成立之日起就将传续中华文化作为使命之一，早期曾开办私塾，1949年会馆诸人都认为侨教乃百年大计，于是同时倡议建校，并于当年3月成立“筹建罗省中华会馆暨中华学校委员会”，正副委员长由黄天相、邝迪沾担任，总务黄伯泉、胡杰民，中文书记李家添、黄益平、叶盈，西文书记唐棣忠、梁锦源，募捐主任黄迪庆、财政关杰勤，会计张喜洲、黄德锐，建筑张辉培、刘显济[②]。建校工程于1951年底完成，1952年9月，中华学校将原有三所私塾和一间教会学校整合，首度开学时有学生六十余人。1969年学校更名为中华孔教学校。1973年，中华会馆修改章程，改原来的学务组为校董会作为学校的管理机构，校董21名，其中14名由会馆理事会推出，7名由会馆监事会推出，专责侨教。此后，随着入学

① 刘汉标、张兴汉编著:《世界华侨华人概况》(欧洲美洲卷)，暨南大学出版社1994年，第190页。

② 《罗省中华会馆120周年纪念特刊》，2009年，第103-104页。

人数增加，学校增设周末班，每周六日设上午及中午班以广栽培，到20世纪80年代，学校学生人数超过千人，教职员有17人，校务长足发展。2002年因为校舍残旧不堪，中华会馆主席和校董会的领导成立"罗省中华会馆所属中华孔教学校筹建委员会"，公开筹款，修建现代化教学大楼。2003年11月，新校舍扩建工程完工，中华学校得以崭新的面貌屹立华埠。

（二）战后粤籍侨校教育的特点

"二战"以后美国侨社人口结构和来源变得多元化，除了原有的粤籍老侨及后裔以外，香港、台湾、东南亚、中国大陆的新移民分别构成了不同的华侨社群，他们出于各自的教育需求，创办了不同类型的华文学校，这些学校可以大致分为三种：第一，台湾背景的华文学校。战后台湾华人移民较多专业人士和留学生，他们文化素质高，热心侨教，到80年代台湾背景的华文学校已经成为美国华文教育的主流。这些学校一般分布在传统华埠以外的城镇和边缘地区，教学语言为国语，教授繁体汉字和注音符号。1994年各学校负责人联合成立了"全美中文学校联合总会"，许笑浓为会长，吴大倜、刘竹青为副会长，台湾侨委会在华校的发展过程中给予很多支持。第二，印支华裔难民开办的华文学校。这些学校有几十所，主要分布在加州的洛杉矶、西门子、圣地亚哥，其次是湾区屋仑、芝加哥、纽约、波士顿、休斯敦等城市的新华埠。印支华裔难民由不同的方言群体组成，因此大多数学校用国语授课，只偶尔在必要时候用方言做些解释，绝大多数学校也使用台湾侨委会印制的教材。另外，这个群体的成员具有较浓厚的血缘地缘观念，保留了较多的传统习俗和组织形式，在办学活动中，这些学校的董事会在做法上与华埠内的粤语方言学校更为接近，一俟条件许可，他们就会购买并兴建自己的校舍[①]。第三，中国大陆学者、留学生和新移民开办的华文学校。主要是为获得永久居留权的大陆新移民子女提供中文教育所建，教授普通话、简体汉字及汉语拼音方案。80年开始兴起，发展迅速，到90年代末已发展到近百所，遍布

① 麦礼谦著、肖炜蘅译：《传承中华传统：在美国大陆和夏威夷的中文学校》，《华侨华人历史研究》1999年第4期。

全美30余州，其中美东尤多。1994年成立了以大陆学人为主体，以倪涛为主席，洪辉为副主席的“全美中文学校协会”——新移民在美国开办中文学校集体意义上的代名词，目前会员学校已近300所①。

战后美国华文教育办学类型日益多元化的情势对粤籍侨校的发展是一个不小的挑战，粤籍侨校从战前华文教育的主体变为战后多元华文教育的一支。但是由于粤籍侨校保持了旧有的传统优势，同时顺应战后形势，积极拓宽教育活动的内容和范围，通过参与组织文化交流活动，扩大了影响和声誉，巩固了自身在美国华文教育体系中的地位。

1. 传统优势的保持

经费短缺是海外华文教育发展面临的普遍性问题之一，像所有其他地区其他类型的华文学校一样，粤籍侨校也没有固定的经费来源，但是由于背后有侨团、侨领的支持和赞助，粤籍侨校的整体办学还是比较有资金保障，校舍、硬件设施也比较完善，体现了粤籍侨社的组织性和办学实力。以罗省中华孔教学校为例，自1949年筹款建校至今已成为美国西部日臻完善的华文名校，侨团和粤籍乡民乐捐助学的义举功不可没。

筹款助学的活动包括：

建校初期，建筑费和开办费移用抗战时期大家捐献的余款加上临时募集6万元，总计18万元。

1967年，中华会馆拨款12000元，扩大礼堂舞台，校内粉饰一新。

1975年，校董会发动添置教具，募捐得款8000余元，陆续充实设备。

1994—1995年间，校董会会长和中华会馆主席发动侨界捐款，重修校舍更新设备，5月26日在金龙酒家举办筹款晚会，粤剧票友陈小玲女士粉墨登场，演出折子戏，马氏商场董事长马锦周捐1万元，总计筹得12万元，使重修及扩建工程顺利开展。

2002年，中华会馆和校董会推动成立罗省中华会馆所属中华孔教学校筹建委员会，公开筹款改善校舍，侨务委员会捐助3万元，马锦周伉俪慨捐10万元，白人女士 Ms Slesinger 捐5万元，短短数月募得款项56万余元。

① 周聿峨、张树利：《新移民与美国华文教育》，《东南亚纵横》2005年第6期。

除了有特定用途的筹款活动外，特别值得一提的是，龙岗亲义公所名义轩醒师团每年农历新年义务舞狮采青筹款，数十年如一日，迄今仍保持此良好风尚，为侨社令人动容的一幕场景。

“中华学校师生在前面举着大旗，龙冈公所父老在一旁帮着放鞭炮，敲锣钹打鼓，名义轩醒狮团师傅刘渭领着儿子、徒弟、徒弟的儿子、徒弟的徒弟，年年农历过年都在华埠等华人社区大街上舞狮，一家家商店、餐厅、银行、公所、会馆，逐一上门舞狮采青，替商家带来新年开市吉利旺气，也为中华学校带进大约万元捐款；中华会馆历届主席等首长及校董会成员则在旁帮着开发收据给捐款商家。一群人浩浩荡荡在街头舞足一日，已成为华埠每年春节必然轰动的景观”①。

侨团、校董会与粤侨的捐款助学改善了华埠侨校的办学条件，为广大学生创造了优美的学习环境。此外，为了提高学生求学的积极性，增加侨校的吸引力，还有一些富商侨领设立了奖助学金，表彰成绩优秀表现突出的教师和学生，成为侨团办学的另一佳话。比如宁阳总会馆自 1999 年拨专款增设奖学金，扶掖优秀学子，三邑总会馆为鼓励邑人学习中华文化，特设立助学金、奖学金、奖教金等，每年发放总额达数万美元之多，其中奖学金分为甲乙两种，甲种奖学金给予学费全年，乙种奖学金给予学费半年。凡是三邑邑侨子弟，不论在任何侨校，高初中及高小五六年级肄业，各科成绩合计，平均在八十分以上，操行列于甲等，均可申请②。纽约潮州同乡会通过春节联欢会筹款二万六千余元，设立奖学基金，奖掖后进③。而作为洛杉矶侨团最高组织创办的罗省中华孔教学校更是得道多助，每年毕业暨结业典礼时，都有殷商大户与侨学界争相捐奖学金，奖品，并亲临颁奖给成绩优良的学生，激励勤学，其中国泰银行三十余年，颁奖每班第一名的优秀学生奖学金，开平中学校友会十余年来，以银鼎颁奖每班之第二名，龙冈亲义公所有四姓子弟奖学金，冈州会馆每年捐助五千元充实奖学基金。1977 年中华会馆主席张如灼任内身

① 《罗省中华会馆 120 周年纪念特刊》，2009 年，第 104 页。

② 《旅美三邑总会馆史略 1850–2000》，第 56 页。

③ 新加坡潮州八邑会馆主办《第四届国际潮团联谊年会纪念特刊》，1987 年，第 76 页。

故，捐出丧礼节余三千三百元。1983 年，侨界领袖胡杰民、余成礼后人各捐出一万元设奖学基金，侨领陈小玲女士捐三万元。侨领和侨团的捐资提高了学校的知名度和教学水平，同时也吸引到侨社以外的资金赞助，近些年先后有来自耆英会、北美经济文化办事处、台北海华文教基金，协和医院等单位捐款充实奖教基金①。

2. 顺应时势，教育活动日益多元化

以粤语为教学语言是战前老侨校的传统，然而随着战后华人社会的改变，华埠内的粤籍侨校的生源已经不再局限于粤籍华侨子弟，而是包括了新老移民在内的所有华人，其中台湾、东南亚和大陆新移民的省籍五花八门，再用地方性的方言作为教学语言显然不合时宜。另外，作为国际通用的中文语言，普通话显然具有更广泛的适用范围，美国主流教育体系中的中文课程以普通话和简体字作为教学内容就是最好的例证。因此为了与主流教育接轨，为了更好发挥中文的实用价值和商业价值，开设普通话课程显然是粤籍学校的不二选择。以纽约华侨公立学校为例，自建校之初到 20 世纪 70 年代，完全以粤语授课，等到 80 年代初，开始设立国语班，近些年的趋势是转学国语的广东子弟日渐增多，如今国语班的数目已经超过粤语班②。类似的还有罗省中华孔教学校也于 1984 年，开设了国语课程。1995 年，美国中文学校联合会调查显示：全美 635 所中文学校在教学用语方面，79.7% 教授普通话，12.8% 教授粤语，1.2% 采用东南亚地区语言或其他汉语方言授课③。可见开设国语课程已经成为所有华文学校不可逆转的趋势，当然由于传统和师资力量所限，华文学校完全取消粤语授课也不见得行得通，因此在相当长一段时间内，粤语和国语课程并行将成为粤籍侨校教学的特点之一。

在教学形式上，传统侨校自成立之日就多采取平日班，即利用每周一至周五下午当地学校放学后的两三个小时补习中文，战后由于华侨华人数量的增多以及华人融入主流社会的程度日益加深，许多华侨搬离华埠，定居在较

---

① 《罗省中华会馆 120 周年纪念特刊》，2003 年，第 107 页。

② 张黄甘枝：《粤语词汇的源流演变及纽约的粤语教育》，华东师范大学硕士学位论文 2012 年。

③ 肖炜蘅：《当代美国华文教育浅析》，《八桂侨史》1999 年第 3 期。

远的城市和郊区，为了满足日益扩大的教学需求以及兼顾华埠以外青少年就读的方便，粤籍侨校也借鉴了新移民学校的模式，开始设立周末班。1980 年罗省中华孔教学校因为平日班学额已满，还有三百人无法入学，请准校董会，增设周末上午班、中午班。1983 年再增设周末下午班。这样学校每周一至周五下午上课，星期六及星期日，分上中下午三部，全天上课，学生人数超过千人[①]。还有旧金山南侨学校自 1985 年开始设立周末班，在 10 年间，周末中文班由 3 个增加到 16 个，学生人数也从 1988 年的 410 人增加到 1995 年的 740 多人，其中在周末班上课的学生几乎达到每日班学生的两倍[②]。周末中文班显然不仅仅满足了华埠之外华人儿童的需求，同时也受到了华埠内学生的欢迎。纽约华侨公立学校开设周日班后，学生人数从 1963 年的 678 人上升到 1975 年的 3250 人[③]，其中周末班的生源尤其增长迅速，以至于即使有令人羡慕的独立校舍，但是每期周末班还是有数百名学生被拒之门外。学校校长胡意秋女士不得不感叹呼吁，在华埠附近的子弟应该踊跃参加日班的课程好多空出一些名额给在华埠外只能周末来上课的华裔小朋友[④]。

在教育内容上，战后粤籍侨校也日益拓宽教学范围，实行中文语言、职业技能及传统文化并重的课程方案。比如罗省中华孔教学校除了实施国粤双语教育，教授国际汉语拼音和繁体字外，还在周末开设舞蹈班，电脑职业培训班，中乐班，2008 年暑假又开设读经班（读论语、孟子、中庸、三字经等），用现代语文，深入浅出地传授中华文化的精华，让学生对传统文化有所了解，作为日后做人做事之基础。纽约华侨公立学校重视教授学生为人处世之道，特别开设常识和礼貌课程，胡意秋校长认为学好中国人的礼貌和谦虚，跟学中文一样重要。多元文化课程的设置增加了学生学习的兴趣，也使得华文学校的性质更加明确，即它不是设在海外的单纯的语言学校，而是兼有教

① 《罗省中华会馆 120 周年纪念特刊》，2003 年，第 105 页。

② 麦礼谦著，肖炜蘅译：《传承中华传统：在美国大陆和夏威夷的中文学校》，《华侨华人历史研究》1999 年第 4 期。

③ 麦礼谦著，肖炜蘅译：《传承中华传统：在美国大陆和夏威夷的中文学校》，《华侨华人历史研究》1999 年第 4 期。

④ 杨庆南编著：《世界华侨名人传》第五册，马华企业有限公司 1986 年，第 145 页。

育与传播中华文化传统，进行族裔文化熏陶功能的教育机构。事实证明，这种族裔文化熏陶对于青少年的价值观和精神世界的影响是意义重大的。一位在纽约华侨公立学校度过三年学习时光的日班学生这样写道：在这短短的三年，我已经学到了很多的知识。如今我明白什么是礼义廉耻，什么是中国的固有道德。学得越多，我就越对中华文化起了崇敬的心。这都是学校教导我的……①

3. 加强社会联系，塑造品牌形象

粤籍侨校在加强内部管理、完善教学条件，优化教学内容的同时，还积极谋求学校与学生家长、学校与学校、学校与主流社会之间的互动和联系，通过媒体宣传、文化展演和教学成果展示提高学校的知名度，进而突破华文学校的传统定位，在更具社会性、文化性的层面拓展新的功能。这些学校定期举办开放日，邀请学生家长及侨学界代表参加，介绍学校历史、展示学业成绩，促进家庭与学校教育的沟通。每年夏天还举办隆重的毕业与结业礼，学生和家长都盛装出席，侨团领袖也应邀致辞，并为优秀学子颁发奖学金。粤籍侨校还积极参与地区性乃至全国性的诗词、作文、书法、绘画比赛，既加强了中文学校之间的沟通和联系，也提高了学校的知名度。如罗省中华孔教学校 1984 年与南加州中文学校联合会及梅花诗社联合举办诗词朗诵比赛，获得团体组及初级组第一名，1988—1994 年，刘仲明校长任职期间，每年组织学生参加台北侨联总会及美加地区作文、书法、绘画比赛，获奖无数，当地报章都有报道转载，另外，为了扩大学校的影响力，加强学校与华人社会、主流社会的联系，中文学校还利用筹款晚会、开幕剪彩、春节游行等节日庆典，开展各种类型的传统文化节目展演，推广中华语言文化，提升中文学校整体形象。

总而言之，粤籍侨团在战前美国华人社会兴学办教是起了主导作用的，战后在华文教育办学类型日益多元化的情势下，粤籍侨校在继续发挥侨团办学优势外，还根据现实需要改革教学内容和教学形式，加强与外部的联系，拓展新的文化功能，继续对华文教育和文化发展做出贡献。

---

① 绿洲主编：《外国中学生作文精品大全》，晨光出版社 2002 年，第 96 页。

后疫情时代马来西亚华文教育的思考与展望

王淑慧 *

【摘要】一场新冠病毒（Covid-19）引发的肺炎疫情蔓延世界各国，成为影响国际的突发性重大公共卫生事件。疫情肆虐的结果是，国家社会中有机体的结构和系统产生重大的变化，社会变迁不可避免地导致教育的变革。新冠肺炎疫情的发生，很现实地成为教育的“分水岭”，将教育划分为疫情前的“常态教育”和“后疫情时代的教育”，已走过200余年历史的马来西亚华文教育也不可避免地置身其中。本文的基本思路为，从疫情带来的马来西亚社会变迁概述研究背景与动机，再梳理疫情背景下的华文教育现状，最后围绕后疫情时代的华文教育在时代变迁产生深刻变化的大环境里，如何建立“共处”之新常态的问题进行思考和探索。

【关键词】后疫情时代；华文教育；双线教学；在线教学

前言

“新冠肺炎疫情”以前所未有之势，深刻地影响和改变人类的现实生活。疫情不仅造就社会变迁，更对教育带来深远的影响；伴随疫情的持续蔓延，马来西亚和其他国家一样，逐渐步入“后疫情时代”。后疫情时代对教育教学

* 作者简介：王淑慧，女，马来西亚新纪元大学学院教育系助理教授，硕博生导师。

的发展不可避免地带来不同层面的挑战，同时带来诸多的机遇。原来走在第四次工业革命背景下的教育革新，因为疫情急速迈入新时代、新常态，实实在在显示教育改革的必然性和迫切性。必须意识到的现实是，后疫情时代不会是一个短时间就结束的社会发展阶段，反之是一个充满不确定性、无法预计时间长短的持续性历史阶段。这时期的教育再建和发展，成了各国教育系统不得不直面的严峻考验和挑战。接下来的教育教学，将更进一步地游走于校内和校外，穿梭于家里家外，融合于线上和线下，实实在在地打破固有教育模式框架，马来西亚的华文教育也无可规避地置身其中。就后疫情时代的发展视角，马来西亚华文教育在“破框”之际，人们对于教育成效的看重也随之不断提升，由于马来西亚各华文学校发展条件不一、资源配备不足、教学成效差距等困境日益凸显，也进一步引发教育信仰危机、教师教学压力增加、治理体系应对疲弱等现实问题，深为社会和教育学界所关注。

一、概念释义与问题探讨

通过查阅文献发现，中国学者于疫情暴发后不久，有关“后疫情时代”的教育教学研究已然开展，且研究数量仍在疾速上升。相较于中国，马来西亚因为疫情暴发较晚，相关研究资源和各方条件不充裕，特别是“疫情背景下”的华文教育教学的研究多局限于局部描述，相关的网络新闻、报纸较多，尚未作出较深入探析，因此学术性的论文很少；对于“后疫情时代”马来西亚华文教育的探讨更是欠缺。

（一）概念释义

1. 后疫情时代

学者王竹立阐明，“后疫情时代”并不是我们原来想象中的疫情完全消失、一切恢复如前的状况，而是疫情时起时伏，随时都可能大规模小规模爆发，从外国外地回流以及季节性发作，而且迁延较长时间，对各方面都产生深远影响的时代。[①] 联合国教科文组织中国可持续发展教育全国工作委员会执行主任史东根亦认为，后疫情时代将是一个持续时间长且充满普遍性与不确定性的历史阶段。[②] 随着疫情的蔓延和发展，可以预见这是一场持久性的战役，“后疫情时代”华文教育的发展于是成为马来西亚华人社会必要关注的议题之一。

2. 马来西亚华文教育

2013 年，时任中国国务院侨务办公室主任裘援平与马来西亚华校董事联合会总会和马来西亚华校教师会总会代表座谈交流时曾说：“马来西亚的华文教育已较好地与国家教育教育体系紧密地结合在一起，形成了从幼儿园到高等教育的完备、完整、规范的教育体系。”[③] 在马来西亚，华语是大多数华裔子弟的母语，是第一语言。因此，本文所指的华文教育不仅仅是一门华文课，而是包含了 1298 所华文小学（华小）、62 所华文独立中学（独中）、81 所国民型中学（华中）及 3 所华人民办高校以华语作为媒介语的所有教育教学活动。

3. 双线教学

“双线教学”是后疫情时代的必然趋势，更是当下的现实体现。学者李政涛对“双线教学”作出三点诠释：（1）“双线教学”重在“事”，即“教学之事”，而且“双线教学”的存在与发展，也是既成的事实，它面临的不再是“可行与否”的问题，而是“如何更好”的问题。（2）“双线教学”明确指向“线上教学和线下教学”这两条线，一目了然。（3）“双线教学”中的“双线”，不仅重在“双”，更突出“线”，它既点出“混合教学”的混合对象和混合载体，也表明了在线教学“网络教育”的本质；同时，“网络线”本身也构成了“线上教学”与“线下教学”之间的分界。[④]

---

① 王竹立 . 后疫情时代，教育应如何转型？ [J]. 电化教育研究，2020（4）：13.

② 史东根 . 后疫情时代的教育重建 [J]. 可持续发展经济导刊，2020（8）：25.

③《裘援平：在马来西亚详述华文教育四种新态势》，中国新闻网，http: //www.chinanews.com/hwjy/2013/07-04/5004853.shtml，2013 年 7 月 4 日，检索日期：2020 年 11 月 30 日 .

④ 李政涛 . 基础教育的后疫情时代，是“双线混融教学”的新时代 [J]. 中国教育学刊，2020（5）：首卷语 .

（二）问题探讨

值此时代的大变动，本文欲就后疫情时代的马来西亚华文教育进行思考和展望，掌握教育的发展趋势，从现状“破框”、思考“重建”及展望“共处”等视角进行探索。胪列本文之研究目的如下：

1. 检视疫情背景下马来西亚华文教育的现状；

2. 思考后疫情时代马来西亚华文教育的“再建”与发展。

为达成上述研究目的，本文拟定探讨的问题为：

1. 疫情对华文教育造成哪些方面的影响？

2. 后疫情时代的华文教育需要实现哪几方面的“再建”？

3. 在“共处”思维下，有何建议提供予华文教育单位参酌？

二、“破框”：疫情背景下华文教育的现状

2012 年，马来西亚教育部颁布的《马来西亚教育蓝图 2013—2025》共列明 11 项具体革新项目，落实教育体系的转型。其中，第七项“善用信息通信技术，提升全国的学习质量”阐明，首先，通过“1BestariNet”计划为全国 1 万所学校提供互联网和虚拟学习环境；其次，构建视频库，汇集各重点学科卓越教师的教学视频，强化在线教学内容；再次，充分运用信息通信技术，提供远程学习和自主学习，以提升教学质量和个性化的学习。[①] 通过这一项革新计划，马来西亚致力于跟上新时代的步伐，推动教育与互联网、人工智能、大数据等现实变迁的接轨。据此，华文教育也与时俱进，紧随大环境前进，以更贴近信息时代的基调。然而，一场疫情牵引出的教育问题，却让包括华文教育在内的教育措手不及，揭露了各级各类教育在育人理念更新与调整的差距、城乡教育教学变革的差距、管理单位治理与应变效能的差距、师生在线教与学模式切换与适应的差距等尚待因应的挑战。教育跟不上现实的变化，已然成为各方对教育的判断。

---

① 马来西亚教育部．马来西亚教育发展蓝图 2013—2025. Pelan Pembangunan Pendidikan[EB/OL]. https: //www.moe. gov. my/v/pelan-pembangunan-pendidikan-malaysia-2013-2025. 检索日期：2020 年 12 月 1 日．

（一）教育信仰危机浮现

马来西亚归属发展中国家，各个州属、地区、城市与乡村的发展情况不一，城乡发展的差距是一个难解的问题。疫情蔓延，持续的在线教学更是凸显城乡不同阶层家庭在互联网设置和信息化配备的差异。教育部高级部长莫哈末拉迪指出，根据教育部展开的在线教学问卷调查初步反馈，有 80% 的中学生拥有自己的智能手机，小学生则有 36%；至于拥有个人信息设备如平板电脑、手提电脑、桌面电脑的普及率很低，仅占 5%—14%。相关在线教学问卷调查获得 50 万名家长线上参与，涉及的学生人数达 70 万人，问卷调查的受访者都是能够接触到网络的人士，不包括乡区无法连接互联网的家庭。① 自疫情在马来西亚爆发迄今，教育模式从线下转换为在线已成为常态。在线教育离不开网络平台和资源，Google Classroom、Google Meet、ZOOM、FB Live 等平台成为马来西亚在线教育教学的热门选择。疫情突发的初始阶段，绝大部分的学校和教师对相关平台并不熟悉甚至感到陌生，因为在线教育一直属于非主流教育的思维，因此，对突如其来的教育教学模式的转换难免显得抗拒和不知所措，学校管理体系的应对措施、教师在线教学效能、学生教学成效、家长居家配合力度等问题，更是成为社会关注的议题。即便不少家长对在线教学的效益提出质疑，认为在线教学和学习不若实体课堂教学成效来的显著，甚至相去甚远，但依据马来西亚东方网 15 000 人的民调显示，只有 30% 的家长在国家行动管制令结束，学校复课后会让孩子回到学校上课，另外 70% 的家长则选择继续让孩子居家学习，希望学校可以继续在线教学，直至疫情稳定为止。② 启动在线教育模式，必然带来传统教育模式的调整，同时突显了各方在教育教学思想和心态更新的必要性。学校和教师必须在教学信息认知和技能层面进行提升，家长在信息素养及亲师之间的联系与沟通也须加强，双方达成共识才能适切解决学习者在线学习所面对难题。

---

① 星洲日报．教长：大部分有手机可上网・仅 5 至 14% 学生有电脑 [EB/OL]. 星洲网，https: //www.sinchew.com.my/content/content_2246629. html，2020 年 4 月 3 日．检索日期：2020 年 12 月 2 日．

② 卓慧妮．线上教学任务 [EB/OL]. 东方 ONLINE，https: //www.orientaldaily.com.my/index. php/news/education/2020/04/15/335942，2020 年 4 月 15 日．检索日期：2020 年 12 月 2 日．

教育是特别需要信仰的事业。对教育的信仰使教育工作者相信教育能为学习者带来福祉，并相信这一价值认知是值得为之付出努力和奉献的。如此，才可能在艰辛、复杂的教育过程中排除外界因素的各种困扰与干扰，持续发展教育事业。然而，疫情的反复无常，扰乱了教育教学的节奏，却担负更胜以往的重任，困难重重，挑战层出不穷。教育教学失调问题日益严重，因为原来的教育理想与现实的残酷格格不入，衍生价值体系的混乱，进而引起价值冲突。社会转型期间，传统价值和规范受到激烈的冲击，新的价值标准尚未形成和成熟，导致组织或个人在决策、行为活动因缺乏评判标准而出现失范举措，渐显的教育信仰危机不容忽视。

（二）教师教学压力倍增

疫情防控期间，马来西亚教育部鼓励教师使用该部设立的教育平台（http: //www.moe-dl.edu.my）、Google Classroom 等合适的教学平台，以及相关的教学互动软体、电子课本、视频等进行线上教学。根据教育部的数据显示，目前有 80% 或近 40 万名教师进行线上教学，同时有 56.7% 或近 300 万名学生在线学习。[①] 随着疫情的反复无常，停课和复课交替运作的教育新形态，使学生的学习成效备受各界的关注，教师的教学压力倍增。即便城市家庭网络化、信息化的环境和基础配备日趋完善，但不同阶层学生的相应设备仍存在不小的差距。家庭条件较为优渥者，可以选择较昂贵的互联网配套，拥有相对顺畅的网速，辅以各类型的电脑、智能手机等在线学习设备；收入较低的家庭，无论在网速和学习配备上都相对处难以保证或不足的困境。城市家庭学生的在线学习已然存在差距，更遑论城市与乡村之间长时间积累的鸿沟，尤其是地处偏远的乡村地区，互联网设置不足，网速不佳，在线学习基础设施和网络环境极差，和城市地区产生极大的悬殊和差异，直接影响学生的在线学习。偏乡地区的华文小学教师表示，因为学校地处偏远，学生多来自乡区，学校要求教师使用 ZOOM 平台进行在线教学，终究因为网络覆盖

① 林淑芸 . 采线上教学师生人数激增 [EB/OL]. 东方 ONLINE，https: //www.orientaldaily.com.my/news/nation/2020/06/08/344973，2020 年 6 月 8 日 . 检索日期：2020 年 12 月 2 日 .

率不足，师生因为网络问题而放弃使用此平台，改用 Google Classroom 进行教学。①

学生在线学习的学习心态、学习效率、师生互动等综合学习行为，都直接影响其学习成效，而学习成效的高低则是在线教学质量的重要衡量指标之一。长久以来教育是以实体课堂教学为主，各类型学校对在线教与学的认知、技能的掌握和心态转换程度各有不同，发展条件较好的学校，因投入的资源较多，教师的在职教育、认知程度和执行能力有更到位的规划和培养；更现实的体现是，学校资源和设备不足，只能小规模开展，或无法执行，教师和学生在疫情防控期间的在线教学和学习显然准备不充分，衍生出学生在线的学习效率、学习效果难以保证的问题。再者，如若在线教学仍固守于实体课堂教学赶进度的层面，则即便完成教学大纲和内容，学生学习效率不高，学习成效不佳的表现，无疑直接反映教师的教学效能，成为在线教学的教师除了投入提升专业的学识修养，强化信息素养和技能之余的重大压力。

包括华文教育在内的教育系统，在因疫情起伏难测的社会变迁中未曾停止前进的步伐，各类正向负向的尝试、经验和成果层出不穷。在此过程中，置身于教育最前线的教师确实面对更大的压力。首先，新常态对教师提出新的要求。相较于实体课堂的教学，在线教学需要更多的互动分享和平等沟通，深受信息科技影响的新生代学生，更是注重和渴望在新的学习平台能获取更多平等沟通的机会，在更多互动的基础上，学习、掌握新知识和技能。其次，通过互联网和大数据的挖掘，使年轻一代的学生更容易汲取新知识；同时，考验教师和学生在海量信息中的“选择”与运用能力。再次，大数据、人工智能技术的日新月异，为在线教育教学提供了新的路径。如何通过新的教育教学方式，使传统的“一言堂”、“批量生产”因势利导走向“发言权”、“客制化”等新教育形态，对教师的教学效能提出了新的要求。

① 吴维康 . 参与度网络差等因素 线上教学成效欠佳 [EB/OL]. 东方 ONLINE，https: //www.orientaldaily.com.my/news/nation/2020/04/19/336561，2020 年 4 月 19 日 . 检索日期：2020 年 12 月 2 日 .

（三）管理体系应对疲弱

马来西亚华文教育是国家多元教育体系中的一种特殊常态，拥有学前教育、小学、中学和大专院校等完整的教育体系，并深受政治政策、族群文化差异等因素的影响。其中，1298 所华文小学（华小）和 81 所国民型中学（华中）直隶教育部；62 所华文独立中学（独中）形式上归属“马来西亚华校董事联合会总会”（董总）领导，实则除了独中专属的统一课程和统一考试外，各独中的行政执行和学术教学都呈自主发展状态；3 所华人社会民办的高校于国家教育体系属私立学校，拥有较大的自主权。因此，疫情防控期间的在线教学和实体课堂教学，华小和华中按教育部的指令要求行事，独中和 3 所高校则按各自学校的现实情况自行开展。疫情的变幻莫测，致使教育部的政策指令时有“模糊不清”的现象，华文教育体系在没有可供依循的治理方案前提下，各校“自行决策”的空间变得很大。因着不同类型学校发展条件的差异，在因应大环境变化的管理方式呈现明显的差距，在一定程度上影响了华文教育的整体发展。简而言之，疫情凸显了包括华文教育在内的教育管理体系不完善的问题。首先，管理结构存在“多头”的挑战。处在变化多端的现实情境，增加了各类型学校对信息资源的依赖，管理体制以行政管理为主，对于现实的课程调整、教学方式、学习形态等失衡问题，管理体系未能发挥管理效能，提出适切的应对和调整。其次，“应变”管理方式的考验。疫情的影响深入社会的各个方面，管理方式强调应变的速度和方法的多元。但在学校层面的管理应以行政为主导，使用原有传统经验管理方式进行对应的依然大量存在，积极应变和变革的相对低效和属少数。

教育随社会变迁的进程中从来不欠缺问题，无论是哪个时代背景所产生的军事、政治、经济、文化、伦理等社会变迁所延伸出来的问题，在不同层面上都成为教育必须直面的挑战。无论是疫情前的信息科技新时代，或是后疫情时代的新态势，在线教育已是必然的存在。这种新常态本身就存在着各种不平等的现象，如上所述，一场疫情可能加剧凸显各种危机与问题。疫情导致本来就困难重重的教育改革如今更是举步维艰，对华文教育而言更是雪上加霜，如何在抗疫期间不停止教育的步伐，引导学生正视现实问题，和教师、家长携手解决在教学与学习上的困难，是当下教育必须面对和接纳传统运作模式已然“破框”的事实，从而积极思考“再建”什么和如何与新常态“共处”。以期在社会变迁中，仍不停止为大环境培养所需人才，继续在这场大型战役中负重前行。

三、“再建与共处”：后疫情时代华文教育的思考与展望

新冠肺炎疫情对当下和未来大环境以及各个领域产生重大的影响，对教育的发展带来极大的冲击，引发连锁的反应。皆因疫情蔓延打乱了社会发展的规律与秩序，加剧了各个领域发展的压力。就华文教育而言，疫情的出现成了一个分水岭，将华文教育分为疫情前的华文教育和后疫情时代的华文教育。此后，华文教育在马来西亚的发展进入新的纪元，在育人理念、教学模式、治理方式等方面为应和后疫情时代的要求，必须作出相应的思考和调整。换而言之，因为疫情而来的华文教育反思，与其说是一种“困境”，不如说是华文教育的再出发。当下的情境，让华文教育再思考华文教育的教育理念和存在价值；再构建教师在新态势下的教学技能与效能；再检视教育管理体系的治理机制等，以适应后疫情时代的发展要求。

（一）强调“发展导向”的育人理念

不同的时代和背景赋予教育不尽相同的育人要求。后疫情时代，华文教育的育人理念应该更聚焦于学生的发展性，因为促进学生的发展本就是教育的价值追求，更是后疫情时代学生全面和可持续发展的本质诉求。据此，华文教育若能再思考：什么知识对学生最有价值？怎样的学习能促进教与学的效能？如何提炼生存观念发挥教育的现实作用？将对华文教育在后疫情时代的发展有所裨益。

1. 课程观

对于教育而言，“什么知识最有价值”是一个亘古的问题。罗杰斯（C. Rogers）认为，现代教育的悲剧之一就是，教育工作者以为只要把课程设计

好，教学方法合适，学生就会很好地学习。① 杜威（John Dewey）则强调，最有价值的知识莫过于与儿童生活经验相联系的经验。② 换而言之，知识的掌握不是简单地“明白”“知道”由不同符号组合的知识，而是理解知识 所要呈现出的规律和事物，从中学习人类生活的现实环境和学习者本身的关系。在此前提下，华文教育需要提升育人的格局，突破过往以应试为导向，忽略学生与现实联系的课程观。（1）从“单科”到“综合学科”，提升学生的综合素质。后疫情时代，课程设置需要从“标准化”转向“多元化”，强调“实践”和“体验”将成为课程发展的主流；（2）从“工具属性”到“个体发展”，回归学生为学习主体的本质。从课程其中一项定义“课程即学习经验”探视，学生的学习经验，是学生实际认识、理解或掌握到的课程，课程的重点应从教材的工具属性转向学生的个体发展；（3）从“共同性”到“个性化”，提升学生个性化的自主学习和创新能力。后疫情时代，各种新态势、新行业、新技能持续涌现，课程应从“要学生学什么”适应环境变迁转换为“学生要学什么”，以满足新时代对人才的新要求。从课程发展视角，后疫情时代的华文教育应该提炼更契合现实需求的实用知识，让学生在学习基础知识和基本概念的同时，能与其生活中的现实情境做联结，借此提升学生的学习动机。

2. 学习观

疫情对社会带来剧烈的变革，教育身为社会重要的组成部分，不可避免地必须做出相应的调整与改变。在此背景下，学生的内在学习动机更显重要。杜威认为，“书本知识具有不可教性，不能直接进行传授，而需要让学习者经历一个复杂的过程，即知识的学习需要经过还原与下沉、经验与探究、反思与上浮的过程。”③ 课程与教学专家学者郭元祥对杜威这个经验教学过程理论做了一个概括，（1）将知识“还原”为贴近学生生活的“经验”，还原过程中的“下沉”既是对知识进行形象化、具体化，以助学生掌握知识；（2）对相关知识作进一步的探究，巩固学习、释疑解惑；（3）学生进行学习反思，将所学

① 施良方 . 课程理论—课程的基础、原理与问题 [M]. 北京：教育科学出版社，2006：37.

② 施良方 . 课程理论—课程的基础、原理与问题 [M]. 北京：教育科学出版社，2006：76.

③ 郭元祥 . 论深度教学：源起、基础与理念 [J]. 教育研究与实验，2017（3）：7.

的知识“变成自己的”过程，即“上浮”。这整个学习过程恰呈U形状，故称之为“U型学习”。掌握“U型学习”的学习观，将对学生的自主学习有所助益。学习是“有机”的，是学习者为了适应和因应大环境的变迁，不断重复和积累经验，进而调整和改变行为的过程。因此，学习观对于教育和教学而言，都是重要且必要清楚的基石。教育教学的本质就是教会学生学习。

3. 生存观

生存，是马来西亚华文教育200余年来不曾停止探究的问题。过往，先贤深耕的方向是如何在国家教育体制外的生存和发展；而今，除了探析过去到当下的“生存”问题，更需要探索如何再建构后疫情时代的“生存”观念。在疫情背景下生成很多的新观念，“责任生存”便是其一。“责任生存，即个人必须将自己置身于人与人互动的社会大系统中，人类必须将自己置身于自然万物的大系统中，以‘责任’作为人类生存的价值导向，养成对他者（他人、家庭、工作机构、社会组织、自然生物与环境）的尊重，对自己负责，对他者负责，对所有生物的生存和整个地球的存在负责，对整个社会与自然系统的平衡和谐以及系统内部各种关系的和谐、各种力量的平衡负责，学会与他者共生与互动。这种‘责任公民’的‘责任生存’方式，只能由教育和自我教育来进行形塑；责任教育，则由学校、家庭和社会合作完成”。[①]“责任生存”这一价值观念形塑的主要目的为，以“和谐”为出发点，探索再次构建人与自然、人与世界、人与社会的关系，建立新的生存和发展观念。具备发展导向的“责任生存”理念，是后疫情时代的华文教育再构育人理念可以借鉴的理念。

（二）实践“深度导向”的双线教学

无论是疫情防控期间或后疫情时代，华文教育在教育教学要想赶上时代前进的步伐，在多源流的马来西亚教育体系继续站稳一席之地，就必须提高在教育教学上的供给能力，提供适应时代发展要求的教育教学水平，将华文

---

① 范国睿．责任生存：一种全新的生存与发展观念 [J]. 教育家，2020（3）：首卷语．转引自李政涛．后疫情时代，基础教育向何处去？ [J]. 基础教育，2020（3）：96.

教育原来的办学优势转化为华人社会发展的重要资源。在后疫情时代，在线教学与线下教学的“融合”是必然趋势，已经不是“要不要”和“能不能”执行的问题，而是“如何做好”的事实。基于对线下教学的惯性认知，在线教学虽是时代发展的必然“产物”，唯在线教学的成效一直备受质疑，实现“深度导向”的教学，可以促进无论是在线或线下教学的效益。“深度教学不是指无限增加知识难度和知识量，是克服对知识的表层学习、表面学习和表演学习，以及对知识的简单占有和机械训练的局限性，基于知识的内在结构，通过对知识完整深刻的处理，引导学生从符号学习走向学科思想和意义系统的理解和掌握，并导向学科素养的教学。”[①] 深度导向的教学要把握三个面向：

1. 知识的处理

双线教学应建立在教师在线教学技能突破的基础上，本质核心是知识的构建，尤其是引导学生进行深度的自主学习。教师在教学前要能较为全面且深入地处理知识，在教学过程中才能有效地增强学生学习的意义感。学习的意义感恰是调动学生内在动机的“增强物”，对学生无论是在线或线下的学习在价值认同的基础上，产生对知识的认识和理解。教师要能在教学过程引导学生“深度”学习的根本要求就是全面且深入地理解和处理知识。通过在线和线下的教与学活动，共同完成知识的交流与构建，为华文教育在新时代的发展提供支撑保障。

2. 多元和包容

疫情的蔓延，加剧信息科技对教育信息化、智能化、个性化等特质的发展，同时更进一步拉开社会不同阶级的差距，凸显族群、世代之间的文化差异。值此变幻和动荡的大环境，教师的教学宜注入更多的文化包容性和敏感性，引导学生对自我认知的接纳与认可，对不同文化的理解和包容。在不断学习、经历和实践中，构建多元化的知识观，理解不同知识所承载的文化内涵、底蕴和意义，通过掌握、运用和实践更好地理解知识，这才是真正的教与学。

---

① 郭元祥．论深度教学：源起、基础与理念 [J]. 教育研究与实验，2017（3）：4.

3. 反思和批判

信息科技时代带来了技术上的进步，后疫情时代更为推动教育教学的信息化注入强劲的动力，引发教育教学的“再建”和变革，对华文教育产生深刻的影响。面对这种新常态，在教学层面需要更丰富学生的学习经历，引导学生对现实环境的变化进行反思与批判，增进学习的真实画面感觉。学生通过对生活环境和自身的反思、批判，有助于促进学生的深度学习，增进教学的效益。

从教师层面而言，“深度导向”的双线教学不意味着教师教学时增加教学内容的“分量”或“难度”，而是教师更深刻地掌握教学内容的整体结构，对相关知识进行更系统的处理，进而引导学生的学习从基础表面的学习，逐步走向理解和运用的教学。简而言之，“深度导向”的教学需要教师对所教内容进行更深层的处理，以协助学生在学习方式、技能掌握、思考能力、实践等方面呈现发展性的变化。从管理层面而言，学校在后疫情时代进行校务规划和发展应克服应试主义的课程与教学观，站在学生发展的视角，发展学生面对现实环境和关注情境发展的必备关键能力。华文教育在开展双线教育时，需要超越以往实体课堂教学的瓶颈，即把课程与教学当成应对考试的工具，知识的传递是为了满足各项考试的要求，应借助时代赋予的变革机会，追求符合学生发展的教育意义。无论疫情发展如何，双线教学对华文教育的冲击是必然的，是时代造就的教育变革趋势，实体课堂教学和在线教学迎来了相融的机遇，同时面临极大的挑战。华文学校的双线教学发展必须与各自校情相适应，按各自发展条件合理定位才能取得成功。当前双线教学的执行与华文学校的多元性发展步伐是一致的。和当下社会发展也相呼应，条件较优的学校运用各方资源优势可较大规模地开展双线教育，条件较不充裕的学校虽出现无法全面开展或无法开展的困境。适应现实的大趋势，想方设法克服种种困难，坚持发展并深化双线教育教学的质量，不停留在“执行与否”的层面才是硬道理。

（三）构建“变革导向”的管理体系

疫情俨然是一面镜子，照出了万物众生的百态。从学校管理视角，疫情前学校改革和发展、硬体建设、教学设施、教师教育、校园文化、管理机制比较到位或开放的华文学校，面对疫情所带来的冲击和应对处理能力表现得比较好，对于未来的各种变化变迁也会比较适应；反之，管理方式或危机处理机制比较弱、比较官僚作风、信息化教学开展较落后的学校，在应对突发情况就表现欠佳或作为不大。由此观之，后疫情时代的学校管理体系在适应时代趋势、构建变革意识和扁平管理组织成了必要且关键的要素。

1. 适应时代趋势

随着科技信息时代和后疫情的发展，华文学校的管理面临着前所未有的挑战。信息化和网络化是信息科技时代的重要特征，便利了人与人之间的联系和交流，同时增加了个体的自我封闭和离群现象。这个趋势在疫情暴发迄今越发的显现，无论是学校管理、双线教学、师生互动、亲师沟通等，网络化的交流模式已成为一种新常态。但在华文教育领域，以行政管理为导向的学校管理组织依然大量地依靠过往传统的管理经验进行“危机管理”，管理效能与现实发展不相适应。华校管理体系应正视这可能导致原来日益官僚的管理机制在某种程度上更进一步的弱化了华文学校在华文教育领域的作用。知己知彼地在学校组织形式和管理模式进行相应的调整，使之与后疫情时代的信息社会相适应，是适应时代趋势和发展的必要举措。在信息科技化的大前提下，具备更强适应力的华文学校必能更稳健地走在时代的浪尖上。

2. 构建变革意识

适应的同时亦须构建华文学校在管理层面的变革意识。变革意识是指华文学校在内部管理结构的变动或调整，以适应外部环境的生存和发展为导向。华文学校在变革意识的构建，实际上就是华文教育可持续发展的其中一项驱动力，是华文学校乃至华文教育自我完善的重要起点。变革意识的作用在于督促华文学校不能停留在一种“知足常乐”的状态，必须因应大环境的发展趋势不断地求新、求变。首先，建立华文教育“持续发展”的意识。处在信息化大行其道的后疫情时代，各个领域的技术发展日新月异，技术与能力的提升不是一蹴而就的，需要时日的积淀。其次，建立华文教育“拥抱时代”的意识。新时代的兴起，优胜劣汰是无可避免的现实体现。华文教育应担负起社会化教育的责任，教育适应新社会需要的技能，协助平衡社会的发展，培养可以拥抱设代的人才。再次，建立“资源共享”的意识。后疫情时代，应摒弃“唯我独尊”的思维，障碍重重、举步维艰之际，落实“资源共享”，携手前行是较为实际的作为。如此才能保持华文教育的生机与动力，实现的可持续发展。

3. 扁平管理组织

后疫情时代的社会变迁对华文教育的传统权力结构提出了重大的挑战是必然之势。金字塔式的垂直结构，由上而下的传统管理模式是华文教育管理体系，甚至是华人社会的传统权力结构。唯置身于后疫情时代的华文学校管理组织形式面临变革的冲击，扁平且横向的组织更适用于新时代，唯有积极地进行学校内部管理组织的调整，整合内部组织的资源，强化内部组织的管理力度，才能发挥学校管理的效益和作用。后疫情时代的管理不该如过往一般的僵化，只求流程和标准。扁平管理的主要作用在于，提高学校管理的机动性和灵活性，以适应快速变化的时代趋势。如若顽固地坚持传统机械化的管理，将造就学校教育教学的僵化和缺乏弹性；若学校管理是灵活性较高的，则将减少教育教学的难度，增进快速解决难题的可能性。

总归而言，华文教育应就过往的管理方式进行“取其精华，弃其糟粕”的调整，完善与后疫情时代不相适应的管理机制，探索并落实对学校管理有积极作用的管理方式，借此迅猛的社会变迁，为华文教育顺应时代的变革与转型作好准备和增进行动的力量。

结　语

思考后疫情时代的马来西亚华文教育的发展，不仅要关注疫情所带来的社会变迁，同时要探视华文教育在疫情背景下的现状，才能探析华文教育在后疫情时代需要作出的“再建”，并展望与新常态“共处”的未来。欲与未来和谐“共处”的华文教育，必须体现更胜以往的发展性、深度性和变革性：首先，发展性。疫情发展为华文教育提出更具发展性的育人理念要求，必要再建能立足与后疫情时代的课程观、学习观和生存观，培养能适应未来的未来人才。其次，深度性。借大环境变革摆脱以往重教轻学的应试教育，落实以学生为主体的深度教学，回归教会学生学习的教育本质。再次，变革性。无论是理念的落实或教学的执行，都离不开能审度趋势发展，并融合与调整治理的管理体系，因此，值此变化莫测的时代，更需要具备变革性思维的管理组织以完成教育变革的领导。综上所述，后疫情时代是一个信息化与实体化相结合的"融合"时代，构成未来教育的新时代。双线教育教学是华文教育未来发展的必然样态，各方既要破除在线和线下教学二元对立的旧有思维，更要摒弃在线和线下教学只是教学平台，只需简单切换和融合的错误认知。需要厘清的是，无论后疫情时代的教育如何发展，华文教育的可持续发展还是得回归教育的本初，以学生为教育和学习的主体，实现教育的本质，提升教育的高度。

参考文献：

1. 史东根 . 后疫情时代的教育重建 [J]. 可持续发展经济导刊，2020（8）.

2. 王竹立 . 后疫情时代，教育应如何转型？ [J]. 电化教育研究,2020（4）.

3. 中国新闻网 .《裘援平：在马来西亚详述华文教育四种新态势》.http://www.chinanews.com/hwjy/2013/07-04/5004853.shtml，2013 年 7 月 4 日 . 检索日期：2020 年 11 月 30 日 .

4. 李政涛 . 基础教育的后疫情时代，是"双线混融教学"的新时代 [J]. 中国教育学刊，2020（5）：首卷语 .

5. 马来西亚教育部 . 马来西亚教育发展蓝图 2013-2025. Pelan Pembangunan Pendidikan[EB/OL]. https://www.moe. gov. my/v/pelan-pembangunan-pendidikan-malaysia-2013-2025. 检索日期：2020 年 12 月 1 日 .

6. 星洲网 . 教长：大部分有手机可上网・仅 5 至 14% 学生有电脑 [EB/OL]. https://www.sinchew.com.my/content/content_2246629.html，2020 年 4 月 3 日 . 检索日期：2020 年 12 月 2 日 .

7. 卓慧妮 . 线上教学任务 [EB/OL]. 东方 ONLINE，https://www.orientaldaily.com.my/index.php/news/education/2020/04/15/335942，2020 年 4 月 15 日 . 检索日期：2020 年 12 月 2 日 .

8. 林淑芸 . 采线上教学师生人数激增 [EB/OL]. 东方 ONLINE，https://www.orientaldaily.com.my/news/nation/2020/06/08/344973，2020 年 6 月 8 日 . 检索日期：2020 年 12 月 2 日 .

9. 吴维康 . 参与度网络差等因素线上教学成效欠佳 [EB/OL]. 东方 ONLINE, https://www.orientaldaily.com.my/news/nation/2020/04/19/336561，2020 年 4 月 19 日 . 检索日期：2020 年 12 月 2 日 .

10. 林淑芸 . 采线上教学师生人数激增 [EB/OL]. 东方 ONLINE，https://www.orientaldaily.com.my/news/nation/2020/06/08/344973，2020 年 6 月 8 日 . 检索日期：2020 年 12 月 2 日 .

11. 施良方 . 课程理论——课程的基础、原理与问题 [M]. 北京：教育科学出版社，2006.

12. 郭元祥 . 论深度教学：源起、基础与理念 [J]. 教育研究与实验,2017(3).

13. 李政涛 . 后疫情时代，基础教育向何处去？ [J]. 基础教育，2020（3）.

全球华人社团制度化网络的构建与发展

——以国际潮团联谊年会为例

陈　蕊　郑丹娜*

【摘要】在全球化的背景下，作为华人社会的基石之一，华人社团从20世纪七八十年代就开始出现建立跨国网络的现象，并通过定期会议、成立组织等形式实现了网络的制度化。进入21世纪以来，随着海外华人社会的变化、中国经济迅速发展和国际地位显著上升，华人社团也出现了新特点，并影响了全球华人社团制度化网络的发展。本文以“国家/网络/地方化/全球化”的四维框架为分析工具，聚焦东南亚华人的重要群体潮汕人，以国际潮团联谊年会为例对该议题进行探讨。本文将梳理国际潮团联谊年会的发展历程并探讨其特点，尤其近十年来潮汕人社团网络制度化方式所体现出来的全球华人社团制度化网络结构的演变。国际潮团联谊年会案例有助于我们理解海内外华人社团网络现状、探索华人网络研究框架，并为在新时代背景下如何进一步加强和扩展华人社团研究提供启示。

【关键词】华人社团；制度化网络；国际潮团联谊年会；多重网络

引言

全球性的最大特点是网络性，由华人建立的全球性族群网络被视为海外

* 作者简介：陈蕊，韩山师范学院潮学研究院副教授；郑丹娜，韩山师范学院外国语学院讲师。

华人经济成功以及亚洲崛起的重要因素[①]。华人社团是华人社会生存和发展的柱石之一，截至 2014 年，海外华侨华人社团已经超过了 2.5 万个[②]。它们既是当地华人网络的制度化表现，也是全球华人网络的重要节点。20 世纪七八十年代以后，许多华人社团纷纷召开世界性大会、建立世界性组织，使华人社团跨国网络有了制度化的表现形式。国际潮团联谊年会正是其中的代表。华人社团网络植根于当地华人社区，既与中国具有天然联系，又在地理上具有全球可达性；随着中国的崛起及对全球影响力的增强，华人社团的全球网络对中国发展乃至国际关系都具有独特的意义。然而，目前的相关研究相对有限，缺少整体性框架，也较少关注近十年的新情况。本文将以国际潮团联谊年会为例，对全球华人社团网络的制度化加以探讨。首先，本文将回顾现有文献对华人社团网络的研究并以刘宏提出的"国家 / 网络 / 地方化 / 全球化"研究维度作为分析框架。基于此，本文将回溯国际潮团联谊年会四十年历程的四个发展阶段、并借助四维分析框架探讨国际潮团联谊年会各个阶段的特点。文章的最后将给出结论以及对未来研究的启发。

一、华人社团网络的全球化与制度化

华人社团与华人网络是华侨华人研究必然要涉及的内容之一[③]。一般来说，海外华人网络指中国以外华人社会广泛的经济、政治、文化及其他关系，这些联系有的是与生俱来的，有的则是作为工具而构建的[④]。中国在对外开放后逐渐加入海外华人网络，使之成为真正意义上的全球华人网络[⑤]。有学者将华人跨国网络视为华人经济网络、侨乡网络和华人社团网络的总和。华人社团

① 约翰・奈斯比特:《亚洲大趋势》(蔚文译)，外文出版社、经济日报出版社、上海远东出版社，1996 年版，第 9—25、37—39 页。

② 陈凤兰:《共同体精神与海外华人社团的整合——以南非华人警民合作中心为例》,《华侨华人历史研究》，2018 年第 2 期，第 11 页。

③ 李安山:《中国华侨华人学的学科定位与研究对象》，载于李安山主编:《中国华侨华人学——学科定位与研究展望》，北京大学出版社，2006 年版，第 55—59 页。

④ 李胜生:《海外华人网络：神话与现实》，载于陈文寿主编:《华侨华人的经济透视》，第 38 页。

⑤ 虽然战前的华人网络就已经受到各方学者的关注，比如滨下武志就认为亚洲地区的华人经济网络是对朝贡体系的重要补充，但是出于行文考虑，这部分只回顾以战后华人网络为研究对象的文献。

网络包括华商之间的各种志愿组织和活动，如同乡会、商会等等，与华人经济网络、侨乡网络相互作用，密不可分①。华人社团是当地华人社会网络的制度化形式，而华人社团之间也通过定期活动、举办年会、成立机构等形式实现跨地区、跨国乃至全球华人社团网络的制度化。

21世纪以后，华人研究学者对华人社团的特点和变化进行了研究，大部分都提到了社团的跨国网络②。一些文献介绍了二十世纪七八十年代以来所涌现的世界性华人社团或会议，即全球华人社团网络的制度化③。刘宏是较早对这个问题进行深入研究的学者，他认为华人社团的国际性整合实质是华人社团在经济全球化的背景下把握机会对自身战略进行调整，采用了跨国性与地方性认同相结合的模式，但他也指出华人社团国际整合存在问题，如参与领导者多是商人而技术移民和专业人士没有参与、新一代华人企业家缺乏对侨乡文化情感认同等④。比起刘宏从政治经济角度进行探讨，曾玲从文化认同出

---

① 郑一省：《多重网络的渗透与扩张——海外华侨华人与闽粤侨乡互动关系研究》，北京，世界知识出版社，2006年版，第20—22页。不同的学者对华人经济网络有不同的称呼，如郑一省将之称为华侨华人经贸网络，庄国土称其为华商网络等等。本文将这类因经济联系而结成的华人网络统称为华人经济网络。

② 传统东南亚华人社团研究有：黄昆章：《印度尼西亚华人社团的现状和前景》，《世界民族》，2003年第6期，第58—62页；高伟浓、张应进：《对东南亚华人社团的整体性观察：渊源、功能、现状与前景》，《东南亚纵横》，2015年第12期，第46—53页；莫顺宗：《马来西亚华人社团：从"整体网络"到"互联网络"》，《八桂侨刊》，2012年第4期，第26—29页；林联华：《本土化与国际化——当代东南亚泉州籍同乡社团的发展变化》，《八桂侨刊》，2011年第2期，第42—46页。其他地区的研究如王春光：《华侨华人社团的"拟村落化"现象——荷兰华侨华人社团案例调查和研究》，《华侨华人历史研究》，2010年第3期，第1—12页；陈凤兰：《共同体精神与海外华人社团的整合——以南非华人警民合作中心为例》，《华侨华人历史研究》，2018年第2期，第10—17页；李明欢：《群体效应、社会资本与跨国网络——"欧华联会"的运作与功能》，《社会学研究》第2期，2002年.，第30—39页；《21世纪初欧洲华人社团发展新趋势》，《华侨华人历史研究》，2015年第4期，第1—8页。

③ 除了下文讨论的研究，这类文献还有：骆莉：《当代东南亚华人社团的发展和变迁》，《社会》，2003年第8期，第62-63+61页；罗向阳：《论全球化时代海外华人社团跨国活动》，《贵州大学学报（社会科学版）》2008年第2期，第82—86页；林联华：《本土化与国际化——当代东南亚泉州籍同乡社团的发展变化》，《八桂侨刊》，2011年第2期；庄国土：《21世纪前期海外华侨华人社团发展的特点评析》，《南洋问题研究》，2020年第1期，第55—64页。

④ 刘宏：《海外华人社团的国际化：动力·作用·前景》，《华侨华人历史研究》，1998年第1期，第48—58页。

发，指出当代华人社团具有“宗乡文化”和“本土认同”的双重认同形态，社团全球网络的建立是华人群体应对全球化挑战与加强本土意识的有效文化策略①。贾俊英等强调华人社团组织力的地域拓展，认为华人社团通过与家乡政府合作、采用了出版会刊、协助各地创建分会、定期举办大会等方式构建全球组织体系，侨领也在这个过程中实现自身组织能力和人生价值的提升②。

这些研究大都注意到跨国华人社团网络制度化，虽然出现一些理论探讨，但整体而言仍多是“以事实描述为主的夹叙夹议”③，缺乏整体性理论框架。而且，随着2010年以后中国成为世界第二大经济体，面对祖籍国对外关系和国际地位的变化，华人社团网络的制度化是否有新变化？对这个问题尚未有充分的研究。从七八十年代的出现至今已有四十年，这类全球性制度化的华人社团网络已经发展得相对成熟，它们的发展变化揭示了华人网络的新特点，有助于我们思考中国与海外移民的关系，更需要全面的分析框架对其加以解读。

刘宏在探讨东亚地域间华人商贸网络时提出了“国家与网络”、“地方化与全球化”相结合的分析维度（见图1），指出网络是建立在原生性基础上而非国民身份认同，国家与网络的摩擦冲撞或接近协调影响了华人网络的形式，全球化伴随的是地方性的重塑和凸显，华人的全球性组织网络体现的是地方性和原生性认同走向全球化④。这一框架强调的不是“国家—网络”或“地方化—全球化”非此即彼的二元对立，而是华人网络在这些要素交错和联系下发展的机制。本文将以国际潮团联谊年会从1981年成立至今四十年的历程为例，借助这一分析框架，对华人社团的制度化全球网络发展机制加以解读。

---

① 曾玲：《认同形态与跨国网络——当代海外华人宗乡社团的全球化初探》，《世界民族》，2002年第6期，第45—55页。

② 贾俊英、龙登高、张姣：《华人国际社团组织力的拓展——基于“世界福清同乡联谊会”的考察与解释》，《东南学术》，2020年第2期，第183—190页。

③ 张继焦：《马来西亚的华文教育：华人的社会结构转型和族群认同边界》，载于郑一省、吴小玲主编：《互动与网络——多维视野下的海外华人与中国侨乡关系研究》，广州，世界图书出版广东有限公司，2016年版，第402—409页。

④ 刘宏：《跨界亚洲的理念与实践：中国模式·华人网络·国际关系》，南京，南京大学出版社，2013年版。

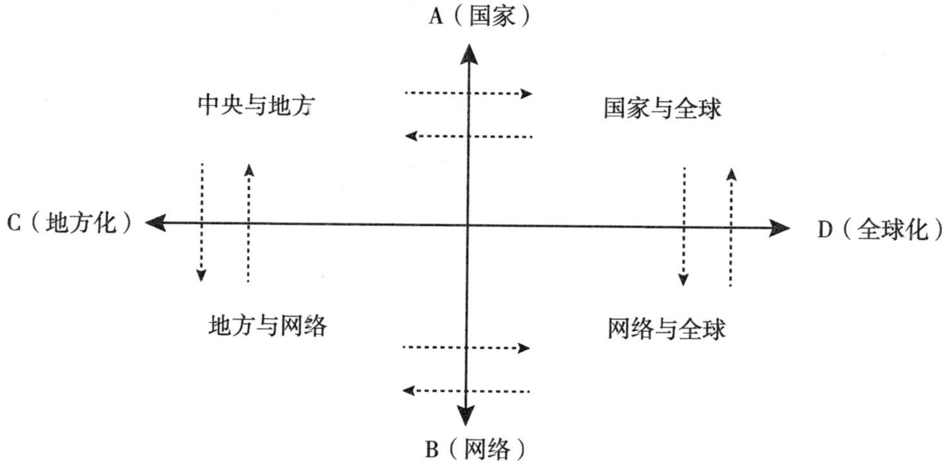

图 1 国家 / 网络 / 地方化 / 全球化的四维分析框架

来源：刘宏：《跨界亚洲的理念与实践：中国模式・华人网络・国际关系》，第 13 页，图 1-1。

二、国际潮团联谊年会：华人社团网络制度化的发展历程分析

广东潮汕地区是典型的传统侨乡。潮汕人民出洋历史久远，以东南亚为主，遍布全球各地，是华侨华人群体中的重要一支。这些离开家乡的潮汕人，大部分都以经商为主，并取得了非凡的成就。① 在聚居的地方，潮人建立起各种社团，并在当地产生较大的影响力，海外潮人社团（以下简称潮团）超过 400 个②。20 世纪 90 年代以后，中国大陆也开始出现了不少潮团。这些组织一方面将当地潮汕人联系起来，一方面通过与海外潮团的交流协作，建立起潮汕人间的跨地区和跨国联系。

① 张俊才、邹锡兰、陈舟奇：《潮商：第三次勃兴》，《中国经济周刊》，2005 年第 26 期，http: //www. people.com.cn/GB/paper1631/15231/1350664. html。

② 关于海外潮团的数目没有确切的统计数据。根据梁元生 2005 年的统计，海外潮团数目为 487 个，见梁元生：《潮散潮聚——潮州人的全球进进与本土联系》，载于赖宏等主编：《第六届潮学国际研讨会论文集》，澳门潮州同乡会，2005 年，第 34 页。2019 年汕头召开的一场联谊会也有 300 多家潮团参与，见余丹：《全球 300 多家潮属社团代表齐聚汕头共商发展》，南方 Plus，2019 年 2 月 7 日，http: //static. nfapp. southcn.com/content/201902/07/c1907402. html（2021 年 1 月 5 日）。

1981 年，第一届国际潮团联谊年会在香港召开，开始潮团跨国网络的制度化。国际潮团联谊年会每两年召开一次年会，由世界各地潮团及相关单位或个人参加，当届年会主办潮团担任年会主席（两年），定期出版《世界潮商》、《国际潮讯》等刊物，设有秘书处。2013 年年会更名为“国际潮团总会”，成为实体机构，目前共有会员单位 95 个。如曾玲指出的，与传统华人社团服务于一国或一地的华人社会相比，这类社团具有全球性视野与功能，整合与加强世界各地社团对全球新团体的认同感，有助于在全球范围开展和推进会务①。从图 2 可见，年会规模在 20 世纪 90 年代有显著增长，2000 年以后参加人数基本稳定在 2500—3500②。举办年会的地方，包括中国大陆（4 次）、海外潮人聚居的东南亚和港澳两地（11 次）以及欧美和大洋洲（5 次）。根据大会形式、会议主题和与中国（侨乡）关系等变化特点，国际潮团联谊年会的发展大致可以分为四个阶段。

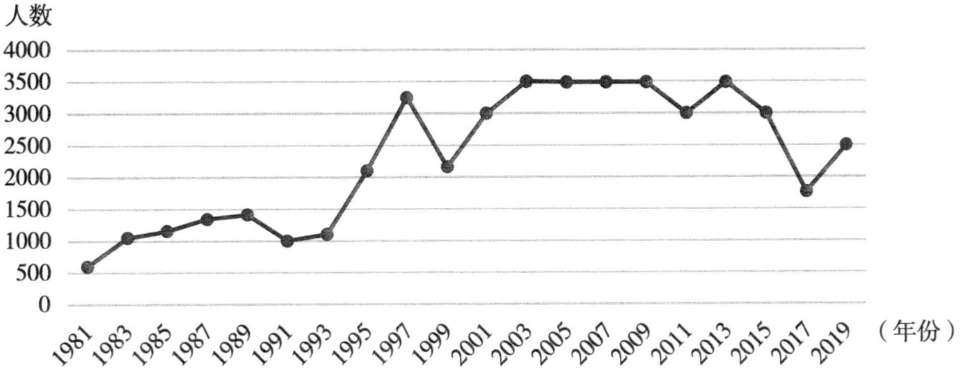

图 2　国际潮团联谊年会参会人数：1981—2019

① 曾玲：《认同形态与跨国网络——当代海外华人宗乡社团的全球化初探》，《世界民族》，2002 年第 6 期，第 47–48 页。

② 数据根据历届年会报道整理。2017 年的国际潮团联谊年会在印度尼西亚举行，有来自全球 50 多个国家和地区的 1760 多名潮团嘉宾参会，虽然参会人数较同一阶段其他年会略少，但活动仍具备相当规模，比如作为年会配套经贸对接活动，就吸引了 1 万多人次的专业买家及观众。

（一）东南亚跨国网络阶段：1981—1989 年

1980 年，香港潮州商会、新加坡潮州八邑会馆、泰国潮州会馆以及印尼、菲律宾等东南亚各地潮团代表赴马来西亚参加马潮联主办的东南亚潮团座谈会，并于会上达成了决议，决定今后每两年在各地区或国家召开国际潮团联谊年会。国际潮团联谊年会的成立，实质是建立在潮团已有的区域网络基础上的。社团的全球化在很大程度上取决于社团领导人本身的跨国性①。这些潮团领导人的跨国活动带动了潮团网络的跨国化，并引发了跨国社团网络的制度化。

从 1981 年第一届到 1989 年第五届是国际潮团联谊年会的起步阶段。这一阶段年会的举办地点为港澳和新马泰等地，参会人数少于 1500 人。虽有欧美社团参加，但总体以传统的东南亚潮团为主。年会主题强调经济，除了大会之外还安排有金融、工商贸易、投资发展的研讨会和专题讲座。此时年会强调其全球性，但该阶段年会主题仍以东南亚跨国潮商活动为关注点。换言之，华人资本的国际化激发了他们利用原生性认同网络突破国家的界限，但正因为此时网络国际化的主要动力来自东南亚跨国企业家，网络的中心仍在亚太地区。

在这段时期，年会有意与中国保持距离。虽然当时中国已经改革开放，但是海外对中国的印象尚未完全转变，中国与海外的联系也没有全面建立。年会举办地的政要都回避了潮团的中国联系，而年会也非常重视在政治上的“去中国化”。比如泰国第二届年会举办了潮州风光照片展览，照片均从国内空运，但是特意说明不含政治含义。这也显示了地方化（潮汕认同）和全球化（全球潮团联系）成为网络规避国家障碍的有效手段。

（二）全球性发展阶段：1991—1999 年

1991 年第五届到 1999 年第十届是年会的迅速发展阶段。年会举办地点走出东南亚，遍及亚洲、欧洲、美洲和中国大陆，中国大陆和台湾的潮团被吸收为正式成员，从而具有了真正意义上的全球性。参加年会的人数和团数

① 刘宏：《旧联系、新网络：海外华人社团的全球化及其意义》，载于刘宏：《中国 – 东南亚学——理论建构 · 互动模式 · 个案分析》，第 246 页。

呈逐年上升的趋势[①]。年会确定了会歌，主题稳定在“乡谊、文化、工商、社会”几个方面，制度化有所加强。

潮汕文化传承和发展进入年会议题。主题发言、分组讨论和团长秘书长会议均有探讨青年接班、建立潮文化研究基金等问题。1999 年第十届年会专设青年座谈会供青年交流，并随之在香港举办了第一届国际潮青联谊年会。在年会的促进和支持下，第一届潮学国际研讨会于 1997 年正式召开，为全球潮学研究者提供交流平台。从“全球化—地方化”角度看，全球化带来了商业的跨国活动，同时也凸显重塑了地方性。年会对文化的强调暗示了这一点，潮商的跨国商业活动带动了社团网络的国际化，而社团网络全球化伴随的是年会对地方文化传承、文化传播意义的重视。

这一阶段，中国大陆的潮团和侨乡政府代表团成为正式成员。1989 年，广东省潮汕庆贺团参加澳门第五届年会；第八届，大陆的潮团与台湾的潮团被正式接受为年会成员；第九届年会在侨乡汕头召开；第十届年会将主题定为“心系桑梓”。这些都标志着年会与侨乡重建联系，国际潮团联谊年会成为真正意义上的全球网络。一方面，中国改革开放深入带来的经济机遇、国际环境有所改善是年会重建侨乡联系的外部动力和条件；另一方面，地方性仍是年会在制度化过程中规避国家障碍的手段，年会强调的是与侨乡的地方性联系，并重视文化的作用。

（三）制度强化阶段：2001—2009 年

在这十年，年会的发展进入制度强化阶段。2003 年，年会决定在香港建立常设机构，成立了秘书处，制定了章程，采取收取会费和接受捐款相结合的筹措资金方式，发展出相关会议形式，确定了会刊并建立网站。这些制度的建立保证了国际潮团联谊年会的持续稳定发展。

促进经济和增强乡谊的主题一以贯之，年会举办地的投资推介会以及与潮汕文化相关的活动成为年会的固定组成部分。2005 年第十三届年会决定

① 1989 年之后，参加年会的人数呈增长趋势。但由于 1997 年亚洲金融危机的影响，1999 年年会参加人数略有回落。

成立“国际潮学研究会”，会长由当届年会主办单位负责人轮流担任，并于2006年分别在中山大学设立学术委员会和潮州韩山师范学院潮学研究院设立秘书处。自1993年开始的潮学国际研讨会[①]成为国际潮团联谊年会的下属品牌，年会承办单位同时承办当届的潮学国际研讨会。

年会的全球化愈发凸显，举办地除了在东南亚、中国、欧美之外，还增加了大洋洲。大会语言均采用举办地的当地语言，不再以潮汕方言为主。同时中国的重要性在年会中日益增大。继上一阶段“中国色彩”的增强之外，以潮商为主体的中国大陆内部潮汕移民也构建起较为成熟的社团网络，并积极参与到年会活动中，北京和广州分别成为第十一届和第十五届年会举办地。换言之，除了侨乡，中国大陆的其他地方也成为社团制度化网络的节点。

潮团和潮团网络是基于潮汕人共同体的集体认同而存在的。集体认同是共同体维系的纽带，集体参与则是共同体运行的重要形式[②]。潮团网络的制度化增强了全球潮汕人共同体的集体文化认同，提供了集体参与的稳定渠道和集体活动的固定平台。正如一名参加过多次年会的潮汕侨务工作者表示年会的影响主要是“为潮人造一个声势，让大家知道：哦，这些都是潮州人，潮州人这么了不起。第二个影响主要是能促进世界潮人的团结，维持彼此间的联系。第三则是为各地潮团提供一个表演的舞台”（2006年7月13日采访）。如果说全球潮团制度化网络的出现主要是由东南亚潮商跨国商业的经济动机所推动，那么经过三十年的发展，随着网络的规模越大，网络成员需求的多样性也越大，文化认同成为网络基础的最大公约数，是最可能在“地方化－全球化”、“国家－网络”张力中达到平衡的要素。

（四）多重网络阶段：2013年至今

2013年，第十七届国际潮团联谊年会在武汉召开，并通过了更名为“国际潮团总会”的决定。至此，全球潮团制度化网络不再以两年一届的年会形

① 第一届潮学国际研讨会于1993年12月在香港中文大学举行，由以香港潮人陈伟南先生为主成立的潮汕历史文化研究传播基金会支持，第二届于1997年在汕头大学举行，自此每两年举办一届。

② 王玉明、王沛雯：《多学科视域中的“共同体”范畴比较》，《社会主义研究》，2015年第5期，第157–161页。

式存在，而是成了一个实体组织。同年，国际潮籍博士联合会作为国际潮团总会指导下的独立运作群体，在香港注册成立并设立秘书处，每两年召开一次会议。2015 年第十八届年会上正式成立国际潮商经济合作组织，以全球潮汕人社会中从事经贸活动团体或企业为主体，作为国际潮团总会的下属单位。在 2018–2019 年第二十届期间，国际潮团总会除了在香港成立办公室，还在深圳设立深圳代表处，有了固定场所和工作人员。此外，成立于 2004 年的、以全球潮籍青年为主体的国际潮青联谊会也在此期间正式成为国际潮团的直属单位。至此，全球潮团网络制度化进入以年会为主体、多个分会共存的阶段，即以潮汕人共同体认同为基础、多种认同网络相互嵌套、相互支持的形式。如图 3 所展示的国际潮团总会组织架构，该网络以两年一次的年会为主体、有决策组织（理事会和常务理事会）、常设办事组织（秘书处和深圳代表处）和稳定资金（发展基金）支持，通过建立分会的方式，在潮汕人集体认同基础上进行了进一步的认同细化，为共同体认同提供了更多的层次和内容。

对华人社团的研究发现，跨国移民通过参与族群社团，建立共同体认同，可以弥补移民在异国的情感需求，感受共同体带来的安全感和认同感[①]。全球性的社团网络活动借助强调某个群体的特殊性以及举办有关的文化活动，为分散于世界各地的群体成员提供了一个重温并强化这种群体意识的机会[②]。同时华人社团全球网络的建立，在保持着自己的族裔身份认同、文化传统以及与祖籍国的联系，也融入移居国主流社会[③]。国际潮团联谊年会正是如此，年会为全球各地的潮团和潮籍人士提供了面对面交流的机会，邀请当地政要参与年会，采用当地语言作为会议语言，并在宣传年会的期间强调潮汕人对本地事务的参与和贡献。通过年会，潮团网络成员得以与年会举办地建立联系，这些联系或者可能提供未来商业合作的机会，或者可能增加与会者的“象征性资本”。而尤其对于部分身居海外的潮汕人来说，参加年会的主要目的，与

① 陈凤兰：《共同体精神与海外华人社团的整合——以南非华人警民合作中心为例》。

② 刘宏：《海外华人社团的国际化：动力・作用・前景》，第 50、54 页。

③ 周敏、刘宏：《海外华人跨国主义实践的模式及其差异——基于美国与新加坡的比较分析》，《华侨华人历史研究》，2013 年第 1 期，第 4 页。

其说是追求经济利益，不如说是追求在跨国潮汕人社会空间的“衣锦还乡”，寻找文化认同。尽管每次年会均有商贸相关的内容，但不能完全满足以寻求投资商机为目标的成员的需求；而年会关于潮汕文化的活动，重点更在于宣传，直观塑造潮汕人文化空间。因此，以年会为主体、多个分会共存的制度形式，兼顾了群体的多样性需求。

分会的建立本身也是对相应网络的制度化，而这种制度化又进一步加强了相应群体的认同和联系。比如国际潮青联合会的成员是全球各地潮团的青年组或以潮籍青年为主体的组织。与国际潮青联合会交集较多的是国际潮籍博士联合会，该会成员为拥有博士学位的潮籍个人，因年龄的关系，不少成员与国际潮青联合会有交叉。这些潮籍青年在教育背景、从事行业等都异于传统潮商，但同样有超越地域限制建立联系和拓展资源的需求。通过在当地建立相应组织、再借助年会的全球网络促成其实现跨地区、跨国联系，满足了成员的需求。而国际潮青联合会的存在，也帮助成员加强甚至重建潮汕人的集体认同，即使不少成员已经不会讲潮汕方言。借助这两个分支制度化网络的加入，年会避免了刘宏所担忧的华人社团国际整合存在的商人为重而忽视专业人士、文化传承断代而使网络式微的情况[①]。

此外，年会通过分会的形式，还可能创造出基于不同类型认同的共同体。旨在加强潮汕文化的两年一届的潮学国际研讨会，为全球研究潮汕的学者提供了固定的交流平台，逐渐形成了以潮学研究为基础的学术共同体。这一共同体一方面超越了潮汕人的地域认同，囊括了其他籍贯的学术人士，另一方面该共同体的发展也增强了潮籍人士对自身文化的自豪感，由此加强了潮汕人的集体认同。可以说，国际潮团联谊年会的案例揭示了全球华人社团网络制度化可能超越曾玲提到的全球化时代增强“宗乡文化”“本土认同”双重认同的功能[②]，还具有构建新认同和多重认同的潜力。

而且，分会制度也使全球潮团网络能够随“中国”因素的变化而做出调整。进入 21 世纪以后，尤其是近十年来，中国经济飞速发展，成为全球第二

① 刘宏：《海外华人社团的国际化：动力 · 作用 · 前景》，第 55、56 页。

② 曾玲：《认同形态与跨国网络——当代海外华人宗乡社团的全球化初探》，第 53–55 页。

大经济体。中国在外交上也展现出大国风范和积极态度，“一带一路”倡议的提出就是其中的代表。同时，如刘宏指出的，中国自身“华侨化”在急剧进行，国内人口频繁移动，跨越边界移民社区形成①。一方面，潮汕人在国内也形成了社团、成为全球潮团网络的一部分，促成了海外潮汕人社会可以直接与侨乡以外的地区建立联系，实现了跨地区、跨国界的合作。另一方面，年会灵活地根据外部机遇和内部需求针对性地整合成员组成新分会，如国际潮商经济合作组织和“一带一路”促进会。换言之，网络存在于关系的动态性与流动性之中②，全球潮团网络的制度化过程体现了面对多元化世界的一种多样化选择战略，如多个分会的建立，也展现了海外重建过程中的虚拟与创造，如潮学国际研讨会、国际潮青联合会对共同体的塑造。

如果说，在前几个阶段，年会是通过调节网络自身议程以应对“国家/网络/地方化/全球化”几个维度之间的张力的话，那么在这个阶段，年会则是通过嵌入甚至创建多重网络作为应对策略。在“国家—全球化”（即“国家与全球”）方面，中国提出的“一带一路”倡议正是国家之间加强国际合作、资源共享的过程，而年会则通过成立“一带一路”促进会等次网络形式积极参与其中，寻找机遇、扩大影响。在“地方化—网络”（即“地方与网络”）方面，国际潮青联合会便是借助网络资源而促进地方化认同重构的典型案例。在“网络–全球化”（即“网络与全球”），潮学国际研讨会展现了潮团的制度化网络可以超越地方认同、构建出以专业学术为基础的全球化网络。简言之，借助构建多重制度化网络的形式，潮团的全球网络不仅得到了加强，也有了多面化的发展方向。

结　论

总而言之，华人社团跨国网络是以华人“缘文化”认同为基础、以制度化的全球性会议或组织为主、社团间非正式联系为辅的跨国网络。华人社团

① 刘宏：《跨界亚洲的理念与实践：中国模式·华人网络·国际关系》，第15页。
② 刘宏：《跨界亚洲的理念与实践：中国模式·华人网络·国际关系》，第23–24页。

跨国网络的制度化使无形的网络得以强化，建立并加强全球各地的华人联系，也增强了集体认同。从国际潮团联谊年会的例子上可以看出，华人社团全球网络制度化的发展经历了起步、发展、制度强化和多重网络四个过程，根据“国家 / 网络 / 地方化 / 全球化”四个维度上的变化而调整策略，尤其在近十年通过丰富社团网络认同的层次、拓宽了网络的影响范围，以多重制度化网络互相嵌套的形式迎合了新形势。

通过对国际潮团联谊年会发展和特点的粗浅探讨，我们发现以下几个问题值得进一步研究。首先，从国际潮团联谊年会的案例，我们可以继续探讨华人社团跨国网络制度化的成功标准和成功原因。国际潮团联谊年会成立至今已 40 年，成立常设秘书处并注册为社团也已经 15 年。从制度化的角度看，年会无疑是成功的例子；但判断华人社团网络的成功与否应当如何衡量，尚需更加具体化的标准。如果国际潮团联谊年会是成功的案例，那么除了制度化和建立多重网络体系之外，还有什么原因导致其顺利运作至今，也需要进一步的研究。

其次，从国际潮团联谊年会衍生出来的一系列相关全球性会议和组织，揭示了华人社团网络在共同体认同方面的多层次和交叉性。国内潮团在潮团的全球制度化网络中扮演越来越重要的角色，暗示了崛起的中国在经济上对全球华人的吸引力，以及中国国内相关群体在跨国网络上的主动性。国际潮青联合会和国际潮籍博士联合会的活动，反映了地缘文化在新时代的传承和发展潜力。潮学国际研讨会所创造的学术共同体，更显示了华人社团网络除了加强本身群体认同之外，有跨越原有群体界限、创造新共同体的可能性。因此，进一步加强对国际潮团联谊年会这类华人社团跨国网络的探讨，无论是对于理解全球化和跨国网络，还是对于研究华人社团的发展以及中国在全球华人网络中的角色，都有重大意义。

当代海外客属社团的价值取向与演变趋势

叶小利 *

【摘要】当代海外客家华侨华人会馆和社团的价值取向上，一方面传承客家传统文化和联络乡情，传统客属会馆和新建社团都在努力传承客家文化，为了坚守客家特性和紧密联系客家华侨华人，在21世纪后，出现成立全球性客家族群组织的热潮；另一方面，海外客属社团积极融入当地主流社会，并积极维护和争取当地客家华侨华人的福祉。

【关键词】海外客属社团；价值取向；演变趋势

第二次世界大战结束以后，随着各国从战后中重建，恢复正常生产生活秩序，各地客属华侨也纷纷回到侨居地，重建家园，如此掀起了客属会馆和社团建立的小高潮，在马来西亚仅1964年，就有8家客属会馆建立。新旧会馆和社团依旧以传承中华文化和客家传统以团结互助为底色。不过在进入20世纪50年代以后，经济和社会全球化趋势日益明显，使得原来客家区域性的族群组织继续壮大发展，并成立了更为广泛的甚至是全球性的客家族群组织，促使客家华人社团在全球范围内联络乡情、共谋福利。

彼时原西方殖民地在通过民族独立运动之后，纷纷实现独立，实行有利于其本民族的经济社会政策，如马来西亚的马来人优先政策等。此间，客家华侨华人虽然获得了较为稳定的社会环境得以休养生息，许多客家会馆得以重振会务，但是面临被当地主流社会限制的困境，为了缓解华侨这一困境，

* 作者简介：叶小利，广东嘉应学院政法学院讲师。

中国鼓励华侨加入当地国国籍，许多华侨选择加入当地国国籍。因此海外客家华人积极融入当地主流社会，海外客家华人社团也开始积极维护和争取当地客属华人的福祉，参与当地国的政治社会事务，如马来西亚惠州会馆、茶阳会馆等客属会馆加入了马来西亚华人公会，也有新建支持参政的社团，如澳大利亚维多利亚省“维省客属崇正会”、加拿大全加客属联谊会等。

一、当代海外客属社团对客家传统文化的传承与乡情联络

（一）传统客属会馆和新建社团的客家文化传承

进入21世纪50年代以后，新加坡茶阳（大埔）会馆积极发展会务，坚持秉承先贤遗志敬老助学，每年颁发“敬老度岁金”、会员子女大专、中小学奖、助学金，也颁发奖学金给启发学校、大侨小学各50名优异学生。

新加坡茶阳（大埔）会馆每年主办各种活动联系乡谊外，也主办传统节庆联欢会以传承中华文化。新加坡茶阳（大埔）会馆还和其他宗乡会馆联办卡拉OK、客家歌曲观摩会等，促进与友会的交流和友谊。尤其在推动客家歌谣发展上，不遗余力。2005年主办第一届客家歌谣演唱观摩会。至今，会馆客家歌唱团参与国内外演出逾70多场。在体育活动方面，“茶阳杯高尔夫球赛”“茶阳杯象棋赛”“茶阳杯乒乓赛”“保龄球赛”等，都是新加坡茶阳（大埔）会馆和赞助的团体合办的重要活动项目，反应都非常热烈。

在继承和宣传中华文化和客家文化中，新加坡茶阳（大埔）会馆不断推陈出新，成效显著。新加坡茶阳（大埔）会馆成立了客家文化研究室、建立客家文化展览馆，客家影音资料室和图书馆后，获得反响不少，该研究室除了开放给会员参观和研究外，也公开给对客家文化有兴趣的社会人士参观访问。

近年来，客家文化研究室与新加坡国立大学中文系合作，赞助或协助该系研究生进行客家文化研究，并联合主办客家文化研讨会、学者讲座、交流会等，鼓励国内及海外学人进行研究，并有意赞助专家学者将研究成果出版成书，借此弘扬客家及中华文化。客家文化研究室与新加坡国立大学中文系

及八方文化创作室签署合作协议，联合出版一系列“客家文化研究丛书”。

新加坡茶阳（大埔）会馆还出版《茶阳之声》会讯，一年两期；鼓励会员文艺创作的出版；近年来，更出版了不少有关客家文化研究的专题论著，如《新加坡典当业纵横谈》《百年公德被南邦——望海大伯公庙纪事》《大埔民居》《大埔风光处处情》《永远说不完的课题——客家文化论集》《小荷尖尖——学生文集》等。①

此外，新加坡茶阳（大埔）会馆从20世纪80年代开始，不定期组织新加坡客家华侨华人返乡省亲、寻根，还积极支持家乡的教育、卫生、文化等公益事业。

从以上新加坡茶阳（大埔）会馆的会务开展来看，进入20世纪50—60年代以后，客家会馆和社团更加注重客家文化的传承，除了客家话、客家山歌、客家美食和客家传统节日、祭祀等传承外，继续敬老助学的传统，还以出版刊物、举办讲座、论坛等方式弘扬客家精神。

创立于1898年的马来西亚雪隆嘉应会馆，创办人是潘阿岳、姚德胜、张运喜、李桐生和郑安寿先贤。该会馆设有免息大专贷学金协助家境欠佳的会员家属，每年拨出数万元的款额作慈善公益、赞助文化教育及济助会员福利，例如津贴中国学校经费，颁发会员子女小学奖励金，让无依无靠的会员申请济助金，以及举办两年一度的《全国嘉应散文创作比赛》等等。② 此外，雪隆嘉应会馆还积极响应“中国寻根之旅”活动，“中国寻根之旅”是国务院侨办和中国海外交流协会为增进海外华裔和港澳台各地青少年对中国的了解，提高他们学习汉语和中华文化的兴趣，推动海外华文教育发展的大型综合性活动，先后组织马来西亚的客家后裔回到梅州寻亲访友，学山歌、书法、武术等，充分感受客家文化。

香港崇正总会为弘扬客家精神，增强客家人的团结、振兴中华，极力倡导深化客家学的研究，全力支持海内外科研单位、大专院校和专家学者，从

① 新加坡茶阳（大埔）会馆发展简史 - 客团 - 客家网 - Hakka.com https: //www.hakka.com/article-8876-1. html.

② 吴华 著 马来西亚华族会馆史略 [M]. 东南亚研究所出版 . 1979.

事客家学的研究及研究成果的出版。1992 年 9 月，黄石华先生和他主持的崇正总会，促成了国际客家学会的建立及首次国际客家研讨会的召开，并将论文汇编成册出版。黄石华会长还首次阐明了客家学的含义及其研究方法。香港崇正总会还于 1996 年 10 月在北京举办了“孙中山与客家精神”研讨会。

20 世纪 60、70 年代开始，客家华侨华人由于政乱、战争、求发展等因素二次移民逐渐增多，再加上中国改革开放之后，向海外迁徙的客家新移民也逐渐增多，如此除了在南洋各地、中南美洲、印度、印度洋南部群岛等地海外客家华侨华人传统聚居之地，北美、澳洲和欧洲等地的客家华侨华人数目也逐渐增多，由此而新成立的客家社团也逐渐增多。

法国崇正总会于 1984 年春成立，会员主要来自印支各国及香港、台湾等地的客属华人移民。宗旨是：崇尚正义，发扬友爱互助精神；联络法国各地客属乡亲，敦睦乡谊，谋求乡亲福利；遵守法国政府法律，融入当地社会；与华人、华裔社团合作，共谋社会公益；发扬中华文化的传统美德，促进法华民间友谊。[①]

英国崇正总会是英国华人地缘社团。1987 年 8 月 20 日在伦敦成立。宗旨是：联络英国所有客属乡亲，增进相互间的情谊，加强相互间的联系，发扬团结互助精神，共谋生存与发展。经常与英国华人慈善总会、伦敦华埠街坊会、敬老会及各地区华人联谊会等华人社团互助合作，互相支援。除定期在英国各地举行恳亲会外，还派代表参加世界客属总会所举办的各种活动。

1994 年 10 月下旬，加拿大全加客属联谊会创立于温哥华列治文市。宗旨是：团结联系全加客属社团，促进中西文化交流及学术发展，发现、培养客属专业人才，积极支持华商，鼓励客家青年参政，出版华英文年刊。

1988 年，澳大利亚维多利亚省墨尔本市组建了“维省客属崇正会”，是来自东南亚各国、东帝汶以及来自中国不同地区的客家华人共同组建，以“崇礼睦邻，融合主客；正心处世，利益身家”为宗旨，团结客属乡亲，积极开展各项活动。维省客属崇正会重视继承客家人的优良传统，过传统节日，

① 邓锐著，梅州华侨华人史 [M]. 中国华侨出版社，2010 年 .

开设“客家历史与文化”讲座，经常参加世界客属恳亲大会。

20世纪中后期开始，在美客家新移民多聚居于南加州。梅州客家华人在1989年成立了南加州梅县同乡会，位于蒙特利尔公园市阿德旺街315号。在名誉会长熊德龙的带领下，该会作为桥梁纽带作用，积极促进梅州和美国各界的经济文化交流。①

美国奥斯汀客家同乡会成立于1986年，由一群热情的客家新移民，本着联络乡亲情谊、互相帮助并促奥斯汀多元文化发展的前提下成立，除了传承客家文化、团结海外客家人和举办佳节聚餐外，客家同乡会积极参与奥市的各种华人活动及庆典，并对会员或任何其他需要支援者所遭受的困境，提供支持及补助。

在欧美各国，除了上述新建的客家社团之外，还有加拿大温哥华崇正会、加拿大梅州同乡会、加拿大安河崇正总会、加拿大安河惠东安会馆、加拿大亚省卡城崇正会馆、巴西客属崇正总会、美英惠东宝同乡会、荷比卢崇正总会、澳洲客属协会、澳洲维省客属崇正会、澳洲龙岩同乡会、澳洲纽省客属联谊会、澳洲雪梨崇正会、北澳帝汶华人联谊会、北澳客属公会等新建客家社团。此外，在南非、毛里求斯、法属留尼旺、日本等地，新建了南非客家联合会、毛里求斯客属公会、留尼旺客属公会、日本东京崇正总会、巴西客属崇正总会等客家社团。

传统的客家会馆通过拓展会务、转变职能，在当代焕发了新机，一些新成立的客家会馆和社团也积极联结乡亲、传承文化，加强与家乡的联系。

（二）海外客属会馆和社团的区域性和全球性的大联合趋势

在区域性的客家族群社团的基础上，像新加坡南洋客属总会和泰国客属总会等继续发挥联结客属乡亲之职能。1978年，新加坡南洋客属总会组织“亚细安工商业亲善访问团”，访问马来西亚、泰国、菲律宾、印度尼西亚、香港等地。1979年，举行50周年金禧纪念，柬请新马、港、台、泰、印度尼西亚等地代表达千余人出席。1980年，革新会务，出版《客总会讯》，首

① 邓锐著，梅州华侨华人史 [M]. 中国华侨出版社，2010年 .

次主办华语演讲比赛及其他活动。泰国客属总会下属有合艾客属会馆、呵叻客属会馆、坤敬府客属联谊会等 28 个客属会馆。在该总会首长的领导下，泰国每二年举行一次“泰国客属恳亲大会”，泰国的客属恳亲大会是由 2—3 个会馆联合主办的。

除了上述区域性客家族群社团，在马来西亚还成立了马来西亚客家公会联合会，于 1978 年正式成立，1996 年，雪隆客家总会会长吴德芳接任客联会第 11 届会长，在雪隆客家总会设立客联会永久秘书处，第一次挂上客联会的招牌。其成员不仅有广东客属华侨华人吗还有来自江西、福建、广西、湖南的客家华侨华人，除了总会以外，还有分布在全马各州县的分会、属会，到 2007 年，旗下属会已经增加到了 69 个。马来西亚客家公会联合会作为全马客家社团的总会，“客家大厦”里设置了“客家文化走廊”，图文并茂地介绍了客家历史、客家建筑、客家美食、客家风俗、客家名人等，可谓是一个小型的客家文化和客家乡情的教育基地，并且推动在槟榔屿设立“马来西亚客家文物馆”。马来西亚客家公会联合会成立以来广泛联系海外客家人，积极融入当地主流社会，促进中马两国经贸合作，特别是积极参与筹办“世界客属第 30 届恳亲大会”。

在印度尼西亚，20 世纪 60 年代和 1997—1998 年，印度尼西亚当局的残酷排华期间，不仅不让华人办会馆和社团，更不让华人办华文学校和华文报纸，甚至容忍对华人的烧杀抢掠，在国际社会普遍谴责之下，印度尼西亚新总统上台之后结束排华，印尼客家华人迎来新生。各地客家华侨华人纷纷重建客家社团以联络乡情、传承客家文化，先后成立了印度尼西亚万隆客属联谊会、印尼日惹客属联谊会、印尼客属联谊总会、印尼巴厘客家乡亲会、印度尼西亚梅州会馆等 50 多个社团。2008 年 3 月 24 日，有二十个地区的客属社团，聚集在首都雅加达召开全国各地区客属代表大会，一致认为十分有必要成立一个全国性的客属团体，为更好地紧密团结全国各地的客属乡亲，加强各地区客属社团之联络工作，因此参加会议的二十个地区的客属社团，决议立即成立印度尼西亚客属联谊总会，并发表成立宣言，有 60 多位客属乡亲在成立宣言上签了字。[①] 从此印度尼西亚客属联谊总会宣告成立。

随着经济和社会全球化的影响加大，在南洋区域性的客家族群社团建立起来的客家华侨华人联合的基础上，世界各地客家会馆和社团之间的联系越来越紧密，全球客家出现大联合的趋势。1971 年 9 月，为庆祝香港崇正总会成立 50 周年暨“崇正大厦”落成，香港崇正总会邀请了世界各地 47 个客属社团 250 多名代表举行隆重的庆典活动。该次大会由张发奎任会长、黄石华任理事长，以“弘扬客家精神，增进海内外客家人的团结，促进经济合作与文化交流，推进祖国和平统一”为宗旨，与会代表决议将这次规模宏大的世界性客家社团活动定名为“世界客属第一次恳亲大会”，并决议每隔两年轮流在世界各地举行会议。这次会议被誉为“海内外客家人团结之里程碑，海外中国人团结之起点”。从此，每两年召开一次世界客属恳亲大会便成了惯例，进入 21 世纪，几乎每年举办一次，每届都有各地的客家会馆独家或者联合举办，迄今已举行了三十届。1997 年在香港崇正总会倡导下，成立了“全球客家崇正总会”，为全球客家人的大联合，大团结打下了坚实的基础。

二、当代海外客属社团融入当地社会的努力

当代海外客属社团为积极融入当地主流社会，一方面将慈善公益事业拓展到其居住国全社会，不仅为客属华人提供慈善、志愿服务，还为当地的公益事业、赈灾等作出力所能及的贡献；另外一方面，也积极向主流社会表达利益追求，维护客属在内的华人权益。

（一）积极开展面向当地的慈善公益事业

在服务当地上，新加坡茶阳（大埔）会馆，一直以来尽心尽力作出一些贡献。如 2007 年捐献 30 万元予南洋理工大学孔子学院设立“世界华文文学奖”；2011 年捐献 30 万元赞助新加坡管理大学设立“柯玉芝法律图书馆”，在提升我国的文化与教育方面薄献绵力。在历年的“客家美食慈善嘉年华”

① 印度尼西亚客属联谊总会 2008 年 3 月 24 日成立——客家通网 http: //wap. kejiatong.com/data/3/24/2017-05-24/874. html.

活动中，积极为广惠肇留医院筹得善款。

1995年，泰国客属总会筹建了客属商学院，令泰华社会刮目。总会领导机构为理事会，每届任期两年。理事会下设文教、体育、宣传、妇女、福利、工商、联区、青年8个委员会。① 各委员会设有正副主任、秘书、委员、顾问若干人。该会现有会员数万人，并拥有学校、医院、山庄等多处会产。多年来，该会为维护会员合法利益，推动泰华社会的福利、慈善事业，促进中泰友谊，作出了贡献。

在捐赠和经营医院方面，创办102年的泰国天华医院，由潮州、客家、广州肇庆、福建、海南的六位侨领筹建（梅县伍淼源），发展到今天，中医部免费为当地人提供中医的诊治，西医部提供廉价质优的诊治。此外还有泰国客家总会资助的崇正公立医院，为现代化医院，为侨胞和当地人提供医疗救助医疗服务，广受好评。合艾侨团联合会筹建的泰国合艾中华慈善（养老院）为当地老人提供养老服务，由在合艾的华侨华人筹办的合艾同声善堂医院，为当地人提供优质的医疗服务。

在积极参与赈灾方面，泰国客家总会总是积极救助泰国水灾受灾民众，积极捐助善款、物资给以泰国南部水灾灾民，1998年，其参加泰助泰救国运动，捐献泰助泰资金。2010年11月印度尼西亚火山喷发给当地造成极大灾害，印尼梅州会馆社会福利部主任黄祯祥率团一行9名医生以及1名药剂师一连两天，在灾区开展义诊并捐助救济品。

澳大利亚维省东帝汶华裔中老年会，积极参加澳大利亚“清洁日”活动，义务到公园去收拾垃圾；为墨尔本皇家儿童医院和东帝汶医院捐款；纽省客属联谊会热心公益，积极参加各种义卖筹款，2001年，新南威尔士州政府在上议院组织山火筹款义卖，联会会长捐助3万澳元②。澳洲客属协会在悉尼筹建博爱西区高龄宿舍时，筹得捐款近2万澳元。

① THE HAKKA ASSOCIATION OF THAILAND 泰国客家总会 http: //www.hakkathailand.com/.

② 罗可群 . 澳大利亚客家 [M]. 广西师范大学出版社，2008.

（二）努力发出包括客属群体在内的华人心声

澳大利亚维多利亚省墨尔本市“维省客属崇正会”，积极主张客属人士在澳大利亚参政议政，融入主流社会；大力支持客家乡贤钟富喜出任白马市市长，竞选维省参议员；支持赖利贤连任三届雅玛市议员，把客家乡贤参政议政视为客家人对澳洲社会的贡献。①

1980年以来，加拿大温哥华崇正会，还积极发动客家乡亲，支持黄月娥当选温哥华第一位客家籍女议员、客家人利德蕙任加拿大第一位华裔国会议员、陈圣源任加拿大联邦国会议员、李国贤任安大略省万锦区域议员等。

加拿大客家籍华人熊恒浩所任职的加拿大华联会，该会自1991年成立以来，一直为取缔加拿大历史上华人人头税和排华法而奋斗，最终于政府取得突破性协议，加拿大总理哈珀先生于2006年6月22日在国会为“人头税”和“排华法案”正式向华人社区道歉，宣布政府给人头税幸存者或其配偶2万元的象征补偿，另发2500万元设立加拿大华人教育基金，推动加拿大多元文化运动。

2010年5月，美国华人全国委员会、美华协会等知名华人社团到华盛顿国会办公大楼，正式向国会华裔众议员赵美心递交请愿书，以期敦促国会为1882年通过的排华法案向华人道歉，该请愿书由全美100多个包括客家华人社团在内的华人社团联名签署。此后两年，在美国华人全国委员会等社团起草道歉议案、并不断游说下，美国参众两院分别在2011年和2012年通过第683号议案，就1882年以来的“排华法案”向华人和亚裔道歉，促使美国以立法形式为排华法案道歉。这不仅使百年前华人的冤屈得以昭雪、华侨先辈得到慰藉，更使得美国政府正视和修正对华人歧视的历史，可说是华人社团联合维权的一次胜利。

结　语

进入当代，随着客家人海外迁徙越来越广泛，随之建立的会馆和社团也

① 罗可群 . 澳大利亚客家 [M]. 广西师范大学出版社，2008.

越来越多。传统社团和新建社团都非常注重客家文化的传承，同时进入 20 世纪 70 年代以来，区域性甚至全球性的客家族群组织不断出现，呈现联合之态势，体现海外客家华侨华人顺应时代发展的需求，以最广域内联结乡情、共谋福利。

当代海外客属社团不但继承客家文化，还积极融入当地，积极加入当地的公益事业，并在力所能及的范围内努力发出客属在内的华人心声，努力维护和争取合法权益的同时，寻求社会政治地位的提升。

第四篇

华侨华人文化认同与侨乡文化研究

赤子情：漂洋过海来种胶

——建垦归侨参加新中国天然橡胶建设纪事

陈　勇*

2020 年 12 月 29 日晚，海南省侨企侨胞在海口举办迎新春联谊晚会，近二十个国家的海南乡团侨领、侨企代表、侨务研究专家、工作者百余人参加了联谊晚会。

加强同海外侨胞、归侨侨眷的联系，维护他们的合法权益，发挥其独特作用，助力海南自贸港建设是一项重要工作。站在自贸港建设开放新高地回顾海南开发建设历史，我们依然可望见归侨不远千里漂洋过海来种胶的身影。

早在海南解放之初，马来亚、泰国等东南亚一带的归侨就响应周恩来总理的号召，回国到农垦参加新中国天然橡胶事业建设工作，为解放之初的海南经济社会发展做出了独特贡献……

一、建垦归侨是一支独具特色的垦荒植胶队伍

新中国天然橡胶事业是由毛主席亲自谋划、亲自部署、亲自推动的重大国家战略，落子海南创建农垦是实现该战略的重要安排。

众所周知，在 1952—1962 年海南农垦创办初期的历史区间，其天然橡胶事业是由归侨、军工、知青、南下学子、民工这几支建垦大军扎根山野，辟岭垦荒而创办的。其中归侨是一支独具特色的建设队伍，他们与军工、南下

* 作者简介：陈勇，海南省社会科学院地方历史文化研究所研究员、副主任。

学子等其他群体一道，把家安在农垦，把智慧和汗水奉献给胶园，把赤子之情洒在南疆大地。农垦史料将这批归侨统称为建垦归侨。

据记载建垦归侨先后分两批次集中回国到海南农垦：其一是1952年前后回国的马来西亚归侨，仅当年就有2193人（安排就业的），占当年垦区职工人数的22.2%；其二是1960年海南农垦受命安置的印尼归侨4695人。他们主要安置在原西联、红明、红华、南海、南林、东太等几个农场。

建垦归侨群体来自马来西亚、印度尼西亚、泰国等东南亚一带国家，是那个特定时代的特殊身份的产物，有着复杂坎坷的政治、历史、文化烙印。新中国成立之前，建垦归侨为了家庭生计，远离故土，漂洋过海到东南亚一带谋生。后来，为了躲避印度尼西亚、马来西亚等客居国的暴力排华，也因为对家园的想念和新中国的憧憬而回国，来到瘴疠横行、荒野连天的海南岛参加新中国天然橡胶事业建设。

对于这些漂洋过海回国来种胶的同胞，海南农垦根据国家集中安置要求，做了周到的安排。1951年，生活水平低、物资紧张，但政府向归侨们发放了衣裤、棉被、蚊帐等日用品，安排工作，给予最大程度关照；1960年，印度尼西亚归侨回国，恰逢国家遭受自然灾害，国民经济相当困难，但海南农垦按照国家安置要求，向归侨们优惠供应粮油、肉及其他副食品，并给予适当照顾。当时，粮食相当紧张，农垦老工人每月粮食12斤左右，但建垦归侨在一定时间里，每月有30斤左右的粮食，还有半斤花生油及3—4斤猪肉；在住房上，广大垦殖工人自己盖茅房，腾出瓦房，让远方的归侨同胞住进去；在他们到农场前，有关部门就为他们准备好锅、碗、筷等日常生活用具。西联农场在艰难条件下，还杀了一只百多斤重的大山羊，为远方归侨同胞洗尘。

“回国时父亲已经42岁，在华侨作业区担任副主任，组织侨工们开荒种胶，虽说是组织者，在那年代也是身先士卒，冲在一线的。父亲根本没有时间、精力管家。印象最深的是，妈妈给弟弟喂奶，边喂边哭着质问父亲：‘什么时候才能回印度尼西亚呢？’父亲回答说：‘那里反华、排华，骂你、驱赶你、打你！有什么好的？！这里苦、这里累，但这里人好、团结、帮助，有什么不好呢？’妈妈虽然很不习惯，但人心的温暖还是使她咬紧牙关跟着父亲挺住了。”这是原红明农场侨联主席房顶林曾向笔者追述的一个令他记忆犹新的故事。采访中，不少建垦归侨反映，海南农垦的关心照顾，让他们深受感动，由此感受到了家、国的温暖。

羊羔跪乳，乌鸦反哺。建垦归侨们在归国前后经历的天壤之别的待遇，形成了巨大的心理落差，迸发出竭尽全力回报国家的感恩情怀，也是他们为新中国天然橡胶事业呕心沥血的强大精神动力。

二、建垦归侨在新中国橡胶舞台上熠熠生辉

建垦归侨在东南亚一带的职业历程中，先行积累了丰富的橡胶管、养、割经验技术，有少部分人甚至有科研经历，比如当时知名的中国橡胶专家徐广泽。这是同期进行新中国天然橡胶事业开发建设的其他群体所无法比肩的！由此成就了建垦归侨作为当时橡胶先进生产力代表的耀眼光环，被关注重视、给予厚望。可以说，没有他们，新中国天然橡胶事业的舞台就会缺失许多精彩！

“崖州何处是？生渡鬼门关”是新中国成立时海南的生动写照。1951 年 1 月，东太农场第一批建场创业者中就有 337 名归侨。他们挑着行李，从海口步行 7 天 7 夜到达东太地区。在灌木丛生、乔木参差的山脚下，在沟壑棋布、蚂蟥遍地、野兽毒虫横行的山岭，归侨们与其他建场群体一起割草盖房，砍木为床，安营扎寨；喝山沟水、顶烈日、冒风雨、挥锄舞刀，奋战在荒岭野林中，砍岜开荒，育苗定植、种胶管胶割胶。这是广大建垦归侨们创业农垦的时代缩影。

“带回第一粒胶种、第一颗芽接苗，栽培第一株胶苗，开出第一条胶线，制作第一块胶片，带出第一代胶工。”原海南农垦侨联主席萧逸生这般总结建垦归侨对海垦橡胶事业的贡献。2001 年 12 月，海南省农垦总局表彰建垦 50 周年百名功勋人物，其中就有徐广泽、叶林、陈晓、李东、罗木娇等 15 名建垦归侨，占比 15%，高居其他群体之首。时隔 10 年之后的 2011 年 12 月，仍有 9 名建垦归侨入选海南农垦创建 60 周年 60 名杰出人物奖，占比 15%，

仍居各群体代表之首。

作为天然橡胶曾经的先进生产力代名词，建垦归侨群体在叶剑英元帅的高度重视和关心下，在新中国天然橡胶事业的舞台上才情迸发、光芒四射。

中华人民共和国成立初期，我国橡胶业界的技术人员相当奇缺。归侨胶工、技术及科研人员的到来，充当了生产发展的主力军，更重要的是组成了强大的技术力量，填补了空白环节。不少人来到农场，就负责起橡胶育种、芽接、品种形态鉴定以及栽培芽接苗技术的指导工作，如西联农场，在20世纪50年代建场初期，担任从开荒、砍芭、育苗、栽培、种植、管理到制胶整套技术全面指导工作的张有和、曾苏云都是马来西亚归侨。其间，该场还涌现了以郑红芬、郑运长、黄裕秀以及李东、叶娣为代表的“胶园八姐妹”等一批为西联乃至海南农垦天然橡胶事业作出突出贡献的归侨代表。

橡胶树正常投产期一般是6—8年。20世纪60年代，正是建垦初期定植的橡胶陆续开割时期。该时期，海南农垦对良好割胶技术的渴求犹如饿汉对米饭般强烈，但懂割胶、割好胶的胶工却寥寥无几。在南洋积累了丰富割胶经验，掌握了良好割胶技术的建垦归侨们担起了先锋模范和带徒培训的重任。李东、郑红芬、谭纪来、黄凤娇、罗木娇、杨运莲等是这段时期建垦归侨群体中涌现出来的优秀割胶技术代表人物，他们被誉为“割胶大师”“割胶神刀手”等。据记载：海南农垦充分发挥李东等优秀割胶技术代表人物的创新、示范作用，在总结他们割技特长和经验基础上，制订了《割胶技术操作规程》，广泛开展割胶技术大练兵，普遍提高了广大胶工割胶技术等级，有效促进橡胶产量大幅增产。

值得一提的是，南林农场胶工罗木娇1951年从马来西亚回国参加农垦橡胶事业工作后，总结了一套影响深远的“六清洁、四整齐”的胶园生产管理宝贵经验，先后入选了海南农垦建垦50周年百名功勋人物和海南农垦60年60名杰出人物。

20世纪50年代初期，海南农垦植胶界的芽接技术人员，仅有屈指可数的叶林、刘带胜、骆士开、廖一萍等几位归侨。1954年，这4位建垦归侨技术员从归侨队伍中挑选出温贵、李元发、房珠三位优秀芽接手，分别在各育种苗圃开办芽接技术培训班，培训了垦区第一代芽接技术骨干。截至 1957 年，共培训垦区第一代芽接手 1448 人。

1955 年，廖一萍用 1 厘米宽的刀片在橡胶树苗上进行刺检，开国内橡胶产量早期预测的先河；他还根据自己的经验，在国内首先总结出橡胶无性系的形态鉴定技术，培训出第一批形态鉴定队伍，为验证引进的橡胶无性系，为纠正增殖苗圃品系的混乱，作出了重要的贡献。

据统计，20 世纪 50 年代中期，海南农垦生产部门通过建垦归侨等途径引进了 PB86、PK107、RRIM600 等约 20 个国外橡胶优良无性系种源。其中做出重大贡献，享有盛名的是雷贤钟。1955 年 10 月，他带回 RRIM600、612、614、623、PB86、PR107、RI84、G1-1、TJ16 等 18 个橡胶品种，300 多株芽接桩、200 多米芽条、100 多斤胶仔，受到周总理的两次接见和高度赞扬。而且，雷贤钟和同为归侨的马文谷分别在南田地区创办了侨福胶业公司、侨联胶业公司，首开农垦系统以公司化方式运营天然橡胶事业之先河。

橡胶生产科研方面，建垦归侨们也做出了显著贡献，不少科研成果甚至填补了当时国内橡胶业的空白。马来西亚归侨徐广泽，从 1954 年至 1976 年在海南农垦工作的 22 年间，取得了丰硕的科研成果。他亲自拟定、组织实施海南橡胶选育种规划，并带领一批技术人员选育出 47 个适应海南地区风害、干旱、寒害的橡胶品种；先后撰写的论文有 60 篇左右，出版了我国第一部有关橡胶的著作《橡胶育种》；1984 年 7 月，应邀到法国蒙别里埃市，参加国际橡胶生理及育种会议，用英语宣读了自己的论文，受到与会外国专家的肯定。原海南农垦局副局长梁文辉、原海南农垦橡胶生产技术顾问刘带胜、享有“海垦一号之父”美誉的钟南及东太农场“胶树医生”陈晓等归侨人士分别在育种、栽培、胶病防治方面作出了突出贡献。

享誉橡胶史册的毕竟是少数，更多的是埋没在历史风尘中的无名人士，有的甚至至今都是默默无闻。比如，原三道农场的泰国归侨罗春兰带出的胶工徒弟不计其数；还有，原海南农垦橡胶研究所的马来亚归侨黄振光等人。黄振光自 1951 年 8 月到海南农垦后，默默工作 30 多年，一直担任该所的割胶总辅导员，他言传身教，悉心传授，仅 1985 年就为农场培训胶工 400 多人

（次）。

不论是声名远扬、街知巷闻，还是寂寂无名，建垦归侨群体以精湛的割技为海南农垦以及中国天然橡胶事业培训了数以万计的胶工，有些人还走出岛外到广东、云南、福建等植胶区帮助当地培训胶工。

三、建垦归侨的奋斗精神芬芳海垦激励后人

低廉的报酬，异常繁重的高强度劳作，落后的生产、生活环境，建垦归侨们仍然扎根山野不屈不挠地奋斗，这是为什么？

为了追求美好的幸福生活，建垦归侨及其先辈们不畏艰难困苦，辗转千里打拼，铸就了他们勇于拼搏、吃苦耐劳、守望幸福、豁达乐观的共同性格品质。多次采访，面对面敞开心扉的交流和对大量史料审阅分析得出的结论是：虽然有些无奈，但更多的是建垦归侨们先天就继承父辈乃至祖辈拼搏、坚韧、勤劳的内在品质基因，还有对新中国厚待而感恩的情感等多因素综合迸发。

须知，当初建垦归侨的父辈或祖辈们下南洋都是“卖猪仔”去的。那是一个怎样的经历啊？！被赶上船后统统丢在闷热的底舱里，数月的海上航程，犹如地狱般的生活，没有阳光，猪食般的饭菜，还要经受病痛、饥渴、打骂等非人折磨，能到达南洋者十人仅有四五，其他或死于船上或抛尸海中。明知行程凶险，仍一往无前，这是大无畏的拼搏精神；辞别故土，远涉重洋到未知的异国他乡谋生，这也是大无畏拼搏的精神；逃荒到异国他乡、寄人篱下的打拼，注定是辛酸乃至屈辱的，但坚持不放弃，这还是一种勇于拼搏的精神并兼具了勤劳、坚韧的品质。

面向艰辛困苦能顽强拼搏，除了上述优秀品质外，还有建垦归侨们以苦为乐的乐观、豁达、互助的外在性格支撑。接受采访的几十位建垦归侨，平均年近 80 岁。经历了无数苦难的他们，有的甚至目前境况不尽如人意，但仍然以朗朗笑声追述了那些常人难于忍受的艰难困苦、冤屈的工作生活经历，有时简直像在讲述别人的故事，仿佛自己不曾经受过。有好几位建垦归侨甚

至拿起心爱的吉他为笔者弹唱一曲，舞上一回。

建垦归侨不仅乐观，对事对人还很豁达。在原南海农场采访从印尼回国的建垦归侨，他们都不约而同地讲述了“华侨新村”的故事。这是一个有特定含义的名词，指代的是位于该场六区五队39号林段的“归侨公墓”，这里集中安葬着180多位去世的归侨。特别需要说的是，他们对“死亡”有着与众不同的见解和处理方式：出资、出力帮助死者亲属，没有哭声，出殡前，大家相聚一起弹琴、唱歌、跳舞，谈笑风生。他们认为，生老病死是一种必然，哭着来到世上是不得已，但是可以笑着离开世界！

采访中，我常常追问建垦归侨们是否后悔回国参加农垦初期的天然橡胶事业开发建设工作。“不后悔！”是他们异口同声地回答。需要指出的是，改革开放后，不少建垦归侨的生活翻天覆地地好起来，有房有车有存款有家庭自营经济。原红明农场的印度尼西亚归侨温晋兴曾拿到美国绿卡，并到美国去住了一段时间，后因不适应重回红明；原南海农场印度尼西亚归侨麦翠花在香港姐妹亲人的帮助下找了月薪近万元的工作，也不想去。她说，习惯了在南海的生活，不想走了！海南农垦不但是建垦归侨们身体的栖息地，更是他们安身立命的精神家园。

逝水流年，建垦归侨已老去、凋零，但海南农垦、海南开发以及中国天然橡胶的历史不应忘记他们！也不会忘记他们！！

当前，正如火如荼建设的海南自贸港更应该大力弘扬归侨爱国爱“港”的奋斗、奉献、守望幸福的创业精神，为开创自贸港美好明天注入文化动力。

华侨华人儿童对中国人的身份认同与评价

石雷山*

【摘要】在海外华人研究中，身份认同是一个"历久弥新"的议题。从孩童到青少年，是个体形成与发展族群认知的关键时期。但是，从实证的角度探讨华侨华人儿童的族群归属与认知的研究尚付之阙如。论文以华侨儿童和华裔儿童为研究对象，采用问卷调查、访谈和自画像相结合的方法，通过将华侨华人儿童与华侨留守儿童、一般儿童进行对比，考察了华侨华人儿童对中国人的身份认同、形象评价与情感状况及其表现特点。研究发现：华侨华人儿童对中国人的身份认同水平中等偏上，且低于华侨留守儿童和一般儿童，并以双重或多重身份认同为主；但他们对中国人的形象评价积极正面，充满喜爱，其评价与喜爱程度高于侨居国人与欧洲人，远甚于日本人与美国人；性别、年龄与生活环境是影响华侨华人儿童对中国人身份认同与评价的重要因素。研究发现可为华侨华人儿童的身份认同与教育提供建议参考。

【关键词】中国人；身份认同；形象评价；情感；华侨华人儿童

在海外华人研究中，身份认同是一个"历久弥新"的议题[①]。身份认同是个人或群体对其所属群体的一种感知和确认[②]，它是个人或群体界定自身处于某一特定语境中自我身份的标志。研究者一般都会赞同海外华人对中国人或华人

* 作者简介：石雷山，丽水学院教师教育学院副教授。

① 黄雅兰."母亲的祖国"：美国华人基督教会的传播体系及其对民族身份的建构[J].华侨华人历史研究，2018（01）.

② 俞少宾，崔兴硕.身份认同转变的影响因素探析——基于16位在韩朝鲜族移民的结构式访谈[J].华侨华人历史研究，2012（4）.

的身份认同不是一成不变的，它经历一个发展变化的过程。最早的海外华人是没有国家意识的，只知家与家乡，没有形成华人或中国人的概念，其身份认同只是对家乡与家乡人的认同。到了近代，受国内民族主义的影响，海外华人开始出现对中国的认同，并在抗战中达到高点。抗战之后，随着所在国国家民族主义的兴起，海外华人由认同中国人自主转向对当地国的认同，开始“落地生根”。进入新的世纪，全球化的出现和中国的巨大发展又开始促进海外华人对中国人认同的回归，但其认同不再单一，呈现出认同多元化的态势①。已有研究较好地梳理与厘清了海外华人对中国人身份认同的发展变化过程，但多以理论与历史分析为主，基于实证调查与访谈的研究还是相对较少。

青少年时期是个体形成自我认知的关键期②。当个体进行自我认知时，必然要建立自我族群角色与分类。通过自我意识的探索，个体认识到自己的群体角色，以及与其他群体成员的区别。由于外貌特征、语言、价值观与习俗等与当地人存在明显差异，华侨华人在很早就已开始意识并探索自己的族群角色与归属。因此，在华侨华人的青少年，甚至更早时期就开始帮助他们探索与思考自己的族群归属及其族群认知就显得尤其重要。有鉴于此，国家侨务部门专门针对华侨华人青少年开展各种华文教育活动，其中尤以“海外华裔青少年中国寻根之旅”夏令营的影响最为显著。研究者认为“寻根之旅”夏令营活动可以促进华裔青少年对中国文化的认同，增强他们与祖籍国之间的联系③。“寻根之旅”夏令营加深了华侨华裔青少年对祖籍国的了解与亲近，对他们的中国文化认同起积极的正向影响④⑤。但是，从实证的角度探讨参加华文教育夏令营活动的华侨华人青少年的族群归属与认知的研究尚付之阙如。

综上，从孩童到青少年，是个体形成与发展族群认知的关键时期，了解

---

① 郭蓓蓓．海外华裔文化认同变化的影响因素初探 [J]. 华侨华人历史研究，2018（3）.

② 蒋亚丽．青少年自我族群认知的影响因素研究——以加拿大华裔青少年为例 [J]. 中国青年研究，2015（9）.

③ 王洁曼，严晓鹏．温州华裔青少年的文化认同调查 [J]. 八桂侨刊，2011（1）.

④ 林逢春．建构主义视野下的侨务公共外交——基于华裔青少年“中国寻根之旅”夏令营的效果评估 [J]. 东南亚研究，2015（6）.

⑤ 夏雪．华文夏令营对华裔新生代中华文化认同的影响及思考 [J]. 当代青年研究，2020（2）.

华侨华人在这一发展时期对中国人的族群认同与认知具有重要的意义。因此，我们以参加华文教育“寻根之旅”夏令营活动的华侨华人儿童（他们的年龄大多在 9—14 岁，有时也有 7—8 岁，或 16—18 岁的儿童参加）为研究对象，通过实证调查试图考察处于这一年龄时期的华侨华人儿童对中国人族群的归属与认知。为能客观认识华侨华人儿童对中国人的身份认同状况，我们还调查了与他们来自同一原籍地的华侨留守儿童与一般儿童，并进行两个方面的对比。一是将来自同一原籍地、处于同一年龄的华侨儿童、华裔儿童、华侨留守儿童与一般儿童对中国人的身份认同与评价进行对比，以凸显这四类儿童对中国人的身份认同与评价之异同；二是将华侨华人儿童对中国人的形象评价、情感，与对侨居国人、美国人、日本人、欧洲人的形象评价、情感进行对比，以认识华侨华人儿童对这五个族群的形象评价与情感之差异。在本研究中，华侨儿童是指有中国国籍，但居住在外国或在国外长期生活的儿童；华裔儿童是有中国血统，但是国籍不是中国并居住在国外的儿童；华侨留守儿童是指父母双方或一方离家在国外时间达 6 个月及以上的儿童[①]；一般儿童是指父母双方或一方离家不超过 6 个月的儿童。

一、研究方法

（一）被试

以 2018 年回国参加“寻根之旅”华侨新生代华文教育夏令营青田华侨华人儿童（8—18 岁）为调查对象。青田是欧洲华侨华人的重要原籍地[②]。青田人移居海外已有 300 多年的历史，是浙西南著名的侨乡。根据青田港澳侨委 2015 年的统计数据，在这只有 56 万人的青田县竟有 33 万华侨华人，其中 80% 分布在欧洲。这些儿童全部来自欧洲，以西班牙、意大利、德国与捷克居多。该夏令营分两期，共招收 882 名营员。随机选取 520 名华侨华人儿童

① 潘玉进，田晓霞，王艳蓉．华侨留守儿童的家庭教育资源与人格、行为的关系——以温州市为例的研究 [J]. 华侨华人历史研究，2010（03）.

② 李明欢．欧洲华侨华人研究 70 年 [J]. 华侨华人历史研究，2019（03）.

作为被试，部分被试由于中文水平过低导致问卷填写失败而最终得到有效问卷488份。问卷有效率达93.85%。被试的基本信息如下。

表1　华侨华人儿童的基本信息（N=488）

被试特征	性别		国籍		年龄										
	男	女	中国	非中国	8	9	10	11	12	13	14	15	16	17	18
被试数	242	246	383	105	16	18	41	55	67	82	76	64	31	29	9
百分比（%）	49.6	50.4	78.5	21.5	3.3	3.7	8.4	11.3	13.7	16.8	15.6	13.1	6.4	5.9	1.8

被试特征	国外居住时间				第几代华侨或华裔子女			父母亲受教育水平			
	1—5年	6—9年	10—12年	13—17年	第一代	第二代	第三代及以上	小学及以下	初中	高中或中专	大学及以上
被试数	103	131	114	140	86	298	104	61	208	169	50
百分比（%）	21.1	26.8	23.4	28.7	17.6	61.1	21.3	12.4	42.7	34.7	10.2

同时，调查组又赴青田县县城与乡镇中小学对华侨留守儿童与一般儿童进行调查。随机发放问卷1061份，得到有效问卷1052份，有效率为99.15%。其中，华侨留守儿童368人（占35.0%），一般儿童684人（占65.0%）。被试的基本信息如下。

表2　华侨留守儿童和普通儿童的基本信息

华侨留守儿童（N=368）				一般儿童（N=684）			
被试特征	类别	人数	百分比（%）	被试特征	类别	人数	百分比（%）
性别	男	204	55.4	性别	男	338	49.5
	女	164	44.6		女	346	50.5
年龄	9岁	44	12.0	年龄	9岁	70	10.2
	10岁	64	17.4		10岁	74	10.8
	11岁	72	19.6		11岁	94	13.7
	12岁	55	14.9		12岁	130	19.0
	13岁	53	14.4		13岁	118	17.3
	14岁	49	13.3		14岁	119	17.4
	15岁	31	8.4		15岁	78	11.4

（二）测量工具

1. 对中国人的身份认同

采用 Barrett 编制的族群身份认同问卷进行测量①。为了适应本调查，对原量表的评价对象进行了修改，用“中国人”替代“英国人”。共 6 题，分别是“您有多像中国人”，“作为中国人，您有多自豪”，“中国人身份对您有多重要”，“您对成为中国人，感觉如何”，“如果有人说中国人的坏话，您会怎么想”，“如果有人说中国人的好话，您会怎么想”。前 3 题采用 4 点计分，后 3 题采用 5 点记分。经过标准分转换，可以得到一个身份认同强度总分。分数越高，表示对中国的身份认同度就越强。在本研究中，该问卷的 Cranach α 系数为 0.89。

2. 对中国人的形象评价

以 16 个形容词（干净、勤劳、友好、快乐、诚实、温和、漂亮、聪明、肮脏、懒惰、不友好、难过、不诚实、好斗、不漂亮、笨的）测量被试对中国人形象的评价②。这些形容词意义相对，8 个属于正性评价，8 个属于负性评价。选择一次积极词汇记为 +1 分，选择一次消极词汇记为 –1 分，最终可得到三个分数：正性评价分、负性评价分和总评价分。16 个形容词都被制成卡片（1/4 的 A4 纸大小），要求被试从所给的 16 张写有形容词的卡片中自由挑选，用以形容“中国人”。采用卡片式问卷的形式，可以有效减少文字排列顺序对被试选择倾向的影响。为便于比较，我们同时还要求被试采用同样方法评价侨居国人（如侨居国为意大利，则为意大利人）、美国人、日本人与欧洲人。

---

① M. Barrett E, Lyons M, Bennett I, Vila A, Giménez L, Arcuri A. S. de Rosa. *Children's Beliefs and Feelings about Their Own and Other National Groups in Europe*. Final Report to the Commission of the European Communities, Directorate–General XII for Science, Research and Development, Human Capital and Mobility(HCM) Programme, Research Network No. CHRX–CT94–0687, 1997.

② Barrett M, Bryant P, Goswami U. *Children's Knowledge, Beliefs and Feelings about Nations and National Groups*[M]// Children' s knowledge, beliefs and feelings about nations and national groups. Psychology Press, 2013.

3. 对中国人的情感

在“非常不喜欢”到“非常喜欢”的5点计分上评价“您有多喜欢中国人”①。同样，为便于比较，我们还要求被试采用同样方法评价侨居国人、美国人、日本人与欧洲人。

同时，我们还运用自画像②与访谈的方法辅助量化数据，进一步对部分华侨华人儿童的身份认同进行研究。

二、研究结果

（一）华侨华人儿童对中国人的身份认同与评价状况

1. 对中国人的身份认同

数据显示，华侨华人儿童对中国人的身份认同平均分为2.50，理论分值在1—4。高于平均分一个标准差的人数为112人，占有效人数23.9%，低于平均分一个标准差的人数为96人，占有效人数20.5%。具体看，认为一点也不像中国人的人数仅占2.3%，而认为非常像中国人的人数为35.6%；身为中国人感到一点也不自豪的只有4.4%，而感到非常自豪的达41.6%；认为中国人的身份一点都不重要的人数仅4.6%，而认为非常重要的有45.1%；认为成为中国人非常悲伤或很悲伤的只3.7%，而感到很快乐与非常快乐为73.5%；如果有人说中国人的坏话，觉得非常快乐或很快乐的只有1.9%，而感到非常悲伤或很悲伤的达77.9%；如果有人说中国人的好话，觉得非常悲伤或很悲伤的仅1.5%，而感到非常快乐或很快乐的有82.8%。这些数据结果相互之间较为一致，因而可靠性高。

但是，通过对访谈和问卷资料进行整理，发现不是所有儿童都认同自己是中国人，多数华侨华人儿童的身份认同具有多样性，即双重身份认同或多

① Barrett M, Bryant P, Goswami U. *Children's Knowledge, Beliefs and Feelings about Nations and National Groups*[M]// Children' s knowledge, beliefs and feelings about nations and national groups. Psychology Press, 2013.

② Murphy, Alison. *Charting the Emergence of National Identity in Children in Wales*[J]. Children & Society, 2017.

重身份认同。在250名华侨华人儿童的访谈与问卷数据中，认同单一中国人身份（即完全认同自己是中国人）有94人（占37.6%），与“非常像中国人”的数据很接近（35.6%）；认同双重或多重身份（即认为自己部分是中国人，如“半中国人，四分之一波黑人和四分之一克罗地亚人”或“90%中国人和10%意大利人”）有128人（占51.2%）；认同单一侨居国人身份（如侨居意大利，则完全认同自己是意大利人）有28人（占11.2%），高于2.3%的人认为“一点也不像中国人”，当然这两者含义有所不同。因此，虽然华侨华人儿童对中国人的身份认同度较高，但多数华侨华人儿童的身份认同具有多样性，既认同自己是中国人，也是侨居国人。单一的身份认同与多重身份认同几乎各占一半。在单一身份认同中，认同中国人占到77.0%，其余都为对当地国的认同。通过对自画像进行分析，也可以得出类似结论。虽然较多的华侨华人儿童给自己画着黑头发、黄皮肤，但仍有一部分儿童给自己画上卷曲的头发，并写上我是“半中国人和半西班牙人”。

2. 对中国人的形象评价

要求华侨华人儿童用8个积极形容词和8个消极形容词对中国人的形象进行评价，同时以同样方法还评价侨居国人、美国人、日本人与欧洲人。单因素方差分析结果表明，华侨华人儿童对中国人的形象评价正面积极，而且得分最高，平均值是4.79分，该形象评价要显著高于对欧洲人（2.62）、侨居国人（2.19）、美国人（1.74）与日本人（1.44）的评价（F=49.28，$P<0.001$）。同时，对中国人形象评价的标准差最小（2.95），这也说明华侨华人儿童对中国人形象评价不但最高且看法相对较为一致。将积极、消极评价分开统计发现，华侨华人儿童对中国人的积极形容词评价的平均值最高（5.77分），显著高于对欧洲人（4.60分）、侨居国人（4.30分）、美国人（3.97分）与日本人（3.96分）的评价（F=36.47，$P<0.001$）；对中国人的消极形容词评价的平均值最低（–0.98分），显著低于对欧洲人（–1.97分）、侨居国人（–2.11分）、美国人（–2.23分）与日本人（–2.52分）的评价（F=28.43，$P<0.001$）。

表 3　华侨华人儿童对各国（地区）国民形象的评价

国民类型	样本容量	平均值	标准差	F 值
中国人	437	4.79	2.95	49.28^{***}
侨居国人	424	2.19	3.81	
美国人	381	1.74	4.35	
日本人	394	1.44	4.57	
欧洲人	391	2.62	3.67	

图 1、图 2 具体展示了华侨华人儿童对各个国家（地区）国民进行评价时，所选形容词的频次分布。用以形容中国人的积极词汇的频数最高，侨居国人次之，美国人的频数最低。436 个被试中认为中国人聪明的有 378 人、勤劳的有 358 人、友好的有 357 人、快乐的有 325 人、漂亮的有 303 人、温和的有 276 人、诚实的有 270 人、干净的有 254 人。相反，对中国人的负面消极词汇的频数最低，日本人的频数最高。436 个被试中认为中国人难过的有 33 人、笨的有 33 人、不友好的有 39 人、懒惰的有 42 人、不漂亮的有 44 人、不诚实的有 69 人、肮脏的有 79 人、好斗的有 88 人。根据频次分布，华侨华人儿童对中国人积极评价的排序依次为：聪明、勤劳、友好、快乐、漂亮、温和、诚实、干净，消极评价的排序依次为：好斗、肮脏、不诚实、不漂亮、懒惰、不友好、笨、难过。

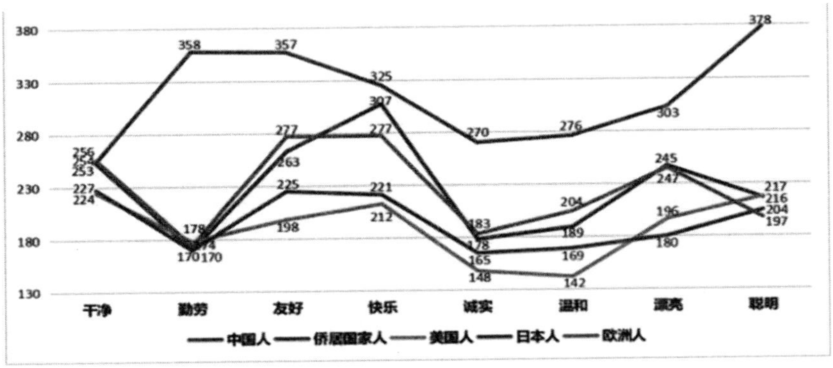

图 1　华侨华人儿童对各国（地区）积极词汇评价

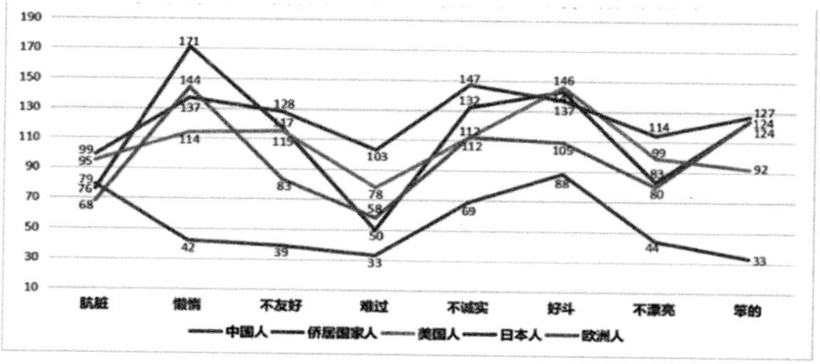

图 2　华侨华人儿童对各国（地区）消极词汇评价

3. 对中国人的情感

华侨华人儿童对中国人、侨居国人、美国人、日本人与欧洲人都分别进行喜爱程度的评价。单因素方差分析结果显示，华侨华人儿童对中国人的喜爱程度最高，与对其他国民的评价之间存在显著差异（F=113.72，$P<0.001$）。事后检验表明，华侨华人儿童对中国人的喜欢要显著高于侨居国人、欧洲人、美国人与日本人（T=6.29，$P<0.001$；T=15.49，$P<0.001$；T=18.32，$P<0.001$；T=10.62，$P<0.001$）。华侨华人儿童对中国人的喜欢程度得分为 4.43，几近接近满分 5 分，说明他们对中国人充满喜爱之情，这种喜爱之感要好于侨居国人与欧洲人，远甚于日本人与美国人。

表 4　华侨华人儿童对各国（地区）国民的情感

国民类型	样本容量	平均值	标准差	F 值
中国人	414	4.43	0.82	113.72***
侨居国人	396	4.04	0.97	
美国人	363	3.34	1.11	
日本人	369	3.00	1.28	
欧洲人	380	3.74	1.00	

注：*$P<0.05$，**$P<0.01$，***$P<0.001$。下同。

（二）华侨华人儿童对中国人身份认同与评价的表现特点

1. 性别

为考察华侨华人儿童对中国人的身份认同、形象评价与情感是否存在性别差异，对所得数据进行独立样本 T 检验，结果发现华侨华人儿童对中国人的身份认同、形象评价与情感均存在显著的性别差异。女生的得分都要高于男生，即女生要比男生更为认同中国人的身份、对中国人的形象评价更为正面积极、对中国人的情感也更为亲近。

表 5　华侨华人儿童对中国人的身份认同、形象评价与情感在性别上的差异

	性别	样本容量	平均值	标准差	T 值
对中国人的身份认同	男 女	232 234	2.34 2.66	0.78 0.65	−4.68***
对中国人的形象评价	男 女	216 220	4.38 5.23	3.11 2.69	−3.07**
对中国人的情感	男 女	205 208	4.31 4.55	0.91 0.70	−2.99**

2. 年龄

为考察华侨华人儿童对中国人的身份认同、形象评价与情感是否存在年龄差异，对所得数据进行单因素方差分析，结果发现华侨华人儿童对中国人的身份认同、形象评价与情感均存在显著的年龄差异（F=3.71，$P < 0.001$；F=2.68，$P < 0.01$；F=3.77，$P < 0.001$）。事后检验进一步表明，9 岁儿童对中国人的身份认同、形象评价与情感都要显著高于其他各年龄段的儿童。随着年龄的增长，华侨华人儿童对中国人的身份认同、形象评价与情感在总体上呈现明显的先上升后下降的发展趋势（见图 3）。9 岁时达到顶点，是重要转折的关键年龄。

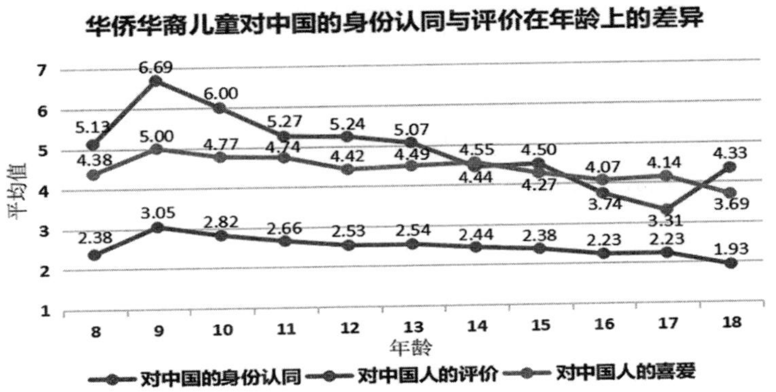

图 3　华侨华人儿童对中国人的身份认同、形象评价与喜爱的年龄发展趋势

3. 父母受教育水平

经单因素方差分析，结果发现华侨华人儿童对中国人的身份认同、形象评价与情感在父母受教育水平上不存在差异（F=1.53，$P>0.05$；F=1.43，$P>0.05$；F=1.83，$P>0.05$）。也就是说，父母受教育水平未曾影响儿童对中国人的身份认同、形象评价与情感。

表 6　华侨华人儿童对中国人的身份认同、形象评价与情感在父母受教育程度上的差异

	父母受教育程度	样本容量	平均值	标准差	F 值
对中国人的身份认同	小学	45	2.50	0.78	1.53
	初中	151	2.59	0.74	
	高中或中专	124	2.39	0.76	
	大学	36	2.50	0.69	
对中国人的形象评价	小学	43	4.05	2.78	1.43
	初中	151	4.80	3.07	
	高中或中专	120	4.88	2.81	
	大学	33	4.03	3.34	
对中国人的情感	小学	41	4.17	1.00	1.83
	初中	145	4.48	0.80	
	高中或中专	113	4.38	0.81	
	大学	33	4.21	1.08	

4. 代际

Leo 在关于华人华侨的研究中指出，华侨情绪是由代际分裂定义的，离开的一代在心理和政治上都认同了华侨一词①。但是，本研究结果却表明华侨华人儿童在对中国的身份认同、形象评价与情感上均不存在显著的代际差异（F=2.01，$P>0.05$；F=2.27，$P>0.05$；F=0.50，$P>0.05$）。

---

① Leo, J, *Ethnicity*, Netherlands Brill: Global Hakka, 2015, 153.

表 7　华侨华人儿童对中国人的身份认同、形象评价与情感在代际上的差异

	代际	样本容量	平均值	标准差	F 值
对中国人的身份认同	第一代子女	80	2.35	0.71	2.01
	第二代子女	281	2.51	0.78	
	第三代及以上子女	99	2.57	0.66	
对中国人的形象评价	第一代子女	75	4.17	3.20	2.27
	第二代子女	259	4.98	2.86	
	第三代及以上子女	93	4.88	2.88	
对中国人的喜爱	第一代子女	73	4.38	0.81	0.50
	第二代子女	247	4.42	0.83	
	第三代及以上子女	85	4.51	0.83	

5. 出生地

华侨华人儿童对中国人的情感在出生地上存在显著的差异（F=2.53，$P<0.05$）。出生在中国的儿童对中国人的喜爱程度要高于出生在国外的儿童。而对中国人的身份认同与形象评价在出生地上不存在显著的差异（F=0.57，$P>0.05$；F=–0.36，$P>0.05$）。从整体上看，在中国出生的华侨华人儿童对中国的身份认同和与形象评价平均分高于在国外出生的儿童，但没有统计上的意义。通过访谈，我们也发现华侨华人儿童在确定自己国民身份时，出生地的确是其考虑的重要因素，但它未曾影响到儿童对中国人的身份认同与形象评价的强度。

表 8　华侨华人儿童对中国人的身份认同、形象评价与情感在出生地上的差异

	出生地	样本容量	平均值	标准差	T 值
对中国人的身份认同	中国	42	2.56	0.75	0.57
	国外	422	2.49	0.74	
对中国人的形象评价	中国	43	4.63	2.85	–0.36
	国外	388	4.80	2.98	
对中国人的情感	中国	42	4.67	0.61	2.53*
	国外	367	4.40	0.84	

6. 儿童类型

首先，通过对中国人的身份认同进行单因素方差分析，结果发现其在四类儿童之间存在显著差异（F=16.77，$P < 0.001$）。事后检验表明华裔儿童与华侨儿童对中国人的身份认同要低于一般儿童与华侨留守儿童，但华裔儿童与华侨儿童之间不存在显著差异。其次，对中国人的形象评价在四类儿童间也存在显著差异（F=5.25，$P < 0.01$），事后检验表明华侨儿童对中国人的形象评价要低于一般儿童、华侨留守儿童，但华裔儿童与一般儿童、华侨留守儿童之间不存在显著差异。最后，对中国人的情感在四类儿童间不存在显著差异（F=0.37，$P > 0.05$）。总之，华侨华人儿童对中国人的身份认同与形象评价要低于华侨留守儿童和一般儿童，但四类儿童在对中国人的情感上不存在差异。

表 9　对中国人的身份认同、形象评价与情感在儿童类型上的比较

	儿童类型	样本容量	平均值	标准差	F 值
对中国人的身份认同	华侨儿童	183	–1.48	5.20	16.77^{***}
	华裔儿童	45	–2.46	5.76	
	华侨留守儿童	361	0.47	3.43	
	一般儿童	672	0.45	4.13	
对中国人的形象评价	华侨儿童	156	5.15	3.20	5.25^{**}
	华裔儿童	35	5.17	3.03	
	华侨留守儿童	366	5.88	2.00	
	一般儿童	684	5.90	2.31	
对中国人的情感	华侨儿童	141	0.07	0.87	0.37
	华裔儿童	32	–0.10	1.22	
	华侨留守儿童	368	–0.02	1.03	
	一般儿童	684	0.00	0.99	

注：为控制年龄可能带来的差异，此处比较时，四类儿童均为同一年龄区间，即年龄均为 9—14 岁。因此 8、16、17、18 岁的华侨华人儿童的数据未参与分析。另为便于比较，对中国人的身份认同与对中国人的情感的平均数均为标准分。）

三、结论与思考

华侨华人儿童是海外华人社会的未来与希望，是华侨华人社会的中坚力量。随着华侨华人一代又一代在海外繁衍生息，这些儿童对中国的情感与认同在世情、国情、侨情已发生深刻改变的形势下又发生了什么变化，是值得探讨与关注的问题[①]。在问卷调查与访谈的数据资料上，通过比较分析，本文考察了华侨华人儿童对中国人身份认同、形象评价与情感的状况及其表现特点，可以得出以下结论。

第一，华侨华人儿童对中国人的认同水平中等偏上，以双重或多重身份认同为主。

华侨华人儿童对中国人的身份认同水平中等偏上。他们中的大多数接受中国人的身份，中国人身份对他们不仅重要，还令他们感到无比自豪与快乐。但是，不是所有儿童都认同自己是中国人，他们的身份认同是以双重，甚至是多重为主。其中，持有双重或多重身份认同的儿童占据一半，持有单一中国人身份认同的次之，而单一侨居国人认同的最少。华侨华人儿童并未简单被动地拒绝或固守某一身份，而是将祖籍国与侨居国的身份，甚至是三种以上的身份叠合在一起，建构起独特的“叠合身份认同”[②]。尽管华侨华人儿童接受中国人的身份（双重或多重身份认同也表明其是接受中国人身份），但其对中国人的身份认同要低于华侨留守儿童和一般儿童。华侨华人的多重身份认同在其他实证调查中也得到证实[③④]，但究竟以何种认同形式为主，已有研究结论并不一致。如陈咏媛发现智利华人主要以中国人的身份认同为主，双重身份认同次之，认同智利人的只有极少部分人。

第二，华侨华人儿童对中国人的形象评价正面积极，对中国人充满喜爱之情。

---

① 杨保筠，曾安安．泰国新生代华人族群认同问题初探 [J]. 八桂侨刊，2018（3）.

② 吕云芳．荷兰“华二代”佛教徒的叠合身份认同研究 [J]. 华侨华人历史研究，2017（2）.

③ 康晓丽．1980 年代以来新西兰华人身份认同的变化 [J]. 南洋问题研究，2015（3）.

④ 陈咏媛．智利华人的民族身份认同及双重世代差异——基于圣地亚哥市的个案研究 [J]. 青年研究，2018（5）.

华侨华人儿童对中国人的形象评价总体正面积极，他们认为中国人是聪明、勤劳与友好的，但也较为好斗、肮脏与不诚实的。通过比较，更可发现华侨华人儿童对中国人形象评价要远高于对美国人与日本人的评价，甚至还要好于欧洲人与侨居国人给他们留下的印象。华侨华人儿童对中国人的情感亲近，对中国人充满喜爱之情，这种喜爱之情也要高于侨居国人与欧洲人，远甚于日本人与美国人。许多华侨华人儿童尽管成长于海外，但并不缺乏对中国的感情和家乡意识，令人担忧的“乡音渐改，乡情渐淡，乡心渐弱，对中华文化的感觉日益淡薄”①的现象并未发生。这个结论也与其他的类似研究相一致。代帆与刘菲通过调查发现柬埔寨华裔新生代对中国国家形象评价较高②，胡春艳通过田野调查也发现马来西亚华裔新生代对中国的态度较为积极，评价也较为正面③。

第三，性别、年龄与生活环境是影响华侨华人儿童对中国人身份认同与评价的重要因素。

性别对华侨华人儿童的中国人身份认同与评价产生了影响。女生要比男生对中国人的身份更为认同，对中国人的形象评价更好，以及对中国人也更为喜欢。在青春期之前，儿童与同伴交往存在性别疏离现象④。因而即使男女生处于同一社会环境中，在其同伴群体内可能仍会形成不同的社会文化。不同的社会文化提供了不同的社会经验，其中包括男女生截然不同的社会行为方式，而身份认同的差异可能就是儿童不同社会行为方式的表现。男孩通常被要求外向、独立自主，具有探索精神，他们对外来的文化更容易认同和接受，能够主动地去融入新环境，学习新文化，容易对异国产生身份认同，从而削弱了对中国的认同感。女孩则被教导要随和、善良，更多地展现亲社会行为，因而对中国人身份的认同程度更高。

---

① 郭镇之.“侨二代”与中华文化的海外传播 [J]. 国际传播，2017（3）.

② 代帆，刘菲 . 柬埔寨华裔新生代的认同及对华认知 [J]. 八桂侨刊，2015（4）.

③ 胡春艳 . 马来西亚华裔新生代对中国的认知——基于田野调查的分析 [J]. 华侨华人历史研究，2015（4）

④ 徐夫真，张文新 . 家庭功能对青少年疏离感的预测：同伴接纳的调节作用及性别差异 [J]. 心理发展与教育，2010，26（3）.

年龄也是影响华侨华人儿童对中国人的身份认同、形象评价与情感的又一因素。年龄越小，华侨华人儿童对中国人的身份越为认同，对中国人的形象评价越高，对中国人也越为喜欢；年龄越大，华侨华人儿童对中国人的身份认同就越低，对中国人的形象评价就越差，以及对中国人的喜欢程度也就越少。在整体上，儿童对中国人的身份认同与评价呈现出先上升后下降的年龄发展趋势，9 岁时达到顶点，以后逐渐下降，是转折的关键年龄。代帆与刘菲以柬埔寨华裔新生代为例，也得出年龄越小的华人对中国国家形象的评价越好[①]。但也有研究认为海外出生成长的华裔青少年在青春期之前对自己和当地居民没有区分，更倾向于认同自己是“本国人”而不是“中国人”[②]。而本研究结果却表明，华侨华人不仅在青春期之前就已经对中国人的身份有了明确的认同与评价，而且年龄越小反而越好。7—8 岁的儿童对事物的理解是表面的。他们能够表达或能分辨的事物是令他们感兴趣和喜爱的内容，有关民族、国家的概念尚未形成，对中国人的评价可能更多的是依据自己的主观喜好。9 岁组儿童的评价最积极，形成认同与喜好的最高峰。可能是因为该年龄段儿童对国家的概念有了初步的了解和认识，对国家成员也相对产生了系统性的偏好。随着年龄的增长，儿童和同伴、成年人的社会交往愈多，儿童的认知能力也日益完善与复杂，他们受到了更多外来文化的冲击，发现中国人其实并没有想象中那么好，也存在不被自己接受的一面，所以认同与喜好程度在逐渐下降。

四类儿童（华侨儿童、华裔儿童、华侨留守儿童与一般儿童）在血缘上都来自同一地区（青田）。如果他们对中国人的身份认同与形象评价存在差异，那么我们可以认为该差异是由其长期居住的生活环境带来的。原生论和情境论是解释个体身份认同形成的两个重要理论[③]。原生论认为认同是与生俱来的，是基于个体的出身而被赋予的一种身份。这一身份是被内在赋予的、

① 代帆，刘菲 . 柬埔寨华裔新生代的认同及对华认知 [J]. 八桂侨刊，2015（4）.

② 黄柯劼 .“重构时间”中成长——海外华裔青少年读经运动分析 [J]. 中国青年研究，2019（10）.

③ 俞少宾，崔兴硕 . 身份认同转变的影响因素探析——基于 16 位在韩朝鲜族移民的结构式访谈 [J]. 华侨华人历史研究，2012（4）.

根深蒂固的、基本上无法被改变的。而情境论则认为身份并非是天赋的，是在一定的社会情境逐渐构建和生成的，它将个体的身份认同视为根据社会环境的变迁而作出适应与重塑的过程。华侨华人儿童对中国人的身份认同与评价在出生地、代际与父母受教育水平上没有差异，但他们对中国人的身份认同与评价要显著低于一般儿童与华侨留守儿童。一般儿童与华侨留守儿童不但出生于国内，且长期生活在国内。他们与华侨华人儿童在身份认同与评价之间的差异可以视为生活环境带来的潜移默化的影响。陈美芬与汪雪娟曾对国内和国外就读的华裔新生代进行调查，结果也发现在国内就读的华裔新生代的中国文化认同与身份认同水平要高于在意大利就读的华裔新生代，在国内就读的华裔新生代会潜移默化受到中国文化的影响[①]。儿童关于族群认同的最主要信息来源于人们的交流，特别是与父母的交流，这是影响儿童族群认同形成的一个重要因素[②]。有意思的是，尽管华侨留守儿童的父母长期工作在国外，与国外的联系较多，受全球化和多元文化的冲击也较大，但他们对中国人的身份认同与评价与一般儿童没有差异，这也可以说明直接的生活环境对族群身份认同的构建要比出生地更为重要。

华侨华人儿童对中国人的身份认同与评价所表现出的特征，可为华文教育“寻根之旅”夏令营活动的开展提供建议。一是“寻根之旅”可以有效促进华侨华人儿童对中国人的族群归属与认知。我们欣喜地发现前来参加夏令营的华侨华人儿童对中国人的认同与评价普遍较高。基于四类儿童的比较，也可间接推断生活环境对身份认同的影响。“寻根之旅”夏令营活动可以增进华侨华人儿童对中国文化的了解，加强他们与祖籍国之间的联系。Esser 指出身份是社会融合的一个重要方面，在这个过程中，教育起到了一定的作用[③]。通过一些富有地方特色的华文教育与学习的开展，可以很好帮助华侨华人实

① 陈美芬，汪雪娟 . 华裔新生代中国文化认同感的调查研究——以温州意大利华裔新生代为例 [J]. 温州大学学报（社会科学版），2018，31（5）.

② 佐斌 . 论儿童国家认同感的形成 [J]. 教育研究与实验，2000（2）.

③ H. Esser, Migration, language and integration AKI Research Review 4, Berlin: Social Science Research Center, 2006, 72.

现自我的族群身份认同①。二是“寻根之旅”开展得越早越好。9 岁的华侨华人儿童对中国身份认同度最强。此时，甚至更早年龄，对其进行中华文化与中华民族共同体的教育，可能更能被接受。在青田“华侨新生代”夏令营中，7—12 岁的华侨华人儿童年占近 80%，这个年龄段的孩子的个人意识还不是很强，比较容易接受夏令营的华文教育和家音乡情的培养。三是相较于女性儿童，我们更应关注华侨华人男性儿童群体。通过各种方式鼓励男性华侨华人儿童参与“寻根之旅”，提升他们对祖籍国的认同。

① 张永广．文化社区与海外华裔新生代身份认同——以美国南康州地区为个案的考察 [J]. 当代青年研究，2019（6）.

危中寻机：海外华语文学的新探索

钱杉杉（Qian Shanshan）何启才（Ho Kee Chye）*

【摘要】海外华语文学与以国家政权为基础的中国文学不同，具有独立的正当性与文学地位。不同的海外华语文学研究的学者拥有不同的主张，甚至对于世界华文文学、华语语系文学等概念的外延和内涵的定义并不一致。海外华侨华人的华语文学的产生体现的更多是一种人与历史因素的相互作用，即大时代的新客华人与土生华人普遍的抉择与转变，以及由此产生不同的理论与论说。海外华语文学的关键不在于定义的范围与对话的对象，而在于本身具有的丰富性与兼容。

【关键词】海外华语文学；华语语系文学；世界华文文学

一、现状、学者与困境

基于地缘因素的限制，海外华侨华人的华语文学，一方面，受到当地政府支持、使用范围广的在地官方语言文学所制约，另一方面，又被历史悠远而辉煌的中国文学所制约。此外，处于不同地域、不同身份的海外华侨华人，对于海外华语文学的描述与应用，具有很大的差异。因此，海外华语文学作家与研究学者，基于共通的旨趣与研究范畴，提出与中国文学不同的海外华语文学的新概念。海外华语文学的黄锦树、黎子书等代表作家与作品的出现，

* 作者简介：钱杉杉，新加坡国立大学文学暨社会科学学院硕士，马来亚大学文学暨社会科学学院博士研究生。何启才，马来亚大学文学暨社会科学学院高级讲师。

使海外华语文学研究成为可能。基于此，史书美、王德威、王润华等代表学者，提出与中国文学不同的，海外华语文学研究的新的指称与写作方式。这一范畴包含不同的名目，比如，华语语系文学、华侨文学、世界华文文学、海外华文文学、汉语文学等等。

首先就世界华文文学而言，代表学者是王润华教授。王润华教授祖籍广东，1941 年出生于马来联邦霹雳州地摩镇，1968 年于威斯康辛大学师从周策纵，曾任教于新加坡国立大学、台湾元智大学，马来西亚南方大学学院讲座教授、资深副校长。于海外华语文学上，王润华认为，“当一个地区的文学建立了本土文学传统之后，这种文学便不能称之为中国文学，更不能把它看做中国文学之支流”[①]，进而，构建世界华文文学的新的概念，即“世界华文文学是中华文化放逐到世界各地，与各地方本土文化互相影响、碰击、排斥之下产生的。”[②] 王润华教授提出的世界华文文学的概念，包括中国大陆文学台港澳文学与海外华文文学。而关于同一“世界华文文学”的名称指代的内容，其他学者有不同于王润华教授的阐释，比如，陈公仲学者认为，世界华文文学虽包含中国大陆文学，重心不在于中国大陆文学，而在于台港澳与海外华人的华文文学。陈映真学者认为，世界华文文学不包含中国大陆文学。陆士清学者认为，世界华文文学不包含中国大陆与台港澳文学。总体而言，对于世界华文文学的定义范畴，不同学者具有不同的主张。在这一层面，同一个海外华语文学的概念，不同学者的理论与划分不相同。

与世界华文文学的不同阐释相同，华语语系文学同样具有这一表现。华语语系文学的代表学者是史书美教授与王德威教授。史书美教授祖籍山东，1961 年出生于韩国，毕业于国立台湾师范大学，后于加州大学圣地亚哥分校取得硕士学位，于加州大学洛杉矶分校取得博士学位，美国加州大学洛杉矶分校比较文学系、亚洲语言文化系及亚美研究系两系的合聘教授。史书美教授以全球化视阈下离散族群的身份认同为中心展开探讨，提出新的华语语系

① 参见 王润华:《越界与跨国：世界华文文学的诠释模式》，汪介之、唐建清编《跨文化语境中的比较文学》，南京：译林出版社，2004 年，第 329 页。

② 参见 王润华:《越界与跨国：世界华文文学的诠释模式》，同上书，第 335 页。

的概念，区分以中国为坐标的中国文学研究。例如，史书美教授在《视觉与认同》一书，借华语电影通常是标准官话的现象，认为“以此形成并维持大一统的‘中国’整体性幻象”①，而《卧虎藏龙》则是以驳杂的语言推翻幻象，体现出“华语语系中多种语言的异质性，以及华语人士分布地域多样化的表征”②。基于此，史书美教授具有强烈的反奉中国之名的文学诉求，提出华语语系文学的概念，认为相对于西方以海洋殖民的脉络，中国是亚洲大陆的大型的大陆殖民主义的政体，中国人推行定居殖民主义，侵占了在地原住民的资源与生态。史书美教授进而提出反离散的理论主张，强调移民必须在地落地生根，并展开有别与中国大陆的在地的华语文化塑造，并且接受国家共同体对于未来语言的想象，最终放弃对于华语的坚持。由此，史书美教授在这一以“异质”为基础的华语语系文学的表述上强调，中国文学是以政治地理为中心的文学，海外华人的华语文学则不同，华语语系文学是基于共同的语言来往而形成的共同体。

而王德威教授则是在同一个华语语系文学的概念上，与史书美教授展开对话。王德威教授1954年出生于台湾，“国立”台湾大学外文系毕业、威斯康辛大学比较文学系硕士、威斯康辛大学比较文学系博士，曾任教于“国立”台湾大学、哥伦比亚大学，哈佛大学东亚语言文明系教授。王德威的华语语系文学的概念则质疑史书美理论的正当性，即华语语系文学概念是仿照西方后殖民研究时期的其他语系文学以殖民地对于宗主国的文学、文化而产生的文学生产，但是，与其他语系文学的区别在于，华语语系文学并未出现传统定义的殖民现象。王德威教授认为，华语语系文学“其版图始自海外，却理应扩及大陆中国文学，并由此形成对话”③，在这一层面，王德威教授定义的中国文学与华语语系文学，二者的关系是“包括在外”的。因此，史书美教授与王德威教授对于同样的理论，同样具有不同的阐释。

---

① 参见 史书美：《视觉与认同：跨太平洋华语语系表述 · 呈现》，杨华庆译，蔡建鑫校，台北：联经出版，2013年，第14页。

② 参见 史书美：《视觉与认同：跨太平洋华语语系表述 · 呈现》，同上书，第17页。

③ 参见 王德威：《华语语系文学：边界想象与越界建构》，陈思和、许文荣编《马华文学 · 第三文化空间》，吉隆坡：马来亚大学中文系毕业生协会，2014年，第76页。

此外，游俊豪教授的“华人族群性”①，葛兆光教授的“宅兹中国”②，李欧梵教授的“游走的中国性”，石静远教授的“华语社群”③，杜维明教授的“文化中国”（Cultural China）④ 对于海外华人的华语文学与历史，皆具有相互不同的研究与理解。以前文着重论及的王润华、史书美、王德威三位学者的研究为例，三位学者的研究皆具有充分的论断与文学佐证。具体而言，史书美教授的研究具有很好的理论传承，王润华教授的研究对于不同论说的整理归纳细致，而王德威教授的理论则有很好的历史关照。综上所述，海外华语文学研究成果卓著，学者研究论证详实。但是，对于海外华语文学，不同学者的主张与他人的论说完全不同，甚至就同一个名称的概念而言，不同学者也具有全然不同的定义与阐释。

一定意义上，定义海外华语文学的名目繁多的新的研究理论，都是在面对同一问题，即如何定义海外华语文学，如何阐释在地文学与中国文学的关系，如何处理在地文学与中国文学的互动。事实上，有别于其他语系文学的研究，海外华语文学对于华语，有着丰富且不同想象。基于此，不同的海外华语文学的作家学者进行了不同的实践与探索。海外华语文学存在打破单一的国族概念的形式，因此，海外华语文学的想象和实践，虽然或多或少的经历过华语的媒介，但是，海外华侨华人对于华语文学的应用，多是在政治、历史、文化的现实的因素考量以外的。因此，以海外华语文学作为方法，与以中国文学作为方法不同。而在讨论海外华人的华语文学时，若仅仅以地缘上的中国，这一国家范畴内的中国文学作为参照与比较的对象，视角是单一的。而视角的单一带来的问题，则是参照的双方立场上产生的对立。由此，对于海外华语文学的理解，需要消解单一层级化的文学认同机制，才会带来多元文化认同的可能。

---

① 参见 游俊豪：《移民轨迹和离散叙述：新马华人族群的重层脉络》，上海：上海三联书店，2014 年。

② 参见 葛兆光：《宅兹中国：重建有关“中国”的历史论述》，北京：中华书局，2011 年。

③ See Tsu, Jing, *Sound and Script in Chinese Diaspora*. Cambridge: Harvard University Press, 2010.

④ See Wei-ming, Tu, “Cultural China: The Periphery as the Center.” *Daedalus*120(1991). 1–32.

二、海外华语文学研究的时空多元化

目前学者提出新的概念是因为反对海外华语文学是中国文学中的子类与亚型的主张。原因在于，很多中国学者将“华语”与“中国”同等化进行阐释。毫无疑问，独有的语言是一个国家最有别与其他国家的文学政治符号，而“华语”则是“中国”代表世界唯一历史未曾间断的古国，最外显的表现形式。因此“华语”由一种通用的交流语言，由一种普世的交流媒介，上升成为一种代表中国的文学信仰与文学传统。

在此基础上，史书美教授等部分学者提出华语语系的概念，将一系列其他前殖民地对待宗主国的其他语系概念，定义海外华语文学。即史书美教授等学者，延伸后殖民批判的理论想象，认为，“官方的法语语系（Francophone）的历史提醒我们留意华语语系的概念也可能被中国国家机器所挪用”[①]。实际上，则是过度的拆解和建构。史书美教授定义的华语语系研究，是瓦解国族主义的语言—文化—民族的等价链条的研究，并提出反离散的理论。[②]在一定程度上，能够促使海外华侨华人的华语文学受到重视与二次发现，具有积极意义。但是，史书美教授对于反殖民的过度执着，主张极端理想化的反离散，即，这一定义下的华语语系文学，是以当地华人完全参与在地语言，以在地语言为自身文化认同为止的。因此，在反离散的框架下，海外华语文学成为暂时性的过渡研究，反而消解了在地的华语文学生产中未来的异质性与可能性。其他语言语系文学的定义是基于具备真确的殖民关系下的产物，显然不适用于中国文学与海外华语文学。

而王德威教授的华语语系文学，则把中国古代“遗”的观念重新赋予一个现代的字源学的考证，即同时具有“残留”与“抛弃”和“赠与”的三重含义，体现出华语语系文学的定义上的错置，即时间政治学上的时间错置的

① 参见 史书美：《视觉与认同：跨太平洋华语语系表述 · 呈现》，同上书，第 62 页。

② 参见 史书美：《反离散——华语语系研究论》，台北：联经出版，2017 年。

文化再错置。[①] 王德威教授对于华语语系文学的重新定义，体现出后学研究者对于这一错置的真确的理解。海外华语文学，既是在地的历史与生活经验形成的记忆和想象与现实的错置，同时，也是政治发展对于文学文化的错置。在这一层面，王德威教授的华语语系文学，是对于史书美教授的冷战后政治思考下形成的华语语系文学的超越。

综上所述，海外华语文学的文化主体，华人移民的界限划分本身即是多义的。而由此延伸，整个海外华语文学自然可能是由大中国主义一以贯之的文学文化形成的，同样，也可能是由无数的断裂与裂缝形成的。在此基础上，能够体现出海外华语文学研究产生的话语的可能性和多元叙述的价值和意义。

三、海外华语文学研究的客观性

史书美教授对于“离散有终”的探讨，提出中国文学是建构的产物，强调放弃对于遥远的中国文学的怀想，强调落地生根的反离散主张。但是，与史书美教授的反离散理论相反，很多学者提出不同的主张，比如历史学层面，孔飞力教授的通道小生境与安土重迁的理论，认为在地移民的自发的移民行为与原乡的情感，二者是接续且不可分割的。[②] 但是，单就反离散理论本身而言，可以发现史书美教授提出反离散最为主要的原因在于，离散存在一个本质化的中国文学的概念，因而，史书美教授提出中国文学是建构的产物。但是，史书美教授等学者提倡的少数民族语言、方言、华人移民的身份，同样也是建构的产物。也就是说，史书美教授以简单的二元认识论证明“离散有终”的概念，反对中国文学的国民性身份的建构，但是，以史书美教授认为的移民结束离散、完全认同当地文化，同样也是在重复另一种本质论述与在地的国民性的身份认同。总体而言，目前以后学来研究海外华侨华人的华语文学应用非常普遍，但是，以后学研究华语语系文学面临的一个不得不论证

① 参见 王德威:《众声喧哗以后：点评当代中文小说》，台北：麦田出版，2005 年；王德威:《后遗民写作》，台北：麦田出版，2010 年。

② See Kuhn, Philip A., *Chinese Among Others: Emigration in Modern Times*. Lanham: Rowman & Littlefield, 2009.

的问题，即这一定义下的后遗民，多为前殖民地“受迫”的非主动的遗民群体。在这一意义上，研究语言文学谱系，反对殖民的主张也就具备了合理性与自洽性。但是，海外华语文学的创造者——海外华人，多为可选择的、自发的主动移民方式的新客华人，或者，本身即是在地出生的土生华人。这一“移民”的指称与后学语境的“遗民”指称，在本质上就存在巨大的差异。而与史书美教授的理论不同，王德威教授的理论以“原乡”与“异域”的错置，这一温和的方式弥合了二者指称上的断裂，恰好给后学的批判提供了讨论的场域。简而言之，定义上的无法自洽，是以后学研究海外华语文学需要解决的问题。

综上所述，史书美教授等部分学者定义下的海外华语文学概念是非客观的，即，将中国文学塑造成为一个“他者”，而在这一定义下，“华语语系更多时候是一个强而有力的反中国中心论的场域”①。而史书美教授对于过去的文学的怀想与建构，反而是一种文学错置的体现。若将海外华语文学与中国文学塑造成完全对立的体系，势必会导致二者之间的冲突。与此不同，耶鲁大学石静远教授与复旦大学葛兆光教授等学者的理论，勾画出充分整合的、具有高度地域性、地方性的发展方向，则是更为客观的研究理路。在这一层面上，不同的在地华人群体，具有不同的发展方向与因应变化，对于中国文学也有无法化约的不同文化重塑与想象。举例而言，石静远教授的研究体现的是，海外华人因应于不同的客观商业和文化情形，不断思考与变化的身份认同，以及与中国的“远交近攻”的关系。葛兆光教授则以中国的周边对于中国的回应作为理解中国的经验，中国不再是固定的中国政治政体的指射，更多是政治角力中的商贸筹码与想象对象。

四、结论：海外华语文学研究的张力

不同学者在海外华语文学主张上的差异，体现出海外华语文学研究上的摆荡与落差。例如，王润华教授传递的是世界华文文学的范畴，史书美教授

① 参见 史书美:《视觉与认同：跨太平洋华语语系表述・呈现》，同上书，第58页。

构建的是与中国文学较为对立的华语语系文学体系，王德威教授传递的概念是由中国文学组成的华语语系文学观。三者对于中国文学具有不同的态度，但是皆强调保持与中国文学的距离。也就是说，海外华语文学促成不同语言源流的华语作家与研究学者间的交流，但是同时，与中国文学又预留了空间。海外华语文学的边界的争论，或许反而使文学研究受理论框架的局限，似乎具有特定的政治导向的文学研究，才是符合海外华侨华人的华语文学的文学研究。文学研究的广义定义下，海外华侨华人的华语文学是在不同的历史时空的不同语境中不断革新的脉络与理路。如果过于执着于分析海外华语文学的概念的边界，以及这一概念包含的对象，或者与中国大陆文学或亲或疏的关系，反而会限制海外华语文学的应用与阐发。倘若海外华语文学仅以华语语系文学的概念，或是仅以世界华文文学的概念来指称，而这一概念又具有一个清晰的边界，那么非华语语系文学的学者又将如何在华语语系文学的谱系下表达自己的主张，如何处理自己与华语语系文学的关系。推而广之，无论是学者对于世界华文文学、华语语系文学与中国文学之间差异的论断，或是对于其间的互动与渊源的论断，皆是学者力图寻找到一个海外华侨华人的华语文学与中国文学之间的平衡关系。

综上所述，目前学者对于海外华语文学的尝试与探索，皆是强调海外华语文学或容纳或排除中国文学，是否与中国文学产生互动。不同学者、不同主张的差异在于，对于这一概念与其边界的不同阐释。

但是实际上，文学之所以为文学，是因为文学的载体是语言，语言即交流沟通的媒介，也就是说，文学本身就是具有极大的包容性，以及极多的分支的可能性的。诸如华语语系文学等海外华语文学的统称概念，事实上并未解决区域研究的内部问题。而在这一意义上，每个地区的华语文学的境遇是不同的，将欧美华语文学与马华文学纳入在同一个体系进行研究的合理性，也许并不能够自洽。

若当统筹划分存粹是一种学术举动，而非是文学本身的形成机制时，或许对于文学本身起到的是阻碍的作用。诚然，诸如华语语系等海外华语文学研究一类概念的提出，具有当下的现实意义，即给了海外华语文学更大的生存空间，但是这一概念是否持久则是存疑的。在这一层面上，这一概念更多的是过渡性的概念，分地域、分区域的海外华语文学研究则更具有凝聚意义。海外华语文学最为关键的部分，并不在于海外华语文学的边界或是与中国大陆文学的关联，而是在于，海外华语文学是经过不同的国家政治认同与在地化发展而形成的。文学研究、学史的关键问题是在于作品本身，文学的理论势必产生于文学之后，有了概念与理论，对于文学起到的是再发现的过程。当塑造出一个全然与中国文学概念对立的新的概念时，或许在破除壁垒的同时，本身也树立了自己的壁垒。当在定义自身是“之外”时，本身就定义了与之对立的“之内”的概念。换言之，文学研究一定是为文学创作而服务的，若是执着于文学派别的定义与边界的划分，反而会使文学受制于文学研究。黄锦树曾言，与其写马华文学史，不如写马华文学。事实上，如果基于国族主义文学或是民族主义文学的角度上，毋庸置疑，海外华语文学与中国本土的中国文学本身即是一个渐行渐远的过程。但是重要在于，海外华语文学对于华语与中国文化本身的再现与转化，以及结合不同的社会与历史的因素，对于中国文学存在的向心与离心共同的作用力，以及产生的相应的释放与保留，则是海外华语文学的关键所在。

参考文献：

1. Wei-ming, Tu, “Cultural China: The Periphery as the Center.” Daedalus 120(1991). 1–32.

2. 王润华：《越界与跨国：世界华文文学的诠释模式》，汪介之、唐建清编《跨文化语境中的比较文学》，南京：译林出版社，2004年，第 322–335 页。

3. Wong Yoon Wah. “Border-crossing and Transnational Dialogue: Interpretative Model of World Literature in Chinese.” Comparative Literature in the Cross-cultural Context. Ed. Wang Jiezhi and Tang Jianqing. Nanjing: Yilin Press, 2004. 322–335.

4. 王德威:《众声喧哗以后：点评当代中文小说》，台北：麦田出版，2005 年。

5. David Der-wei Wang. After Heteroglossia：Critical Reviews of Contemporary Chinese Fiction. Taipei：Rye Field Publishing，2005.

6. Kuhn，Philip A.，Chinese Among Others：Emigration in Modern Times. Lanham：Rowman & Littlefield，2009.

7. 王德威:《后遗民写作》，台北：麦田出版，2010 年。

8. David Der-wei Wang. Post-loyalist Writing. Taipei：Rye Field Publishing，2010.]

9. Tsu，Jing，Sound and Script in Chinese Diaspora. Cambridge：Harvard University Press，2010.

10. 葛兆光:《宅兹中国：重建有关“中国”的历史论述》，北京：中华书局，2011 年。

11. Zhaoguang Ge. Here in ‘China’ I Dwell：Reconstructing Historical Discourses of China for our Time. Beijing：Zhonghua Book Company，2011.

12. 史书美:《视觉与认同：跨太平洋华语语系表述 · 呈现》，杨华庆译，蔡建鑫校，台北：联经出版，2013 年。

13. Shih Shu-mei. Visuality and Identity: Sinophone Articulations across the Pacific. Trans. Yang Hua-qing. Ed. Cai Jian-xin. Taipei: Linking Publishing，2013.

14. 游俊豪:《移民轨迹和离散叙述：新马华人族群的重层脉络》，上海：上海三联书店，2014 年。

15. Cheun Hoe，Yow. Migration Trajectories and Diasporic Discourses：Multiples Contexts of Ethnic Chinese in Singapore and Malaysia. Shanghai：Shanghai Sanlian Bookstore，2014.

16. 王德威:《华语语系文学：边界想象与越界建构》，陈思和、许文荣编《马华文学 · 第三文化空间》，吉隆坡：马来亚大学中文系毕业生协会，2014 年，第 73-78 页。

17. David Der-wei Wang. “Sinophone Literature：Border Imaginings and Cross-border Constructions.” Malaysian Chinese literature · The third cultural

space. Ed. Chen Si He and Khor Boon Eng. Kuala Lumpur：Department of Chinese Studies，University of Malaya，2014. 73–78.

18. 史书美:《反离散——华语语系研究论》，台北：联经出版，2017 年。

19. Shih Shu-mei. Against Diaspora：Discourses on Sinophone Studies. Taipei：Linking Publishing，2017.

第五篇

地区、国别华侨华人历史、政治、经济研究

论“超越政党，不超越政治”

——马来西亚华教组织参政的两难处境

赵海立*

【摘要】“超越政党，不超越政治”是董教总①为开展华教运动而秉承的一个基本原则。然而，该原则在具体执行的过程中经常遭人质疑。从政治学理论来看，这种情况之所以出现，就在于政党政治是当代政治体系运行中的重要一环，任何重大的政治行为很难完全绕开政党这条重要路径。当然，董教总并不是要彻底绕开政党政治，而是力图使自己保持独立性，以发展华教大业为重心，推进与所有政党的关系，不偏不倚，从而形成广泛的华教统一战线，共同参与政治，促使政府改革那些不公平、不合理的教育政策。因此，消除人们在理解“超越政党，不超越政治”上的误会，是十分必要的。此外，董教总还应认识到，坚持这个原则并不那么容易，必须改变一些不足之处并完善相应的实施细则和政策。

【关键词】“超越政党，不超越政治”；华文教育；董教总

在后马哈迪时代，马来西亚的政治势力日渐分化，从国阵的一枝独秀逐步转向国阵与反对势力联盟激烈角逐的“两线制”趋向。这种倾向通过2008年、2013年和2018年的三次国会大选得以呈现。在这三次大选中，国阵逐

* 作者简介：赵海立，厦门大学南洋研究院，副教授。

① 董教总：马来西亚华校董事联合会总会（简称董总），马来西亚华校教师会总会（简称教总），董总和教总合称为董教总。

渐失去执政地位，引发政权转移。面对激烈的竞争，双方使出浑身解数争取民众，特别是重要社团的支持。董教总显然就是各派政治势力力争的一个分量十足的对象。但是，若要争取到董教总完全的、排他性的支持，立即就会与董教总长期所秉承的“超越政党，不超越政治”基本原则相背离。于是，当董教总与任何一个政党有所接触时，与该政党相对的另一政治阵营就会攻击董教总不坚持原则，并规劝董教总放弃该原则。在他们看来，这种原则已经过时。为应对指责，董总多次发表声明重申自己坚持“超越政党，不超越政治”的一贯立场。绝对不会将任何政党的利益置于华教之上，一切以华文教育的利益为依归。①

不过，董总的文告与声明并不能完全消除某些政党与民众的疑虑与纠结，如政治不就是政党活动吗？怎么能超越政党而不超越政治呢？与政党接触或者董总及各州董联会中存在有政党背景的成员是否就意味着无法超越政党呢？若非如此，怎样的行为才能称作“超越政党”呢？这样做是最有利于华教利益的吗？对于这些疑虑，华教运动的实践者与理论研究者虽然有一些阐释，但大都不那么透彻与完整，且多以报纸政论的形式表现。本文试着对上述问题从政治学的视角进行考察，旨在使华教运动的支持者更好地理解“超越政党，不超越政治”这项基本原则。

一、政治与政党

在诸多“政治”的定义中，笔者比较欣赏戴维·伊斯顿（David Easton）的观点。他指出，政治是对社会价值的权威性分配（authoritative allocation of values for a society）。② 该定义的概括性及解释能力都比较强，适用范围也相当广泛。这个概念里有着这样几个关键问题：谁分配？分配给谁？分配什

① 董总于2012年7月16日发布的文告：“董总重申坚持‘超越政党，不超越政治’的一贯立场”。2020年10月19日的文告中有所改变，“董教总始终秉持‘超越政党，关心政治’之立场，坚守母语教育与尊重多元的原则。https: //www.dongzong. my/v3/news-2/29-notice-cn/829-2020-153，2020年12月2日 .

② David E. Easton, *A Framework for Political Analysis*. Englewood Cliffs, NJ: Prentice-Hall, 1965, p. 50.

么？如何分配（分配行为）？分配规则与指导思想是什么？能否理解政治，取决于对这些问题的深刻认知。它们是政治体系的基本要素，即政治的主体、客体、政治行为与行为规范、政治文化等。

社会价值的权威性分配者与被分配者共同构成政治的主体。公共权力的执掌者，即统治者是分配者，而一般民众，即被统治者则是被分配者。分配者的产生方式复杂多样，如有协商、选举、抽签、世袭等和平手段，也有诸如战争、争斗等非和平手段。分配者的行为以政策制定与执行为核心，对社会公共事务进行治理并对不服从的被分配者进行依法强制，对外维护共同体的安全、发展与尊严；被分配者不存在如何产生这样的问题，但结构复杂。他们可以按阶层、收入差距、职业、受教育程度、宗教文化、民族、种族、地域、性别、年龄等维度进行区分。他们以各种特有方式影响政治决策，甚至决定分配者的选择。被统治者的政治行为称为政治参与，主要指投票、选举、提案、结社、政治接触（谈判或游说）、政治表达（集会、请愿、言论）、政治动员、游行示威、声援、政治调解等。政治客体指被分配的社会价值。这里的社会价值既包含物质性的，也包含非物质性的。当然，并非所有的社会价值都会成为政治权威分配的客体，只有那些公共价值或有争议的价值才能进入政治领域。否则，如果归属性明晰的私域价值受到侵害，就意味着政治权力的滥用。分配规则主要是宪法与法律、规章制度等。政治文化是政治体系的软件部分，由它来确定分配者与被分配者、分配什么、采取什么样的分配行为、制定什么样的分配规则等。这是政治体系的总体指导思想。所以，政治是个非常复杂的体系。

在现代政治体系中，作为一种政治主体的组织，政党无疑发挥着相当重要的作用。它专业性地参与政治运作，主要通过掌握国家政权或者影响国家政权的方式来表达并实现其党员的利益。如果某政党或政党集团掌握了国家政权，它就是社会价值的分配者，其成员意志就可能上升为国家意志；其他政党或政党集团则是被分配者，但它们不会听任分配者宰割，而是千方百计地通过各种途径的政治参与影响政治决策，即社会价值的分配。一般而言，政党大都有着比其它社会团体更宏大的宗旨、更严格的纪律、更庞大的规模和更强大的动员能力，再加上其政治的专业性，它就成为民众进入政治体系，特别是参与直接决策的一个重要桥梁。不同的政党，秉承特定的宗旨和政治文化，提供有自身特色的政治分配方案，以动员民众支持，凝聚成员力量。

正因为政党的这种特性，目前世界上绝大多数国家都实施了政党政治，即以政党作为政治制度安排的核心，只有十余个专制君主国家或规模微小的国家不存在政党。在政党政治下，民众利益的表达、聚合和政策制定等基本上离不开政党的角色。此时，完全绕开政党解决政治课题是相当困难的，特别是在威权型的政党政治中则更是如此。

不过，政党毕竟只是政治体系的一个组成部分，它不是政治体系全部。在民主达到一定程度的国家中，政党偏向选举属性。一旦选举结束，政党所推荐的国会议员就退去特定政党色彩而对选区内所有的选民负责。甚至在选举的过程中，“选人而不选党”的现象也时常出现。不仅如此，除立法机构外，其它种类的国家机构，如以公务员为主体的行政机构、司法机构和军队等都必须是中立的，不能带有任何党派倾向。另外，在公民社会中，政党虽然拥有许多参与政治的优势，但它并非唯一路径，而且在许多社会治理方面，其效能也许会大大逊色于普通社团。

所以在政党政治中，政治问题的解决无论在政治参与层面（被分配）或者是在政策制定层面（分配），政党都是应该利用的重要工具。然而，这个工具应该如何利用以及利用到什么程度等都是值得深思的问题。毕竟不能把政党等同于政治，而且政党政治的发展与完善在某些国家还有很长的路要走。在发达的公民社会中，可供政治参与的路径是多种多样的。基于这样的认知，我们就可以很好地理解董教总所提出的“超越政党，不超越政治”原则。

二、“超越政党，不超越政治”原则的提出与含义

在马来西亚，华社对华文教育问题的政治性已经形成共识。自从国家独立以来，政府出台了一系列的教育法令，逐步挤压包括华文教育在内的非以国语为教学媒介用语学校的生存空间，旨在实现“一种语文，一种文化和一个民族”的最终目标。与其针锋相对，华社为维持母语教育的权利进行了艰

苦卓绝的抗争。在抗争中，华社几乎用尽了法律所许可的所有手段，如游行示威、集会、请愿、组织新的华教运动机构、发表系统的诉求、向首相提交备忘录、政治接触和大选施压等。这些政治参与的目的在于敦促政府公平地分配各民族共有的教育资源，同时抵制政府侵害母语教育这种天赋权利。政治的课题必须用政治的手段去解决，这一点恐怕没有人怀疑。因此，华教运动从根本上是无法超越政治的。没有政治诉求的华教运动试图撼动已经上升到国家法令的教育政策无疑是痴人说梦。

如果说参与政治的方向确定了，那么，问题的焦点就转向如何参与政治这个方面。众所周知，政治核心是社会价值的权威性分配权，即统治权。改变现行政策的最有效手段就是获得执政的权力，而要使政府转换的途径，一是合法的竞争性选举，二是非法的暴力革命。如果无法获得执政地位，也并不意味着就束手无策，它还有较间接的手段，即民众性的政治参与。

显然，就马来西亚华教运动及其领导机构董教总而言，暴力革命这条路恐怕不太现实。最好的选择要么参与竞争性选举、要么做一个忠实的民间压力集团。马来西亚现在的政党政治尽管与西方发达国家相比还不那么完善，但也已经发展到一定的水平。在这种情况下，国会议员的候选人最好有政党背景才能有一定的胜算，在议会中有一定规模的议会党团才能影响或决定国家政策。独立参选人即使侥幸胜选，在议会中的作用也十分有限。对此，董教总的领导人是很清楚的。在 20 世纪 80 年代中期到 90 年代初，董教总进行了积极地尝试，争取借政党的力量进入分配者领域，力图革新国家不平等的教育政策。1982 年，董总主席林晃昇倡导“三结合”的理念，鼓励华教人士参政，希望通过结合执政的华基政党、在野的反对党及民间华团的三股力量，共同配合争取华社的基本权益。1986 年，“三结合”理念以“打入国阵，纠正国阵”的方式得以实践。董教总派出“四君子”以民政党的名义参加国会议员选举。当这次尝试失败后，1990 年林晃昇又主张打造马来西亚“两线制”的政治格局，加强反对党的力量。于是，他亲率其他 26 名华教人士加入了民主行动党，参加该年举办的国会大选。结果，民主行动党虽然赢得了 70% 以上的华人选票，但反对党阵线仍未能获得政权，实现政权的轮替。

显然，作为反对党，而且是反对党阵线中一员，民主行动党无法从根本上改变华文教育的现状；而民政党虽是执政党，但它只是国阵 14 个成员党的一个较弱的政党，在国会中作用同样相当有限。况且，政党都有自己特定的利益，华教的诉求在他们看来也许并不那么重要。这两次依赖某个政党的教训是深刻的。它不仅没有达到预期的目的，而且引起敌对阵营大党的攻击和一般华社民众的误解。为挽回局面，董教总在吸取这个教训的基础上，开始重视林晃昇与“三结合”同时提出而被忽视的“超越政党，不超越政治”的理念。

在该原则的指导下，董教总在此后的政治参与中，一方面注重与朝野政党的沟通与合作，另一方面坚持自己的立场，保持与各政治势力同等的距离。比如在 1999 年大选前，以董教总为首的全国 11 华团提出《马来西亚华人社团大选诉求》，而诉求的对象不仅包括执政的国阵，而且包括在野的替代阵线。最终双方都表示在原则上认同并接受华社所提各项诉求。虽然大选过后受益最多的国阵没有兑现承诺并爆发“诉求工委会事件”，但该原则所表现出的价值还是值得肯定的。

在 2013 年大选前，董总更是顶住内外的压力，坚决贯彻这个原则。它在向朝野政党和执政当局表达诉求、进行接触的同时，还团结广大华团，主办或主催了 5 场华教救亡群众运动。正如董总主席叶新田博士所言，这“成功地凝聚了各政党各族群及各源流教育人士，共同反对单元主义教育政策的大蓝图，凸显了董总斗争方向的正确性。”①

在“超越政党，不超越政治”这个原则中，“不超越政治”几乎没有引起人们太多的误解，被误解最多的是“超越政党”部分。因为，对于这个原则的含义及主要方面，董教总自己也没有系统地加以说明。不过，人们可以通过董总的文告和某些重要领导人的讲话来理解它。概括文告与讲话的内容，可以看出以下几点有关“超越政党”的主张：

---

① 2013 年 2 月 20 日，董总主席叶新田博士受邀在霹雳育才独中董事会与华教人士新年团拜会上的讲话。http: //www.djz. edu. my/resource/index. php?option=com_content&view=article&id=7211: 2013-02-20&catid=174: 2013-&Itemid=42，2013 年 7 月 16 日。

第一，董总“不倾向任何朝野政党，团结一切可以团结的力量，抗击任何通过政治手段损害民族母语教育利益的邪恶势力。”[①] 即“不与任何政党结盟”，在选举时也不会为政党候选人站台，不允许董总沦为政党的斗争工具，但会争取朝野各政党的力量，为解决华教课题取得有利的地位。[②] 如前所述，必须以华文教育的利益为依归。

第二，“董总的成员来自各党各派，也有无党无派的”，董总从来不质疑和反对各政党背景的人加入董总，但其前提是能为母语教育服务，能遵从董总的原则和立场，不刻意显示党性。[③] 董总也不反对华教人士以个人身份支持任何政党。

第三，强调董总自身“是一个华教组织，而不是政党”。[④]

通过这些主张，可以清楚地知道，董总的“超越政党”原则显然不是完全绕开政党，不与政党打交道，而是以华教利益为依归，向朝野各政党提出诉求，与其接触并动员这些政党及其党员支持华教事业、参与华教运动。但是，董总必须保持与各政党相同的距离，不偏不向任何一方。同时，董总避免自己被“政党化”，期望凝聚所有能凝聚的力量。

可见，在马来西亚威权式的政党政治下，“超越政党”主张是董教总，甚至是众多华人社团一种无奈的选择。强大的政党如巫统不能依赖，因为它就是不平等教育政策的制定者，是问题的根源；而应该替华社发声的华基政党（无论在朝或在野），不是弱小，就是被边缘化或自我矮化，自顾不暇，根本无法全然相托。

---

① 2013 年 4 月 22 日，董总发布《董总在第 13 届全国大选对华教的基本诉求和立场》。http: //www.djz.edu. my/resource/index. php?option=com_content&view=article&id=7455: 2013-04-2213&catid=175: 2013-&Itemid=9. 2013 年 7 月 16 日。

② “否认叶新田大选吁挺反对党 董总斥江小平指责一派胡言”，《当今大马》，2013 年 6 月 12 日，http: //www.malaysiakini.com/news/232683. 2013 年 6 月 12 日。“叶新田：董总已致函求见纳吉 华教课题应大选前解决”，《星洲日报》，2013 年 2 月 23 日，http: //news. sinchew.com.my/node/279212.

③ “邹寿汉：不质疑为华教服务 · 不阻政党人士入董总”，《星洲日报》，2013 年 6 月 3 日，http: //news. sinchew.com.my/node/301240?tid=1.

④ 2013 年 2 月 20 日，董总主席叶新田博士受邀在霹雳育才独中董事会与华教人士新年团拜会上的讲话。

三、“超越政党”面临的困难与应对

“超越政党”原则对于摆脱政党政治所造成的争斗而引起的华教力量分裂，维护华教运动的团结与统一具有重要意义。任何政党的成员，只要愿意为华教事业贡献力量，都可以成为华教运动组织的一员。在这里，华教利益是最终的共同目标，政党的特定要求被屏蔽。正因为如此，该原则也有助于董总保持独立性，不致于沦为政党争斗的工具，甚至是牺牲品。

但是，在马来西亚这种政党政治下，“超越政党”原则的实施正面临，或者可能面临许多的困难。首先，由于各政党掌握的政治资源不同，华教组织与这些政党接触中很难与其保持同等的距离。如国阵是长期执政的政党联盟，有着现实的社会资源与政策的分配权力，因而就成为华教组织表达诉求的主要对象，接触比较频繁。华教组织对国阵的重视程度、投入的人力、物力、财力显然都比对在野政党的高。这是事实，毋庸讳言，也应该如此。但它换来的必然是在野政治势力的指责与质疑。这不是发几篇文告就能解释清楚的。

其次，即便能与各政党保持同等的距离，不偏不向，也不能同时赢得与竞争双方的相互信任与支持。一方面，竞争双方有时利益是截然相反的，华教组织不可能都支持或都反对，否则，无疑是自打耳光；另一方面，“同等对待”意味着华教组织不能转化为政党竞争一方战胜另一方的帮手，华教组织的力量对各政党是没有实质意义的。所以，朝野政党对待华教组织的态度就惊人的一致：不得罪，不把华教组织推向竞争者一方，但也不会对华教运动有实质性帮助，除非该政党本身把华教看作是重大的利益诉求。这种态度反映在政党的大选策略上就是：只对华教组织作口头的、含糊的、细微事件的承诺。当大选结束后，一切如旧。

第三，对一般民众而言，他们通常很难准确地理解政党与政治之间的关系，往往把两者等同起来；同时，如果说某些华教精英仍难以把握“超越政党”之度的话，那么普通民众就更是如此。所以，当以此原则动员民众政治参与时，民众可能会无所适从。

当然，这里强调困难，并非要从根本上否定“超越政党”原则。正如本文第一部分已经强调的那样，政党政治并不是政治的全部，民众参与政治生活的方式和路径可以是多种多样的。因此，“超越政党”在理论上完全是可能的。不仅如此，就马来西亚华人社会而言，它存在众多具有一定规模且结构复杂的社团，如乡团组织、商会组织、行业公会、宗教组织以及教育组织等，这在某种程度上可以替代政党的部分功能，或者向政党，甚至是政府施加足够的压力。

这样，面对无法依赖的弱小且被边缘化的华基政党，拥有众多华团支持背景的董教总完全可以“超越政党”。问题关键不在于要不要实施这个原则，而在于如何完善这个原则所涉及的战略与策略。本文提出以下几点意见，仅供参考：

第一，既然不可能也没有必要与朝野政党保持同等距离，既然以华教利益为最后依归，就不如围绕华教利益与各政党进行博弈。如果某一方更愿意也更有力量维护华教利益，华教组织不妨加强与其合作的力度。不过，合作不是如“三结合”与“两线制”那样成为政党的一部分，而是要保持自己的独立性和监督性。所以，这里的“超越”只是利益的超越与组织归属的超越，而非具体合作程度与方式的超越。

第二，既然对华基政党无法完全依赖，“超越政党”原则就应该明确董教总等华教组织与这些政党之间的主次关系。也就是说，在维护华教利益上，应强调华教组织的主力、主体地位，政党能发挥什么样的作用完全取决于它自身的行动。华教组织可以促进政党更多地为华教利益奋斗，但必须改变“只有通过政党才能彻底改变华教政策”的观念。华教运动的历史证明，以董教总为首的华教组织无论在组织规模、政治参与的方式与途径、运动的成效等方面，都超过某些政党。这在个方面，华教组织虽然不是政党，但的确超越了政党。这种优势，在以后的华教运动中应该进一步加强。

第三，通过系统调研，了解一般民众对“超越政党，不超越政治”原则的主要疑问所在，了解该原则在实施过程中存在的问题，然后编制系统的政策宣传手册加以解释与指导，从而结束现在只有口号而没有详细政策文本的不利局面。在马来西亚当前政治格局有重大变动的时代，这个工作尤其紧迫。

结 语

在这三次国会大选期间，董总比以前任何时候都强调“超越政党，不超越政治”原则，其根本原因在于马来西亚政治生态发生了重大变化，“两线制”的格局逐渐形成。在这种情况下，势均力敌的双方在维护其基本盘后，必然争取社会中存在的“关键少数”支持。以董教总为代表的华教组织显然这是其中一个重要的“关键少数”。作为“关键少数”，它是一种重要机遇，也是一种挑战。如果能紧紧地抓住这个难得的机遇，也许能大大地促进华教运动，使华教面临的困难得以部分缓解。否则，华教组织就可能在政治的大潮中被淹没。故而，必须指出，华教组织绝不能把“超越政党，不超越政治”理解为置身政治格局变迁的事外，而应积极地促进政治局势向有利于华教运动发展的方向前进。形成广泛统一战线的目的不是要脱离政治，而是要加强自身实力，投入政治生活，包括与有关政党的合作。

马来西亚华人主体性的困境和出路

王睿欣 *

【摘要】马来西亚华人主体性的发展经历了殖民时代的压抑、马来西亚建国后现代化进程中的重构，并遭遇到主体性迷失、主体性边缘化的现实困境。因此，对马来西亚华人主体性的发展进行历史、现实和未来的探究，分析其主体性的困境及其根源，从而为其主体性的超越和实现寻找出路，这将有助于马来西亚华人走向自主、自为的发展。

【关键词】马来西亚；华人；主体性；困境；出路

前言

马来西亚是一个多种族的国家，包括马来人、华人、印度人和少数居住在沙巴和砂拉越的土著。华人是这个国家的是第二大族群，早在 600 多年前就定居在马来半岛，并为马来西亚的经济繁荣和社会进步做出了重要贡献。通过不断的自我发展和社会实践，他们已经融入到国家历史发展的进程中，并在国家的建设过程中扮演着重要角色。

马来亚联邦于 1957 年独立，1963 年与沙巴和砂拉越组建而成为一个新兴的多民族国家——马来西亚。国家独立赋予了马来人除公民权之外的某些特殊权利，而非马来人则享有原住民和非原住民的公民身份。这种公民权利的分化转化为马来人主导国家政治，以制衡华人在社会经济上居于“统治”

* 作者简介：王睿欣，马来西亚新纪元大学学院教育系助理教授，博士研究生导师。

地位的格局。但在建国初期，由于马来人、华人、印度人这三大主体民族组成的联盟政府形成了良好的民主协商机制，所以不同民族的多元化发展都得到了较好的兼顾。1969 年的“5 · 13”种族冲突作为关键事件，导致了马来西亚从民族国家建构的多元化方向向单元化方向发展的转变。1970 新经济政策的实施对马来人权力的偏袒和强化便是这一转变的突出表现，其带来的根本变化是族群的严重分化。马来西亚公民被分为代表本地人口、主要包括马来人的土著和代表外来人口如中国人、印度人等的非土著，土著和非土著享有非常不同的政治经济权力。因此，族群问题成了马来西亚民族国家建构过程中不得不一直面对但又无法妥善解决的课题。由于族群间权力差距而产生的在政治、经济等领域的不同实践表现很大程度影响着不同族群的“主体性”。

现今，区域发展特别是东南亚地区的发展已与华人主体性的发挥产生了关联。2013 年中国提出建设“新丝绸之路经济带”和“21 世纪海上丝绸之路”即“一带一路”的合作倡议，东南亚地区则是“21 世纪海上丝绸之路”的重要枢纽。马来西亚地处东南亚的中心，目前是中国在东南亚最大的贸易伙伴，被视为“一带一路”的主要参与者。马来西亚华人，以其相对发达的华文教育、华人社团以及华文传媒为推动和深化中马之间的关系起到了积极的建设性作用。正如中国国家主席习近平所指出的：华侨华人为马来西亚的经济繁荣、社会进步、社会和谐、种族和睦做出了重要贡献，他们是中马友谊与合作的亲历者、见证者、推动者。通过投资兴业，捐资助学，推动两国文化交流，为中马关系发展牵线搭桥。没有华侨华人的努力，就没有中马关系今天的大好局面。① 由此可见，正因为其自主、能动等主体性力量的建立和发展，华人才能成为马来西亚国家建设和社会发展的主人；正因为其自为、创造等主体性力量的施展，华人才能在“一带一路”倡议的实施中发挥举足轻重的作用。

但是迄今为止，主体性问题尚未受到社会、研究者甚至华人自身的关注。本文将从哲学的角度考察马来西亚华人的主体性，在马来西亚历史发展的坐

① 《习近平出席马来西亚各界华侨华人欢迎午宴》，新华网，http: //www.xinhuanet.com//world/2013-10/04/c_117595776. htm，2013 年 10 月 4 日。

标系中探究华人主体性发展的轨迹和状态，分析华人主体性建构的困境和问题，从而寻找实现华人主体性的出路。对华人主体性的探索不仅有助于华人更加清楚地认识自己在国家建设过程中作为公民的内在作用，而且能够帮助华人觉察自我的力量，并走向自主、自为的发展。

一、主体性：马来西华人族群建构的哲学基础

主体性指的是“我们对一切事物包括对我们自己的自我意识和感知”。[①] 具体来讲，主体作为从事一切实践活动的人，包括个体、社会集团以至整个人类，只有在与实践客体的对应关系中才能获得其规定性。也就是说，人通过自己的实践活动使自身处于一定的主客体关系中，并作为这种关系的建立者和推动者，表现和确认自身的能力、作用和地位并由此获得对自我的认知。因此，主体性既是人作为主体所具有的性质，又是人作为主体的根据和条件。主体性不是人天生具备的，只有在认识与改造世界的实践过程中才能获得，并表征为人的能动、创造和自主活动的地位和特性。[②]

马来西亚是一个主要由马来人、华人和印度人组成的多元种族的国家。华人作为第二大族群，在马来西亚兴邦建国已有六百多年的历史，并通过自身不断的发展逐渐融入马来西亚的历史发展进程中，为马来西亚的社会发展做出了重要贡献，从而逐渐成为国家建构的主体力量之一。马来西亚华人发展的历史也是其主体性不断生成和实现的过程，是其族群的能动性、创造性和自主性得以不断开发和确认的过程。这种主体性不仅存在于华人与马来西亚政治、经济、文化、教育等客体事物的对象性（主体—客体）关系之间，而且存在于华人与马来西亚其他族群的社会交往（主体—主体）关系之中。华人经由这两种关系形成的实践活动而获得和确证自身得以在马来西亚安身立命、发展绵延的族群力量和能动地位。也就是说，作为主体的华人只有在他与马来西亚社会的关系中处于一种能动性的地位，才能获得其主体性；如

① JOHNSON, Allan G. *The Blackwell Dictionary of Sociology*. Malden, Massachusetts and Oxford: Blackwell Publishers, 2000, p. 317.

② 李德顺:《价值论》，北京：中国人民大学出版社，1987 年版，第 69 页。

果失去了能动性的地位和对马来西亚社会的积极主动关系，华人尽管还是华人，却不会是主体，因为其丧失了主体性。由此可见，华人的主体性发展水平越高，主体意识越强，对自身发展的自为、自觉、自主的程度也就越高，其族群建构的力量也就越强。因此，主体性的确立与发展是马来西亚华人族群建构的关键。

当今时代是一个呼唤主体性又产生主体性的新时代，华人的主体性问题在"一带一路"倡议不断推进的背景下日益凸显，已不再是一个纯粹的理论问题，而是与华人的生存和发展，与马来西亚社会的稳定和进步密切相关的现实问题。当然，确立华人的主体性，就要确立华人社会实践活动的主体性；强调华人的主体性，就要强调华人社会实践活动的主体性。因为主体性"要求的是明确人在活动中的主体地位，人的主体性也只能在活动中形成和在活动中表现出来，活动的主体性是人的主体性的外在标志和现实证明。"① 目前，对马来西亚华人主体性的理论认识和社会实践都存在不足，没有很好的体现对华人的主体关怀，也没有形成华人较强的主体意识。所以从哲学视角聚焦华人的主体性，将其放在马来西亚社会发展、华人自身发展的历史背景中，结合华人的社会实践活动进行分析和讨论，从而为马来西亚华人的族群建构提供理论基础，这无论对于马来西亚华人的发展，还是对于马来西亚的社会发展来说都具有理论价值和现实意义。

二、马来西亚华人主体性发展的历程与特点

华人在马来西亚聚居始于15世纪初的马六甲王朝，而后16世纪初叶马来西亚便进入了长达450年之久的殖民时代。这一时期，华人的主体性初步显现并带有较明显的中国属性。1957年马来西亚宣告独立，并由马来人、华人、印度人这三大种族组成了联盟政府，马来西亚由此进入了国家建构的现代化进程中。这一时期，华人主体性得以重构并且具有越来越强的本土属性。

① 袁贵仁:《主体性与人的主体性》,《河北学刊》，1988第3期，第23-29页。

（一）殖民时代：压抑的主体性

华人在马来西亚独立前殖民时代的经济、政治、文化活动反映出华人主体性的表现：经济领域，华人通过提供劳力和资本积极参与并对经济发展起了较大的作用并超过了其他种族。[①] 但华人资本很大程度受制于殖民资本而处于附属地位，[②] 华人的经济影响也主要限于港口城镇以及锡矿场和橡胶产区；政治领域，由于华人忙于生计，再加上普通认同中国，所以对于马来西亚本土的政治活动，基本处于一个被动接受、不参与的状态；文化领域，华文教育兴起、华文报刊兴办、华人社团建立，在一定程度上为华人的族群认同提供了社会文化条件，加强了华人的团结和紧密程度，但其作用主要局限于华人内部，并未对马来西亚社会产生较大的影响。总体而言，这个时期华人的能动、创造等主体特性已初步显现出来，但非常缺乏自主性，对影响和制约自身存在、发展的主客观因素较缺乏独立、自由、自决的权利和可能。

从主观因素看，马来西亚独立之前的殖民时代，华人主要来自于是中国移民，因而保持着较大的中国属性和移民社会的不稳定性，其政治、经济、文化活动大多是中国政、经、文、教活动的延伸。[③] 华人所持有的这种中国属性及其不稳定性使其具有较强的“侨民意识”，即把自己视为外来的“寄居者”，而不是国家的“主人”，所以对寄居的这片土地缺乏参与感和“主人翁”意识。从客观因素看，马来西亚殖民时代的社会处于传统苏丹、殖民势力和现代政治制度三重力量的作用下。与此对应，马来西亚的经济结构也体现为占据支配地位的现代殖民经济，处于被支配地位的马来人传统自然经济和处于二者之间的华人商品经济的结合，由此便形成了特有的种族经济结构。[④] 因此，马来西亚虽然处于殖民统治之下，但苏丹仍是主要的统治者，这使马来

---

① 李其荣：《论华人在马来西亚现代化中的作用》，《中南民族大学学报》（人文社会科学版），2010 年第 6 期，第 166–169 页。

② JACKSON, J. C. *Planters and Speculators: Chinese and European Agricultural Enterprises in Malaya*, 1786–1921, Kuala Lumpur: University of Malaya Press, 1968, p. 83.

③ 许云樵、蔡史君编《新马华人抗日史料 1937–1945》，新加坡：文史出版私人有限公司，1984 年版，第 34–46 页。

④ 李毅《马来西亚工业化进程中的技术学习与技术进步》，福建：厦门大学出版社，2003 年版，第 18 页。

人能较多地涉入政治事务；由于缺乏参与政治事务的历史背景和较强的中国属性，再加上殖民者采取鼓励华人经济参与、限制华人政治参与的政策，华人没能在政治上发挥一定的作用，但在经济上却远远超过马来人。

殖民时代的主、客观因素很大程度上制约着华人在马来西亚作为主体的自主存在。一方面，华人被自身的“中国属性”所局限；另一方面，华人迫于生存压力而不得不被殖民统治者和苏丹的强权所束缚。华人因此而无法对压迫、独断专横的统治进行否定和抗争，也没有意愿根据自己的需要来改变马来西亚的现实，确立自身的主体地位，从而对自己所处的主、客观条件缺乏自决的权力和可能。这种自主性的缺乏在很大程度上使华人沦为被驯服和被利用的工具，受人摆布而“不由自主”，其对自身所处的政治、经济等对象性关系以及与殖民者、苏丹、马来人的社会交往关系都没有较大的自主能力。此时，华人对马来西亚历史发展的作用与影响，“既不同于移民对故土国，也不同于国民对本国的作用”。[①] 由于缺乏较强的主体建构的自主性，缺乏对自身实践活动及其成果的自主权，华人的作用和影响即主体性被压抑在较小的空间内，没有得到充分而完整地确立，更无法得以能动和创造的发挥，作为华人族群建构的意识和力量还未真正形成，所以在殖民时代一个共存共荣的华人社会并不存在[②]。

（二）国家建构的现代化时期：重构的主体性

纵观华人在马来西亚独立后现代化进程中的经济、政治、文化等活动，其主体性表现和作用日益凸显：经济领域，除了是专业职业者的主要族群来源外，华人资本得到了更大的发展空间，就其经济规模、行业分布、资本特点等要素而言，已经在马来西亚经济发展中扮演着不可替代的角色；政治领域，华人虽然缺乏参政的历史背景，同时受到诸多政治上的限制，但凭借其长期保持的经济优势并将其转化为政党、社团的力量争取到了更多的政治权益，从而拥有与其他东南亚国家华人相比更多的政治参与空间，这在海外华

① 韩方明：《华人与马来西亚现代化进程》，北京：商务印书馆，2002 年版，第 156 页。

② 颜清湟：《一百年来马来西亚华社所走过的道路》，《南洋问题研究》2005 年第 3 期，第 48-58 页。

人社会中是绝无仅有的；[①] 文化领域，华人凭借对华文教育和华文媒体的不断推进和深层发展，将其文化影响力扩展到了非华裔族群中，对社会产生了更大范围的影响，从而成为马来西亚多元文化的建设者。总体而言，华人的能动、创造等主体特性在马来西亚现代化进程中得到了的确立和发展，华人对自身社会实践活动有了较大的自主性，对影响和制约自身存在、发展的主客观因素有了较多的独立、自由、自决的权利和可能。

从主观因素看，马来西亚独立前后，华人积极申请公民权，从而完成了从“移民”到“国民”的转变，“本土属性”开始形成并不断提升，从而一定程度克服了其具有的“中国属性”，华人真正把自己当成国家的主人，对马来西亚的认同和感情也由浅到深，并通过不断的适应和融人，积极、主动地参与到国家建构中。从客观因素看，虽然历史原因形成了马来人主导政治的局面，但以种族为基础的多党联盟执政的政治制度的建立，能够较多容纳不同政党及其所代表的不同族群的利益要求，形成解决族群矛盾和冲突的政治均衡结构。[②] 这使华人政党能够参与到执政联盟中，分享权力，从而在经济、文化等方面为华人赢得一定的权益和地位[③]。在这种政治制度产生的政治权力的干预和参与下，马来西亚形成了国家资本、华人资本、外国人资本、马来人资本共存的经济结构。因此，虽然由于各种因素形成了马来人主导政治和“国家资本”的局面，但华人在政治、经济方面的力量仍不可忽视，其在马来西亚现代化进程中的作用不可替代。

马来西亚独立后现代化进程中的主、客观因素生成了华人在马来西亚作为主体的自主存在。一方面，华人的“本土属性”极大地激发了其参与马来西亚现代化建设的热情和积极性；另一方面，基于族群的多党联盟执政的政治制度确立了华人作为国族建构主体的资格和权利。华人因此能够对不公正、

① 蒋炳庆：《“一带一路”战略视阈下的马来西亚华人社会探析》，《学术探索》2015年第9期，第17–23页。

② 韩方明：《华人与马来西亚现代化进程》，北京：商务印书馆，2002年版，第224页。

③ 吴前进：《 海外华人的和谐理念与实践方式——马来西亚华人社会的发展经验》，聂德宁、李一平、王虎主编《中马关系与马来西亚华人研究国际学术研讨会论文集》，厦门：厦门大学出版社，2013年版，第13–426页。

不公平的政策和制度进行否定和抗争，能够根据自己的需要来改变社会现实，彰显自已的主体地位，从而对自己所处的主、客观条件具有了一定自决的权力和可能。这种自主性的生成在很大程度上使华人成为自身的主人，不再作为“工具”受人支配和摆布，而是自主地去认识多元民族国家的现实并采取行动：以“和谐共生”的理念为指引，以政治适应、经济发展和文化融入的不断实践，克服族群之间的纷争和矛盾，寻求与主体民族——马来人的合作与沟通，从而体现华人对马来西亚国族建构的意义和价值[①]。因此，华人对马来西亚国家建构及现代化的作用与影响，完全是国民对本国的作用。由于具有较强的主体建构的自主性，拥有对自身实践活动及其成果的自主权，华人的作用和影响即主体性得到了释放与重构，作为华人族群建构的意识和力量真正得以形成，一个共存共荣的华人社会在与其它族群的共生中发展起来。

三、马来西亚华人主体性的现实困境

经过100多年的发展变革，马来西亚华人已从殖民时代的“寄居者”蜕变成了国家建设的“主人”，已从一个“移民社会”蜕变成独立国家的重要组成部分[②]，其被压抑的主体性得到了释放而确立并重构。然而，由于主、客观因素的限制，华人主体性的发展和实现还存在现实困境，其主要体现为：

其一，华人主体性的迷失。首先，华人主体身份的分裂。一方面，华人特别是新生代已经成长为较成熟的马来西亚公民，融入到国家生态结构中，从而对马来西亚产生了较强的国家认同。所以，华人希望通过“马来西亚人”这一完全“本土属性”的身份，融入主流社会，实现自身权益和社会地位的提升，体现华人对于国家发展的价值和意义。另一方面，华人所具有的民族属性及其在历史和现实中与中国存在的多层次关系，使其不得不在文化意义上追寻和保持自身的“中国属性”，这种“中国属性”在多元民族文化的交融

---

① 吴前进：《海外华人的和谐理念与实践方式——马来西亚华人社会的发展经验》，聂德宁、李一平、王虎主编《中马关系与马来西亚华人研究国际学术研讨会论文集》，厦门：厦门大学出版社，2013年版，第13–426页。

② 颜清湟：《一百年来马来西亚华社所走过的道路》，《南洋问题研究》2005年第3期，第48–58页。

中日渐式微，但在文化被政治化以及族群间的猜忌、误解下反倒被强化。这构成了马来西亚华人主体身份的分裂：“一个是中国的，而另一个是马来西亚的。”[①] 其次，华人主体价值的迷失。华人的主体价值包含两个方面：满足马来西亚社会发展需要的工具性价值和满足自我发展需要的本体性价值以及这两个方面的协调。而在工具理性过度膨胀的现代性社会中，华人的“工具性价值”得到了过度重视和发展，其存在的价值片面化为经济等功利性效益，精神、人文素养以及由此实现华人自身的幸福，这些本体性价值则几乎被排除在华人主体性发展的目的之外，成为嫌少问津的内容。工具性价值与本体性价值失协造成了马来西亚华人在文化以至政治上只有形式而无思想内涵的迷失以及文化不能深化的困境[②]。

其二，华人主体性的“边缘化”。华人通过自身主体性的确立和发展不断展现着对马来西亚的作用和贡献，并企图以此获得国家建构的中心位置，但国家独立已经六十年多年，中心位置对华人来说仍然遥不可及。因为独立之初，马来人便通过宪法的形式确立了自己的特权，从而取得政治上的主导权。此后的发展过程中，由于拥有宪法和政治权力上的优势，马来人借此不断强化其人口、经济和文化上的优势地位，推行马来人优先的政策，华人的权益则因此受到体制性的压抑和限制，再加上华人处于少数地位，且自身所拥有的政治权力有限，因此即使华人政党是执政党之一，即使华人通过激烈的抗争也无法改变自身所处的不平等地位。[③] 这种状况体现为华人在政治、经济、文化教育上“当政不当权”“当家不做主”的尴尬处境。受内部政治力量对比和族群政治所限，即使在华人政党有一定优势的希望联盟政府内，华人在政治上的权力依然没有获得多大改观。因此，华人独立发挥主导作用的空间实际较为狭小，其主体性一直存在被“边缘化”的危机。这一危机的根源在于马来西亚的族群政治、而族群政治的存在则来自于“族群利益”意识的无孔

① 何国忠：《马来西亚华人：身份认同、文化与族群政治》，吉隆坡：华社研究中心，2002年版，第222页。

② 何启良：《马来西华人政治分析的几个问题》，《明报月刊》1989年第4期，第88页。

③ 周兴泰：《马来西亚华人社会推动中马“一带一路”合作研究》，《八桂侨刊》2018年第4期，第31–43页。

不入，即个体意识到自己之所以可以享用比别人更多的资源或被剥夺应有的资源，是因为他隶属于某一族群的特殊身份。也就是说，族群身份是决定社会分配的基础之一[①]。因此，华人在资源分配中一直居于劣势，在各种社会结构中马来人是主，华人是副。[②]

四、马来西亚华人主体性的出路

马来西亚华人在主体性建构的过程中遭遇到主体性迷失、主体性边缘化的现实困境，其主体性只有在克服这种困境并不断超越制约其发展的现实因素中才能找到出路。

首先，消解主体性的偏执。主体性的偏执在马来西亚社会主要体现在两个方面。第一，“绝对主体性”的偏执。人或群体通过各种对象性活动，在确立自我的同时也确立了他者，“这种绝对化的自我和他者的结果就是使作为他者的真理具有了独立性和绝对性”,[③]“自我”之外的一切“他者”包括其他具有主体性的人或群体都成了“自我”的对立面，必须进行控制和征服。正是基于绝对主体性的思想，马来西亚不同族群一直处于彼此分立、互相竞争之中，难以形成共同体意识，而华人不得不在被绝对化的“他者”的位置上重新界定“自我”，从而出现“自我”主体性的迷失。第二，主体“工具性价值”的偏执。绝对主体性采取的是一种物质主义的基本价值取向，这种价值取向将主体性价值片面化为实用的经济、政治等工具性价值。这不仅造成了主体之间关系的客体化，“自我”之外的“他者”一律被当作工具来对待，而且“自我”也陷于被工具“异化”的危险之中。“工具性价值”的偏执很大程度上造成了马来西亚社会本体性价值的缺失，个体及其族群无法从情感、心灵、人文等精神层面寻找和确立自我存在的价值，也无法真正从文化和精神层面去理解和尊重彼此，这也是族群及其文化课题被政治化的主要原因。“绝

---

① 张茂桂:《 族群关系与国家认同》，台北：业强出版社，1993 年版，第 37–40 页。

② 何国忠:《马来西亚华人：身份认同、文化与族群政治》，吉隆坡：华社研究中心，2002 年版，第 7 页。

③ 才金龙:《国际关系理论中的主体性问题研究》,《教学与研究》2014 第 10 期，第 102–109 页。

对主体性”的偏执和主体“工具性价值”的偏执造成了马来西亚社会“族群利益”意识的泛滥和“族群政治”不公的现实。只有消解这两方面的偏执，才能在马来西亚不同族群之间形成共同体意识，复归主体的本体性价值，从心灵、人文等精神层面确立族群存在的价值，从而达成不同族群之间文化、精神等深层次的理解和尊重，华人才能具有实现其主体性的可能。

其次，建构国家命运共同体。绝对主体性思想已经成为一种统治模式，规制着马来西亚社会的认知和实践方式，也带了族群政治的负面效益，如族群自我中心化倾向和工具性行为方式，华人主体性的迷失和边缘化不过是这种认知和实践方式的表现结果。消解绝对主体性的偏执，就需要将主体性置于族群交往关系中，经由自我与他者关系的审视而得以重新建构。在交往中，只有每个族群被其他族群视为与自己是同样的主体的时候，每个族群即便是少数族群都具有平等的地位和权力，每个族群才能获得自己的确定性，即每个族群的主体性只有通过自我与其他族群的“交互主体性”才能建立。[①] 当每个族群的主体性都得以承认和声张，超越族群和族群意识的“马来西亚人”身份和“马来西亚”意识便有可能通过相互理解、开放包容、合作共生的社会交往关系形成，每个族群包括华人才能真正实现自身的主体性。（这种情形在某些时候隐现于马来西亚社会，并且显示出族群关系处理的越好，国家的成长越快，各族群的发展越好。）这种可能指向的是基于马来西亚国家建构的命运共同体：不以族群利益划线，不搞排他性的政策安排，各族群之间相互尊重，理性对话，相互包容各自在文化、思想上的不同，在非同一性的共生交往中谋求各个族群的共同发展，从而实现“和而不同”和整个国家的进步。国家命运共同体以“去绝对主体性”为基础，通过各族群在国家建构实践中达成意见一致的文化价值观和行为规范，形成对这一实践的归属感和认同感，通过多维度、总体性的交往实践活动，确立各族群共同主体的关系，由此实现各族群在各个层面特别是精神文化层面的发展及其相互交往，从而推动各族群主体性的实现，以此华人的主体性才能真正得以实现。

---

① 将家军：《现代社会中人的主体性矛盾及其自我超越》，《无锡商业职业技术学院学报》，2018 年第 3 期，第 104–107 页。

最后，在外部客观因素的变化中提升自身的主体性力量。主体性问题是马来西亚民族国家建构必须面对和解决的关键课题，此课题解决的程度关系着华人族群建构的主体性力量即自主、自为发展的进程。目前，鉴于马来西亚种族政治的客观现实和权力分配的不平等，作为少数族群的华人几乎不可能完全声张自己在国家利益中的平等地位。由于占据人口多数的马来人“绝对主体性”的倾向，华人一方面在政治上面对着被占据主导地位的马来人同化和融合，具有牺牲其族群主体性的危险；另一方面在文化上遭遇到以马来文化为核心的国家文化的同质化[①]，在宗教信仰、风俗习惯、思想精神等方面，主体意识不断淡化而渐渐走向本土化。因此，依靠马来西亚国内环境和社会等客观现实的改变来解决主体性问题还需要走相当曲折的道路，但如果可以利用外部客观因素来促进华人主体性力量的提升和拓展，或许是目前可以探索的路径。

“一带一路”倡议便是现今推动华人主体性发展最为有利的外部客观因素。该倡议的目标之一是促进国际间的交流与合作，东南亚地区是“一带一路”的优先战略方向，马来西亚则是“一带一路”的根据地。由于在本国的政治、经济、文化上已具有一定的主体性力量，加上与中国同根同源、语言相通、文化相通，所以东南亚特别是马来西亚的华人在“一带一路”的实施中具有其他族群无法比拟的优势，可以充当本国与中国之间的催化剂和沟通、交流的桥梁，并在“一带一路”的合作项目中发挥重要作用。华人通过能动地参与“一带一路”建设为马来西亚和中国的共同利益做出贡献的过程，也是彰显和发挥其主体性的过程。由此形成的对区域发展积极影响的外部现实，在很大程度上将有助于马来西亚华人更好地实现其主体性，从而在一定维度上超越马来西亚国内客观现实对华人主体性发展的制约和束缚。

① 胡春艳:《抗争与妥协：马来西亚华社对华族母语教育政策制度的影响》，暨南大学出版社，2012年版，第128页。

结　语

马来西亚华人的主体性在对主、客观因素不断地克服与超越中确立和发展起来，是其在政治、经济、文化上不断发挥作用的过程，也是其自主性、能动性、创造性不断提升的过程。从马来西亚华人主体性发展的历程中，我们可以看到，从根源上消解“绝对主体性”和主体“工具性价值”的偏执，超越“族群利益”意识、克服“族群政治”的不公，进而建立“交互主体性”基础上的国家命运共同体，不同族群的主体性包括华人的主体性才能超越必然性的束缚，以其自身的自由为其活动的目的，从而成为真正自主活动的主体，获得最高形式的主体性。“一带一路”倡议无疑为促进马来西亚华人主体性的实现提供了良机，其“人类命运共同体”的概念也为马来西亚“族群利益”意识的超越提供了可借鉴的思维路径。当然，华人主体性的建构不仅需要内部和外部客观现实的改变，更需要华人自主、能动、创造能力即主体性的施展。始终探索自身的主体性，在国家建设中发挥比被动的旁观者更加积极和更具建设性的作用和价值，这正是马来西亚华人几百年来特别是自国家独立以来的六十多年，一直努力实现的共同目标。

华人与马来西亚第 14 届国会选举评析

辉　明*

【摘要】2018 年 5 月 9 日，马来西亚举行国会第 14 届选举。希望联盟最终获得 113 个国会议席打败国阵，被称为“全民海啸”，以华人为主的民主行动党更是获得了 85% 华人支持。国阵 60 年来首次失去中央执政权。本届大选实现了马来西亚一次历史性的政权更迭，是马来西亚民主化道路上的重要里程碑，在马来西亚历史上具有重要意义。这是马来西亚人民的胜利，也是华人的胜利。本文试就选前形势，国阵与希盟的选战策略以及大选的结果与影响进行梳理和初浅分析。

【关键词】华人；马来西亚全民海啸；国会选举

2018 年 5 月 9 日，马来西亚第 14 届大选掀起了“全民海啸”。马哈蒂尔领导的希望联盟（Pakatan Harapan，PH）以反对党派的身份对纳吉布领导的国民阵线（Barisan Nasional, BN）发起挑战，最终以获得 113 个国会议席打败国阵，实现了“变天”，国阵 60 年来首次失去中央执政权。本届大选实现了马来西亚一次历史性的政权更迭，是马来西亚民主化道路上的重要里程碑，在马来西亚历史上具有重要意义。笔者拟从选前形势，国阵与希盟的选战策略以及大选的结果与影响进行梳理，探讨马来西亚实现历史性政权更迭的原因。

---

* 作者简介：辉明，深圳大学社会科学学院，副教授。

一、选前形势

2013 年马来西亚大选被认为是“马来西亚政治海啸”，反对党联盟人民联盟（Pakatan Rakyat）在大选中获得了全国过半票数的支持，并拿下了槟城、雪兰莪和吉兰丹三州的执政权。执政联盟巫统尽管遭受了重挫，但仍凭着选区划分优势，得以保住国会的简单多数席位继续执政。5 年来，马来西亚的经济、政治以及社会发生了较明显的变化，这些变化在一定程度上促成了 2018 年大选选情的颠覆性变化。

（一）经济方面

马来西亚前首相、巫统领袖纳吉布在任 10 年间的作为饱受争议。一方面，他积极推行经济体制改革和福利体制改革。在经济上，从 2010 年开始施行的“国家转型计划”（NTP）取得了一定成效，据马来西亚“国家转型计划”2017 年年度报告显示，马来西亚人均国民收入与世界银行规定的“高收入国家”门槛差距从 2010 年的 33% 缩小至 2017 年的 20%，[①] 正在一步步靠近“2020 年进入高收入国家行列”的目标。近 5 年来，马来西亚的经济发展比较平稳，国民生产总值（GDP）都保持 4.5–9.0% 的增长率。但是，进出口额在这 5 年来却呈明显的下降趋势，贸易数据呈现疲软态势，因此，积极拓宽外贸渠道是纳吉布政府近年来开展的工作之一。积极参与中国提出的“一带一路“倡议，把“一带一路”作为重要的国家发展战略写入 2017—2018 年度的经济报告中，以此推动马来西亚的外贸发展，并加强基础设施建设。

另一方面，纳吉布在任期内爆出了严重的贪腐丑闻，宏观经济也出现了包含物价上涨在内的一系列问题。在 2018 年大选前，民主行动党林立迎公开宣称：消费税、一马发展有限公司（1MDB）丑闻和马哈蒂尔的加盟这 3 个因素将使希望联盟有机会在本届大选中获胜。[②] 可以说，以上三个问题正是国

① “National Transformation Programme Annual Report 2017”, Civil Service Delivery Unit (CSDU) Prime Minister’s Department, p2.

② 《林立迎称 3 因素影响希盟可击败国阵》,《东方日报》, 2018 年 4 月 15 日，http://www.orientaldaily.com.my/index.php/s/239248

阵选举失败的命门所在。

从 2015 年 4 月 1 日开始，马来西亚实行消费税。关于消费税的废止问题，执政联盟和反对联盟一直争议不止，民众也普遍认为消费税是导致物价上涨的主要原因。马来西亚的消费价格指数（CPI）每年都在攀升，从 2015 年的 112.8 攀升至 2018 年的 120.9，民众对物价上涨的抱怨亦持续不断。根据马来西亚国际伊斯兰大学有关团队的调查显示，选民最关注的是经济与社会议题，其中物价上涨是 94.1% 的受访者最关心的事项。[①]因此，包括消费税的废止和物价上涨在内的经济问题成为选票从国阵转移到希盟的一大诱因。纳吉布刚上任时便对国内经济提出大刀阔斧的改革，甚至衍生出特有的“纳吉布经济学”，推行具有新自由主义色彩的政策，但国内外对这一系列政策的评价却出现两极分化，即外评佳，内评劣。[②]纳吉布为了讨好主流右翼经济评论人和评级机构，一次性出台补贴合理化和消费税的政策，获得了国际主流媒体的赞扬，却引起了国内选民的不满，加上一马丑闻的恶劣影响，国阵面临民间的强烈不满。

贪腐向来是马来西亚政界的一大问题，一马公司丑闻（也称 1MDB 案）在纳吉布在位期间轰动全马，这一事件直接打击了公众对其领导的巫统的信任，马哈蒂尔也撰写过多篇文章抨击纳吉布的施政方针，并要求纳吉布下台。马哈蒂尔公开宣称，倘若本届大选仍由纳吉布领军出战，国阵将会大败。[③]纳吉布在 1MDB 案中的贪腐行为虽人尽皆知，但他动用政治手段铲除异己，使得朝中对他的反对声音消失殆尽，在选前并未威胁到其政治地位。而在民间，1MDB 案在城市地区流传较广，乡村地区的居民可能并不知道最新的进展，他们更关心的是消费税和生计问题。[④]为转移视线，巫统进行反击，设立皇委

① 苏俊翔：《马来西亚选民较关心经济议题》，《联合早报》，2017 年 11 月 19 日，http://www.zaobao.com.sg/realtime/world/story20171119-812242.

② 孙和声：《再论纳吉经济学》，《东方日报》，2017 年 11 月 11 日，http://www.orientaldaily.com.my/index.php/s/219942.

③ 明永昌：《马哈迪炮轰纳吉的来龙去脉》，《联合早报》，2015 年 5 月 13 日，http://www.zaobao.com.sg/special/zbo/commentary/story20150513-479649.

④ 刘嘉美：《1MDB 丑闻震撼国际，何以纳吉仍能安坐首相之位？》，https://theinitium.com/article/20160811-international-malaysia-1mdb-najib/.

会调查陈年旧案，调查马哈蒂尔主政期间国家银行亏损高达100亿美元（约142亿新元）的外汇交易案，并指责马哈蒂尔在位22年一直接受政治捐献。

不过，借助网络的力量，希盟利用1MDB案争取乡村地区年轻人的选票，这成为希盟突破选票瓶颈的一个方向。据马来西亚选举委员会统计，2018年大选的登记选民中，年轻选民（21—39岁）有500万人，占全部已登记选民的41%，比2013年大选多出了约10个百分点。年轻选民中有200万的选民属首次投票者，这部分年轻选民成为左右选举结果的关键，他们的选票也成为各党竞相争取的票源。

（二）政治方面

马哈蒂尔领导的土著团结党取代民主行动党成为反对联盟的领袖党，马哈蒂尔也成为希望联盟的领袖，这位马来西亚前首相、国阵前领导人加入反对联盟，给反对联盟带来了新的支持选票，但这同时也是希盟对种族主义的一种妥协。实际上，现年92岁高龄的马哈蒂尔率领反对派加入竞选，在马来社会引发了诸多争议。在2018年5月1日举行的竞选集会上，马哈蒂尔对吉隆坡的支持者表示，过去提拔现任总理纳吉布是他“一生中犯下的最大错误”，现在，他要竭尽所能纠正这个错误。[①]马哈蒂尔和纳吉布这对冲突不断的竞争对手原本是亲密的“政治师徒”，纳吉布的父亲、马来西亚第二任总理拉扎克对马哈蒂尔有知遇之恩，马哈蒂尔也曾悉心栽培纳吉布，被称作是纳吉布的政治导师。纳吉布的“一马公司”贪腐行为正是两人关系走向破裂的诱因，马哈蒂尔也因此退出巫统。相比于纳吉布，马哈蒂尔在民间的威望更高些，被视为“马来西亚之父”。面对通货膨胀和物价上涨，马来西亚民众自然会怀念过去的马哈蒂尔时代。在一些老巫统党员的心目中，马哈蒂尔是权威的象征，也是巫统的代表。2018年5月4日，在投票日到来之前，3名巫统元老达因、拉菲达和莱士雅丁因公开支持希望联盟被巫统开除党籍。[②]凭借

① 田思奇：《马来西亚大选：当92岁马哈蒂尔遇上“不肖门生”纳吉布》，《界面新闻》，2018年5月9日，https://www.jiemian.com/article/2120611.html.

② 陈丽琳：《巫统开除3元老党籍》，《联合早报》，2018年5月5日，https://www.zaobao.com.sg/realtime/world/story20180505-856401.

过往的政治权威和个人魅力，作为巫统前领袖，马哈蒂尔拉拢了部分老巫统党员，此举减轻了马来人背叛巫统的心理负担，在争取马来人选票上产生了较积极的作用。

（三）社会方面

长期以来，低收入的马来人是国阵的核心支持群体，纳吉布也竭力通过“恩庇政治”等手段拉拢这部分群体，且屡试不爽。在福利体制方面，纳吉布提出“一个马来西亚”（1 Malaysia）的理念，以求促成马国种族和谐，并持续推行“一个大马人民援助金计划”（BR1M），给予低收入家庭和单身人士相应的补贴。

通过总结过往的经验，纳吉布在巩固原本选票的基础之上，利用“1Malaysia”争取华人群体的选票。纳吉布政府认识到需要建立一个包容的社会，在2010年提出“一个马来西亚：以民为本，绩效为重”的治国理念，强调族群团结、尊重多元文化，目的是为了缓和马来人和华人之间的矛盾，促进马国的种族和谐和国民统一。2008年的“308政治海啸”爆发后，马来西亚国阵的威权统治局面被打破，开始进入国阵和民联并立的两线制时期。纳吉布提出“1Malaysia”是为了争取中间选民的支持，议题开始向温和、中间的立场靠拢，①族群政治逐渐向多元政治演变，这也是马来西亚政党政治发展的趋势。

就2013年大选的结果看来，“1 Malaysia”并没有起到应有的作用，相反，华人选票大部分流向了反对党联盟。更为严重的是，在纳吉布任期内，巫统党内针对华人的种族言论愈发激烈，②种族冲突有加剧之势。马来西亚多元种族的社会背景是长期存在的，种族不和的种子也早在殖民主义统治时期就埋下了，③马来族和华族之间的矛盾根深蒂固地存在于马来西亚的经济和社会文化中，不动摇这一根本而提出“种族和谐”，不过是一句空头口号。应该

① 郭伟伟：《世界主要政党规章制度文献：马来西亚》，中央编译出版社2015年版，第27~28页。

② Michael J. Montesano, Lee Poh Onn, 2011,” Regional Outlook: Southeast Asia 2011–2012”, Institute of Southeast Asian Studies, p.49.

③ 张锡镇：《当代东南亚政治》，广西人民出版社1995年版，第150页。

指出，随着大选的临近，巫统顺理成章地操弄“种族牌”。2017 年 12 月，纳吉布在巫统大会上还发出警告，一旦巫统失去掌握国家政权的机会，马来统治者的地位将受到质疑，马来人的尊严将被践踏，本土族裔将被边缘化，伊斯兰教徒将遭到侮辱等等噩梦将会降临。

纵观本届大选，伊斯兰党从人民联盟分裂出来独立竞选，马哈蒂尔领导的土著团结党加入希望联盟，形成巫统和希盟对峙、伊党和其他独立党派参选的多角选战。国阵因为消费税、物价上涨、贪腐等问题引起了民众的不满，但由于掌握着政府的财力物力，可以利用权力重划选区，开展“恩庇政治”，笼络乡区选民，这也是上届选举国阵以 47% 的选票率获得 133 个国会议席并最终赢得执政权的原因。反观希盟，在上届大选“变天”失败后，士气受到一定的挫败，加上与伊党决裂后可能随之流失的部分席位，原本难以与巫统抗衡，但马哈蒂尔声势浩大的加入，使得希盟的胜算又增加了几分。

二、选战策略

2018 年 4 月 6 日，纳吉布史无前例地提前宣布于 4 月 7 日解散国会，[①] 随后把 4 月 28 日定为提名日，5 月 9 日定为投票日，从国会解散至提名日，长达 21 天，为史上最长。不过，本届大选的竞选期只有 11 天，是法定规定的最短期限。纳吉布宣布解散国会后，马来西亚 222 个国会议席选举全面开始。但全国 587 个州议席只有 505 席开始竞选，因为沙捞越已在 2016 年举行了州选举。有分析认为，这次大选准备期特别长，可能有两个原因，一是国阵需要较长时间敲定候选人，二是国阵成员党需要时间解决一些争议性或交换选区，如旺沙玛朱、敦拉萨镇、关丹、劳勿、金马仑等国会议席。[②]

国阵通过重划选区占得优势，在上一届选举中虽然国阵的得票率仅 47%，还未过半数，却拿下了 133 个国会议席，原因是马来西亚议会选举采用的是“简单多数制”（First Past the Post），即赢得过半议席就能执政，而并非看普

① 过去都是首相当日就宣布解散国会。

② 《本届马国大选准备期 21 天历来最长》，《联合早报》，2018 年 4 月 17 日，https://www.zaobao.com.sg/special/report/others/malaysia-ge2018/election-updates/story20180417-851347.

选票。因此，国阵长期利用选举制度为继续执政铺路。在本届大选中，国阵再次上演了相同的戏码。2018 年 3 月 28 日，国会以 129 张支持票和 80 张反对票通过选委会的 2018 年第六次大马半岛选区重划报告。选举委员会在这次重划选区中没有增加任何国会议席，却建议在大马半岛 165 个国会选区中重新划分 98 个选区结构，在 98 个重划的选区，以柔佛最多（19 个），接着是雪兰莪（18 个）和霹雳（16 个）。至于吉隆坡联邦直辖区全部 11 个国会选区，以及丁加奴所有 8 个国会选区都被重新划分。联邦直辖区 11 个国会议席中，希盟议员占了 10 个。[①] 国阵重划选区的做法引起了希盟和净选盟 2.0 的不满。当天上午，约 300 名净选盟 2.0 支持者到国会呈交反对重划选区的备忘录，马哈蒂尔、林吉祥等反对联盟领袖也都在现场助阵声援。尽管集会代表顺利将备忘录交给了下议院议长，但依旧没能改变最终重划选区的结果。[②] 重划选区报告通过后，反对党议员高呼 “Tipu”,[③] 宣泄了对国阵采用肮脏手段操纵选举的不满情绪。由于选区划分的不公，国阵只需以 16.53% 总得票率，就可赢得全国选民人数最少的 112 个国席执政中央政府，比起 2013 年大选的 16.62% 还略低。[④] 重划选区的手段国阵屡试不爽，纵使“净选盟”运动一直呼吁“马来西亚人要求干净、自由与公平的选举”，但权力在手，国阵依旧坚持制造不公，欲巩固其威权政体。虽受到反对联盟的批评，但这却是国阵过去两届大选胜出的重要策略之一。

早在 2018 年 3 月 8 日，希盟就以 60 项承诺、百日新政及 5 项特别使命，勾画希盟的执政愿景，其竞选宣言被命名为《希望宣言》（Buku Harapan），

① 星洲网:《新选区重划报告：大马半岛近 60% 国席大挪移》，http://www.sinchew.com.my/node/1740274/%E6%96%B0%E9%80%89%E5%8C%BA%E9%87%8D%E5%88%92%E6%8A%A5%E5%91%8A%EF%BC%8E%E5%A4%A7%E9%A9%AC%E5%8D%8A%E5%B2%9B%E8%BF%9160%E5%9B%BD%E5%B8%AD%E5%A4%A7%E6%8C%AA%E7%A7%BB.

② 星洲网:《净选盟反对重划选区集会·代表呈备忘录》，http://www.sinchew.com.my/node/1740412/%E5%87%80%E9%80%89%E7%9B%9F%E5%8F%8D%E5%AF%B9%E9%87%8D%E5%88%92%E9%80%89%E5%8C%BA%E9%9B%86%E4%BC%9A-%E2%80%A78%E4%BB%A3%E8%A1%A8%E5%91%88%E5%A4%87%E5%BF%98%E5%BD%95.

③ “Tipu”为马来语，意思是“欺诈，欺骗”。

④ 黄俊南:《赢 112 国执政只需 16.5% 总得票》，《东方日报》，2018 年 5 月 8 日，http://www.orientaldaily.com.my/index.php/s/242324.

主题是“拥抱希望，重建家国”（Membina Negara Memenuhi Harapan）。《希望宣言》分成5个篇章，厚达194页，阐述了60项承诺，当中涉及舒缓民困、体制改革、经济发展、东马两州及国族构建五大领域。[①]百日新政中提出废除消费税，稳定油价，成立皇家调查委员会彻查一马发展公司、联邦土地发展局、玛拉人民信托局和朝圣基金局的金融丑闻，并且重组这些机构的领导结构等措施，[②]无不透露出与国阵的敌对之态。

2018年4月7日，国阵解散议会后即公布了第14届大选竞选宣言，题为《给力国阵，共创强盛大马》（Bersama Barisan Nasional，Hebatkan Negaraku），220页的竞选宣言包含14个主旨和364项措施。宣言把经济发展放在主要位置，涉及教育、房屋、社会等多个层面的议题。纳吉布在竞选宣言公布现场还回顾了过去5年的执政成绩，指出国阵尽力兑现2013年许下的承诺，纵使面对全球经济危机、油价下跌和马币贬值，国阵仍兑现了上届大选中99.4%的承诺，[③]欲以此拉拢民心。同时，他还直接批评希盟的“百日新政”华而不实，双方火药味十足，《星洲日报》副执行总编辑林瑞源把国阵和希盟在竞选宣言上的针锋相对称作“恶性民粹竞争”。[④]

在国民最关心的经济问题上，就热议的消费税废止问题，希盟在“百日新政”第一条就写明“废除消费税”，承诺“100天内废除消费税，恢复销售与服务税”，迎合了很大一部分渴望通过废除消费税来降低物价的民众心理。相反，国阵没有对消费税提出废除或者削减，只是照惯例给民众派发“政治糖果”，强调一马援助金（BR1M）惠及700万人民，并进一步加码：BR1M

---

① 《希盟60项承诺勾画执政愿景，百日内落实十新政》，《当今大马》，2018年3月8日，https://www.malaysiakini.com/news/414974.

② 《希盟60项承诺勾画执政愿景，百日内落实十新政》，《当今大马》，2018年3月8日，https://www.malaysiakini.com/news/414974.

③ 《承诺要点364项国阵竞选宣言主打经济》，《南洋商报》，2018年4月7日，http://www.enanyang.my/news/20180407/%E6%89%BF%E8%AF%BA%E8%A6%81%E7%82%B9364%E9%A1%B9-%E5%9B%BD%E9%98%B5%E7%AB%9E%E9%80%89%E5%AE%A3%E8%A8%80%E4%B8%BB%E6%89%93%E7%BB%8F%E6%B5%8E/.

④ 林瑞源：《恶性民粹竞争》，http://www.sinchew.com.my/node/1744198/%E6%9E%97%E7%91%9E%E6%BA%90%E2%80%A7%E6%81%B6%E6%80%A7%E6%B0%91%E7%B2%B9%E7%AB%9E%E4%BA%89.

的受益者将扩大至其子女，BR1M受益者若有子女在大专学府求学，将可获得每人1500林吉特的一次性资助；7月及8月发放的援助金翻倍；同时增加新类别：4000—5000林吉特收入的家庭，将获得700林吉特的援助金。然而加码的援助金依旧无法弥补因消费税额外增加的开支，居高不下的生活成本是民众迫切想改变的。尽管此前有税务专家分析过消费税废除的可行性问题，认为消费税不完全是物价上涨的罪魁祸首，若国家能控制好贪腐问题，消费税对于国家财政的可持续发展能产生推动作用。①况且，消费税占据了大马18%的财政收入，②倘若废除消费税，必然需要寻找其他税收替代以维持国家财政，如此一来，民众面临的高物价问题依然存在。与国阵的"恩庇政治"类似，希盟也是通过"消费税"这一课题直击选民的痛处，选民在选择之际只看到了短期的利好以及表达了求变的迫切心理，因此竞选时发生"民粹竞争"也是情理之中的事情。

除了消费税讨论，两个联盟也分别在其他改善民生的问题上提出相应的设想。希盟计划在第一届任期内将最低薪资提高至1500林吉特，国阵也答应在5年内分阶段地将最低薪金调高至1500林吉特。此外，希盟提出制造100万个优质就业机会，国阵计划增加300万个就业机会。希盟计划在第一届任期内把600万名外劳减少至400万，国阵承诺把对外劳的依赖降低至国家整体劳动力的15%，但两者都没有提出具体的改革措施，未对选民产生有区分度的影响。

至于在国内倍受争议的贪腐问题，国阵在竞选宣言中并无提及，希盟却是将其作为"百日新政"的一大措施：成立皇家调查委员会，彻查一马发展公司、联邦土地发展局、玛拉人民信托局和朝圣基金局的金融丑闻，并且重

① 孔令龙:《大选前夕的思考：废除消费税可行吗？》，http://www.sinchew.com.my/node/1746072/%E5%AD%94%E4%BB%A4%E9%BE%99%C2%B7%E5%A4%A7%E9%80%89%E5%89%8D%E5%A4%95%E7%9A%84%E6%80%9D%E8%80%83%EF%BC%9A%E5%BA%9F%E9%99%A4%E6%B6%88-%E8%B4%B9%E7%A8%8E%E5%8F%AF%E8%A1%8C%E5%90%97%EF%BC%9F.

② "*Why Malaysia has scrapped the GST that accounted for 18% of govt's revenue*", Business Today, https://www.businesstoday.in/current/world/why-new-malaysian-govt-scrapped-gst-that-accounted-for-18pc-ofrevenue/story/277131.html.

组这些机构的领导层。希盟更进一步地提出对马来西亚进行民主革新，主要体现在体制变革和民主深化方面，其中特别强调了反贪和选举制度的透明，直指国阵政府的腐败问题。借助马哈蒂尔的力量，希盟自4月初起就在全国范围内积极游走宣传，将公正党的标志“蓝眼”旗帜插遍了原本归属国阵堡垒区的偏远乡区和垦殖区，“一马案”贪腐丑闻被希盟在宣传中不断提起，使国阵的贪腐形象不断扩散到乡区农村。马哈蒂尔和慕尤丁统领的土著团结党，更是言辞激烈地用“强盗”“小偷”来比喻纳吉布，激起不少乡区的马来人对国阵的义愤。[①] 选举前，澳大利亚塔斯马尼亚大学亚洲研究所所长詹姆斯·陈（James Chin）认为，1MDB基金丑闻很可能会让马哈蒂尔从纳吉布手中成功夺得农村选票，“即便农村选民未必了解丑闻，但他们懂得背后的猫腻”。[②] 这部分乡区马来人的反转是希盟最终胜出的一个关键原因。

马来人、公务员以及沙巴和沙捞越选民向来是国阵的核心支持群体，国阵在按照惯例发放“政治糖果”给这部分群体之外的青年选民。结合本届选举青年选民占比最大的情况，为了争取年轻选民的支持，国阵这次特别推介青年竞选宣言，主要针对40岁以下的青年，这个涵盖8大承诺的竞选宣言，除了增加就业机会、鼓励创业和提高收入，还资助年轻人举办婚礼、增加2050大马孩童信托基金（ADAM50），让他们可以在获得政府资助下举办首次婚礼，不至于因结婚而债台高筑。[③] 至于希盟，虽然没有特别为青年量身定做的竞选宣言，但希盟宣言也悉数纳入了希盟青年团的《青年宣言》，包含5大承诺10项焦点政策，目的在于解决年轻人当下所面对的生活、经济和教育问题，具体如提供免费大学教育、结婚奖励、可负担房屋等，且希盟青年团大会主席法依兹强调，只要在第14届大选中获得胜利，这些希盟青年团的承

① 吴阳煜：《马来西亚全民海啸是如何发生的》，《南风窗》，2018年第11期。

② 廖勤：《在野党60年后翻盘，马来西亚变天胜在“王牌”还是败于“毒药”？》，https://www.jfdaily.com/news/detail?id=89010.

③ 星洲网：《国阵青年团公布8大选举承诺：资助年轻人举办婚礼》，http://www.sinchew.com.my/node/1744546/%E5%9B%BD%E9%98%B5%E9%9D%92%E5%B9%B4%E5%9B%A2%E5%85%AC%E5%B8%838%E5%A4%A7%E9%80%89%E4%B8%BE%E6%89%BF%E8%AF%BA%EF%BC%9A%E8%B5%84%E5%8A%A9%E5%B9%B4%E8%BD%BB%E4%BA%BA%E4%B8%BE%E5%8A%9E%E5%A9%9A%E7%A4%BC.

诺将可轻易地实现，不必等到国阵所说的数十年后才实现。[①] 虽然本届大选青年选民占比最高，但是据默迪卡民调中心的一项调查显示，大马年轻人对政治普遍表现出“冷漠感”，调查中 71% 的受访对象认为选票不能影响政府决定，对政治家的好感度也普遍偏低：只有 29% 的受访对象认为政治家关心自己这样的选民，66% 的受访对象认为政治家不可信。[②] 因此，在国阵和希盟的选择面前，青年选民更多只是出于一种求变的心理，但无论哪一方政府执政，他们所抱的期望都不大。

华人选票向来也是两党竞争的重点，对华族政策也是双方长期博弈的关键。马来西亚政府是否承认华文独立中学统一考试（统考）文凭，向来是马来大选的焦点。国阵首次在竞选宣言中提到统考，因此引起华社的关注。国阵竞选宣言在第 4 章“加速人力资本和卓越教育的发展”的第 26 个要点中承认，举凡公民持有与大马教育文凭（SPM）和大马高等教育文凭（STPM）相同水平的国外考试文凭，同时也符合国文科优等和历史科及格的要求，都一律具备了进入我国政府大专院校就读的资格，这也适用于独中高中统考文凭。[③] 近年来承认统考课题一直是华社的主要诉求之一，如今国阵宣言首次明言承认统考，令华社受到鼓舞。槟城研究院研究员黄进发认为，国阵承认统考的目的是减少其支持者的离心。[④] 希盟在竞选宣言中强调了承认统考的决心，国阵此举在一定程度上也是受到希盟的影响，不得不在统考问题上妥协，这是两线良性竞争的好处。但是国阵最多只能保住原有的支持者，其“考虑承

---

① 《希盟青年团欲吸引年轻选民推 5 大承诺 10 项焦点政策》，《东方日报》，2018 年 1 月 7 日，http://www.orientaldaily.com.my/index.php/s/227013.

② Mayuri Mei Lin：《从巫族到华族那些不欲投票的大马青年》，http://www.bbc.com/zhongwen/simp/world-44036115.

③ 《历届大选首次国阵宣言承认统考》，《南洋商报》，2018 年 4 月 7 日，http://www.enanyang.my/news/20180407/%e5%8e%86%e5%b1%8a%e5%a4%a7%e9%80%89%e9%a6%96%e6%ac%a1br-%e5%9b%bd%e9%98%b5%e5%ae%a3%e8%a8%80%e6%89%bf%e8%ae%a4%e7%bb%9f%e8%80%83/.

④ 范晓琪，涂健强：《国阵竞选宣言首次提及统考分析员：无法拉走希盟华族选票》，《联合早报》，2018 年 4 月 8 日，https://www.zaobao.com.sg/special/report/others/malaysia-ge2018/election-updates/story20180408-849028.

认统考”的官方说法被指诚意不足，[①]更加难以凭借承认统考拉走原本要投希盟的华族选票。

除了“华人教育牌”，“中国牌”也成为国阵马华公会在本届选举加以利用的筹码。由于“一带一路”的提出，中资进入马国引起了诸多的争议。国阵政府积极响应“一带一路”，积极引进中资，包括将具有争议性的“东海岸铁路计划”交给中资经营。马华公会欲借此利用华裔对中国的情结拉选票，马来西亚北部的霹雳州怡保市是一个拥有众多华人的城市，该城市的万里望区（Menglembu）马华公会州议员候选人黄金城在竞选期间挂出写着“投国阵，等于支持中国！”的广告布条。[②]而希盟对“一带一路”的态度则较为谨慎，马哈蒂尔在选前便表示，一旦当选，他将重新审核在大马的中国投资项目。“中国牌”的使用多是马华出于老一辈大马华人的“中国情结”，认为“中国越强大，华人地位越提高”。不过随着时代的变化，以及大马华裔世代的更迭，已逐渐从“大中国认同”，转为优先对大马本土的认同，而不是再以侨民心态来看待中国。行动党国会议员候选人刘镇东认为，马华公会对中资的诉求不会对华裔选民有太大影响，华裔选民主要是反首相纳吉布。这意味着大马华裔选民首要关注的是国内问题，“中资”等国外问题并非首要。[③]由此可见，自2013年大选后，马来西亚开始淡化“种族政治”，在竞选中也逐渐显现去族群化的特征，转而更加关注国内的经济、公平等实际问题。本届大选中希盟的去族群倾向更加明显，把国内的经济发展和民主体制改革放在首位，在这一背景下，马华纵使打出“承认独中统考”和“中国牌”，亦难挽颓势。

从热议最多的经济议题，到反腐败措施，再到争取青年选民以及华人选票的政策，国阵和希盟以对垒的姿态开启了第14届国会选举。这届选举不像上届选举那样充斥着“换政府”的口号，国阵也没有如2013年那般对大选

① 大马在线：《国阵大选宣言承认统考文凭 民众：看不见诚意》，https://themalaysiaonline.com/zh/news/7315.

② 路禾，杜晋轩：《从中资争议看马来西亚华人族群政治的囹圄》http://news.dwnews.com/global/news/2018-05-06/60056153_all.html.

③ 路禾，杜晋轩：《从中资争议看马来西亚华人族群政治的囹圄》http://news.dwnews.com/global/news/2018-05-06/60056153_all.html.

一再拖延，纳吉布似乎对连任有较充足的信心，[①]在选前他认为国阵有信心拿下 222 个国会议席中的 140—160 个。[②]纳吉布之所以如此信心满满，很大程度上跟选前的民调有关。据选前的官方民调显示，执政党国阵支持率为 37%，反对派希望联盟则为 32%，国阵领先希盟五个百分点，[③]而且，包括胡逸山在内的学界学者以及政界人士都看好国阵连任的前景，认为分裂的反对党联盟对国阵构不成威胁。但希盟也是来势汹汹，不甘示弱，马哈蒂尔以 92 岁的高龄再次参战，成为希望联盟的领袖，目的是为了修正自己的“错误”，一改目前马国的政治体制和贪腐现状。两相竞争，一场暗流涌动的“全民海啸”已是不可避免。

三、大选结果

2018 年 5 月 9 日晚，马来西亚第 14 届大选的结果陆续揭晓，希盟获得简单多数，国阵 60 年来首次失去中央执政权。222 个国会议席中，希盟获得 113 个国会议席，打败国阵和伊党，得票率为 45.56%；在 505 个州议席中，获得 226 席。其中以人民公正党所获的国会议席最多，有 47 席，民行党以 42 个国会议席次之，土团党和诚信党分别获得 13 席和 11 席。希盟以简单多数的国会议席夺得了吉打、槟城、雪兰莪、森美兰、马六甲和柔佛的州执政权，此外，在 5 月 9 日的投票中，希盟在霹雳州获得 29 个议席，未达到过半数席位，但之后有两名巫统州议员转而支持希盟，希盟因此获得 31 个简单多数议席，获得霹雳州的执政权。[④]沙巴州希盟在与沙巴民族复兴党合作下共赢得 29 席，与同样取得 29 席的国阵打成平手，因原属于国阵的沙巴民统党转而支持希望联盟，沙巴州最终由希盟和民兴党共同执政，民兴党主席沙菲益

① “Najib confident BN can win big in GE14”, Malaysiakini, https://www.malaysiakini.com/news/423296.

② James Chin, “Najib set to strengthen grip on power”, East Asia Forum, http://www.eastasiaforum.org/2017/12/12/najib-set-to-strengthen-grip-on-power/.

③ 苏俊翔:《马国官方民调：国阵领先反对党五个百分点》,《联合早报》, 2018 年 3 月 24 日，https://www.zaobao.com.sg/special/report/others/malaysia-ge2018/election-updates/story20180324-845233.

④《霹州成功变天！ 2 巫统议员跳槽希盟》,《东方日报》, 2018 年 5 月 12 日，http://www.orientaldaily.com.my/index.php/s/242972.

成为沙巴州第15任首席部长。[①] 至此，希盟共赢得了8个州的执政权，马哈蒂尔也成为全球年龄最大的国家领导人。

在本届大选中惨败的国阵，竞选222个国席仅获得79个，得票率为33.80%；州议席获得166个，得票率为32.96%，最终只保住了玻璃市和彭亨两个州。作为国阵领袖，纳吉布在败选后引咎辞职，不再担任巫统和国阵主席。向来巫统获得的选票占了国阵的最大比重，巫统的失利直接导致了国阵的惨败。作为国阵的第二大党，马华继上届大选输得一塌糊涂之后，在本届大选更是一败涂地，所出战的议席中仅守住一个席位，创下了空前惨败的成绩。

表1　2018年大选全国主要政党国州议席情况

主要政党	国会议席			州议席	
	竞选	中选	得票率	竞选	中选
公正党	71	47	17.10%	135	67
行动党	47	42	17.38%	104	101
土团党	52	13	5.77%	107	24
诚信党	34	11	5.37%	110	34
希盟	204	113	45.56%	456	226
巫统	120	54	21.10%	342	149
马华	39	1	5.30%	90	2
国大党	9	2	1.39%	18	3
土保党	14	13	1.83%	–	–
国阵其他成员党	40	9	–	–	–
国阵	222	79	33.80%	505	166
伊斯兰党	157	18	16.91%	392	90
沙立新党	5	1	0.18%	18	2
沙巴人民复兴党	17	8	2.32%	45	21
独立人士	24	3	0.58%	54	0

资料来源：大马2018全国大选，http://www.spr.gov.my/en

① 星洲网:《沙菲益宣誓为沙巴首长》，http://www.sinchew.com.my/node/1755188/%E6%B2%99%E8%8F%B2%E7%9B%8A%E5%AE%A3%E8%AA%93%E4%B8%BA%E6%B2%99%E5%B7%B4%E9%A6%96%E9%95%BF.

巫统史无前例的败选，让许多学者大为意外，这一结果的产生有多重原因。笔者认为，最根本的原因是大马民众对于现实的不满以及所引发的求变心理。国阵执政大马已满 60 年，在近两届选举中渐失民心。自 2008 年大选开始，便接连遭遇“海啸”，本届大选的“变天”早在 2013 年便已现端倪。2013 年大选中，反对联盟人民联盟得票过半数超过国阵，只是由于选区划分之故没能成功执政。在本届选举中，马哈蒂尔加入希盟恰巧成了点燃反攻之火的关键。有学者指出，马哈蒂尔效应是本届大选马国变天的最大助力，[①] 马哈蒂尔在大马的威望是全民性的，[②] 被誉为“现代化之父”，在选民心中的地位可见一斑。胡逸山认为，这不是由特定族群引起的，而是一场全民海啸。学界低估了民众求变的迫切心理，这一心理的群体性爆发仍归咎于国阵执政期间的作为不得民心，物价连年上涨，人民面对的生存问题较以往突出，在此情形下，纳吉布还强力推行消费税征收政策，加上爆出内部贪腐，民众更是心生怨怼，把选票转移到马哈蒂尔带领的希盟。可以说，民众对国阵和纳吉布的失望已达极限，渴望政权更替的信念已超过对执政联盟的理性选择，马哈蒂尔的重返政坛恰好给了选民一个改写历史的契机。

除此之外，本届大选大马实现了政权更替，从选举型威权向民主迈出了一大步，也反映了大马选民民主意识的提升，族群政治逐渐受到摒弃，种族沙文主义火焰高涨的国阵就是在这样的背景下下台的。暨南大学国际关系学院华人研究院研究员、马来西亚族群政治专家石沧金指出，越来越多的马国民众对族群政治产生反感、厌倦，希望出现民主、平等、公平、公正的国家政治。[③] 民主意识的觉醒激励了选民为争取自身权利而投票，族群性质被淡化，“去种族化”和“去宗教化”成了马国政治发展的现实，尽管旧有的族群政治结构依旧存在，但希盟的胜利已经可以说明，世俗政党联盟得到了大马人民的认可。但是，也有人质疑马哈蒂尔带领的希盟会成为“国阵 2.0”。无论如何，目前来看，希盟仍是一个包容性较高的政党联盟，所致力的也多是宣言

① 《受访学者：马国一夜变天，马哈迪效应是最大助力》，《联合早报》，2018 年 5 月 10 日。

② 黄飞：《老马识途：大选后马来西亚的可能走向》，《第一财经日报》，2018 年 5 月 15 日。

③ 吴阳煜：《马来西亚全民海啸是如何发生的》，《南风窗》，2018 年第 11 期。

中承诺的经济和体制改革。

马哈蒂尔上任后，即刻悉数开展相关工作兑现竞选承诺。财政部宣布从6月1日起停止征收消费税，并表示会把多收的税收退还给商家。纳吉布下台后，即被限制出境，并开始接受一马公司案件的审查。5月16日，安华被特赦出狱，开始以公正党实权领袖身份参与到政治活动中。在执政的百日内，马哈蒂尔领导的希盟获得了民众的大体肯定。希盟凭借去族群化的竞选理念收割了华人和巫裔选票，但经济发展和马来西亚的族群政治是一个长期的政治议题，希盟若想获得民众的长久支持，必然要在高效发展和兼顾民意之间找到平衡点，还要警惕马来种族主义和伊斯兰神权主义的抬头。

结　语

2018年马来西亚大选掀起的“全民海啸”，希盟打破了马来西亚巫统一党独大的威权政治体制传统，开启了全新的民主时代。“去种族化”“去宗教化”的潮流正是推动这一历史性政党更替的巨大力量，马哈蒂尔的再度参政成为马国变天的最大助力。究其根本，国阵倒台是意料之外，情理之中，贪腐和民生经济问题给了国阵致命一击。大选过后，国阵更是陷入内部矛盾层出、分崩离析的窘境中。当然，希盟虽赢得执政权，但其中多股力量纠缠，理念仍有较大差异，在接下来的5年任期内或许还会因政见不同产生分歧。马来西亚未来的政局也许会在动荡中变革发展，但民主体制将逐步成熟，替代存在已久的威权政体。

菲律宾华侨华人与“一带一路”建设

胡雪芳　黄子杨 *

【摘要】自 1975 年中菲建交以来两国在政治、经济、外交方面的合作都取得了巨大的发展。在提出“一带一路”计划时，处于我国东南沿海具有特殊战略价值的菲律宾也积极参与这个项目。菲律宾华侨华人作为“一带一路”建设中中菲沟通的重要纽带，在政治、经济、文化上具有自己独特的地位，在“一带一路”中发挥重要作用。

【关键词】一带一路；菲律宾；华侨华人；作用

“一带一路”是“丝绸之路经济带”和“21 世纪海上丝绸之路经济带”的简称，是习近平总书记在 2013 年出访东南亚和中亚之际提出的重要倡议。东南亚是实施一带一路政策，特别是 21 世纪海上丝绸之路的重要地带，菲律宾是其中关键一环。菲律宾是我国一衣带水的近邻，中菲交往的历史源远流长。中菲地缘相近、人缘相亲、文化相通，如今在经贸和人文交流领域具有独特的优势，因此菲律宾是 21 世纪海上丝绸之路的重要国家。[①] 自从杜特尔特上台，中菲关系得到改善，一带一路政策也因此在菲律宾得到了大力支持。菲律宾华人华侨人数众多，经济实力雄厚、政商人脉广泛，对菲律宾政治、经济、文化具有重大的影响，是“一带一路”下中菲合作的中坚力量。

---

*　作者简介：胡雪芳，黄子杨，华中师范大学历史文化学院硕士研究生。

①　黄桂芳:《菲律宾与”一带一路”梦想》[J].《档案春秋》，2018（11）.

一、"一带一路"倡议简介

"一带一路"倡议是深化国际合作，推动中国企业走出去，同时消化国内剩余产能的重大举措。2013 年 9 月 8 日，中国国家主席习近平在访问哈萨克斯坦时发表题为《弘扬人民友谊，共创美好未来》的重要演讲，提出共同构建"丝绸之路经济带"①；同年 10 月 3 日，国家主席习近平在访问印度尼西亚时在印尼国会发表题为《携手建设中国—东盟命运共同体》演讲时提出，愿同东盟国家发展好海洋合作伙伴关系，共同建设 21 世纪"海上丝绸之路"。②

"一带一路"倡议是在古代丝绸之路的基础上重新建立的新经济领域，是中国旨在借用古代"丝绸之路"的历史符号，高举和平发展的旗帜，主动地发展与沿线国家的经济合作伙伴关系。力求在平等的文化认同框架下谈合作，共同打造政治互信、经济融合、文化包容的利益共同体、命运共同体和责任共同体，体现的是和平、交流、理解、包容、合作、共赢的精神。"一带一路"倡议涉及 65 个国家 44 亿人口，其基本理念是通过中国企业、社会组织和人民"走出去"，促进沿线各国经济繁荣与区域经济发展，推动沿线各国实现经济政策协调，开展更大范围、更高水平、更深层次的区域合作。③无论在经济上，还是在文化上，"一带一路"倡议构建的多边国际合作机制都将会是各国文化交流的重要舞台。在经济发展和文化交流的背景下，"一带一路"倡议的根本目的是构建相互合作、相互协调的人类社会，在此基础上实现人类的和谐共生，促进人类命运共同体的实现。

二、"一带一路"的提出与华人的支持

菲律宾是古代海上丝绸之路的重要枢纽，也是海上丝绸之路经济带上的重要国家。根据史料记载，早在汉代中国的航海者已经到达菲律宾。在唐宋

① 《习近平：弘扬人民友谊共创美好未来——在纳扎尔巴耶夫大学的演讲》,《人民日报（电子版）》2013 年 9 月 8 日。

② 新华网："习近平：携手建设中国—东盟命运共同体——在印度尼西亚国会的演讲"，http//news.xinhuanet.com/world/ 2013-10/03/c_117591652. htm.

③ 裴长洪、于燕:《"一带一路"建设与我国扩大开放》[J].《国际经贸探索》，2015，31（10）：4-17.

时期，中国南方到菲律宾的固定航线已经形成，双方经济来往和文化交流非常密切。1565—1815 年共有 105 艘中国大帆船载着中国的茶叶和丝绸到菲律宾，从菲律宾转运到墨西哥，墨西哥的土豆、玉米等食物转运到中国，形成了太平洋丝绸之路。1975 年双方建交后，经济贸易和文化交往日益频繁。到 2016 年我国已经成为菲律宾第一大贸易伙伴，第一大进口来源地和第四大出口目的地。① 自 2016 年杜特尔特上台之后，双方的政治争端逐渐解决，杜特尔特也对“一带一路”倡议表示支持。2017 年 5 月杜特尔特总统应邀出席了在北京召开的一带一路峰会并表示，“一带一路”有力的促进了亚洲各国互联互通、经济增长，也会为菲律宾带来就业和经济繁荣。②

一带一路政策在菲律宾得到巨大的推动，华侨华人起到了不可替代的作用。“一带一路”沿线国家和地区数千万的海外华侨华人拥有巨大的人才、资本优势及成熟的商业网络，熟悉住在国的历史文化、政治制度、法律政策和社会习俗，具有融通中外的独特优势，在“一带一路”建设中具有不可替代的作用。③ 菲律宾华人不仅人数众多，而且在经济、政治实力上占有重要的地位，同时也是沟通两国重要的桥梁。一方面“一带一路”倡议可以给华侨华人带来巨大的商机，另一方面“一带一路”可以促进菲律宾社会的发展，缓和两国关系，缓解民间排华的情绪，因此，“一带一路”倡议一经提出，在菲律宾侨界取得了广泛的支持。早在 2016 年以华人为主的菲律宾工商总会名誉董事长蔡聪妙已做出积极表态，菲律宾商界期待深入了解“一带一路”建设及其提供的机遇。④

---

① 黄桂芳:《菲律宾与”一带一路”梦想》[J].《档案春秋》，2018（11）：11-14.

② 同上。

③ 陈成吨，叶炜:《华人华侨在”一带一路”战略中的地位与作用》[J].《龙岩学院学报》，2015（4）：100-104.

④ 陆建人，蔡琦:《“一带一路”倡议下中国与菲律宾的经济合作》[J].《国际经济合作》，2017，000（003）：12-19.

三、菲律宾华侨华人的优势分析

（一）人数众多，且组织健全

侨委会在 2011 年统计，2010 年菲律宾人口总数为 9100 万人，其中华人数量为 145 万人，约占总人口的 1.55%。[①] 菲律宾华人历史悠久，菲律宾存在大量的华菲混血，随着中菲经济、文化上的交往和中国的快速崛起，华菲混血呈现出再中国化的现象，由此，加上华菲混血人数达到 1000 万，占总人口的 10%。

除此之外，菲律宾华侨华人组织健全，社团数量众多且功能完善，在治理侨界和推动中菲双方友好交往的方面起到了重大的作用。华侨社团不仅担负着协调华人社会内部关系的责任，还承担与当地政府和社会沟通合作、兼顾其他族群和地域的优秀文化的任务。[②] 菲律宾的华人社团主要有菲华商联总会（商总）、菲律宾华侨学校联合总会、中国洪门联合总会和菲华文化经济联合总会联合会，除此之外还包括各种校友会和同乡会。[③] 在经济上，改革开放之后，出于对家乡情结和被中国市场的吸引，社团经常组织华人来中国特别是晋江考察投资环境，鼓动成员对华投资。中菲年贸易额从建交初期的年仅 109 亿美元增至 2002 年 52 亿美元，增长了 47.7 倍。[④] 在文化上，社团经常邀请中国官员和社团到菲律宾考察，同时也在菲律宾传播华文教育、中医、中国习俗，促进两国文化交流，如 2008 年在菲律宾广东侨团总会与菲华各界联合会组织下，广东省海外交流协会中医专家义诊团赴菲律宾开展义诊活动椒提升中医文化在菲的影响力。[⑤]

① 菲律宾 2010 年人口统计推估。

② 姜力，潘越 .:《“一带一路”建设中的海外华人华侨作用》[A]. 中共北京市委统战部、北京社会主义学院 . 统一战线与“一带一路”：2019 统一战线前沿问题研究文集 [C]. 中共北京市委统战部、北京社会主义学院：北京社会主义学院，2019：8.

③ 庄国土，陈华岳《菲律宾华人通史》[M]. 厦门大学出版社，2012，第 658 页 .

④ 徐淑华:《试析菲律宾华人对中国的直接投资》[J].《八桂侨刊》，2004，000（001）：35-37.

⑤ 庄国土，陈华岳:《菲律宾华人通史》[M]. 厦门大学出版社，2012，第 713 页 .

（二）经济上，资本雄厚，提供经济保障

华人华侨活跃在菲律宾经济中的各个领域，对菲律宾经济发展做出巨大贡献。2018 年菲律宾十大富豪华人占了 8 位。在菲律宾人们习惯称亿万富翁为大班，菲律宾华商六大班，即陈永栽、施至成、吴奕辉、杨应琳、吴天恩、郑少坚。[①] 他们旗下的企业可以说是菲律宾经济的晴雨表，影响菲律宾经济的方方面面。据统计，在菲华商占该国总人口的 2%，但掌握了近 80% 的经济资源。华人的商业力量对菲律宾的渗透很深，“矿业、房地产、航空业、基建……行行都有华人控制命脉”[②]。在世界上，菲律宾华人经济实力也拥有不错的表现。《福布斯》杂志统计，2015 年华人富豪 100 位中有 20 位为东南亚富豪，其中有 5 位是菲律宾华人，他们三位净资产合计达 336 亿美元，其中施至成排名东南亚华人富豪榜榜首。[③] 华人强大的经济基础为一带一路建设提供良好的经济保障。

（三）文化上，长期担任文化交流大使

早在“二战”之前，菲律宾华侨华人将海外的新风气传回家乡，在家乡建立学校、医院等公益性的团体。在“二战”后，由于中菲断交，菲政府大力推行菲化政策，但侨界仍然保持华文教育、继承中华的习俗，宗祠等，通过同乡会等组织保留中华文化。菲律宾华人保持和传播中华伦理意识和文化习俗，通过华文学校和华文媒体为菲律宾人了解中华文化提供途径。

随着中国实力的发展，中国威胁论的声音甚嚣尘上，中菲黄岩岛争端使得中菲关系降到冰点。为了树立中国正确的形象，传达中国声音，菲律宾华文媒体报道中国的发展，全方面传播中国求同存异的形象，为两国关系恢复和“一带一路”在菲律宾的推动起到重大作用，正如有利东方旅游有限公司董事长、菲华各界联合会主席许中荣所言：“即使要我们将一年赚的钱全部拿

---

① 施雪琴：《菲律宾华侨华人史话》[M].《广东省教育出版社》，2019，第 300 页 .

② 《华商占菲 2% 人口控制 80% 经济中菲关系致华商处境堪忧》，《21 世纪经济报道》（电子版）2012 年 5 月 11 日 .

③ 曾少聪：《晋江籍华侨华人与“一带一路”建设》[J].《八桂侨刊》，2018，No. 121（1）：5–12.

出来，帮助当地人民了解事情始末，化解误会，我们都愿意。为了推动中菲两国保持已经延续上千年的友好关系，一切都值得。”[①]

四、菲律宾华侨华人在“一带一路”建设中的具体作用

各种积极力量的支持是“一带一路”实施的关键，华侨华人就是至关重要的力量之一。[②]菲律宾华人华侨在“一带一路”建设中的作用主要表现在以下几个方面：

（一）菲律宾华侨华人在“一带一路”建设中可以发挥政治作用

在菲律宾，华人参与政治生活的历史悠久，从菲律宾反殖民主义的斗争到当今菲律宾政治的发展，都有华人的身影。菲律宾华人的经济地位、受教育水平和参政意识促使其在菲律宾政治生活中扮演重要角色。20 世纪 70 年代中期到 80 年代，多数华人加入菲律宾国籍，实现了“侨民”到“公民”的转变，直接参与菲律宾政治有了可能。加上 80 年代世界各地华人参政浪潮的影响，菲律宾华人参政意识和参政积极性有了很大提高。直至现在菲律宾华侨华人对菲律宾政治都保持密切关注并积极参与。正如前面所言，菲律宾华人善于经商，经济实力强大，这为其参与政治生活提供了物质基础。一方面，经济实力使得菲律宾华人企业家享有很高的社会地位。另一方面，他们可以为政治候选人提供经济支持，参政机会增多。此外，随着经济水平的提升，菲律宾华人的受教育程度不断提高，也有利于走向政坛。

鉴于上述的参政基础，菲律宾涌现出了很多典型华人政治精英，形成了华人参政的良好局面。[③] 2011 年，菲律宾政府的部级官员中，华裔有 15 名，占所有国会议员中的比例超过 12%。[④]目前，在菲律宾政府中担任重要职位的华人就有参议员张侨伟、许伟利等。近几年，在菲律宾从政的华人已有两

---

① 曾少聪：《晋江籍华侨华人与“一带一路”建设》[J].《八桂侨刊》，2018，No. 121（1）：5-12 页。

② 游国龙等：《华侨华人研究报告（2016）》[M]. 北京：社会科学文献出版社，2017 年，第 2-3 页。

③ 赖林冬：《菲律宾华人参政文化的重构》[J].《沈阳大学学报（社会科学版）》，2017 年 2 月。

④ 陈琮渊、敖梦玲：《华人华侨如何对接一带一路系列：菲律宾篇》，http: //politics. people.com.cn/n/2015/0624/c70731-27201635. html.

百多人，菲律宾政治系统内也有上百人具有华人血统，而且还有一些政府高层官员任用华裔专才当助手。[①]

此外，随着菲律宾社团日新月异的发展，其在政治功能上的作用也愈加突出。政治性社团在19世纪末期就已经陆续出现，但是其影响和作用都十分有限。20世纪70年代以来，传统的社团宗亲会和同乡会的政治功能逐渐增强，比如社团动员宗亲会或同乡会的力量支持其成员竞选菲律宾地方官员。2000年，菲华商联总会也向菲律宾选举委员会申请注册为合法政治团体，参与2001年5月参议员功能组别的全国性选举。[②]此外，菲华社还出现了一些政治色彩鲜明的新社团，这些社团积极参与菲律宾社会的政治事务并鼓励华人积极参政议政。最后，菲华社团不仅重视对菲律宾主体社会事务的参与，而且还积极参与国际交流互鉴，国际影响力逐步扩大。

"政策沟通是'一带一路'建设的重要保障，是沿线各国合作的前提和基础，是政府间友好交流、增进互信、达成共识的重要途径。"[③]"海外华人积极参政有利于促进所在国对中国政治和政策的理解"。[④]近几年的中菲南海争议致使中菲两国缺乏政治互信，菲政府对"一带一路"的构想充满猜疑和顾虑。菲律宾华侨华人参政议政机会的增加，就使真实客观地介绍"一带一路"的发展理念让菲律宾政府及公众更加了解中国的政策成为可能。参与政治的菲律宾华人也可以通过多种方式对菲律宾政府的立法、规章和政策的制定产生影响，以促使菲政府在国家经济战略上对接中国的"一带一路"倡议。曾任菲律宾商业联合总会理事长的张昭和表示，中国推动的"一带一路"战略和亚洲基础设施投资银行（亚投行）可以帮助菲律宾改善基础设施。他也一直跟菲律宾的官员们讲，"中国现在有资金要走出来，做大的项目，我们应该好

---

① 邱小鹃：《21世纪海上丝绸之路建设中东南亚华侨华人的作用》[J]，《郑州航空工业管理学院学报（社会科学版），2018年。

② 庄国土、陈华岳等著：《菲律宾华人通史》，厦门：厦门大学出版社，2012年版，第697–698页。

③ 邱小鹃：《21世纪海上丝绸之路建设中东南亚华侨华人的作用》[J]，《郑州航空工业管理学院学报（社会科学版），2018年。

④ 曹云华、张彦：《中国的海外利益：华侨华人的角色扮演———基于软实力的视角》[J]，《暨南学报（哲学社会科学版）》，2012年第10期。

好地利用机会，做成一些以前不能完成的事情”。[①]

海外华人除了在政府间沟通之外，在民间宣传方面也起到巨大作用。菲律宾民间对于中国政府倡议的“一带一路”政策，菲律宾民间的概念相对模糊。尤其是马尼拉以外地区，只有从事中国研究的大学教授有所了解，许多民众对此了解甚少。[②]故而，菲律宾华侨华人社团对“一带一路”政策的积极宣传尤为必要，它向菲律宾民众传播真实而客观的中国形象，促进菲民众对“一带一路”的了解和认识，从而赢得民众的支持。

（二）华侨华人在“一带一路”建设中可以发挥经济作用

华商是世界上重要的经济力量，被称为“世界第三大经济体”。华商在中国社会和经济发展进程中发挥了无可替代的重要作用。[③]菲律宾华人多以经商为业，无论是问鼎福布斯菲律宾十大富豪榜的大型商业家族还是奋斗在各个行业的中小型华商企业，都在菲律宾经济社会发展中发挥着重要作用。菲律宾华人华侨的经济实力为“一带一路”战略实施搭建桥梁。

中国提出的“一带一路”构想为菲律宾华人华侨发展提供新的机遇。菲律宾华人华侨积极投身于同中国的商贸合作，不断加大投资力度，直接促进“一带一路”项目的落实和实施。2016 年 5 月，香港举办了“一带一路”高峰论坛，SM 副董事长施蒂丝出席并表示愿意为“一带一路”提供资金融通等金融服务，并进一步加强与中国香港在“一带一路”方面的项目合作。通过高层交往、联合融资、贸易投资合作和政策沟通等方式，中资企业和菲律宾华商不断加深交流合作。[④]由郑少坚创办的菲律宾首都银行于 2017 年与中国国家开发银行、中国进出口银行签署“战略框架合作协议”，这是中国进出口银行首次与菲律宾的商业银行建立全面战略合作关系，为中国政府在菲律

① 曾少聪：《晋江籍华侨华人与“一带一路”建设》，《八桂侨刊》，2018 年 1 期，第 8 页。

② 吴杰伟：《菲律宾社会对中国“一带一路”倡议的反应》[J]，《南洋问题研究》2016 年第 4 期。

③ 翟威甯、宋镇照、蔡博文：《华人家族企业与企业家精神研究》，载于《华侨华人研究报告（2019）》291 页。

④ 邱小鹛：《21 世纪海上丝绸之路建设中东南亚华侨华人的作用》[J]，《郑州航空工业管理学院学报（社会科学版）》，2018 年，第 11 页。

宾推进“一带一路”建设提供了基金保障。①

此外，菲律宾华侨华人不仅致力于扩大同中国的商贸合作，而且利用自己通达的政商关系，非凡的影响力积极搭建经济交流合作平台。近几年，菲律宾华商积极参与“一带一路”相关的主题活动，加强同中国企业之间的信息沟通，不断推进同中国企业的合作深度和广度。2019 年 7 月 26 日上午，由菲华商联总会、李锦记健康产品集团和菲律宾丝绸之路国际商会支持的“一带一路”中菲人文交流与经济合作论坛在菲律宾首都马尼拉举办。菲华商联总会理事长林育庆（Dr. Henry Lim Bon Liong）在论坛上发言并指出中国发起的“一带一路”倡议为全球发展提供一个包容合作的平台。此次论坛为中菲企业提供务实交流的开放式平台，也为开拓中菲在更多领域的合作关系提供新思路、新方法、新机遇。

菲律宾华商拥有双重文化背景，又有着丰富的海外经商经验，深谙周边国家的市场和资源状况，能够更加敏锐地发现“一带一路”倡议沿线国家的贸易机会，从而促进沿线国家之间的经济交流，资源互通，推动多边贸易发展。中国企业在这个过程中也积极“走出去”，不断开拓国际市场。然而，中国在“走出去”的过程中很多企业对投资国的法律法规、市场规则、行业标准等概不熟悉，这成为企业发展的主要障碍。华侨华人的专业人才就可以助力中国企业解决这个问题。菲律宾华侨华人受教育水平很高，他们会英文、精专业、晓民情、通商道，可以为中国企业提供优质的商业服务辅助中国企业“走出去”，不断扩展投资规模。

（三）华侨华人在“一带一路”建设中可以发挥文化作用

中国提出的“一带一路”倡议聚焦于互联互通，旨在实现政策沟通、设施联通、贸易畅通、资金融通、民心相通。民心相通是“一带一路”建设的社会根基。“国之交在于民亲”，民意相通了，政治和经济方面的合作才能持久。菲律宾华侨华人既承袭了中国优秀文化，又吸收了菲律宾当地文化，故而能够以当地人易于接受的方式展示并传播中国形象，对于当地社会了解中

① 施雪琴：《菲律宾华人华侨史话》，广州：广东教育出版社出版发行，2019 年版。

华文化具有重要的窗口和桥梁作用。

菲律宾华侨华人热衷于慈善事业，在菲树立了良好的形象。进入 3 月以来，新冠肺炎疫情在菲暴发，确诊病例不断增加，疫情愈加严峻。菲华社会充分发挥资源优势和组织能力，做了大量工作。菲律宾华社救灾基金先拨出一亿菲律宾比索（约人民币 1400 万元），又向菲政府机关、医院及当地民众分发价值 2.6 亿比索（约人民币 3600 万元）的食品包、大米和防护用品。菲律宾华人组织抗疫志愿行动队带领华人抗疫志愿行动队的志愿者送水送饭、配送医疗防护物资。[①] 其实，很多国外民众对中国的认识是通过观察华侨华人这一群体开始的，华侨华人的这种正面形象无疑具有扩散效应，使得菲律宾当地民众对中国也保有正面的印象。

菲律宾华社、华报、华校也是文化交流互鉴的平台，菲律宾华侨华人利用这些平台积极传播中国优秀文化，让菲律宾民众了解真实的中国。《菲律宾华报》就曾多次报道有关“一带一路”的活动。《世界日报》也多次聚焦于“一带一路”的宣传报道。更有一些华人身体力行，开展宣传活动，筹建文化场所，致力于传播中华优秀文化。菲律宾华人陈永栽积极创办读书会，还邀请文艺、新闻、教育以及商界人士参加，一起研究并弘扬上下五千年的中华优秀文化。他还在菲律宾开办了首座华文图书馆，为学习、研究中国传统文化提供了良好的条件。[②]

近些年，菲律宾华侨华人还积极搭建文化交流平台，促进中菲之间的学术往来和人才交流合作。除了向菲律宾传播推广中华文化，他们还向中国介绍菲律宾社会文化，基于他们对菲律宾社会的深入了解，为中国“一带一路”政策建言献策。

结　语

综上所述，作为中国独特资源的华侨华人以其特有的优势地位，成为中

---

① 疫情下的菲律宾华侨华人：帮菲律宾就是帮我们自己 – 中新网（chinanews. com）

② 赵凯、黄华华：《“一带一路”六大经济走廊贸易现状与华侨华人的作用调查》，载于《华侨华人研究报告（2019）》第 256 页。

菲合作的参与者、推动者和建设者。在政治方面，菲律宾华侨华人积极推动中菲政府间沟通，增加政治互信、政策理解。在经济方面，菲律宾华商凭借雄厚的经济实力直接投资相关项目，新生代华人华裔以其扎实的专业能力成为中国“走出去”的核心人才，直接参与“一带一路”建设。在文化方面，菲律宾华人华侨素来追求“仁义道德”，树立了良好的形象且积极投身于中国优秀文化在菲的传播。同时，菲华侨华人更是以其特殊的身份积极搭建政治、经济、文化交流的平台，为“一带一路”中菲之间的交流、理解、合作奠定了基础。

此外，“一带一路”倡议为中菲产业优势互补、合作互惠带来了新的机遇。杜特尔特上任后提出了“大建特建”规划，计划在 2017—2022 年支出 9 万亿菲律宾比索（约合 1800 亿美元）以加快菲律宾的基础设施建设。但是菲律宾国内依然面临着基础设施落后，人民生活贫困等经济发展困境，吸引外资促进国内发展显然是菲律宾政府首要的任务。[①]“大建特建”规划与“一带一路”倡议非常契合，中菲两国元首已就两个计划的深入对接达成共识。据统计，2019 年 1—9 月，中国企业在菲律宾新签工程承包合同额为 35.4 亿美元，同比增长 129.6%；完成营业额 17 亿美元，同比增长 18.9%。[②]2020 年 6 月 30 日，中国共产党同菲律宾主要政党成立中菲“一带一路”政党共商机制并以视频会议方式举行第一次会议，会议主题为“共建‘一带一路’，共促经济民生”，会议通过《中菲政党支持高质量共建“一带一路”共同倡议》。

总之，随着中国“一带一路”政策的不断推进，中菲之间的交流合作一定会步入新的阶段。这无疑会促进中菲两国经济的不断发展，产生合作共赢的良好局面。经济发展带来的生活水平的改善会使得更多的菲律宾人民理解支持“一带一路”，也会吸引更多的力量参与到“一带一路”的建设之中。

---

① 林勇新:《中菲共建“一带一路”的基础、挑战与可能路径》[J]，中国周边外交学刊，2016,年第 2 期。

② 马宇晨，吴杰伟:《菲律宾：2019 年回顾与 2020 年展望》,《东南亚纵横》，2020 年 1 期，第 12 页。

新发展理念视阈中的日本华侨华人

——以日本华侨华人博士协会为例[①]

杨冬珍[*]

【摘要】中国特色社会主义进入新时代，新时代需要新发展。本文以日本华侨华人博士协会为例，根据其特点，以点带面，主要从创新、协调、绿色、开放和共享五个维度探讨日本华侨华人在我国新发展理念实施中发挥的作用。

【关键词】新发展理念；日本华侨华人；作用

十八大以来，中国特色社会主义进入新时代，社会主要矛盾已经发生变化，即人民日益增长的物质文化需要同落后的社会生产之间的矛盾，已经转化为人民日益增长的美好生活需要和不平衡不充分的发展之间的矛盾。[②]新时代需要新发展，在党的十八届五中全会上提出的“创新、协调、绿色、开放、共享”新发展理念，为我国解决社会主要矛盾，建设新时代现代化经济体系指出明确的方向。这一理念在实践中的落实和推进需要汇集多方力量，凝聚多方智慧。在新发展理念的贯彻和实施中应当动员社会力量、民间组织来积极广泛参与。本文以日本华侨华人博士协会（简称日本博协，日本华侨华人中的高智高资精英群体）为例，以点带面，展开调查研究，收集、整理了2013—2020年8年间日本博协主办、协办和参加的活动，以期通过这些详实资料和

---

* 作者简介：杨冬珍，吉林大学马克思主义学院讲师，法学博士，研究方向：国家理论和华侨华人。

① 本文为吉林大学—新疆医科大学“一带一路民心相通国际智库”联合课题的阶段性成果。

② 习近平:《决胜全面建成小康社会 夺取新时代中国特色社会主义伟大胜利》，北京：人民出版社，2017.

具体数据的整理，来分析日本博协在我国新发展理念实施中所发挥的作用。

日本博协成立于1996年，是在中国驻日本大使馆的支持下，由在日的教育机关、研究机构、民间企业中从事教育教学、学术研究、技术开发、企业经营管理等工作的中国人博士以及在日本获得博士学位后回国服务的专家学者所构成的民间团体。经过20多年的发展，博协会员由原来的40人发展到现在的700多人，学术研究与从业领域涵盖了工学、理学、医药等大多数自然学科领域，以及法学、文学、经济学等社会人文学科领域。博协在东京、北海道和北京等地设有中日两国的地区分会和按学科或专业领域组建的专业研究会。其中包括现代农业研究会、医疗保健研究会、精密工程研究会、光电信息研究会、大数据与人工智能研究会、经营管理研究会和创新创业研究会等。日本博协自成立以来，一直贯彻“务实、架桥、创新、奉献”的宗旨，致力于促进中日两国的学术交流和创新创业，是中日两国政府比较青睐和重视的民间团体。

一、日本博协2013—2020年间活动概览

基于博协的成员组成、专业构成和组织特点，日本博协2013—2020年活动精彩纷呈，主要围绕创新创业展开，为新发展理念的贯彻和落实作出不小的贡献，这也是吸引笔者从新发展理念这个视阈来讨论日本博协的直接动因。为方便梳理博协的系列活动，笔者通过相关表格来展示。

表1　日本博协2013—2020年间活动次数

年份	2013	2014	2015	2016	2017	2018	2019	2020	合计
次数	2	5	8	8	8	11	13	7	62

表2　日本博协2013—2020年间活动主题

活动主题	高科技	创新创业	人才交流合作	医疗养老健康	其他	合计
次数	13	16	22	5	6	62

表 3　日本博协 2013—2020 年间活动地域

国家	城市	次数
日本	东京（或东京圈）	31
	仙台	1
	北海道	1
	总计	33
中国	长三角（江浙沪）	14
	西安	4
	重庆	4
	珠三角（广东）	4
	福建	3
	总计	29

表 4　日本博协 2013—2020 年间活动主办组织

活动主办组织	所在国	次数
统战部、组织部、侨办、科协、政协、教育部、上海市欧美同学会	中国	29
中国驻日大使馆、博协、日本陕西总商会、日本江苏总商会、深圳驻日联络处、上海交通大学日本校友会、北海道中国会、侨梦苑海外创新创业大赛组委会	日本	26（博协）+7

二、日本博协 2013—2020 年间组织与参与的活动特点

通过对博协 2013—2020 年间组织与参与活动的具体分析，我们发现以下的特点：

（一）中日两国关系的发展直接影响着博协的活动

中日两国之间国家关系的发展深刻地影响着博协的活动。从另个角度说，博协是否活跃是中日两国关系的晴雨表。2012 年、2013 年由于钓鱼岛争端和日本前首相安倍晋三参拜靖国神社，中日关系陷入了恢复邦交正常化以来的最严峻局面。受此影响，2013 年博协参加的活动只有 2 次。2014 年活动稍有

增加，全年有 5 次，博协担任主办方的只有 1 次。2015 年、16 年和 17 年，中日关系有所缓和，各层级、各领域接触、对话、交流稍有恢复，博协参与和组织的活动有所增加，均达到 8 次。2018 年是中国改革开放 40 周年，也是中日和平友好条约缔结 40 周年，两国总理在这一特殊年份实现互访，两国间其他一些交流机制得以重启，中日关系趋稳向好发展，博协开始活跃，举办活动达到 11 次，其中 5 次担任主办方。2019 年是中华人民共和国成立 70 周年，而日本则进入令和时代。这一年中日两国在政治、经济、社会等各方面的交流都非常频繁。2019 年 6 月应日本首相安倍晋三邀请，国家主席习近平出席在大阪举行的二十国集团领导人峰会，中日双方达成多项共识。作为中日关系改善的一项具体成果，中日双方将 2019 年定为中日青少年交流促进年，并决定在未来 5 年内安排 3 万名青少年实现交流互访。同时，2019 年中日青年科技人员交流计划开启。博协深受鼓舞，这一年组织和参与的活动达到 13 次，自己主办和参与主办的活动达到 6 次。2020 年，由于新冠疫情发生，博协的许多线下活动被迫延期或者取消，但博协也克服重重困难，组织线上活动 5 次。在疫情缓和后的 8 月份，组织线下活动 1 次。12 月 19 日，博协承接了 2020 中国海外人才交流大会暨第 22 届中国留学人员广州科技交流会（简称 2020 海交会）日本分会场活动。

（二）博协活动的主题和内容紧扣新发展理念

博协成员基本属于新华侨华人群体。新华侨华人群体是相对于老华侨华人群体而言，主要是指我国改革开放（1978 年）后来日的华侨华人。他们是具有高学历、高智力、高资产的三高人员，并且成员的大多数处于青壮年的黄金年龄阶段，除了涉足华侨华人有多年经营传统的餐饮、贸易领域，他们也广泛地活跃在日本的教育研究、高新技术产业、文学艺术、广告传媒等领域。博协人才济济，核心会员更是包括名企老板和名校教授。从 2013 年到 2020 年 8 年间日本博协组织的 62 场次的活动中，我们发现，涉及大数据、人工智能、机器人产业发展、区块链的活动有 15 次，涉及创业创新的活动 16 次，活动主题涉及人才交流和科技合作的有 21 次，涉及医疗、养老、健康的活动6次。这些活动都和我们新发展理念的核心主旨“创新、协调、绿色、开放、共享”密切相关。最典型事例是2019年5月9日至11日，博协组织代表参加了在江苏昆山举行的“第二届中日韩5G技术国际论坛”，本次论坛以“汇聚东亚5G精英、助建昆山科创之城”为主题。博协代表发表主题演讲，与中日韩5G技术领域的知名专家、学者以及产业界和投资界的代表交流，借鉴国际，特别是韩国和日本先进5G通信技术的发展经验，为进一步抢占国际新一代通信技术高地，吸引更多5G科创人才及项目落地昆山和长三角，形成5G产业集群助力造势，发挥了不小的作用。此外，2020年年末，海交会首次设立日本分会场活动，由博协承办。由于东京疫情的严峻局面，本届会议采取网络直播形式进行。活动宗旨一如既往地支持鼓励包括博士协会会员在内的留日学人能够充分利用海交会这个平台，在中日两国，在粤港澳大湾区，特别是广州创新创业，为中日两国科技进步和社会发展做出自己的贡献。

（三）博协活动主要在中日经济发达地区展开

考察博协活动在中国和日本举办的地点，我们发现，在日本举办的33次活动和会议，其中有31场次集中在东京或东京圈举办。一方面这和博协成员主要在日本的居住地有关，博协三分之二的成员居住在东京和东京圈。另一方面，不可忽视的是此范围属于日本经济、技术、交通、通信、教育、医疗卫生等最发达地区。博协在国内活动选择的地点比在日本要广泛许多，不仅包括我国经济发展重镇，也包括“一带一路”国家战略的重点发展省市、东北老工业基地等新发展理念覆盖的众多省市。在国内29场次的活动中，长三角地区、珠三角地区举办的活动多达18场次。可见，不论在日本还是在中国，先进发达的地方和城市更有利于丰富和开阔博协的视野和思维，便于博协整合中日两国的优秀企业和人才，彼此之间相互启发和借鉴，及时提供中日之间各方面的交流、发展经验。同时，博协又联合欧美同学会，在这些活动地点，打通全球创新人才和资源引进的多条通道，为中国整合利用各方面人才和先进技术提供一个重要的平台。

（四）博协活动合作组织主要以中国国内或中国驻日团体为主

博协作为一个民间组织，发挥其民间性、灵活性的特点，广泛联系中国国内的其他相关团体，积极展开活动。根据我国国情，博协活动主要是在统战部、组织部、侨办、科协、政协、教育部等机构指导或者组织下展开。在日本，博协主要是在中国驻日大使馆支持下，联合驻日本各省商会、驻日联络处、各大学日本校友会、侨梦苑海外创新创业大赛组委会等民间组织，进行活动。总体上来看，博协与国内相关团体和组织互动频繁，而与日本国的相关组织和团体互动则较少，联系也不多。

根据以上对博协的分析，我们可以合理推断：博协在其发展过程中，可以利用其优势和特点发挥积极的作用，为我国新发展理念的贯彻和落实贡献力量。

三、博协发挥的作用

新发展理念作为新时代中国特色社会主义经济活动的指导方针，包括创新、协调、绿色、开放、共享五个纬度，而博协组织的活动正好和新发展理念的要求契合，我们围绕这五个维度来阐明博协发挥的作用。

（一）创新

博协的活动主题和内容多和创新相关，博协组织和参与的活动基本覆盖国家重大发展战略精华地带和重要侨乡。现阶段，其布点布局工作基本完成，工作重点进入到如何谋划落实的阶段。日本博协凝心聚力，积极支持其会员回国创新创业、为国服务，特别是为西部地区及宁夏的科技和经济社会发展服务。多年来，会员积极参与中国教育部创办的“春晖计划”，为国内的科技进步做出很大的贡献；多人次在国内举办的创新创业大赛上获奖；协会取得了多项重大科技成果，经济、社会效益显著。2020 年年末，博协企业家联谊会和博协青年联谊会正式成立，标志着博协创新创业活动站在一个新的起点，也期待着通过博协青年联谊会的努力，使得博士协会的宗旨能够不断传承发展。

（二）协调

博协成员对中日两国间的文化、风俗习惯、政策法律、市场机遇及营销网络等都有一定的了解和掌握。在中日两国的贸易往来中，扮演了重要的角色。以博协为代表的华侨华人有着先天的对中国产品的需求和偏好，甚至会通过偏好的扩散效应带动当地的日本人对中国产品产生偏好。如果日本国内不能满足他们的这种需求，就会促进日本从中国进口这些商品，从而推动了中国对日本的出口。此外，华侨华人在日工作不仅提高了日本的生产力，而且还可以吸引在中国的亲属、朋友赴日旅游，有利于促进日本旅游业的发展，加强了中日两国民间的往来互动。

（三）绿色

笔者印象比较深刻的是在2020年年末博协的会议上，千叶大学工学研究院教授，博士生导师鲁云题为“我们生活中的新材料——环境净化和新能源材料”的演讲。该演讲通过图片和数据，以及新材料在日常生活中的实际运用，深入浅出地介绍了他所带领的热电环境材料团队的研究近况。在演讲的最后，鲁云教授从微观角度切换到宏观角度，以天地人和的哲学角度对其演讲进行了升华和总结。另外一位演讲嘉宾，现任日本国立室兰工业大学副校长、博导董冕雄教授。董教授以“天、地、人：下一代灾害应急响应系统的设计与实践”为题，以2011年3月11日亲身经历的日本东北大地震为切入点，介绍了最新的灾害应急响应系统的研究动向，用通俗易懂的语言普及了关于防灾减灾应急系统的知识，并从科学角度分享关于人与自然关系的感受，以及如何把AI、IoT系统应用在灾害预防领域的具体实践措施，令人受益匪浅。

（四）开放

博协积极扩大与在日各团体和国内各相关团体间的合作交流，2020年海交会活动和博士协会年会活动几乎吸引所有在日科技团体的参与。接下来，推动、落实签订的各项合作框架协议成为博协工作重点，以推动中日两国在各领域的交流与合作。此外，博协也认识到，需要加强各分会研究会的工作，给它们提供发展壮大的机会和条件，以发挥它们的主动性和积极性，服务于国家战略、地方建设和学校发展，以教育部有关区域和国别研究为导向，以咨政服务为首要宗旨，以政策研究咨询为首要任务，对日本政治、经济、思想、文化、社会等方面开展全方位的综合研究。

（五）共享

国之交在于民相亲。赴日务工的华侨华人增多，必然促进中日两国的经贸往来和文化交流。在这个过程中，中日两国企业增进对彼此企业文化的了解，在此基础上寻找彼此的合作点、协调点、发展点，这对两国企业而言，都是一件好事情。在开放经济当中充分利用国内国际两个市场，以及国内国际两种资源，推动经济发展的结果由全民共享，中日两国共享。

四、博协未来活动展望

在新发展理念的背景下，博协大有可为，能发挥积极的作用。但是，我们也应该注意到博协的短板和不足，在以后的工作和活动中有待改进和加强。

（一）博协活动要紧密结合我国经济活动政策

我国经济发展进入新常态和新冠疫情的世界爆发，为经济发展增加了不确定性。随着国内疫情得到有效控制，在加紧复工复产的过程中，以习近平为中心的党中央多次提及新基建，希望其成为中国经济新的发力点。所谓新基建，一般认为是区别于传统的“铁公基”（即铁路、公路、基础设施）项目，指发力于“科技端”的基础设施建设。新基建主要包括 5G 基建、特高压、城际高速铁路和城际轨道交通、充电桩、大数据中心、人工智能、工业互联网等七大板块。博协结合自身的长处和特点可以大有所为，所以要进一步联系日本和国内相关专业人员群策群力，围绕“新基建”，作出自己应有的新的贡献。

（二）进一步关注中日两国欠发达地区的发展

在过去的 8 年时间，博协在自己的能力范围内为中日两国的经济发展作出了不小的成绩。回顾过去，立足现在，面向未来，博协应该努力抓住中日两国在政策上对各自贫穷、落后地区的有利方面，为贫穷落后地位的农业、渔业等产业的优势互补和互相提携进一步发挥作用。

（三）进一步融入日本社会，加强同日本相关组织和团体的互动

博协最大的优点即在日本社会的活跃程度，这种活跃程度最集中的表现就是在日本社会的融入度。在前面的考察中，我们发现博协在此方面的优势还需要进一步发掘。在中国驻日本大使馆的助力下，遵守所在国法律，尊重所在国文化传统习俗，增强和相关组织和团体的沟通和联动，为两国的经济协作和文化交流发挥更大的能量。

总之，日本华侨华人在中日两国的发展中发挥的作用可圈可点。现在，在中国新发展理念的视阈中，我们要发掘利用日本华侨华人的积极作用，弥补欠缺和不足，为我国的经济发展及两国的合作交流作出更大的贡献。

欧亚地区移民治理新特点与华侨华人

强晓云　席子贺*

【摘要】欧亚国际移民在中国与欧亚合作中占据着十分重要的桥梁地位。国家间交往的主要行为体，是中国与欧亚合作的主要参与者。中国与欧亚各国全方位合作的有序开展和惠及民生，都离不开人的因素，离不开欧亚地区的跨国人口迁移。当前欧亚地区移民治理具有鲜明性、差异性、关联性三大特征。欧亚特色的移民治理理念影响着中国与欧亚的人员交往。整体而言，欧亚国家都肯定中国与欧亚合作对促进欧亚地区经济发展具有重大意义，与欧亚国家相关，符合欧亚国家的发展利益。欧亚地区部分国家以安全为优先的移民治理理念会反映在中国与欧亚的跨国人口迁移上，造成对中国、对华侨华人的认知偏差。而增进中国与欧亚各国的相互理解，加强双方在国际移民领域的深入探讨、协调和合作，对推进中国与欧亚各国的务实合作无疑具有重要的意义。

【关键词】欧亚地区；移民治理；中国与欧亚；华侨华人

全世界6000多万的华侨华人的生存和发展与其所在国的移民政策息息相关。华侨华人所在国的移民政策、移民治理理念，关乎到每一位华侨华人的生存、发展以及可持续的生活。欧亚地区生活着相当数量的华人华侨，近

* 作者简介：强晓云，上海国际问题研究院全球治理研究所副研究员，俄罗斯中亚研究中心主任；席子贺，上海国际问题研究院硕士研究生。

基金项目：本文系国家社科基金冷门“绝学”和国别史等研究专项《新中国成立以来中国与哈萨克斯坦的跨国移民史研究》（批准号：2018VJX099）、2019–2021年度中国侨联一般课题《当前欧亚主要国家移民政策及其对华人华侨的影响》（编号：19BZQK232）的阶段性成果。

年来欧亚地区主要国家的移民治理理念和移民政策都或多或少地发生了一些变化，这些变化对华人华商乃至中国与欧亚诸国的国际合作都产生了深远的影响。

一、欧亚地区国际人口迁移概况

如果从全球范围内考察跨国人口迁移，可以看出，近年来，人口迁移大多集中在各个经济一体化发展较为活跃的地区。在欧亚地区，近年来，这一趋势更为明显。全球移民政策协会的研究表明，依托人口自由流动制度，在欧盟、南方共同体市场、南部非洲发展共同体内部，地区内部的人口迁移分别占到了国际迁移的 50%~60%。而在欧亚地区，80% 的国际迁移发生在俄罗斯与哈萨克斯坦等国家之间。并且，移民占到欧亚人口总数的 10%[①]。此外，据世界银行统计，2018 年，全球范围内的劳动移民向本国汇款金额创历史新高，达到 5290 亿美元，比 2017 年增长了 9.6%。这些汇款流向中低等收入国家，在欧亚地区，吉尔吉斯斯坦、塔吉克斯坦及乌兹别克斯坦等国的侨汇收入主要受益于俄罗斯经济的稳定复苏[②]。

经过多年的人口迁移，在欧亚地区逐渐形成了地区人口迁移中心国家。俄罗斯是欧亚移民最集中的国家，哈萨克斯坦紧随其后。2016 年后，随着米尔济约耶夫担任乌兹别克斯坦的总统，开始在国内实行改革开放的多项政策，既促进了在俄罗斯和哈萨克斯坦的乌兹别克斯坦移民回流，更推动了其他国家民众向乌兹别克斯坦的迁移。由此，乌兹别克斯坦也成为了欧亚地区人口迁移的中心国家。

相应地，俄罗斯、哈萨克斯坦与乌兹别克斯坦成为欧亚地区国际人口迁移的三个中心。俄罗斯和哈萨克斯坦是来自中亚劳动移民的目的国——劳动迁移中心，来自世界各地的游客到乌兹别克斯坦旅游——旅游中心。此外，

① Патрик Таран, Миграция, глобализация и экономическая жизнеспособность: вызовы и возможности для России и Евразии. http: //russiancouncil. ru/inner/?id_4=6665#top-content.

② 《世界银行：2018 年，全球范围内的劳动移民汇款额创历史新高》，中国驻塔吉克斯坦经商处，2019 年 4 月 2 日。http: //tj. mofcom. gov. cn/article/jmxw/201904/20190402851452.shtml.

本地区的跨国人口迁移主要表现形式依然以劳动迁移为主。

自 20 世纪 90 年代以来，大量独联体国家的公民进入俄罗斯来寻找工作机会。无论是从移民的总数，还是移民的种类，俄罗斯都是本地区人口迁移最活跃的国家，也是中亚国家迁出移民的首要目的国。根据俄罗斯内务部的最新数据，2018 年 11 月 1 日，在俄罗斯有 1.01 千万外国人，年底达到 970 万人（2017 年底—920 万外国人）[①]。其中 84% 为来自独联体国家的移民，2018 年 11 月 1 日，为 849 万人，年底为 820 万人。从国别上看，乌克兰、乌兹别克斯坦、塔吉克斯坦成为俄罗斯外来移民的三大来源国（见表 1）。

表 1　独联体国家公民向俄罗斯的迁移情况（人）

日期 / 国别	2014 年 11 月 5 日	2015 年 11 月 5 日	2016 年 11 月 1 日	2017 年 11 月 1 日	2018 年 11 月 1 日
独联体国家	9 429 973	8 845 104	8 691 571	8 468 304	8 491 247
阿塞拜疆	610 327	532 321	527 615	597 938	660 314
亚美尼亚	514 663	504 971	509 070	507 790	507 557
白俄罗斯	498 878	634 861	744 653	699 463	656 815
哈萨克斯坦	575 400	685 841	607 044	545 852	545 592
吉尔吉斯斯坦	552 014	526 502	581 197	619 498	654 892
摩尔多瓦	585 122	517 692	495 463	448 728	361 397
塔吉克斯坦	1 105 500	933 155	964 030	1 037 729	1 155 114
乌兹别克斯坦	2 335 960	1 943 384	1 671 931	1 793 664	1 961 814
乌克兰	2 651 109	2 566 377	2 590 568	2 217 642	1 987 752

资料来源：Российская экономика в 2018 году. Тенденции и перспективы. (Вып. 40) / [В. Мау и др.; под науч. ред. д-ра экон. наук Кудрина А. Л., д-ра экон. наук Синельникова-Мурылева С. Г.]; Ин-тэкон. политики имени Е. Т. Гайдара. – Москва: Изд-во Ин-та Гайдара, 2019. с. 355.

哈萨克斯坦是欧亚地区的另一个国际人口迁移中心。据哈劳动和社会保障部统计，2019 年 1–10 月，来哈外国人数量为 560 万，离哈外国人数量为

① Российская экономика в 2018 году. Тенденции и перспективы. (Вып. 40) / [В. Мау и др.; под науч. ред. д-ра экон. наук Кудрина А. Л., д-ра экон. наук Синельникова-Муры- лева С. Г.]; Ин-т экон. политики имени Е. Т. Гайдара. – Москва: Изд-во Ин-та Гайдара, 2019. с. 355.

530万，上述人员来自全球200个国家和地区。哈实行引进外国劳务政策，目前有2.1万名外国专家在全哈超过2200家企业工作。哈允许自然人引进外国劳务，2019年已发放劳务许可36.2万份。截至目前，在哈内务部系统登记的外国人为120万名，其中，独联体国家公民110万人，其他国家公民9.5万人。共对7.62万名外国人追究行政责任，其中9000人被驱逐出境。审理非法移民刑事案件43起，未执行驱逐命令刑事案件110起[①]。

未来，随着欧亚联盟和大欧亚伙伴关系的进一步推进，欧亚国家的经济一体化进程不断加深，国与国之间的人员往来也会更加频繁。同时，因受到整体国际经济形势的影响，大部分欧亚国家国内多年积累的经济问题没有得到有效解决（如经济转型、结构改革等），经济下行压力依然存在，债务风险上升，民生问题也将会更加突出。此外，欧亚国家安全形势总体可控，但不稳定因素依然活跃，也会促进部分欧亚国家的民众向相对较为稳定的国家和地区迁移。所有这些，都会进一步推动欧亚地区的国际人口迁移进程。

二、欧亚地区移民治理理念

作为一种复杂的社会现象，现阶段欧亚地区的国际人口迁移和国际移民显现出与以往不同的特点，那就是地区各国越来越重视移民对国家安全所带来的影响和后果。同时，欧亚地区各国的政治文化特点对本地区的移民研究也发挥着重要的影响，欧亚地区各国对国家安全的特殊关注、对安全的特殊敏感性的政治文化特点，使得本地区的移民理论也带上了深深的安全烙印。尽管，欧亚地区关于国际移民理论的体系框架还在深入构建与不断完善之中，但从很多学者的论著中不难发现，国际移民与国家安全相关性的理论已成为很多欧亚学者解释欧亚地区国际人口迁移进程的一个极为重要的理论叙事模式。这种理论叙事模式认为，国际人口迁移与国际移民与国家的人口安全、经济安全、社会安全、文化安全紧密相关，国际移民对国家安全产生的影响

---

① 《哈萨克斯坦举行移民问题圆桌会议》，2019年12月6日，中国驻哈萨克斯坦使馆经商参处，http://kz.mofcom.gov.cn/article/jmxw/201912/20191202919984.shtml.

大多为负面的，需要一国政府谨慎对待。

正是基于国际移民与国家安全相关性的考量，包括欧亚国家在内的世界上很多移民迁入国都将移民事务的管理纳入到国家安全事务的大范畴。较具代表性的是美国，美国是移民大国，从全国（联邦）层面上看，其移民事务属于国土安全部的管辖范围。另一移民大国——澳大利亚也将管理移民事务的机构命名为移民与边境保卫部。而在整个欧亚地区，国际移民现象也已开始超越原来的社会经济范畴，被赋予了一定的政治和安全含义。欧亚国家大多将国际移民治理视为本国国内治理的一个不可或缺的重要环节，因本国的社会经济发展水平及国内外环境的变化而变化。

无论是从移民的总数，还是移民的种类，俄罗斯都是本地区人口迁移最活跃的国家，也是中亚国家迁出移民的首要目的国。俄罗斯对国际移民的治理或管理体系和政策，既有鲜明的自身特色，也对欧亚其他国家的移民治理产生着不容忽视的影响，有时甚至是引领性的影响。

俄罗斯的移民治理理念以俄社会移民观为基础，随着俄罗斯国内社会经济状况、国际环境的变化而不断发展变化。尽管，对于国际移民，俄罗斯社会存在很大分歧，然而，维护国家利益、保证国家安全是各方观点的根本。基于俄社会整体对国家安全的高度重视，俄历届政府在制定和执行移民政策时，均把保障国家安全作为移民管理的首要目标。为了维护国家经济安全和人口安全，俄罗斯认为应当适度引进劳动移民；为了保障国家的领土安全、国防安全和社会安全，俄政府需要加强国际移民从数量和质量上加以管控；为了促进文化安全，俄罗斯的移民政策注重吸引海外俄罗斯同胞回归、吸引独联体其他国家的移民。

对国家安全的高度重视使俄罗斯的移民政策始终带有极强的保守性。多年来，每当出现积极治理移民的理念上扬时，国家安全为重的移民管理理念终会胜出，移民政策又重回到紧缩控制的轨道上。值得关注的是，随着 2018 年出台的《俄罗斯联邦国家移民政策构想（2019—2025）》的发布与落实，安全优先的移民管理理念也在悄然转变。在安全优先的前提下，俄罗斯政府开始酝酿如何通过政策手段充分利用国际移民资源促进经济发展。显然这是俄罗斯移民理念从管理向治理转变的一个信号。

在欧亚地区，除俄罗斯外，乌兹别克斯坦的移民治理理念也具有一定代表性。为了发展本国经济、吸引更多外资，乌兹别克斯坦实行着较为开放的移民政策。

为了刺激国内旅游业的发展，吸引更多的国外游客到乌兹别克斯坦旅游，在2018—2019年间，乌兹别克斯坦总统沙夫卡特·米尔济约耶夫签署了多项简化签证的措施。

第一轮新政开始于2018年初，米尔济约耶夫总统签署了《关于为发展乌兹别克斯坦共和国旅游潜力创造有利条件的补充措施》的总统令。根据该项法令，乌兹别克斯坦将向不同国家公民分别提供30天免签入境、简化旅游签证手续的措施。

第二轮新政开始于2018年7月4日，乌兹别克斯坦总统沙夫卡特·米尔济约耶夫又签署了《关于优化外国公民进入乌兹别克斯坦共和国的进一步措施》的总统令，包括启用电子旅游签证申请和签发系统，取消外国公民必须到乌驻外使领馆办理签证；未满16周岁外国公民，如持有出国护照或生物识别旅行证件且有法定监护人陪同，可免签入境等等便利化措施。

自2018年实施这两轮简化外国人入境手续措施之后，很快获得了显著的效果。2018年，赴乌兹别克斯坦的外国人创下历史最高纪录。2019年1月25日，乌兹别克斯坦旅游发展委员会发布的初步数据显示，2018年，来到乌兹别克斯坦的外国人数量创下历史新高，达到535万人。其中，460万外国人为中亚其他国家的公民，40.6万人为独联体国家的公民，32.65万外国人来自其他国家。随着外国人的增多，乌兹别克斯坦的旅行社数量也在增加。到2019年1月1日至，已注册登记的旅游社达到983家[①]。

外国人入境数量的大幅上涨极大地刺激了乌兹别克斯坦的旅游业，旅游配套基础设施和乌国国内的旅游产业潜力获得了持续发展。在这样的背景下，乌兹别克斯坦政府又进一步放宽对外国公民入境签证的限制。第三轮移民新

---

① В 2018 году Узбекистан посетило рекодное количество туристов. 25 января, 2019. https: //uznews. uz/ru/article/13575.

政开始实施。2019 年 1 月初，乌兹别克斯坦总统沙夫卡特·米尔济约耶夫签署了《关于加快发展乌兹别克斯坦共和国旅游业的进一步措施》的总统令，进一步实施签证便利化措施。可以说，2018—2019 年间的一系列移民政策调整，为吸引更多的外国人到乌兹别克斯坦旅游、投资、创造更好的投资环境。随着乌兹别克斯坦国内社会经济改革进程的蓬勃推进，得益于一系列移民新规的制订与实行，乌兹别克斯坦也成为了欧亚地区另一个国际人口迁移中心。

三、欧亚移民治理与华侨华人

欧亚国际移民在中国与欧亚合作中占据着十分重要的桥梁地位。国际移民是国家间交往的主要行为体，是中国与欧亚合作的主要参与者。中国与欧亚各国全方位合作的有序开展和惠及民生，都离不开人的因素，离不开欧亚地区的跨国人口迁移。政策沟通需要人与人的交流来实现，设施联通、贸易畅通、资金融通需要专业人员的支持与执行，民心相通更需要加强人员往来以实现。促进资本、商品、人员的自由流动也应该是中国与欧亚国家开展全方位合作的重要内容。

近年来，不论是欧亚地区内部的跨国人口迁移、还是中国与欧亚国家的人口迁移都变得更加生机勃勃。整体而言，欧亚国家都肯定中国 - 欧亚合作对促进欧亚地区经济发展具有重大意义，与欧亚国家相关，符合欧亚国家的发展利益。但同时，他们也有一些疑虑。这种疑虑和担忧还反映在欧亚国家部分民众对与中国开展人员交流上，对中国与欧亚地区的国际人口迁移产生了一定的负面影响。

尽管欧亚各国的官方都积极支持与中国开展全方位合作，然而，也必须看到，在欧亚地区长期存在的若干人文因素还干扰着地区民众对中国、对中国移民的认知。

首先，在欧亚国家依然存在着程度不一的“中国威胁论”。整体而言，“中国威胁论”在欧亚国家从未消失过，只是在不同国家、不同时期，其影响力与传播力不同而已。20 世纪 90 年代，在俄罗斯，“中国威胁论”一度流行，直接引起了当地民众对中国产生负面看法，认为中国将会对其构成“安全威胁”与“经济威胁”。俄罗斯著名民意调查机构“全俄社会舆论基金会”1997年11月的一项调查结果显示：中国仅次于美国被认为会给俄罗斯带来军事威胁。对中国好感度的提升始于2007年，2007年8月30日“全俄社会舆论研究中心”公布的调查结果显示，俄罗斯人认为中国是与俄罗斯最友好的国家。近年来，尤其是从2006—2007年开始，中国与俄罗斯互办国家年、互办旅游年等一系列人文合作活动对增进俄罗斯民众对中国的了解、降低“中国威胁论”的影响、提升中国在俄民众中的好感度发挥了重要作用。

其次，“中国威胁论”在中亚依然存在，且集中在对与中国开展经济合作的批判上。主要包括以下观点：一是认为获取中亚国家的能源及矿产资源是中国对中亚政策的核心目标，如不加以警惕，中亚将会沦为中国的“能源附庸”；二是在夸大中国在中亚能源领域存在度的基础上，认为中国与中亚的油气合作项目严重损害了后者的国家利益，增强了国家经济对能源出口的依赖度，应停止双边的能源原材料领域的合作；三是认为在中亚存在中国“经济扩张”：中国商品在中亚国内市场占有主导地位、战略资源及资本向中国转移、中亚本国工业及农业对中国经济依赖过高、中国对中亚的低息贷款造成后者的金融依赖等等。“中国威胁论”在欧亚地区的存在，除一些客观原因（本国经济发展滞后等）外，与当地官员和民众的排外情绪、对中国快速崛起及其在欧亚影响力不断上升的恐慌构成了主要原因，究其根源，仍然是对中国的发展状况、中国的各项政策了解不够、理解不深。

再次，欧亚国家对与中国的人员往来抱有警惕的情绪。视中国人为所在国的问题一直是欧亚部分国家普遍存在的现象，认为当地的中国人会给所在国家的经济安全带来威胁。有欧亚国家的官员学者指出，合法与非法的中国劳动移民挤压了当地人的就业机会，对当地劳动力市场构成压力；中国人向俄罗斯中亚的迁移是伴随着中国商品向上述国家的流入以及资本赢利向中国的流出等等。因此，当地民众对中国人或多或少持负面看法。例如，2012年哈萨克斯坦的一项调查表明，在2007—2012年间，哈社会对中国移民的负面看法有递增的趋势：对中国移民持负面看法的哈民众比例从2007年的18%

增加到 2012 年的 33%。尽管中外学者在不同的场合以不同的形式来批驳这些观点，但由于信息的不对称、欧亚社会对当地中国人的“问题化”看法依然影响着上述国家对与中国进行人员交往抱有警惕。可喜的是，已经有学者认识到，要想改变这种误解，需要中亚社会对中国更多地了解。

这些社会人文因素与欧亚主要国家注重安全的国际移民管理理念一起作用，导致欧亚地区部分国家在对待中国向这些国家的人口迁移时，往往将中国移民视为需要管控的对象，而非双边合作的积极因素。除乌兹别克斯坦、亚美尼亚等国对中国公民实行有限的免签入境制度外，大多数欧亚国家对中国公民的入境、居留、工作等方面的政策，不仅极少存在简化手续，反而有时还更加严格。这在相当程度上影响着中国与欧亚国家的国际人口迁移，进而也影响着中国与欧亚国家的各领域合作。

结　论

综上所述，当前欧亚地区移民治理具有三大特点。

第一，鲜明性。在整个欧亚地区国际人口迁移的中心和路线愈加鲜明：俄罗斯、哈萨克斯坦成为劳动移民迁移的中心，来自于欧亚地区其他国家的公民以打工、劳务合作为目的向俄罗斯、哈萨克斯坦迁移；来自世界各地的游客到访乌兹别克斯坦旅游，并使之成为新的旅游中心；越来越多来自俄罗斯、中亚的大学生到中国留学，中国也成为教育迁移中心。值得注意的是，本地区的跨国人口迁移主要表现形式依然以劳动迁移为主。

第二，差异性。欧亚地区移民治理的理念存在着非常大的差异性。一部分欧亚国家的移民理念是重在发展，其移民政策也趋于开放。另一部分欧亚国家的移民治理理念仍强调安全，其移民政策也趋于愈加保守、愈加紧缩。在地区一体化不断加强的背景下，不同的国家不同的移民政策定会对本地区的人口、资本、技术的自由流动产生相应的影响。

第三，关联性。一方面，欧亚国家移民治理理念与其国内社会经济发展具有较强的关联。苏联解体近 30 年来，大多数欧亚国家依然处于政治、经济、社会转型过程，民族国家建构历程仍在继续。一些国家依然是劳务输出大国或者是资源输出大国，在全球价值链、生产链中的地位处于被边缘化的状态。所有这些因素的影响也投射在移民治理上，治理理念和政策导向都带有典型的欧亚特色。另一方面，欧亚国家的移民治理也与华侨华人相关。欧亚特色的移民治理理念也影响着中国与欧亚的人员交往。欧亚地区部分国家以安全为优先的移民治理理念会反映在中国与欧亚的跨国人口迁移上，造成对中国、对华侨华人的认知偏差。例如，欧亚部分民众对华侨华人持警惕态度，认为华侨华人会对其经济安全带来挑战，认为中国向欧亚国家的人口迁移带有负面含义等等。

注重安全的移民治理理念也反映在欧亚地区部分国家的移民政策上，不同国家对中国公民的签证制度具有较大差异。除乌兹别克斯坦、亚美尼亚等国对中国公民实行有限免签入境制度外，大多数欧亚国家对中国公民采取较为严格的入境、居留、工作等移民政策。而与此不同的是，近年来，为了推进国际合作，中国实施了一系列更加开放的移民新规。作为国际人口迁移两端的中国与欧亚国家，秉持着差异化的移民治理理念，实行着差异化的移民政策，显然不利于中国与欧亚各国的深入合作。

如何把各个国家“各自为政”的移民政策有机的结合起来，建立统一的移民政策，达到有效调节区域内移民的平衡流动，在欧亚地区一体化进程中尤为重要。统一的移民政策对克服无序移民潮带来的消极因素和尖锐的社会问题有着积极的效果，制定统一的政策推进上合组织成员国国家现代移民进程无疑具有重要的意义。此外，如何使本地区移民进程与“一带一路”倡议相向而行，也是值得思考的一个议题。

当代新加坡华人的国家梦

彭 慧*

【摘要】新加坡华人的新加坡梦是新加坡独立建国以后五十余年来政治经济发展的产物。在不同的历史时期，新加坡梦有不同的内涵。从追求物质享乐的旧5c梦到更加注重精神内涵的新5c梦的转变，不仅反映出新加坡人生活方式和思想观念的巨大变迁，也折射出政府强力建构新加坡梦的愿景与草根阶层真实需求之间的矛盾，新加坡人的新加坡梦正面临着新的变迁与挑战。

【关键词】新加坡梦；华人；5c

国家梦是指引一个国家前进的不竭动力和宏伟愿景。1931年，詹姆斯.特拉斯洛.亚当斯（James Truslow Adams）的《美国史诗》（The Epic Of America）一书，使得美国梦一词家喻户晓。这部书的主题是："让我们所有阶层的公民过上更好、更富裕和更幸福生活的美国梦，这是我们迄今为止为世界的思想和福利做出的最伟大的贡献。"①美国梦从此深入人心，并随着时代的发展不断地演变。中国国家主席习近平于2013年在莫斯科国际关系学院的演讲中也阐述了中国梦的基本内涵，他指出："实现中华民族伟大复兴，是近代以来中国人民最伟大的梦想，我们称之为中国梦，其基本内涵是实现国家富强、民族振兴、人民幸福。"②而偏安于东南亚一隅的新加坡也有自己的国家梦，尽管新加坡梦始终缺乏一个确切的内涵，但是仍然可以勾勒出一个

---

* 作者简介：彭慧，华中师范大学历史文化学院副教授。

① 金彩云:《美国梦 新加坡梦》，载《联合早报》，2014年3月1日。

②《"中国梦"基本内涵和奋斗目标是什么》，新华网。

大致的轮廓。前新加坡国务资政吴作栋于2010年在参加马林百列国宴上，结合个人成长的经历和新加坡建国以后的国情，较为系统的阐述了新加坡梦的基本目标。他指出，他年轻时新加坡人的梦想是“一、二、三、四”（一个老婆、两个孩子、三房式组屋、四个轮子）；20世纪70年代到90年代的新加坡腾飞时期，新加坡人的梦想是5c——现金（cash）、信用卡（credit card）、汽车（car）、私人公寓（condominium）和乡村俱乐部会员证（country club membership）[①]；现在新加坡人的梦想是新5c——良好的职业（career）、生活舒适（comfort）、生儿育女（children）、关怀他人（considerate）及有善心（charitable）[②]。吴作栋的这一论述，其实就是对新加坡这个年轻国家50年建国之路的回顾与前瞻。也反映出了新加坡梦随着时代的发展，其基本内涵也不断的变化，折射出新加坡人的生活方式和思想观念的巨大变迁。然而人民行动党政府强力建构的新加坡梦的愿景与草根阶层的真实需求之间是否吻合，国家梦与个人梦能否协调发展，依然考验着这个年轻国家的包容性与魄力。

一、追求物质享乐的旧5c梦

新加坡独立以后至20世纪90年代是新加坡经济迅猛腾飞的时代，也是新加坡人的生活环境、工作条件和社会保障得到极大改善的年代，“新加坡人越来越以物质条件作为他们对事物成功的判断标准，这已经形成了一种趋势。”[③]。在新加坡政府以发展经济作为最主要的战略目标的前提下，整个新加坡社会充斥着一种浓厚的利己主义、享乐主义和功利主义的氛围，旧5c梦正是此时新加坡政治经济发展的产物。

1959年人民行动党上台执政，新加坡面临贫困、失业、低水平的教育、住宅不足、种族对立等一系列的社会问题和经济问题。1965年脱离马来西亚之后，面临的形势更为严峻。除国内不利因素外，周边环境也是布满陷阱：马

---

① 乡村俱乐部在新加坡往往指的是高档酒店或者度假山庄，大都位于风景优美的地区，是新加坡较高阶层的人士身份的象征。

② 《新的新加坡梦》，载《联合早报》，2010年8月10日。

③ 《联合早报》，1996年7月10日。

来西亚和印度尼西亚对他充满敌意；美国卷入印支战争使东南亚局势动荡不安；华人在东南亚各国受迫害的事件屡屡发生。[①]新加坡是一个生存在充满妒意的邻国夹缝中和竞争激烈的世界市场上的一个小国。面临着内忧外患的严峻环境，年轻的新加坡开始独自迈上建国的征程，前新加坡总理李光耀曾经在广播电台庄严地宣布："自由与独立永远是人民的神圣权利。我，李光耀，以新加坡总理的名义，代表新加坡人民与政府，宣布从1965年8月9日起，在自由、正义、公平的原则下，新加坡将永远是一个自由、独立与民主的国家，我们誓将在一个更公平、更合理的社会里，永远为人民大众谋取幸福和快乐。"[②]

建国初期，面临着内忧外患的政治经济环境，"国家生存"构成了凝聚新加坡政府和人民的主要纽带，新加坡的社会和经济发展是压倒一切的国家目标。[③]李光耀对此也有深刻的体会，他曾经指出："一个国家，假如政治上、经济上没有进展，老百姓生活没有改善，人民的不满情绪依然存在，或迟或早，该政权迟早会垮台的。"[④]为了促进经济的发展，人民行动党政府在结合自身的国情和世界经济发展趋势的基础上，不断地制定出切实可行的经济发展战略。从最初的以发展进口替代工业为主，到抓住第二次工业革命的机遇大力发展技术密集型产业，再到把新加坡打造成世界的金融中心，新加坡政府加强对整个经济发展脉络的宏观掌控，促使新加坡经济实现了多年的快速增长。从1965年到1989年，新加坡的年增长率高达8.3%，1994年新加坡的人均生产总值达到23435元（见表1）[⑤]，位于世界第五，在亚洲仅此于日本，成为事实上的发达国家。新加坡经济上取得的成就也让世界为之瞩目。1995年美国商业环境风险调查机构发表的"1995年最具效能的政府"调查报告中，新加坡以87分位居榜首。1996年4月，瑞士联合银行发表题为"2010年全球竞争力"报告，新加坡名列第一。

---

① 韦红：《新加坡精神》，长江文艺出版社，2000年，第40页。

② 李国梁：《在种族暴动中浴血诞生的新加坡》，http: //www.yan.sg/yuxuedansheng/。

③ 刘笑言：《家庭角色的式微——新加坡家庭政策的现状和挑战》，《东亚论文》第94期，2012年4月17日。

④ 李光耀：《新加坡40年政论选》，北京现代出版社，1994年，第171页。

⑤ 曹云华：《亚洲的瑞士——新加坡启示录》，中国对外经济贸易出版社，1997年，第1页。

表 1　全球十个人均国民收入最高的国家和地区（1994 年）

国家或地区	1994 年的人均国民生产总值（美元）	排名
瑞士	38321	1
日本	37048	2
丹麦	27146	3
美国	25808	4
新加坡	23435	5
德国	22294	6
冰岛	22249	7
中国香港	21785	8
荷兰	21746	9
加拿大	18120	10

在快速城市化和工业化的进程中，新加坡人的物质生活水平迅速提高。联合国 1993 年的人文发展报告根据收入、实际购买力、教育和保健情况等因素对全球 173 个国家的人文发展状况进行综合评估，并且摆出了名次，新加坡的物质生活质量在发展中国家中排第 10 名。[①] 随着生活质量的显著改善，新加坡人对政府和未来的生活状态明显持乐观态度。1996 年 9 月，新加坡电视机构与美国盖洛普公司在新加坡联合举行了一次民意调查，一共对 525 个各阶层人士进行了民意测验，以了解新加坡人对国家和政府的态度。调查结果显示：70% 的受访者认为新加坡在未来五年在交通、衣着、家庭生活、食物和住屋方面会变得更好，23% 的人认为会保持现状，只有 7% 的人认为今后的生活条件会变得更差。与过去 5 年相比，70% 的人认为现在的生活条件比过去更好，41% 的人为新加坡感到非常自豪，54% 人表示一般的自豪，只有 4% 的人没有自豪感；有 66% 的人认为国家越来越团结，85% 的人从来没有想过移民，只有 8% 的人表示一直有移民的念头。90% 的人对新加坡充满信心，只有 9% 的人表示对国家的前途不持乐观的态度。[②] 对以上的调查结果

① 曹云华:《亚洲的瑞士——新加坡启示录》，中国对外经济贸易出版社，1997 年，第 166 页。
② 《联合早报》，1996 年 10 月 5 日。

和表2的数据分析，我们可以看出，新加坡人的旧5c梦基本上实现，只是轿车和乡村俱乐部的会员证仍然属于较高的阶层人士拥有，这两样依然是现在的新加坡很大一部分人终身奋斗的目标。

表2 新加坡社会经济发展概况（1970—1995年）①

年份	1970	1979	1987	1991	1995
人口（千人）	2074	2362	2612	2762	3014
人均国民生产总值（新加坡元）	2798	8292	16538	22130	39340
预期寿命74.2（男）78.7（女）	67	70	73	74	
婴儿死亡率（每一千个出生的婴儿）	20.5	13.2	7.4	5.5	4
失业率（%）	6	3.4	4.7	1.9	—
从业人口的平均周工资（新加坡元）	75.6	142.8	357（1989）	—	—
入学率（6–17岁在学校的比例%）	84.2	94.5	92.3	—	—
在校大学生人数（人）	13700	20700	44746	—	—
每张病床负担的人口	301	278	295	282	—
每个医生负担的人口	1522	1276	747	731	—
在政府组屋中居住的人口比例（%）	34.6	66	86	88	—
日报发行量（每一千人拥有的份数）	200	249	268	318	—
每一千人拥有的小汽车（辆）	66	61	85	90	—
每一千人拥有的电话机（架）	78	265	446	500	—
每一千人拥有的电视机（台）	76	157	161	216	—

二、更加注重精神内涵的新5c梦

随着新加坡现代化进程的迅猛推进，西方的思想观念和生活方式开始猛烈的冲击着这个具有浓厚的儒家思想背景的东方社会，原有的价值道德体系逐渐被年轻人所淡忘。前新加坡总统黄金辉在施政演说中曾经指出："传统亚洲价值观的道德、义务和社会观念，在过去曾经支持并引导我们的人民，现在，这种传统亚洲价值观已经消失，取而代之的是西方化、个人主义和以自

① 曹云华:《亚洲的瑞士——新加坡启示录》，中国对外经济贸易出版社，1997年，第167页。

我为中心人生观。”[①] 为了遏制这种趋势的发展，新加坡政府开始把精神文明建设和物质建设放到了同等重要的位置，以期能够“保存新加坡各族人民的文化遗产，并维护代表新加坡的某些共同价值观，这样才不至于迷失我们的方向”[②]。因此，带有浓厚的物质主义和功利主义痕迹的旧 5c 梦已经不适应此时新加坡经济社会发展的需要，更加注重精神文明建设的新 5c 梦成为了此时新加坡梦的延伸。

新 5c 梦与新加坡政府大力弘扬精神文明建设以及纠正新加坡政府在大力追赶发达国家的进程中片面追求物质财富而轻视社会和人的精神等方面的协调发展的倾向密切相关。前新加坡国务资政吴作栋曾经详细的阐述了新 5c 梦的内涵，他指出：“良好的职业（career）指的应该是除了养家糊口的工作（job）之外，也是一种能让人自觉地敬业乐业，在工作中实现人生理想的职业；生活舒适（comfort）指的应该是一种不仅有物质保障，也能满足精神需求的让人愉悦的生活状态；而生儿育女（children）当然是鼓励国人积极生育，因为如果生育率持续下降的趋势没有扭转，新加坡不仅失去了建设国家社会所需的劳动队伍，而不断依赖引进外来人才以补充人口，迟早会导致新加坡特征的消逝。”[③] 而新 5c 梦中的“关怀他人”（considerate）与“有善心”（charitable）两项则主要是针对个人主义和享乐主义日益滋长以及社会责任感在年轻人中逐渐缺失的严峻事实，他曾经指出：“新加坡人以变得较为自私，许多新加坡人只关心为自己和家庭争取物质上的优良条件，而无视国家所面临的主要问题，这已在政治上成为一种隐忧。”[④] 由此我们可以得知，新 5c 梦已经深深寄托了人民行动党政府希望新加坡日益成为一个全面发展的和谐社会的良好愿景，探寻一条在“东方精神化”与“西方物质化”中间协调发展的道路。

人民行动党领导人高度重视加强新加坡人的精神文明建设工作，以应对“西方化”对新加坡社会的冲击。新加坡总理李显龙曾经指出：“新加坡的问

---

① 《黄金辉总统 1989 年的施政演说》，载《联合早报》，1989 年 1 月 10 日。

② 同上。

③ 《新的新加坡梦》，载《联合早报》，2010 年 8 月 20 日。

④ 《联合早报》，1996 年 7 月 13 日。

题是，如何一方面实现现代都市化，但又不会找不到根基……我们的问题是要留住我们的根，保留我们的文化认同。”[①]为此，新加坡内阁于1991年1月四日向国会提供了一份共同价值观的白皮书。白皮书指出，作为一个年轻的国家，全国各族人民仍未具有共同的独特文化足以把不同种族与信仰的人民团结起来，再加上新加坡社会正处于社会变迁之际，人民普遍接受英文教育，受外来影响较大，新的生活方式和价值观念都在形成的过程中。[②]于是，新加坡政府提出一套全国各族人民都能够接受的价值观，用来团结新加坡社会，应对西方化带来的挑战，以促进新加坡经济继续保持繁荣增长的势头。根据白皮书的指示精神，新加坡的共同价值观主要包括五个部分：第一，国家之上，社会为先；第二，家庭为根，社会为本；第三，关怀扶持、同舟共济；第四，求同存异、协商共识；第五，种族和谐、宗教宽容。这五个部分相辅相成，立足于新加坡社会经济发展的实际需要，在保存各个族群文化特性同时，强调集体利益高于个人利益，突出精神需求与物质建设具有同等的重要性，有利于使新加坡人形成维护社会秩序与保护国家利益的意识，反击西方化对新加坡传统道德体系的侵蚀。建国之父李光耀曾经指出：“我们汇合了来自中国、印度以及马来世界不同地域的移民，我们必须传授给我们年轻的一代以共同的基本社会行为准则、社会价值观以及道德教条。这些准则、价值观以及教条将能塑造完整的未来新加坡人。我们各个不同人种、文化、语文以及宗教所具有的各种优良特点必须保存下来。”[③]

把新加坡打造成为一个“优雅社会”，也是新加坡政府大力加强精神文明建设的重要组成部分，此举可以使新5c梦能够得到更好地实现。“优雅社会”于90年代初由当时的新加坡总理吴作栋提出，其目的主要是针对年轻一代过分追求物质，轻视精神生活，过分追求个人享受，轻视集体利益的倾向。新加坡政府在1991年制定的《新加坡向发达国家发展的经济战略计划》中对新加坡人未来的精神生活和社会发展作了较为详细的描绘，这些描绘基本勾勒

① 康斯坦丝．玛丽．滕布尔：《新加坡史》，东方出版中心，2013年，第474页。
② 韦红：《新加坡精神》，长江文艺出版社，2000年，第177页。
③ 韦红：《新加坡精神》，长江文艺出版社，2000年，第180页。

出了吴作栋所说的“优雅社会”的基本轮廓。这个计划书表示要把新加坡建设成为发达国家的理想，不单纯是提高人均收入，而是应包括经济力、民族特性、生活质量以及世界性城市结构等四个方面的要素。[①]综合所述，我们可以知道吴作栋所提出的“优雅社会”主要包括两方面的内容，其一是较高的社会凝聚力，整个社会和睦与协调发展；其二是新加坡人必须具备较高的文学艺术修养和较高的社会公德心以及社会责任感。“优雅社会”运动一定程度上取得了非常好的效果，新加坡人的行为举止有了很大程度的改观，《海峡时报》交流版曾经刊登了一名斯里兰卡妇女的来函，主要讲述了她在新加坡逗留几天的感受：“从我抵境，直到我离开，这个城市让我留下深刻印象……到处都可感受到人们的善意……我在一个商场向一个年轻女生询问通往地铁站的路，这名女士不但主动为我带路，还帮我提购物袋……有店主请我喝水、在等巴士的乘客陪我走到正确的巴士车站等车，也有人带我过马路。我从来没有在其他这种地方感受到这种善意。”[②]然而“优雅社会”是政府通过强有力的权力手段建构的，官方通过重赏和重罚，去分别鼓励与遏止被官方肯定或否定的言论选择，导致新加坡人的文明礼貌程度大幅度提高，“优雅指数”却有了显著的下降。这点可以从新加坡行善运动秘书处公布的国民“优雅指数”便可知端倪。2011 年国人的“优雅指数”是 61 分（总分）100 分，接下去三年都在下降，2015 年提升至 61 分，却始终无法突破 61 分。[③]

三、从旧 5c 梦到新 5c 梦转变的背景与原因

新加坡人的新加坡梦是新加坡政治经济发展的产物。总体来说，新加坡梦由旧 5c 梦到新 5c 梦的转变大致有以下几个原因：

首先，追求物质享受的旧 5c 梦导致新加坡人生活压力巨大，精神生活空虚。随着新加坡社会经济的发展，各种竞争异常激烈，导致新加坡人的生活压力也逐渐增大。以教育竞争为例，新加坡政府坚持“精英主义”治国的理

① 曹云华：《亚洲的瑞士——新加坡启示录》，中国对外经济贸易出版社，1997 年，第 192 页。
② 王永炳：《何时实现优雅社会》，载《联合早报》，2016 年 6 月 22 日。
③ 同上。

念，实施的是以智力水平的高低为主要依据的教育分流制度。在新加坡，博士受到尊敬，拥有博士最多的新加坡国立大学是盛产博士最多的地方。新加坡人从小学三年级开始就面临残酷的教育竞争，许多人拼命的学习，努力争取到最高学府接受深造和获得最高文凭的机会。一位新加坡学者曾经这样写道："新加坡人现在似乎不只是要有学位和文凭，而且最好是学位不止一个，文凭不止一张，要不然就是认为没前途了。这的确是 90 年代新加坡人普遍的想法。这一想法也激励着新加坡人始终向前发展，鼓励他们永远力争上游，不落人后。" ① 由于过度激烈的升学竞争，使许多新加坡人患上神经紧张的毛病，自杀的现象也屡见不鲜。据新加坡心理健康协会副会长杨新发医生透露，"新加坡约有五分之一的人精神衰弱，每年约有 4000 名青少年上精神病诊所求治"②。使旧 5c 梦广为人知的新加坡电影《美满人生》中的男主角发了横财，五个 c 唾手可得，仿佛可以从此平步青云，麻雀变凤凰。偏偏就在他去乡村俱乐部申请会员资格的时候不幸突发心脏病，骤然一命呜呼，无福消受的 5 个 c 之外，只剩得第六个意外降临的 c：coffin（棺材），颇具讽刺意味。

其次，旧 5c 梦导致新加坡人强调个人利益至上，缺少见义勇为的精神，新加坡社会趋向冷漠。新加坡经济的迅猛发展导致大多数新加坡人追求自己的物质利益，对与自己关系不大的社会与国家事务毫不关心。1996 年 8 月，吴作栋在发表国庆讲话时指出："新加坡建国以来不断的经济增长和好运，使得独立后成长的一代人，把精力集中在增加自己的财富"③。个人功利主义的泛滥，导致新加坡人对其他事物采取一种敬而远之的态度，整个新加坡社会趋向冷漠、自私。1990 年 8 月初，一位中学生因在公共汽车上劝请别人不要抽烟而惨遭三名歹徒毒打，车上的众多乘客无一人提供援助，三名歹徒在众目睽睽之下打人并抢劫后，若无其事地走下车离去，至今仍逍遥法外。一位国会议员承认"这是令人痛心的事件"。④1990 年底，一名中学老师在组屋楼下

① 韦红：《新加坡精神》，长江文艺出版社，2000 年，第 11 页。
② 《联合早报》，1990 年 10 月 29 日。
③ 《联合早报》，1996 年 8 月 9 日。
④ 《联合早报》，1990 年 8 月 6 日。

的停车场遇盗，高喊救命，惊动了左邻右舍，一个个竟冷眼旁观，无一人前来相助，使该教师在挨了几拳之后眼巴巴地看着自己的车子被劫走。事发后，该教师对邻居之间的冷漠和见死不救“深感痛心”。[①]

再次，旧5c梦导致物质主义与享乐主义思潮泛滥，精神文明建设落后于社会经济的发展。随着新加坡工业化和城市化进程的快速推进，新加坡人的生活环境有了很大程度的改善，在这种社会背景下成长的年青一代新加坡人开始正式迈进消费社会的时代。他们“穿牛仔裤一定要名牌，上班的穿着也不可马虎，高跟鞋可以一口气买两双，化妆品与护肤品更不可缺，每个月不论多穷也要上美发院弄头发一次，月底发薪一定要和朋友们‘high tea’一下……”[②]因为青年一代普遍缺乏理性理财的观念，而且拼命消费，经常导致入不敷出。根据相关调查显示，年轻一代的零用钱大部分都用在吃、喝、玩、乐上面，其中只有17%用在家用上面，17%用在交通上面，33%用在吃上面，16%用在买新衣、鞋上面，14%用在玩乐上面。[③]然而新加坡精神文明的建设却远远落后社会经济的发展，新加坡人的行为举止的文明程度却赶不上本身物质条件的巨大改变。前新加坡总理吴作栋在1996年的新年贺词中表示：“一些新加坡人的行为举止，好像还处在石器时代一样。他们在公共场所乱抛垃圾，胡乱停放车辆，破坏图书馆里的图书，在领取免费旧课本时争先恐后，偷采或者破坏植物园里展出的胡姬花等。他们破坏了别人的愉快生活环境，给游客留下了一个不好印象，以为新加坡人都是粗鲁、没有教养的。”[④]由此我们可以知道新加坡人的社会行为离吴作栋要把新加坡打造成一个“优雅社会”的战略目标，还有很长一段距离要走。

最后，过分追求旧5c梦导致新加坡西方化程度不断加深，原有的道德体系遭到冲击。伴随着新加坡经济的迅猛发展，西方的生活方式和思想观念也开始大量涌进新加坡，新加坡社会的西方化程度逐步加深。前新加坡总统黄

---

① 《联合早报》，1990年11月11日。

② 栗子：《年轻人眼中的中产阶级》，《早报周刊》，1994年，总第370期。

③ 郑慧芳、莫美颜：《独立后新生代在想什么》，《早报周刊》，1992年，总第200期。

④ 《联合早报》，1996年1月1日。

金辉在1989年的施政演说中指出："我们的社会已经改变，我国人民到处旅游，阅读外国报章杂志，收看英、美国家的广播和电视节目，我们在不知不觉中收到西方文化的同化"，"新加坡的华人，与中国香港、中国台湾或中国大陆的华人比较，是西化多了。新加坡的马来人与印度人也同样西化。"① 过分西方化的结果导致个人主义和单身主义肆虐，严重的冲击着作为共同价值观核心支柱之一的新加坡传统的大家庭结构。传统的三代同堂的大家庭结构逐步解体，让位于以两代人为主的核心家庭。在1968年，新加坡每个家庭的平均人数为6.2人，到1987年下降成为4.3人，到2000年，每个新加坡家庭的人数将下降为3.4人，2030年将进一步降至只有3.05人。② 与传统的大家庭结构解体相适应的是，新加坡家庭的离婚率却不断增加。据新加坡统计局的统计，从1987—1988年间，夫妻离婚数字有明显的增加。离婚率从1978年的4.4%增至1988年的11%。③ 此外，由于受到西方影视作品的影响，新加坡青少年的吸毒率曾明显的上升趋势。1988年新加坡因吸食海洛因而被捕的人数达到5220人，与四年前相比，增加的幅度达到102%④。面对这种严峻的状况，新加坡政府开始大力加强传统价值体系的建设工作，正如《联合早报》社论指出的那样："我们现在都可以感觉到，加强东方人的家庭伦理关系，灌输亚洲人所共有的传统价值观，已经逐渐成为新加坡人的共识。这是新加坡独立以来，物质建设以外的另一项重大成就，我们必须在这一方面继续坚持和努力下去。"⑤

四、未来的新加坡梦——新的挑战

新加坡梦是新加坡政府强力建构的，它反映了新加坡建国五十余年来政治经济发展的进程。然而政府强力规划的发展愿景与广大草根群众之间存在

① 《黄金辉总统1989年的施政演说》，载《联合早报》，1989年1月10日。
② 《联合早报》，1988年10月24日。
③ 《联合早报》，1995年11月17日。
④ 《联合早报》，1995年11月23日。
⑤ 《联合早报》，2月21日。

着较大的差距，“国家梦”并不等于是“个人梦”，而且随着新加坡社会面临的挑战日益多样化，新加坡梦的内涵此时已经显得有些促狭。

首先，新加坡是一个典型的威权主义国家，人民行动党通过一些列决策宏观掌控着新加坡社会前进的方向，强调个人必须服从社会，必须遵守政府制定的各项规章制度。例如，在新加人们随时都可以看到各种警示牌。在公园里，可以看到“不准钓鱼”“不准乱扔垃圾”“不准骑自行车”等告示牌；在地铁站外，竖着“不准坐矮墙”的告示牌；在影剧院内，挂着“不准吸烟”的劝告；在马路上，有“不准乱过马路”“限制区”的告示牌。此外，还有不准随地吐痰、骑摩托车必须戴安全帽、电车内不穿吸烟等规定。① 随着新加坡物质环境的迅速改善，西方思潮的大量涌入，年青一代的受过较高教育的新加坡人开始逐渐反对政府对社会的控制，主张更多的追求自己的自由，反对把政府强力建构的新加坡梦当成自己的梦想，有的人甚至认为不存在所谓的 5c，认为这是“新加坡研究社会学的人为描绘“新加坡梦”而硬拼凑起来的”②。例如《联合早报》国际新闻组洪伟喜，几年前辞去了报馆的工作，一个人浪迹天涯去，花了 502 天走了 38 个国家，在长达 17 个月的旅行中，前面 13 个月的旅程只靠巴士、火车和船，完全没有做飞机，几个月完全没有做飞机，几个月前她把旅游经历写成一本英文书“Seeing the word in 500 days——A travelogue by Hong Wei Xi”③。还有在新加坡的一所英国银行已工作了四年的王慧娟，但她却辞职，去追求与青年一起工作的乐趣。她表示：“我想摆脱朝九晚五的工作，这样的工作不是盼着发奖金，就是等着晋升，对我没有太大的影响力。”④ 正如路透社此后评论的那样：“当越来越多的年轻人可以另作决定时，当越来越多的年轻人因为是自己的选择而获得满足感时，社会也就达到可让下一代将那些其他选择视为合理的临界点。”⑤

其次，基于本土生育率低、居民人口趋于老龄化的情况，新加坡的人力

① 韦红：《新加坡精神》，长江文艺出版社，2000 年，第 216 页。
② 周清海：《新加坡华语词汇与语法》，玲子传媒，2002 年，第 38 页。
③ 傅来兴：《构筑新新加坡梦有可能吗》，载《联合早报》，2013 年 12 月 5 日。
④ 《“新加坡梦在年轻人中渐失宠”》，载《联合早报》，2013 年 2 月 18 日。
⑤ 同上。

资源已经满足不了新加坡社会经济发展的需要，而大量引进的外劳似乎越来越难以实现新加坡梦。根据联合国的预测，到2020年，新加坡60岁及以上老年人口在总人口的比例将上升到26.5%，届时将有超过1/4的人为老年人口。① 为了促进经济的持续发展，新加坡政府大力实施引进外国劳工的政策，李显龙表示："我们需要一定比例的移民、外籍劳工，从专业人士到建筑工人，有技术或没技术的都可以。"② 根据2015年新加坡统计局发表的年度统计年鉴显示，2014年新加坡总人口数为5 469 726人，其中新加坡公民和取得新加坡永久居住资格的为3 870 739人，暂时务工的人数为高达1 598 987人，占新加坡人口总数的近30%。③ 随着移民和外籍工人的增加，就业市场的紧张，本土居民不满之声日益高涨，双方之间的矛盾日趋激烈，给新加坡的政治、经济造成了一定程度的负面影响。而且外来务工人员对从事技术含量比较低的职业，经常遭受雇主的苛刻对待，新加坡梦对于他们似乎遥不可及。2012年11月，来自中国的巴士司机在新加坡举行罢工，打破了新加坡26年没有罢工事件的记录。171名来自中国的巴士司机以罢工抗议工资待遇遭到歧视。④2013年12月8日晚9时许，在新加坡印尼族群聚集地"小印度"，一名印度籍外劳因突发交通事故身亡，引发了300名来自南亚外来劳工袭击警察的骚乱，造成39名新加坡执法人员受伤，25辆救护车和警车被焚毁或受损。⑤ 这是新加坡近44年来做严重的一起公共安全事件。外劳劳工虽然为新加坡经济做出了很大的贡献，却并没有享受新加坡社会发展所带来的各种福利，原有的新加坡梦已经适应不了当今新加坡社会所面临的挑战。新加坡政府开始关注这一问题，总理李光耀也表述了他对新加坡的梦想，他表示："我梦想新加坡成为一个人人都为国家感到自豪，却永不自满；一个人人都有强烈的家园归属感，却又欢迎外来者；一个赞美社会多元性，却能团结一心去战胜逆境、繁荣兴旺的国家。我也梦想家家户户都有个美好居所，每

① 《新加坡人口问题与发展理念》，世界人口网，www.renkou.org.cn.

② 胡舒立、张翃:《重磅封面专题：总编胡舒立访李显龙》，http: //www.yan.sg//zhongbanfengmian/.

③ 新加坡统计局:《新加坡统计年鉴》，2015年，第45页。

④ 胡舒立、张翃:《重磅封面专题：总编胡舒立访李显龙》，http: //www.yan.sg//zhongbanfengmian/.

⑤ 《新加坡寻求通过临时立法维持区域秩序》，新华网，http: //news.xinhuanet.com.

个工人都有份安定的工作，每个孩子都有个灿烂的前途。”①

总之，新加坡梦寄托着新加坡政府希望本国经济繁荣与全面发展的良好愿景，无论是早期具有浓厚的功利主义倾向的旧5c梦，还是后来更加注重和谐的新5c梦，都是新加坡政府希望通过自己的宏观决策和大力提倡来掌控社会发展的方向和轨度。然而目前看来，这一梦想的构建正受到年青一代的新加坡人以及大量涌入的新“新加坡人”的挑战，未来的新加坡梦似乎需要进一步的调适与改革。

① 《圆梦 在追梦》，载《联合早报》，2010年8月10日。

第六篇

侨务资源、侨务政策与侨务工作研究

涵养侨务资源 促进海外华侨华人发展

王望波 *

【摘要】中国的国外侨民及其后裔遍布全世界，数量已约达5000万。海外华侨华人资产总额超过2万亿美元，人口和经济规模达到一般地区强国的水平。海外华资占中国引进外资总额的60%以上。此外，华侨华人的高端人才储备实力强大。华侨华人是中国最重要的海外资源，是中华民族复兴的主动力之一。海外华侨华人与中国的关系，历来中国政府利用、借助华侨华人资源的多。在面临当今新的大变动环境下，有必要深入探讨如何涵养侨务资源，确保侨务资源亦即海外华侨华人可持续发展的重要问题。首先，要改变历史上对侨务资源重利用，轻涵养的态度。涵养海外侨务资源，应当是中国发展战略的最重要组成部分之一，是迅速提升国力和实现现代化的捷径。其次，涵养侨务资源纳入国家经济发展战略的核心之一。继续保持与海外华资在资本、产业、研发、市场营销等方面的合作，提升合作层次。此外，重视发挥媒体的作用，在讲好中国故事、华侨华人故事的同时，澄清一些西方媒体偏激甚至歪曲的报道，争取良好的舆论环境。涵养侨务资源，与华侨华人合作中实现多赢，促进华侨华人发展也是维护中国国际形象的有力展示。

【关键词】涵养；侨务资源；华侨华人；发展

侨民现象始于国际移民，并非中国所特有。按人口比例而言，中国并非海外移民比例最大的国家。大部分欧洲国家，乃至菲律宾、巴基斯坦、印度

---

* 作者简介：王望波，厦门大学国际关系学院/南洋研究院副教授。

等国的海外移民及其后裔比例，都远超中国。然而，唯有中国的海外侨民及其后裔，数百年来一直与中国本土保持着特殊的情感和密切的联系。庞大的海外华侨华人在历史上曾对中国本土的社会发展起特殊作用，中国大陆改革开放事业的发展，一直建立在充分利用华侨华人资源的基础上。华侨华人是中国最重要的海外资源，是中华民族复兴的主动力之一。

纵观中国历史发展脉络，不难发现，有无侨务政策以及侨务政策的好坏不仅表明政府的民主进程和执政水平，直接关系到华侨华人的生存发展，而且也间接影响到其祖籍国尤其是侨乡的发展。海外华侨华人与中国的关系，历来中国政府利用、借助华侨华人资源的多。在面临当今新的大变动环境下，有必要深入探讨如何涵养侨务资源，确保侨务资源亦即海外华侨华人可持续发展的重要问题。

中国的国外侨民及其后裔遍布全世界，数量已约达5000万。海外华侨华人资产总额超过2万亿美元，人口和经济规模达到一般地区强国的水平。海外华资占中国引进外资总额的60%以上，他们在中国的投资企业构成了中国经济体中最有活力并引领中国经济国际化的企业群；华侨华人的高端人才储备，其整体实力甚至远超中国大陆。[①] 中国在改革开放事业的发展中，一直注意努力吸收侨务资源，华侨华人与中国的合作已成为中国社会经济发展的主要动力之一。

一、华侨华人人口分布

20世纪80年代以来，中国人移居海外的人数保持快速增长的态势，前往北美、澳洲、西欧、日本、韩国等发达国家的新移民人数增多，而包括俄罗斯、非洲、拉美等非传统移居区的华人新移民也有了较显著的增长。至2008年中国新移民数量达1030万左右。其中，来自港台地区的为160万—170万，来自中国大陆的约为800多万。总体而言，东南亚地区华侨华人人数绝对值增加，但所占比例有所减少；其余各大洲华侨华人人数及所占比例

① 王望波、庄国土著《2010年海外华侨华人发展报告》，厦门大学出版社，2013年8月版，第2页。

迅速增长；新移民数量逐步增加。根据庄国土教授主持的有关课题组的研究成果，截至 2007 年底，世界华侨华人总数约为 4543 万人。其中，亚洲地区为 3548 万人，约占全球 4543 万华侨华人的 78.1%；东南亚地区的华侨华人就有 3 348.6 万人，约占全球华侨华人总数的 73.5%。美洲地区的华侨华人超过 630 万，占全球华侨华人总数的 13.87%。欧洲地区华侨华人有 215 万，占全球华侨华人总数的 4.73%。大洋洲华侨华人超过 95 万，占全球华侨华人总数的 2.09%。非洲地区华侨华人也达 55 万，占全球华侨华人总数的 1.21%（见表 1）。①

表 1　2006—2007 年各洲华侨华人数量和分布统计表

（单位：万人）

地区	人数 / 百分比 *	新移民 / 百分比 **
总计	4543/100. 00	1030/22. 67
亚洲	3548/78. 10	400/11. 27
美洲	630/13. 87	350/55. 56
欧洲	215/4. 73	170/79. 07
大洋洲	95/2. 09	60/63. 16
非洲	55/1. 21	50/90. 91

* 占全球华侨华人总数 %；** 占当地华侨华人总数 %。

就整体而言，近 30 多年来海外华侨华人群体的特点之一，是其数量的迅速增长和教育及经济水平的快速提升。由于包括港澳台地区在内的中国新移民的大量增加，加上海外传统华社人口的自然增长，海外华侨华人数量已有较大增幅。相对于老移民，新移民的教育水平和经济实力有较大的提高。特点之二是世界华侨华人分布状况发生显著变化。较大规模的中国新移民决定性地改变着世界华侨华人高度集中于东南亚的格局。1980 年以前，东南亚华侨华人人数占世界华侨华人的 85%~90%，但现今东南亚华侨华人的比例降为 73.5% 左右。分布状况特点之一是发达国家的移民激增。北美华侨华人多达 530 万，从 1980 年以前占世界华侨华人总数的 4%增至 2007 年的近 12%。

① 王望波、庄国土编著：《2008 年海外华侨华人概述》，北京：世界知识出版社，2010 年 4 月，第 7 页。

欧洲华侨华人200余万，从1980年以前占华侨华人总数不足1%增至2007年的近5%。日本华社已从5万多人增长至80多万人左右，韩国华社也已超过60多万人，澳大利亚华社从10余万人增长至近70万人。分布状况特点之二是华侨华人聚居区几乎遍及全球各大洲的各个国家，尤其是近百年来中国移民罕至的拉丁美洲、非洲和中东各地，现在也出现多个数以万计的华侨华人聚居区。近些年来，世界华侨华人人口平稳增长，分布状况也继续保持上述特点（见表2）。

表2　东南亚华侨华人分布及在当地人口中所占比例①

（单位：万人）

国别	年度	人数	在当地人口中所占比例	新移民人数
印度尼西亚	2007	1000	4.1%	10
泰国	2007	700	11%	35—40
马来西亚	2006	645	23.7%	10—15
新加坡	2007	360	77%	35
缅甸	2007	250	4.5%	100—110
菲律宾	2006	150	1.6%	20
越南	2007	140	1.67%	10—15
柬埔寨	2007	70	5%	20—25
老挝	2007	28	4.8%	13
文莱	2007	5.6	15%	–
总计	2007	3348.6	5.96%	253—283

20世纪90年代中期以来，中国新移民的主要流向发生重要变化，发展中国家成为新的移民目标。其原因首先是由于发达国家接纳非专业人士的移民限制日趋严格，合法移民难度加大，通过非正式移民渠道的价格飞涨。其次，中国经济实力迅速增长，对发展中国家的商品出口、投资和劳务输出激增。中国商贩和企业家的海外活动也强化了中国的海外经济扩张，由此推动了中国新移民流向发展中国家。发展中国家入境和居留管理通常远较发达国

① 王望波、庄国土编著:《2008年海外华侨华人概述》，北京：世界知识出版社，2010年4月，第14页。

家宽松，民众对中国移民的态度也较友好。东南亚为中国近邻，交通便捷，移民费用低廉，东南亚与中国经贸关系密切。东南亚各地广泛存在华人社区，也使新移民在东南亚较易谋生。此外，东南亚是经济和社会发展程度高度不平衡的地区，各国和各阶层有不同的人才和劳力需求，各类中国新移民可从事不同行业，有各种发展机会。不像在非洲、南美和俄罗斯，绝大部分中国新移民仅能从事商贸活动。另外，新移民与祖籍国、移出地联系紧密，对中国国内情况也更为了解，更有可能成为促进中外友好交往的推动者。

二、华侨华人经济资源

近年来华侨华人社会的整体经济实力进一步增强，海外华商成为世界经济中的一支日益活跃的力量。其中，代表华人资本雄厚实力的东南亚地区华人企业经过转型升级，已逐渐摆脱亚洲金融危机的阴影，重现活力。集中了大批高科技人才的北美地区华侨华人高科技企业成长迅速，潜力巨大。欧洲等地区众多华侨华人中小企业的资本积累已初步完成，正在向多元化经营迈进。中国以外的华侨华人经济资源，一直是华侨华人研究的热点。尤其是对华商资产总额的估算，一直是研究华侨华人经济活动及其与中国关系的重要课题。

厦门大学庄国土教授主持的2009—2010年国务院侨办重点课题“华侨华人经济资源研究——以华商资产估算为重点”，通过对大华商最为集中的前东盟五国华商中小企业的研究（以新加坡和泰国为例），提出即使是在大华商集中的地区，华商中小企业资产也应当占华商资产总额的30%—50%的实证依据。在其他地区，中小企业可能是华商的主体。

鉴于东南亚华商企业资产约占全球华商（不包括中国大陆、港澳台）75%以上，该研究课题将东南亚华商资产估算作为重点。对东南亚华商的资产估算的总体思路大致是：以国别为基本单位，先后对东南亚各国的华人大型企业资产、华人中小企业资产进行估算，此外还对各国外来华资情况进行考量。[①]初步研究结论为：东南亚华商的资产约 15 051 亿美元。其中，华商大企业的资产 9 506 亿美元，中小企业 3 994 亿美元，外来华资 1 557 亿美元。由于各国的中小企业的数据不全，该部分可能低估或大大低估。如以国别分，则新加坡为 5 986 亿美元（占 39.77%）、泰国 3 853 亿美元（占 25.6%）、马来西亚 1 812 亿美元（占 12.04%）、印度尼西亚 1 866 亿美元（占 12.4%）、菲律宾 797 亿美元（占 5.3%）。东南亚五国占据东南亚华商资产的 95%。即使扣除大陆华资的 77.85 亿美元，也在 1.49 万亿美元以上。由于对后东盟五国的数据掌握不够，只能依靠现有资料估算，对后五国估计应当远低于实际数额。但后东盟五国的华商实力较小，虽然低估，对东南亚十国华商资产总额的影响不大。东南亚华侨华人数量占世界华侨华人人口的 73.5%，如以其他地区的华商人均资产如东南亚华侨华人，则港台和东南亚以外的世界华商，其资产总额应在 5 500 亿美元左右。东南亚与其他地区的华商资产当在 2 万亿美元以上。加上港台地区，中国大陆以外的“世界华商”资产总额当接近 5 万亿美元。[②]

而且，华侨华人企业的科技与资本集约化和国际化程度较高，改革开放以来，海外华资企业和专门人才，是中国企业国际化和管理水平提升的主要动力之一。中国经济的崛起，很大程度上在于和强大的海外华人经济网络良性互动。现在欧美著名国际跨国公司的亚太总部、中国总部、在华外资企业的主管许多都是华人。东南亚华商和港台华商更是具有长期国际商贸的经验。就经济规模和实力而言，海外华商已经具备世界性的吸引力和影响力。无论是中国大陆还是其他发展中国家乃至部分发达国家，引进东南亚华商资本都是招商引资的目标之一。无论是中国企业的“走出去”，还是进一步发展中国经济的“引进来”，海外华侨华人无疑都是重要的合作者和推动者。

---

① 注：本课题所关注的外来华商群体，指具有中国国籍或华裔血统、活跃在世界经济舞台上的商人群体，包括中国港澳商人、台湾商人以及遍布世界各地的华侨华人中从事商业活动者。从中国大陆走出去，正活跃在国际经济舞台上的中国大陆商人，也在此研究之列。至于中国大陆国有企业的在外投资是否属于华商，则须专门厘清。

② 王望波 庄国土著《2010 年海外华侨华人发展报告》，厦门：厦门大学出版社，2013 年 8 月版，第 7–8 页。

三、智力资源

海外华侨华人的智力资源高度集中在北美。来自中国大陆的海外专业人才，加上来自港台、东南亚华人中的专业人才，当以数百万计。海外华侨华人专业人才的整体科技实力远超中国大陆。截至 2008 年仅中国大陆海外留学未归者就近 100 万（2/3 未归，加上未统计的），加上港台留学未归者 50 万以上，仅来自中国的海外专业人才就达 150 万以上。据 2008 年美国全国科学理事会数据，220 万个在外国出生的科学或工程学位获得者，来自中国的科学或工程学位获得者占 11%，约为 24.2 万人。有 22% 的科学或工程博士来自中国。[①] 美国华人高学历者比比皆是。即使是那些被称为教育程度低的福州人，包括非法移民的子女，如 14 岁前到美国，也基本在重点大学接受教育。这与海外华侨华人父母受传统儒家社会的科举取仕形成重视教育和为下一代的牺牲精神直接相关。

纵观中国近现代化的历史进程，中国近百年来的先进科学技术主要掌握在广大留学生手中，毫无疑问，中国现代学科体系的创建主要应归功于留学生群体的努力。清末大规模留学运动主要是以日本为师；庚款留学所带动的留学欧美在“科技救国”及“工业救国”下进行，他们选择欧美社会为现代化的典范；稍后的留欧和留俄选择了苏维埃现代化模式；改革开放后，新一轮的大规模留学在“科教兴国”的旗帜下展开，这些留学生又积极地选择促进市场经济体制和法制的完善。因而，有学者认为，留学生的代代相传，左右着中国的社会转型。当然，海外人才的独特作用还是首先突出表现在科学技术领域。[②] 近年来，越来越多的海外人才还在引领中国科学技术国际化、促进国际交流合作方面发挥着举足轻重的作用，成为国际交流合作的助推器和催化剂。

随着中国在全球事务中扮演的角色日益重要，除了高科技人才之外，中

① 庄国土《从国家发展战略看侨务资源——大侨务战略应是国家发展战略的核心之一》，《侨务工作研究》，2008 年第 5 期，第 11 页。

② 中国侨务理论课题组编《中国侨务通论》（试用版），广州：暨南大学出版社，2012 年 8 月版，第 70 页。

国还需要熟悉国际规则、与外国人打交道经验丰富的人才，这使得大批新兴的民营企业、出口型的中小企业以及越来越多参与国际竞争的国有企业，特别是在海外上市的企业对拥有海外学历和经历的国际化人才求贤若渴。

四、社会政治资源

随着华侨华人人数的增多、实力的增强，以及华侨华人自身的努力，对融入与回馈当地社会及提升自我政治地位的认识也越来越深刻。积极参政议政，不仅是老一辈华人争取合法权益的斗争利器，更是年轻华裔实现自身价值的选择之一。尤其值得关注的是，第二代华人移民大多受到多元文化的熏陶，兼具中外视野，在政治事务中具有得天独厚的优势，开始崭露头角。海外华人屡屡问鼎各国政坛高位，不仅展示出其参政意愿的提升，而且其贡献及能力也渐获主流选民的认可。近些年来，海外华人参选参政继续取得进展，出任各级众议员、参议员、部长等行政官员的华人越来越多，还有许多华人当选为市长等职务。

海外华侨华人在融入与回馈当地社会，捐资救灾，从事慈善事业，致力于服务社区等方面表现得越来越积极，也得到了当地社会的充分肯定。例如，南非华侨华人通过帮助当地贫困人口，赢得了当地人的赞赏，从而在当地建立良好口碑。南非华侨华人每年都会在约翰内斯堡北部亚历山大区开展捐赠物品献爱心活动，向当地 300 户贫困居民家庭捐赠食用油、面粉、糖、棉被、衣服等日常生活物品，并向当地小学捐款。2010 年 2 月，智利发生大地震。智利中国和平促统会副会长郁飞和许敬言，第一时间带着价值数万美元的救灾物资，驱车 30 多个小时送往重灾区。受灾民众激动且意外，没想到第一批赶来援助的竟是中国人。此后，智利华商总会等也迅速组织侨胞参与援助。华侨华人急公好义的表现，受到智利上至总统、下至普通民众的称赞。

中国周边国家庞大的华人社区和华商企业，是当地国最重要的对我友好力量。对于中国发展与周边国家的友好关系，巩固周边地缘战略依托，具有重要意义。东南亚华商一向是中国改善与东南亚政治与外交关系的管道和动力之一，是中国与东盟自贸区的主要推手之一。不少华商与居住国上层人物的交情深厚，关系密切，在涉及中国与所在国之间重大合作项目方面，他们有能力、有实力、有意愿推动与促成。非洲、中亚、拉丁美洲华商和华人社会的成长，正成为或将成为推动中国与这些地区政治、经济友好关系的管道和动力。

拥有较雄厚的经济实力和较大的社会政治影响力，是华侨华人推动所在国与中国关系发展的重要基础。华侨华人或作为个体，或通过社团与华文媒体等途径，为中国发展与所在国的政治、经济与外交友好关系作出重要的贡献。如东南亚著名实业家唐裕先生促成中国与印尼复交，李引桐、曾永森等在中马友好关系和促成中马建交方面均起了重要作用。

五、涵养侨务资源与华侨华人发展

当前世情、侨情都面临重大变化，海外侨胞中许多老侨团和著名华侨华人企业面临领导人的新老交替、新华侨华人数量尚在继续增长、华裔新生代中存在大批青少年不会汉语和对祖籍国文化传统了解甚少的新情况，以及在新冠肺炎疫情影响下，海外华侨华人、海外华资企业面临困境等等。涵养侨务资源，帮助海外华侨华人走出困境，促进华侨华人发展实在是迫在眉睫。

第一，要改变历史上对侨务资源重利用轻涵养的态度。包括中国政府、学界、社会应形成统一共识，涵养海外侨务资源，应当是中国发展战略的最重要组成部分之一，是迅速提升国力和实现现代化的捷径。对外战略角度应当推动移民数量增加、海外华商实力增强、积极参政、克服困难、改善其处境、增强海外同胞向心力等方面积极协助，帮助海外华侨加入当地国国籍。

第二，涵养侨务资源纳入国家经济发展战略的核心之一。继续保持与海外华资在资本、产业、研发、市场营销等方面的合作，提升合作层次。

2020 年 11 月 24 日，新加坡某知名高科技企业家提出，可利用新加坡人才优势在福建发展石墨烯产业。早在 2014 年，福建省就致力于发展石墨烯材料，支持厦门大学建设石墨烯工程与产业研究院，并在永安建设石墨烯产业园。然而迄今为止，福建的石墨烯产业在国内的知名度不高、在国际上更是乏善可言。而新加坡因为在世界各地招募了许多优秀人才，在这一领域所取得的成就已经达到世界顶峰的水平，开发了许多拥有产业化前景的科技成果。然而，由于岛国地理空间与应用场景的限制，新加坡石墨烯研究中心的专家学者目前正在寻找成果转化与产业化的区域。若福建省有关部门感兴趣，该企业家愿意为双方的合作牵线搭桥，尽心尽力。

此外，该企业家还介绍，新加坡拥有新加坡国立大学、南洋理工大学两所世界知名的大学，新加坡国家科技局旗下更有多家执世界科技于牛耳的专业研究院，在这些大学与机构内有大量原籍中国的专家教授与研究人员，他们对祖籍国都怀有深厚的感情，愿意用自己的一技之长促进中新之间的科技交流与经贸合作。该企业家还建议福建加强与新加坡的经贸交流与科技合作。既能促进福建侨乡的经济与社会发展，又能帮助新籍闽人回归故土、投资兴业，寻找情感的依托、精神的家园，对新闽双方均有裨益。新时代在新加坡生活与工作的新华侨华人，更多的是科技人才与专业人士，他们对打破西方科技强国的技术垄断将起到举足轻重的作用。若福建能用好这些人才资源，在中国把科技创新与人才强国摆在如此突出位置的当下，将会带来巨大的示范效应，具有特别重要的意义。

当然，在与海外华侨华人的经济科技合作中，还是要遵循“在商言商”原则，毕竟华人资本如同任何资本一样，追求利润才是它的根本动力。在市场经济条件下，正是高额的利润支配着它的流向，驱动华人资本对外投资的动因主要是利益而不是亲情与血缘关系。亲情须服从利润法则，亲情是获取利润的一种手段。实际上，涵养侨务资源，与华侨华人合作中实现多赢、双赢，保护华侨华人也是维护中国国际形象的有力展示。

第三，涵养侨务资源，应当是国家科技、教育（包括留学）的核心政策之一。在以往引进海外同胞智力资源方面的工作不尽如意。应当改变只以待遇引进人才和个体引进的做法，给专门人才的职权创造政治特区，使其解脱出官员生态。个体分散引进常使海外人才被同化，建议考虑多人引进，集中在某个单位或企业，给予摆脱各种牵制的条件，形成人才聚集效应。当然，近些年引智工作取得了较大进展，如能集中、成批利用人才，就有可能使中国教育和科技产生突变，催生出个别一流大学、研究机构、学科和产业，从而带动科技整体实力的提升。

第四，建议重视发挥媒体的作用，在讲好中国故事的同时，抵消西方某些媒体利用历史上形成的话语优势将中国污名化、妖魔化。同时，也建议加强与海外华文媒体的合作，遵循新闻传播原则，客观报道，多用事实说话，让读者自己下结论。外事部门主动与国际主流媒体沟通与合作，澄清一些西方媒体偏激甚至歪曲的报道，争取相对良好的舆论环境。

结 语

海外华侨华人人口数量众多、分布广泛。通过长期的艰苦拼搏，海外华侨华人经济科技力量雄厚，社会政治影响力大。中国的海外侨民及其后裔，数百年来一直与中国本土保持着特殊的情感和密切的联系。庞大的海外华侨华人群体在历史上曾对中国本土的社会发展起到特殊作用，中国大陆改革开放事业的发展，一直建立在充分利用华侨华人资源的基础上。在当今大变动环境下，重视涵养侨务资源，既要发挥海外华侨华人熟悉当地国历史、民俗、语言、文化、社会和法律、融通中外等的优势，又要加强与海外华侨华人的合作，照顾海外侨胞的利益，营造所在国与中国深入交流合作、克服困难、互利共赢的良好氛围，进而帮助海外华侨华人尽早走出困境，取得进一步发展。

湖北侨资企业的产业领域特征

杨 海*

【摘要】抽样调查显示，在产业领域方面，湖北侨资企业体现出现代化程度强、都市化水平高、技术含金量大、实业经济体多的特性，具有现代属性、富含先进特征的湖北侨资企业占有较大的比例。

【关键词】湖北；侨资企业；产业领域；特征

2020 年 4 月至 7 月，调研人员面向湖北侨资企业发放问卷，共收集有效回复调查问卷 A 卷 316 份，并通过集体座谈和个人访谈进行谈话 32 人次，切实掌握了湖北侨资企业目前的相关情况。抽样调查显示，在产业领域方面，湖北侨资企业体现出现代化程度强、都市化水平高、技术含金量大、实业经济体多的特性，具有现代属性、富含先进特征的湖北侨资企业占有较大的比例，如图 1 所示。调研谈话也证实了这点。

一、发达服务

图 1 显示，从事服务业的湖北侨资企业占比最为显著。其中，既包括占比约为 34% 的一般服务业（代表技术含量较少的服务业，如旅游、商贸、中介、餐饮、酒店等），也包括占比约为 29% 的技术服务业（代表技术含量较多的服务业，如法律、财务、医疗、培训、设计等）。小计约有 63% 的湖北

* 作者简介：杨海，华中师范大学经济与工商管理学院，副教授。

侨资企业属于服务业①。

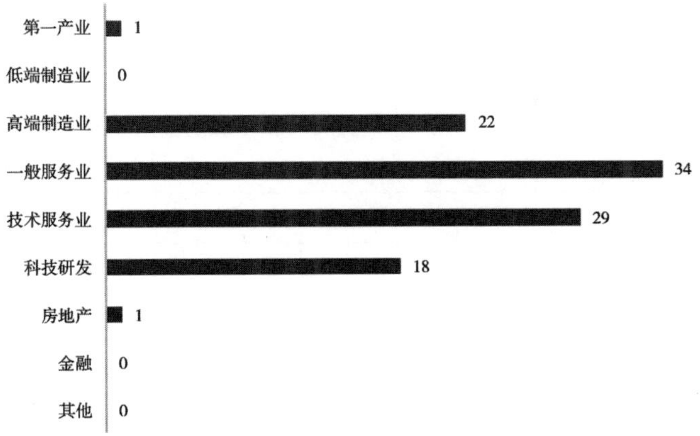

图 1　湖北侨资企业产业领域分布（单位：%）

注：得自本次调研调查问卷 A 卷第 3 题（多选题）。

服务业发达是现代经济的典型特征。第三产业占比最大是所有先进地区标配的产业结构。服务性质的湖北侨资企业依托湖北城市化发展的优势、顺应湖北现代化发展的需求、带动湖北集约化发展的能量，百花齐放，百业欣荣，为本土、为中国、为世界贡献着多层次、全方位、高质量的服务，盘活经济，拉动需求，优化供给，为湖北的经济、科技、社会协调发展贡献着心力、劳力、智力，为本地和各地人民的美好生活贡献着支持、保障和示范，是本地和我国经济的重要组成部分。

发达的湖北侨资服务业企业与湖北的现代化发展相得益彰，既切身受益于湖北的现代化发展，也切实推动着湖北的现代化发展。

二、技术含量

图 1 显示，技术含量高是湖北侨资企业日益凸显的特色。约 22% 的湖北

① 因调查问卷 A 卷第 3 题为多选题，选项之间也有一定的相互涵盖，所以可能存在调研对象重复选择的问题；另外，关于技术含量，每个人的判断标准不一，每个企业的情况也不相同，所以，对技术服务业和一般服务业的区分是粗线条的，而不是精确的。但这一切并不实质性地影响对大趋势的研判。

侨资企业属于高端制造业，约 18% 的湖北侨资企业从事科技研发，约 29% 的湖北侨资企业从事技术含量高的服务业，而且在调研中未发现湖北侨资企业属于无研发和自主知识产权的低端制造业。

表 1　湖北侨资企业落户年数与其产业领域的交叉示意

（单位：年，%）

落户年数	第一产业	高端制造业	一般服务业	技术服务业	科技研发	房地产
≤ 3		4	3	4	4	
4-6		7	6	7	7	
7-9		5	8	5	3	
10-12		4	8	8	3	
13-15	1	1	4	4	1	
16-18		1	3	1		
19–21			1			
≥ 22			1			1

注：落户年数得自调查问卷 A 卷第 1 题（单选题）。产业领域数据得自调查问卷 A 卷第 3 题，因该题为多选题，选项之间也有一定的相互涵盖，所以在选择上可能有一定的重复，加总也不为 100%，但不影响总体性判断。其中，第一产业代表农林牧副渔业等，低端制造业代表无研发和自主知识产权的制造业，高端制造业代表有研发和自主知识产权的制造业，一般服务业代表技术含量较少的服务业，如旅游、商贸、中介、餐饮、酒店等，技术服务业代表技术含量较多的服务业，如法律、财务、医疗、培训、设计等。本图表未显示数据为 0% 的产业。

从表 1 可以看出，自本世纪以来，在湖北侨务工作者的崇高追求和不懈努力下，科技型、创新型、现代型企业在湖北侨资企业中数量和占比均不断增加。尤其是党的十八大以来，湖北认真贯彻落实习近平新时代中国特色社会主义思想，在侨资企业落户和发展方面严控质量、追求综合效益、强调供给侧改革思路、推崇自主创新的科技强国之策，取得了令党和国家满意的效果。

三、都市特色

抽样调查显示，湖北侨资企业带有鲜明的现代都市特色。只有约 1% 的湖北侨资企业属于第一产业。湖北侨资企业伴随着湖北的进步、中部的崛起、全球化的扩展而诞生成长，天然带有城市化、工业化、现代化、高端化的特征。

但是，这绝不意味着湖北侨资企业不为农村、农民、农业服务，也绝不表明湖北侨资企业会导致城乡隔阂和贫富差距。调研谈话发现，湖北侨资企业在提升产业结构、转变发展观念、改善生活条件、提高农业技术、帮助农民脱贫、资助农村发展等方面发挥了巨大的溢出、推进、带动和示范作用，这一切都切实贯彻了习总书记的相关重要讲话精神，体现了湖北侨资企业的责任意识和湖北侨务工作者的党性观念。可以说，湖北侨资企业生于都市、心系农村，长于都市、惠及农民，成于都市、振兴农业。

四、实体振兴

“房子是用来住的，不是用来炒的”，习近平总书记朴实的话语讲出了天大的道理。一个国家、一个民族、一个地区，只有踏踏实实从事实体经济、真真切切脱离虚幻泡沫、本本分分实现美好生活，才能长治久安、根深叶茂、持续发展、社会和谐。

日本的泡沫经济、泰国的金融风暴、美国的次贷危机、我国实行特殊制度的某地区的停滞僵化等大量殷鉴表明，以房地产炒作为代表的虚拟经济能带来短暂、快速、表面的繁荣幻像，并给少数操纵者构筑了德不配位的、吸血吮髓的、遗毒深远的金钱帝国，但最终会固化社会隔阂、扭曲价值观念、拖累长期发展、阻扰科技进步、破坏美好生活、陷入增长陷阱，违背了社会主义核心价值观，脱离了共同富裕的社会主义准则。

在湖北侨务工作者多年如一日的倡导和规范之下，湖北侨资企业始终扎根实体经济、推崇实业报国、强调社会责任、追求科技创新，走出了一条务实、踏实、真实的实业报国之路。

从表 1 可以看出，只有约 1% 的湖北侨资企业从事房地产行业，且均是 20 世纪进入湖北市场的老侨企，并且这些侨资房地产企业在调研访谈中反复强调，他们将切实贯彻“房住不炒”的原则，为湖北人民的美好生活做实事，为湖北地区的经济发展起实效。进入新世纪后，尤其是党的十八大以来，湖北侨务工作者从未将房地产作为侨务引资重点，一直将实体经济作为侨务工作重心，沧海横流，初心不变，向中央和人民交出了问心无愧的党性考卷。

以“侨”搭桥：丽水华侨媒介场景传播研究

叶增姝 *

【摘要】基于人类命运共同体的各国互联共通已是全球发展的重要特征。随着人机合一、自我迭代的全媒体时代来临，传统的文化建构已经不适合时代的发展，场景传播日渐兴起，媒介产业的发展重新建构了人与社会的关系。而华侨在传播文化和信息的过程中肩负着巨大的作用，搭起了沟通的桥梁。本文基于场景传播理论的几大特征探讨并分析丽水海外侨胞、港澳台同胞在移动互联网环境中架起中国与世界传播与交流的桥梁，目的在于让中外更好地了解优秀的中华传统文化，促进对外传播、增强文化自信、引领国际文化。

【关键词】场景传播；交互体验；精准定位

截至到 2020 年丽水全市海外侨胞、港澳台同胞数量达到 42 万以上，在世界 130 多个国家和地区进行生活与学习，在全省总数份额中约为 20%，是浙江省第二大华人华侨数量（位列第一的是温州），其中归侨、侨眷、港澳同胞眷属为 21.3 万人，有海外侨团（社）达到 314 个。① 基于此，丽水是侨务资源大市。本文在瞬息万变的媒介世界中追寻华侨“变化中的文化传播环境”特征旨在探讨并分析如何与丽水海外侨胞、港澳台同胞在全媒体时代利用技术的力量架起中国与世界传播与交流的桥梁，发挥中外沟通的枢纽，目的在于让中外更好地了解中华传统的特色优秀文化，促进对外传播、引领国际文化。

---

* 作者简介：叶增姝，浙江传媒学院新闻与传播学院硕士研究生。

① 胡海峰用 6 个精彩故事生动讲述“丽水之干”[N]. 中国发展网，2020 年 11 月 20.

全媒体时代，场景传播概念广泛应用于移动互联网当中，出现了各种情境环境下的场景传播。在各个学科中，各自又基于场景之上展开研究，形成各自学科的场景理论。随着人机合一、万物互联、自我迭代的全媒体时代来临，传统的文化建构已经不适合时代的发展，场景传播日渐兴起，媒介产业的发展重新建构了人与社会的关系。2014年所著的《即将到来的场景时代》指出了大数据、移动设备、社交媒体、传感器、定位系统构成的“场景五力”所产生的联动效应，正在推动建构一个未来真实可感的场景时空。① 场景传播正式纳为传播领域。在《场景：移动时代媒体的新要素》当中，我国彭兰教授将构成移动互联时代下的场景因素归纳为：空间环境、实时状态、生活惯性以及社交氛围。② 由此可见场景理论在全媒体时代尤为重要。

一、问题的提出

本文基于新闻传播学的场景传播理论基础之上，结合其文化双重属性的前提下融合海外华侨华人的媒介使用习惯，对海外华侨华人同胞进行媒介传播使用习惯和情况进行问卷调查。从海外华人华侨的媒介使用情况、对外交流国内文化、对国内文化认同、文化交流差异等几方面进行阐述与剖析，针对这些问题提出解决办法。在人类命运共同体的环境下，促进海外华人华侨在国际传播环境中担任起沟通传播的桥梁，促进中华文化的对外传播。

二、研究现状

为了全面了解海外华人华侨的媒介使用情况，本文主要采取了问卷调查的形式，问卷样本通过线上渠道发放252份，有效样本回收达到245份，样本大部分集中国家在疫情环境下回到国内大陆的华人华侨、南美洲巴西以及欧洲西班牙、意大利。同时利用问卷调查法和深度访谈法相结合的形式进行确保调查结果的信度和效度。问卷内容结合受访者的生活背景、使用习惯、

① 王军峰. 场景化思维：重建场景、用户与服务连接[J]. 新闻与写作，2017（2）：97-99.

② 彭兰. 场景：移动时代媒体的新要素[J]. 新闻记者，2015（3）.

传播能力以及偏好兴趣展开提问，采用定量分析的研究方法，对场景传播在华人华侨传播路径中的现状问题形成的原因进行分析，提出一条适用于华人华侨的针对性传播路径。

本次样本调研大部分集中来源于在疫情环境下回到国内大陆的华侨华人、南美洲巴西以及欧洲西班牙、意大利等国家及地区。在调研对象当中，国内还具有亲戚往来的占据92.65%，大部分的海外华人华侨对国内的变化与发展关注比较密切。在媒介使用过程当中，与国内的信息交往主要来源于亲朋好友间的微信软件沟通交流（61.63%），其实是电视和网站，分别为47.76%、39.18%。其利用社交平台进行互动性传播强烈，会主动分享中华传统文化及习俗（68.16%），但传播内容大部分局限于传播内容评论往来（73.06%）以及转发感兴趣的内容（93.88%），内容片面化与同质化较为严重，没有系统化和完整性的表达能力。

三、场景传播问题

（一）传播内容断层

从调研结果和访谈内容来看，海外华侨华人在内容选择方面会密切关注自己相联系的内容，大多内容的选择与生活和娱乐有关，所以在大众文化传播内容方面，情感共鸣性较低，缺乏情感记忆。其次我国对外宣传的内容大多以政治性严肃呆板的形象出现，传播者只在乎传播内容本身是否得到传播，传播手段过于刚硬，容易使传播对象产生抵抗心里，政治性色彩过于严重。最后在信息筛选方面大多注意当下的热点，碎片化传播，传播内容不够全面。

（二）传播渠道受限

从数据表明人们会使用微信、当地的社交软件进行交流和沟通，大部分人看到自己感兴趣的内容会进行转发和评论，产生互动。但是海外华侨华人尚未具备不同渠道用户的观看模式和体验不同，所以在传播没有根据用户的特点进行针对性的传播，传播效果无法得到最大化。其次由于国内外信息不对称，获取资源有限，导致传播渠道无法得到发挥。同时由于海外华侨华人长期在国外生活，对国内社交软件检索能力较差，基本用于信息传递与交流，加之宣传形式成一体化内容，单调乏味，其转换为与本地国相统一的传播模式需要技能的加持，所以导致传播受阻。

（三）传播行为受阻

在媒介使用情况来看，由于文化差异和语言障碍问题，即使内容得到了转发，也很难产生互动，传播双方不在同意情境下进行沟通。虽然他们已经在一定程度上减免了交流成本，但是由于其传播技能欠缺，无法进行内容的制作，导致很多优秀的内容无法得到传播。其次要把传播内容放在共同意义空间，需要培养理解不同国家文化需求的创新型创意人才，而海外华侨华人在这方面没有经过专业技能的培养，所以在引起互动与讨论时缺乏能动性。

四、成因剖析

（一）碎片化传播，技能运用能力不足

根据调查结果和与海外华侨华人进行访谈发现他们经常通过媒介与国内好友沟通以及平台产生互动，了解国内的最新变动，把国内的信息和最新发展传播到当地当中。由于他们接收的信息相对的片面化和碎片化，所以只有在自己感兴趣或者相关联的内容进行碎片化传播，导致很多传播内容无法进行全面了解，以至于相关的信息内容传播效果不强。在 20 世纪 90 年代已经前往巴西经营的金氏家族（目前已有三代生活在巴西）在访谈就表达出电子商务的发展就在巴西得到很好的运用，他们利用巴西人和巴西华侨在场景中直观呈现出电子商务的运用，整个传播内容从电子商务的大方向到小细节，人们可以在其中扮演的角色和所带来的便利之处都得到了体现，并且融合了两地所在的差异性，促使他们在情境的阐述中更好地接收文化的传播，并且肯定其发展。与此同时他们也表述了他们在传播两地文化过程中专业能力确实欠缺，所以导致了他们在传播的过程中接受度不高。

（二）个人化表达，互动体验模式不多

互动和体验是场景传播在互联网竞争中得到最重要的条件之一，是基于用户的角度出发，更重视传播对象的价值和体验。而华侨华人在进行内容信息传播的过程中由于个人化情感表达突出，仅仅是个人情绪方面的抒发和个人情感的认同，恰恰没有把传播对象作为传播起点和终点，而这一点在场景传播过程中又尤为重要。场景传播内容中更多地运用体验技术、互动技术提高用户参与的积极性，从而达到传播目的。

（三）正统化传播，共情能力表达不足

正如美国科技作家罗伯特·斯考伯和谢尔·伊斯雷尔著作的《即将到来的场景时代》所言："了解场景，就站在了风口上；谁能占据场景，就能赢得硬的未来。"① 场景时代要求在场景设计得环节中更具有情境的共鸣。在全媒体时代，快餐式浏览信息已经成为了大家阅读习惯。正如后院篱笆原则所形容的一样，当一个正统严肃的政治新闻和具有生活贴合度的新闻相比，人们往往选择贴合实际、贴合社会、贴合生活的新闻。所以在人们观看信息的时候往往会选择具有娱乐化、刺激性的新闻。而海外华侨华人在传播文化过程中经常以自我选择去传播信息，缺少一些搞笑娱乐化因素，导致传播内容在产生交流的同时共情不行，无法产生西方人民的充分认同。

（四）长期化堆积，刻板印象思维导致

在世界的传播格局来看，一直存在着"西强东弱"的传播形象，西方主流媒体对我国的报道相对较少，形象较弱，以至于我国经济发展和我国的传播能力是不相匹配的。在这种形势下，西方群众对我国的刻板印象就一直停留在原来的位置，一些不明实际情况的人民极具容易被互联网中的恶意传播误解，我国文化与信息的传播想要通过海外华侨华人的发展还具有强大的阻力。在通过海外华侨华人的长期传播我国的环境变化过程中，存在着信息与实际情况不对等的形式出现，加大了其传播的困难性，但是研究调查表明其

---

① 严小芳．场景传播视阈下的网络直播探析 [J]. 新闻界，2016（15）：51–54

对我国经济发展的期待以及信心普遍比较高，始终愿意做祖国文化的沟通者和传播者，促进祖国文化的发展和繁荣，增强我国文化自信。

五、对策与建议

（一）突破时空，铲除边界

在全媒体时代，场景传播最显而易见的特征就是突破时间和空间的界限，在移动媒体上可以完成时空融合的场景传播，改变了过去基于传者主导设计的单向物质的场景传播。在技术赋权下的场景和传统意义上的“面对面”场景基本一致，实现同时满足传授者双方的心里与行为的双重需求，实现“平台化”场景传播，进行情景营造，打造全景式的体验传播。在《即将到来的场景时代》所提到的场景五要素中，一方面涵盖了技术应用中的“硬条件”，也满足了用户心里和行为上“软需求”。全媒体时代下的场景传播是否能促进华侨华人信息的传播，现实的运用已经给出了结果，例如李子柒的场景打造短视频传播和李佳琦的直播对话式场景传播都取得极大的认可。在互联网进行信息传播中重要的因素就在于“认同感”和“参与感”。在获取信息和选择产品的过程中不仅仅局限于表面的功能层面，而是在功能选择的前提下获得文化和情感上的认同。海外华侨华人例如在在海外设置中国新年晚会时，就可以加强对中华传统文化场景的设置，在符合主题的情境下进行多模式全方位的传播，而节日的气氛可以使大家放置于同一情境下，加强传播力度。其次是海外华人华侨在两地具有长期生活的经验，应当加强技能的应用，是技能不在传播过程中成为短板。所以可以针对海外华侨华人群体，针对性的开一个技能班，提高他们的传播技能能力，使他们在个体、社会、文化等方面能够发挥作用，不仅是单纯做到信息的传递的工具，而是达到文化认同的作用，活动的参与者，全面构成双方的认知，彼此依赖，铲除边界，引起共鸣。

（二）精准定位，柔性传播

从梅罗维茨的场景理论出发，认为“对人们交往的性质起决定作用的并不是物质场地本身，而是信息流动的模式”①。基于此，我们可以认识到人与社会的交往关系在传播过程中具有举足轻重的作用。这就要求华侨华人在传播信息中的场景设计需要包括物质场所、文化背景兼顾对方用户的心理和行为。在选择信息的过程中精准定位，找出相融合的方面，创新融合，打造新的场景，进行传播。这种传播形态改变了以往传统的人、物、场的关系，进行有效的沟通和连接。在信息爆炸时代，进行传播对象和传播内容的精准定位，针对性的传播内容更能引起用户的需求，是真实可见的内容，是具有情感连接的，而不是冷冰冰的信息传递，在层出不穷的信息当中更具有吸引力、关注度。例如在美食文化传播过程当中，美食是每个人的日常所需，传播者可以根据美食的特殊属性，把两地具有共性的美食同时展现出来，便于他们理解中华传统美食，降低交流障碍。这种开放性、共享性的场景传播特征使得用户在基于信息获取和消磨时光的需求上与他人分享，而且这种用户的分享是基于用户信任和不假思索的主动传播更真实可靠，更具有说服力，促进两国之间的交流与发展。而移动互联网打破了传统精英的媒介垄断地位，传授之间界限逐渐模糊，每个人既可以是信息的传播者也可以是信息的接受者。正是基于互联网的连接本质上让海外华侨华人作为中间桥梁，让他们所辐射的传播范围用户从文化的“旁观者”到文化传播的“参与者”中心转移，从而更多的接触到文化的传播过程中来，行动由此产生，充分发挥了在传播场景中用户的价值认可和情感需求，从而激发用户的参与欲望。

（三）重塑认知，增强自信

在全媒体时代，用户的个性化和情感化的需求日益增加。而在传播过程中环境设置与人的行为息息相关，场景与传播的行为是一个传播整体，相互依存。因而海外华侨华人在传播文化的过程中需要重塑认知，必须要做到以下几点。首先是传播者本身在传播内容的过程中就要有文化认同和发现内容具有传播意义的基础，其次是对传播内容也要符合外国文化的阅读习惯，激发讨论和认同的空间，再次彼此之间通过共同的创造和交流引发情感共鸣，

① 李哲．媒介场景理论：媒介研究的新视角——读梅罗维茨的《消失的地域》[J]. 新闻世界，2012，（5）.

发现传播内容的乐趣，最后传播内容是要相对可得到性高和创造性，通过文化传播提高参与积极性，主动传播内容。而基于以上需求场景传播能够在定位系统、传感器、大数据的技术支持下进行准确定位用户内容，挖掘出与用户相符合的内容需求和偏好，尽可能满足个性化的传播内容。与此同时还要求海外华人华侨的内容的传播过程中必须做到用户在不同文化不同生活场景的不同需求，了解用户习惯，然后通过合适的环境、时间和渠道最大程度的满足用户的各种需求。再通过大数据的挖掘和支持，了解传播对象的偏好喜爱，把特定的场景和移动智媒体的实时交互性功能结合起来高效传播，增强文化自信。

（四）满足诉求，主动传播

场景传播是沉浸式的互动社交传播，是根据社交媒体以及用户个人特性所形成的集社交与传播为一体的传播形式，类似于社区场景沟通，容易产生裂变式传播。微信就是一个典型的场景运用，他们把相互关联的人聚集在一起，在一定程度上具有类似的兴趣爱好和价值观，具有共同的讨论空间，同时也具备媒介属性，在公众号中可以接收到外界信息的来源，由此在私域流量的讨论空间里传播信息过程中更好地了解相应的偏好使用。基于此，海外华侨华人可以把这一理论运用到对外传播方向。未来的传媒方向一定是基于移动互联网“场景 + 内容 + 体验”的特有模式。海外华侨华人就可以在选择和制作过程方向选择一些可视化场景传播内容，是人在虚拟的环境中具有身临其境的感觉，更加的真实立体。而不局限于单纯的图片、文字以及面对面的窄范围传播，并产生对文化向往。具备了以上几种诉求，就很好地为文化构建出一个全景式体验环境，在全媒体时代得到快速的传播。

在场景时代的移动互联网世界，场景的特性在其中的运用已经越来越得到认可了，各种平台企业纷纷抢占场景，实际上就在在争取场景背后用户的注意力。场景传播的搭建。所以丽水在发挥侨务资源进行文化产品的输出时，一定要保持时刻的清醒，依托于场景建构促进双方的互动体验，提高其认可性，不仅仅体现在技术上的要求，还要考虑到用户的心理和行为上的需求。

吸聚海外华人等国际高端人才的几点思考

戴华仁 *

【摘要】 随着我国综合实力的提升，海外留学生回国率不断增高，并呈现加速趋势；但同时也需认识到：对于高端人才，我们仍存在较大缺口，流失比较明显，在沪工作生活的外国人才比例偏低，我国“绿卡”引才效果有限。本文在对我国高端人才流失现象和需求缺口，以及引入情况分析的基础上，分析现象背后的原因和高端人才的诉求；并以传统移民国家、非传统移民国家以及新兴发展国家在引入高端人才方面的做法和经验为参照，提出我国存在的相关问题及政策建议。本文建议完善法律体系，通过制度引进独立技术移民，确保“引得来”；改进高端人才生存、发展的软环境，确保“留得住”，集聚全球智慧创新发展，实现人民的提升和国家的复兴。同时建议作为我国第一大经济都市的上海，可以先行先试，通过先进技术手段的使用，来调适、优化实施引进国际高端人才的中国绿卡制度，并为在全国推广探索实操的规范和路径。

【关键词】 海外华人；国际高端人才

当今世界，由于资源的有限性和地缘政治等原因，国家之间存在着激烈的竞争。而国家的竞争，主要是综合实力的竞争，尤其是科技实力的竞争；而科技实力取决于高端科技人员的研究成果，因此也是高端人才的竞争。当前，上海要打造具有全球影响力的科技创新中心，并要把科技创新真正落到产业发展上，这就要求不断集聚世界级的高端人才。

---

* 作者简介：戴华仁，上海市欧美同学会留加拿大分会，管理学博士，高级工程师，加拿大归侨。

近年来，海外留学生回国率不断增高，1978年至2018年12月份回国发展的留学生占比已达84.46%[①]，是个可喜的现象。但也必须清醒地看到：对于高端人才，我们不仅存在较大缺口，而且流失比较明显。据统计，2018年在沪工作外国人达21.5万人，约占全国的1/4，但仍不到上海总人口的1%[②]，不仅远低于国际典型大都市的相应指标，甚至还未达到解放前上海外国人达到15万、占当时总人口3%的历史比例峰值[③]。

2004年8月，我国颁布实施了“绿卡”制度。截至2013年的10年间，获得中国绿卡的总人数为7356人[④]，吸聚国际高端人才的效果并未彰显。相较于美国等发达国家，我国的绿卡发放量显得微乎其微。为此，如何引进高质量国际人才亟需认真反思、尊重规律、主动改革，把高端人才“引进、留住”，发挥出人才兴国的最大功效。

一、我国高端人才紧缺的现状分析

（一）出国留学及回国人数增长，但滞留海外的高端人才比率高

据1978年至2018年12月份的数据，留学生累计达585.71万人，完成学业的有432.32万人，其中仍有67.18万人留在海外发展。其中，留在国外的、更多是高端人才。有媒体披露：我国最重要10项科技项目总设计师的毕业院校中，清华、北大无一上榜[⑤]，原因是他们的优秀毕业生多数都出国留学、留在了国外；2000年前后，北京大学数学科学学院涌现出了“黄金一代”，

① 数据来源：教育部网站“2018年度我国出国留学人员情况统计”，http: //www.moe. gov. cn/jyb_xwfb/gzdt_gzdt/s5987/201903/t20190327_375704. html

② 数据来源：上海市人民政府新闻办公室网站“上海加快建设具有全球影响力的科技创新中心五年以来的主要进展”，2019年5月21日：http: //www.shio. gov. cn/sh/xwb/n790/n792/n1070/n1079/u1ai21124. html

③ 王世军 . 移民与世界城市——以上海为例 [A]. 第三届移民法论坛论文集 [C]. 2011

④ 李婕 . 中国“绿卡”为啥成了“香饽饽”?[N/OL]，人民日报海外版，2017-8-15. http: //news. cctv. com/2017/08/15/ARTIwMGp9SHRO0OMnKFMmHUs170815.shtml

⑤ 新浪网 . 中国最顶尖的十大工程：为何清华、北大无一上榜 [EB/OL]，[2020-6-28]. http: //k. sina. com.cn/article_2297153214_88ebc6be01900sc5a. html

极富数学天赋，后来也都学有所成，甚至成为行业翘楚，但约10人的他们中，除两位还在北京外，其余均在美国高校任教[①]；2018年，中国籍学生在美国获得博士学位的有6182人，其中79.4%计划留在美国发展[②]。尽管各方对上述或类似的数据、事实有不同理解，试图得出“问题不那么严重、中国人才流失可控”等结论，但不可否认的是：出国深造后的高端人才，仍有不少滞留海外发展。

（二）高端人才流入量有所提升，但流失常有反弹

两个典型的案例是：一位是颜宁，从清华获得学士学位后，到美国普林斯顿大学做博士后研究，2007年受聘于清华大学医学院，回国担任教授。但10年之后的2017年，颜宁又回到普林斯顿担任了终身教授[③]。另一个案例是许晨阳，他是上文提及的北大数院“黄金一代”的代表人物之一，曾在2018年获得被称为“科学界奥斯卡”的“数学新视野奖”，2012年应邀回国，加盟北大国际数学研究中心。然而，时隔6年，他还是回到了美国[④]，与另两位杰出校友共同执教麻省理工。

（三）中国发展的定位、阶段和面临挑战亟需高端人才

我国的国家定位之一是致力于创新型国家的建设，而重要城市上海的发展定位是具有世界影响力的、卓越的创新之城，这都需要世界一流的高端人才。另一方面，我国坚持扩大开放，一些新领域、新层次、新内涵的开放服务也必然提出对高端人才的需求。正视当前，以国内大循环为主体、国内国际双循环相互促进的新发展格局下，我们对高端人才的需求显得更为迫切。

---

① 教育领域创作者．北大数学“黄金一代”，又一位获得世界大奖，全成美国名校教授 [EB/OL]，[2020-7-13]. https: //baijiahao. baidu.com/s?id=1672094688509246568&wfr=spider&for=pc

② 美国博士学位权威调查：6182名中国人去年获得学位，近8成欲留美 [EB/OL]，[2019-12-16]. https: //user. guancha. cn/main/content?id=212385

③ 刘旭．清华大学教授颜宁受聘普林斯顿大学 [N/OL]，北京青年报，2017年5月9日。https: //china. huanqiu.com/article/9CaKrnK2zK0

④ 北大培养的数学天才，回国执教6年后再赴美国，留下3句话很现实 [EB/OL]，[2020-6-6]. https: //baijiahao. baidu.com/s?id=1668721867400866870&wfr=spider&for=pc

（四）中国“绿卡”吸聚国际高端人才的效果尚未完全体现

公安部、外交部于2004年8月正式颁布了我国第一部“绿卡”制度，但截至2013年的10年间，获得中国“绿卡”的总人数为7356人。不过，在通过申请“绿卡”而获批的引进人才中，绝大多数都是华人，真正引进的外国高端人才少之又少，与集聚国际化高端人才的要求还有很大差距。

二、高端人才紧缺的原因分析

（一）实际待遇不高

有报道称，在美国公立研究机构，全职正教授的年薪约10万美元；而同样是教授，在北京到手每年大约17万元人民币，差距还是比较明显。在网络上，一位在中科院某研究所工作的北大本硕博毕业生，对“清贫”早有心理准备，未受5万元月薪企业的诱惑，坚定地选择了每月到手不足1万元人民币的现职[①]，但随后“房子买不起、小孩上学难解决”的现实带来了无尽烦恼。

（二）硬件条件不优

从大学水平比较，根据2020年QS世界大学的综合排名，前10名中有5所美国的大学，并且包揽了前3名[②]。再从科研设备比较，世界一流大学及科研机构投资巨大，配备最先进的设备、搭建较高效的平台、提供很充足的资金，使高端人才更易成果叠出。此外，我国还有环境污染等生活困境，虽正在提升，但达到更高水平尚需时日。

（三）软环境不佳

国内的科研圈部分存在“官僚化”的现象，学术氛围不浓。比如学术腐败、垄断、竞相博取行政待遇和政绩；一些科研人员的主要精力不是出成果、

---

① 搜狐网．逃离北京？一个北大本硕博毕业生的心酸血泪 [EB/OL]，[2017-3-20]. https: //www.sohu.com/a/129490593_109869

② 新东方．2020QS 世界大学排名 Top200 完整榜单 [EB/OL]，[2019-6-19]. http: //goabroad. xdf. cn/201906/10940544. html

而是拉课题；甚至买回别人芯片，磨掉原有标志、加上自己 Logo，居然能欺骗成功；系统内论资排辈、系统外难以流动；存在花钱请进低素质留学生、还给予超国民待遇的现象，等等。中国科学技术协会曾借鉴发达国家 20 世纪 50 年代就开始的“科学素养调查”，通过对科学术语、科学态度等调查反映我国公众的科学素养，结果显示的加权数据结果为 1.98%，而其他发达经济体包括日本 3%、加拿大 4%、欧共体 5%、美国 17%①。更有甚者，网络经常充满道德绑架，一旦留居海外，这在当今国际化背景下很平常的人才流动，却很容易就会被扣上“不爱国、忘恩负义”等骂名，基本人格得不到尊重、甚至遭受人肉、污蔑和践踏等等。这些都会从不同角度、不同程度挫伤高端人才为国服务的积极性。

三、吸聚高端人才的国际经验与比较

《世界是平的》作者托马斯·弗里德曼认为：当今全球化 3.0 时代，其独特动力就是人才在全球范围的合作与竞争。根据《世界移民报告》，2019 年全球跨国移民有 2.72 亿人，占世界人口 3.5%；其中近 2/3 是劳务移民；美国仍然是最大的移民目的地国，高达 5070 万人；而中国则以 1070 万位居国际移民来源国的第三位，在印度和墨西哥之后；但中国侨汇金额则以 674 亿美元位居第二②。

从传统移民国家如美、加、澳、新，到非传统移民国家如欧洲大陆的英、法、德，以及新兴发展的韩国、日本、新加坡、包括印度等等，世界主要经济体纷纷通过技术移民法律体系、积极吸聚高端人才，对我国有重要的借鉴作用。

简要归纳，主要有如下技术和特点。

1. 积分评估制度

通过清晰、透明、量化的标准和要求，既反映了本国对希望引进的外国技术移民的需要和最低要求，同时也有针对性地对技术移民申请人进行了筛

① 我国公众的科学素养调查 [J]. 中国科技奖励，2005（3）：31–32.

② 数据来源：2020 年国际移民组织《世界移民报告》

选，控制和保证了外国技术移民引进的质量；而且申请人也可以先行自我评估和判断。

1967 年，《加拿大移民条例》就首创设计了积分评估制度，给世界树立了楷模：澳大利亚于 1979 年、新西兰于 1991 年、英国于 2002 年[①]借鉴学习美、加制度，结合国情设立了各自积分评估体制。

2. 职业清单制度

根据本国的劳动力市场和经济、社会发展的情况进行编制，明确和调整哪些职业允许、鼓励、或禁止外国技术人才移民入境工作，并对相应的申请条件进行明确和规范。但也有在对职业没有特定要求的情况下、以行业清单代替职业清单的类似做法。

这一制度可以使符合本国职业需求的优秀人才能够更为快速、便捷地移民入境；并引导他们流入这些行业和产业、从事相应的专业性职业，服务国家、做出贡献；为紧随劳动力市场变化，清单也需要动态制定。

3. 劳动力市场测试

这一举措是对本国劳动力市场的保护，免受外国技术移民的冲击。主要是对空缺的职位，通过纸媒、互联网等载体刊登招聘广告，如果到期没有招到合适人选，则说明通过劳动力市场测试，才可以引进、雇佣外国技术移民，从而促使雇主优先雇用本地劳动力，避免引进外国移民与本地劳动力产生恶性竞争。

劳动力市场测试的实施主体是雇主；政府相关部门则负责制定相应的标准和流程，并审核雇主的测试行为、确保整个劳动力市场测试的真实性和公平性。

4. 雇主担保制度

本制度主要应用于与“独立技术移民”相对的“担保技术移民”制度，前者主要根据评分进行申请，不需要工作邀请就能移居新的国家；而后者则要求申请人必须先有工作邀请，也体现了本国对雇主的倾向性支持。

美国最早在 1924 年就规定了这一制度[②]，以保证招募岗位不会对本国劳务

① 刘国福 . 国际技术移民制度面面观 [J]. 国际人才交流，2014（2）：51-53.

② 熊缨 . 国际技术移民制度比较及其对我国的启示 [J]. 中国人力资源开发，2015（13）：64-70.

市场产生负面影响。在操作中，雇主要承担担保人的责任，确保所引进外国移民的质量；国家也有相关规定，对违法的雇主进行相应的惩罚。

5. 移民配额制度

为了保护本国的发展不会因为外国移民过多流入而受到损害，从而在一定时间内采取配额限制，务实、动态地确定和调整外国人移民进入本国的数量。这一制度主要应用于包括技术移民在内的永久居留类签证，美国是最早制定移民配额的国家，目前多数拥有移民法的国家也都有移民配额，通常以年度为单位发布，体现对移民严格或宽松的政策调节。

6. 适度宽松国籍制度

典型的有印度、澳大利亚和韩国。印度在 2010 年，就发放了“印度裔卡（PIO）”700 万张，四代印裔随时可以不办签证返回印度；当年还发放了“海外印度公民证（OCI）”400 万张，积极吸引海外高端印度人才回国服务[①]。2001 年，澳大利亚通过修改 1948 年的法律承认了双重国籍[②]。韩国是个单一民族的国家，之前一直实施严格的单一国籍政策，2010 年也通过《国籍法修订案》有条件地承认双重国籍，吸聚海外人才、特别是韩裔人才回国效力[③]。

四、助力国际高端人才“引得来、留得住”的政策建议

（一）完善制度律体系，让国际高端人才“引得来”

人才是最重要的战略资源，我们需要学习和借鉴包括发达国家[④]、甚至发展中国家吸聚高端人才的做法和经验，延世界人才之所长、引世界人才为我用。尤其上海具有良好的“移民城市”的特征和基因，更需要、也可能在全国引领一步、先行先试。

---

① 高子平 . 国外吸引技术移民举措态势分析及启示 [J]. 华东科技，2012（3）：39–41.

② 易丽丽 . 发达国家人才吸引政策新趋势及启示 [J]. 国家行政学院学报，2016（3）：45–49.

③ 金哲 . 韩国引进国外人才法制最近动向及其对我国的借鉴意义 [A]. 第三届移民法论坛论文集 [C]. 2011

④ 李其荣 . 发达国家对人才资源的开发和利用及对我国的启示 [J]. 江西社会科学，2011，31（8）：218–226.

1. 制定国家移民法律，形成完整制度体系

对移民形成高位阶的法律政策体系，提升我国移民制度的权威。

同时，要注意整个法律体系的呼应和衔接，特别要注意优化招收留学生政策，发挥人才组合效应。因为在移民法律体系及其外延规范中，几乎是不可避免地要涉及到留学生在我国就业、家庭团聚、移民等事项，如果留学生本身生源层次不够、却又存在一定的合法空间，反而会引发不良的效果。

2. 引入先进技术手段，率先在上海试点技术规范

上海作为我国第一大经济都市，从诞生起就有着鲜明的“移民城市”的构成历史，既有可能、更有必要加大举措力度、优化制度，在全国引领一步、先行先试，个性化地引进、借鉴、采纳和完善发放的技术工具，提升技术移民的数量和质量，并为在全国推广探索实操的规范和路径。

（二）做强自身实力和水平，让引进高端人才“留得住”

1. 做强我国自身硬实力

随着国家经济发展和综合实力的提升，加强有限资源的优化配置，从硬条件上建设好我国高校和科研机构，筑巢引凤；甚至可以积极主导、通过设立世界级的大科学项目，邀请全球优秀科学家加入进来共同工作、分享成果。

2. 改善生存发展软环境

改进科研管理、自主创新制度，提高资源配置和人才使用的效率，通过务实服务增强高端人才的“舒适度”。尽量通过法律形式规范工作，否则人为成分过多的政策：一方面容易形成既得利益群体，另一方面也因为自由裁量权的特征，存在反向操作的政策风险。

3. 引导舆论环境柔性化

这里特别强调舆论环境，因为在技术发达的网络时代，随时可能被“赤身裸体置于众目睽睽之下”；而基于“事事皆有正反面、人人都有优缺点”的人文现实，高端人才也会有不小压力；尤其如果动辄被扣上“不爱国”甚至更为严重的帽子，感情受伤之后的国际高端人才也定会给为国服务的可能和效率带来负面影响。

促进中外文明互鉴 华侨华人大有可为

徐小义 *

当今世界正面临百年未有之大变局，中国的发展离不开世界，世界的繁荣也需要中国。国与国之间的合作与发展既需要经贸合作的硬支撑，也离不开人文交流的软助力。促进中外文明互鉴，七洲四洋的六千万华侨华人大有作为、大有可为！

一、文明互鉴在于平等包容

中华文明经历了 5000 多年的历史变迁，既培育了富强、民主、文明、和谐、自由、平等、公正、法治、爱国、敬业、诚信、友善的社会主义核心价值观，也创造了生命至上、举国同心、舍生忘死、尊重科学、命运与共的伟大抗疫精神；世界各国人民从茹毛饮血到田园农耕、从工业革命到信息时代，也书写了波澜壮阔的文明华章；共同构成了春满园的人类文明。

二、文明互鉴在于人民相亲

“国之交在于民相亲”，习近平主席多次这样说道，意为国家之间要民心相通。他以讲故事的方式向世界形象地传递着中国对世界的态度和观点。

美国老人加德纳及家人对中国福州鼓岭跨越百年的情谊；李玲夫妇从旅行一开始就爱上了神奇的非洲；刚果（布）倾力援建中国青海玉树“中刚友谊小学”；德国葡萄专家诺博同助手汉斯 17 次到中国传授葡萄栽培、嫁接改

* 作者简介：徐小义，成都市简阳市侨联主席。

优技术，将传承几百年的家族商标无偿授予当地酒厂使用，资助 8 名当地家庭经济困难学生上学，比利时年轻人郅特德斯麦特在云南普洱指导当地农民种植咖啡互脱贫致富；约旦商人穆罕奈德扎根中国，将原汁原味的阿拉伯饮食文化带到义乌，并收获了事业和爱情，中国骨髓捐献志愿者张宝在遭遇车祸后，继续为韩国患者捐献骨髓。这些故事让人们共同见证了中国与各国的真情友谊，友谊的种子在世界各地播种，收获到丰硕的果实。而各国人民的之间和睦相处、相亲相爱，共同追求美好的梦想，无疑是人类的最高境界。

六千万华侨华人像散落的珍珠分居在世界各个角落。他们用中国人传统的勤劳、勇敢、聪明、睿智演绎了一段段荡气回肠的民相亲的故事，将中华文明传递到世界的每一个角落，又将优秀的世界文明带回美丽的祖国。为构建人类命运共同体书写了华美乐章！

三、文明互鉴大有可为

眼下，世界处于百年来未有之大变局，文化交流、文明互鉴的重要性更加凸显。讲好中国故事、传播中国声音，华侨华人大有可为。一是培育壮大华文媒体，坚持运用对方听得懂、已接受的话语体系和表述方式，搭建起中国人民同各国人民互动交流的桥梁，让世界更好读懂中国。二是大力开展民间外交。邀请对华友好人士、华侨华人及后裔回国参访交流，让他们看见一个真实、立体的中国；鼓励并支持侨联等组织开展走出去活动，通过中餐、中医、传统戏曲等表现形式，阐释中国理念、中国道路、中国主张。三是发挥留学生优势。广大海外留学生既有国内成长经历又有海外生活体验；既有广泛的国内外人际关系又有丰富的不同文化交流经验。他们是中外友好交流最优秀的民间大使，要充分发挥其作用。

关于促进成都市侨资企业高质量发展的建议

吴宇峰 *

一、现状

目前，四川省以出国留学、技术移民、投资移民等多种形式出境侨居海外的川籍新华侨华人约有 10 多万人，其中成都市就占 60%。据不完全统计测算，我省已引进以华侨华人专业人士为主体的回国创业人员 1 万人以上。由于市场、产业园区建设、交通和生活环境等多方面原因，来川创业的华侨华人专业人士主要集中在我省少数大中城市，其中成都地区聚集了 80% 以上的海外专业人士，绵阳和德阳地区占 15%，其余 18 个市州地区占 5%。

近年来，我市海归新侨群体的数量也不断增加，2019 年最新数据显示，成都市预备出国留学人员超过 5 万人，调查显示，55.88% 的成都留学生毕业后已回到成都发展。目前，有 3000 多位新华侨华人为主体的留学回国人员在我市创办高科技企业。他们当中，有两院院士 16 人，获国家级有突出贡献的中青年专家称号的有 8 人，享受政府特殊津贴的有 197 人，中国成都留学人员创业园，自创建以来累计孵化企业 325 家，毕业企业 70 多家。

目前，我市共有侨资（含港澳投资）企业 2000 多家，侨资企业约占三资企业的 65%。侨资企业投资领域主要集中在二三产业，其中第二产业约占

* 作者简介：吴宇峰，成都市归国华侨联合会。

70%，第三产业及其他约占23%。涉及的行业，主要有物联网、跨境电商、电子信息、无线通信、房地产、生物医药、环保、物流、文旅产业等。近年来我市投资的侨资企业大多来自北美、欧洲、东盟国家及香港、澳门等地区。侨资企业已成为我市经济的组成部分。

近年来，我市侨务系统共引进侨资（含港澳地区）企业合同外资累计投资额为78亿美元，实际到位资金8亿美元。经过多年的培育和良性发展，全市目前已形成了一批如成都冠城集团、成都锦丰纸业公司、成都泰来集团、天府丽都喜来登酒店、香格里拉饭店、成都威斯达芯片有限公司、亚联高科技有限责任公司等侨资骨干企业。全市现有华侨眷属兴办企业500余家，形成了一批如四川华侨凤凰集团、成都侨兴实业等经济效益好、发展潜力大、利税超亿元的优势企业。从而使华侨华人、港澳同胞及其眷属的投资是我市利用外资的主体，侨务经济成为全市经济的重要组成部分。

二、存在的问题

目前，我市侨资企业存在的困难和问题：侨资企业产业或行业结构不尽合理，服务业及高科技企业发展不足；侨资来源过于集中于港澳地区和东南亚国家，来自欧美发达国家华侨华人投资少、规模小，特别是新兴服务业，如金融服务、信息服务、现代物流、旅游服务、中介服务、社区服务以及文化教育医疗等领域投资还很少；部分企业经营稳定性较差，抵御风险能力不够强；侨资企业知识产权缺乏有效保护，维权难度大；新侨创新企业落地数量和孵化力度不足。

三、意见建议

针对上述问题，应对全球金融危机，切实促进我市侨资企业更好地发展，特提出如下建议：

（一）加大鼓励和扶持政策

重视华侨华人资金、技术和人才的引进工作，将引进侨资侨智工作纳入成都发展战略之中。实践证明海外华侨华人是我市经济持续发展的重要推动力量，是招商引资的重要组成部分，也是当前我市引进资金、技术和人才工作的重点。各级政府要高度重视针对华侨华人的引资引智工作，纳入发展战略，不断完善投资营商环境，并根据新形势和华侨华人的新情况、新特点，制定完善“优先、优惠、优待”的政策和措施，吸引海外侨胞回国投资创业，合作双赢，加快推进我市经济社会高质量发展。

（二）鼓励侨商抓住机遇，大力发展现代服务业

面对全球金融危机，各级政府要积极引导侨商把握中国扩大对外开放和产业结构调整的机遇，抓住灾后重建、扩大内需、“试验区”建设的“三个机遇”，大力发展我市的现代服务业。

（三）加大对高科技企业和先进技术的引进力度

全球金融危机致使北美、西欧的许多企业、科研机构破产、倒闭、停产、裁员，大量科技人员失去工作，陷入困境，其中不乏优秀的华侨华人科技建设人才。政府要出台相关的政策，大力引进欧美等发达国家的大批高新技术人才、先进技术及各类高科技企业，多形式为华侨华人专业人士回国创业搭桥铺路，促进华侨华人资金、技术和人才的结合，推动一批拥有自主知识产权的侨胞投资企业快速发展。

（四）切实加强高新区、归国留学人员创业园的建设，重点扶持一批海外高层次人才投资创办的企业

打造具有国际水准的创业园区，加快创业服务体系建设，创新激励机制，提供更先进的公共技术服务平台。营造更宽松的工作和创业环境，引导高新区创业园向规模化、专业化、国际化方向发展。提高对华侨华人专业人才创办自主知识产权高新技术企业的资助金额。进一步简化归国留学人员创业专项基金申请、审批手续。进一步健全风险投资机制，利用多种资金渠道重点扶持一批技术新、科技含量高、管理现代化的华侨华人专业人才创业企业。

（五）建立引进海外创业项目评估和核查机制

项目引进的成败往往决定人才引进的成败。改“招商”为“选商”，建立海外创业项目评价体系，重点扶持有发展前景和我市急需的科技项目，把有限的资金投入到那些科技含量高、潜力大、真正值得扶持的项目上。成立“引进海外智力项目评估核查中心”，加强对引进海外科技创新项目的事前需求分析、事中检查和事后监管，杜绝项目“套钱”。

（六）建立“成都海外留学中心”

切实围绕成都重点发展领域人才需求，立足于吸引海外的高端人才、领军人物和创新人才，建立健全国际人才和智力资源供需对接平台，下设“成都留学人员博士服务站”。同时通过对成都分散社会服务资源的集成融合，逐步形成具有权威性、综合性、便利性的统筹服务机构，形成海外学人中心，牵头协调、各职能部门分工配合的吸引海外学人的高效、畅通服务机制。参考国家对社会企业 / 组织引入高层次人才的鼓励政策，对积极引入高层次人才的社会企业 / 组织给予资金奖励或荣誉表彰。

（七）不断优化侨商投资环境

加大对侨资企业的宣传力度，切实维护侨商投资、创业的合法权益。随着侨商境内投资的增多，侨资企业合法权益受到侵害的案件屡见不鲜，甚至一些涉侨经济大案、要案久拖不决。这些案件伤害了侨胞的感情，影响了地方政府的信誉，损害了中国在世界的形象。各级政府要不断加大“依法护侨”工作力度，形成机制和网络，排难解纷，依法保护侨胞投资的各项权益，使侨胞享有更加稳定的投资环境和更加公平的竞争机会。要通过多种形式向全社会宣传侨资企业的贡献，弘扬侨资企业“诚信、守法、创新、奉献”精神，努力形成一个“重侨资、护侨资”的良好氛围，进一步激发广大侨胞参与成都经济建设和社会发展的热情，推动我市侨资企业新的更大发展。

（八）建立每年定期召开侨资侨属企业座谈会制度

建议市政府每年定期召开一至两次侨资侨属企业座谈会，了解侨资侨属企业的生产经营情况，听取企业的意见和建议，及时为企业解决生产经营中遇到的困难和问题。

（九）进一步强化服务意识，降低投资运营成本，促进侨资企业落地生根

引导侨资企业优化投资产业选择，提升侨资企业投资效率，做好员工培训和引进工作，帮助侨资企业解决用工问题。进一步改善投资环境，大力促进我市侨资企业的健康发展。

（十）建设“成都海归创新创业服务协会 / 中心”

整合各界新侨海归人士组织及平台成为协会 / 中心成员，汇聚海归创新创业相关的资源，并设立协会 / 中心的海外联络点，通过海外联络点宣传成都创新创业机遇及政策，在疫情带来的海外经济发展阻滞下积极引入仍在海外的新侨企业落地成都。重点扶持一批具有发展潜力的新侨企业、树立成都新侨企业创业标杆。

（十一）加强信息化建设

积极利用数字平台的搭建吸引海外侨资企业及新侨企业，建立相关的抖音、视频号等账号，创建“海外侨胞一分钟看懂成都投资机遇”等短视频类素材，更快速高效地进行资讯传播。

关于建立基层“侨胞之家”的调研报告

新津区侨联

在构建和谐社会的进程中，基层建设无疑是不可忽视的一个方面，而侨务工作是其中重要的一个抓手。如今，基层建设的步伐不断加快，在这种情况下，基层侨务工作也可以与基层建设紧密结合起来，加快推进“侨胞之家”的建设，就是一个行之有效的手段。

进入新世纪，侨务工作面对机遇与挑战，要紧紧把握大团结大联合主题，抓住人心力量是最大的政治这一关键。按照习近平总书记关于加强和改进统一战线工作的重要思想特别是关于侨务工作的重要论述，要坚持为侨服务，坚持改革创新，当好海外侨胞和归侨侨眷的贴心人，让广大侨胞和归侨侨眷共享我国发展的机遇和成果，不断增强获得感、幸福感、安全感。从目前来看，在构建和谐社会的进程中，社区建设无疑是不可忽视的方面，而侨务工作是其中重要的一个抓手。在这种情况下，基层侨务工作要积极与社区建设紧密结合起来，加快推进街道（镇、村）“侨胞之家”的建设。中共四川省委城乡基层治理委员会印发了《贯彻落实省委十一届六次全会〈决定〉2020 年重点工作台账》的通知，明确要求加强“侨胞之家”建设，并明确将市级全覆盖、县级覆盖率达到 30% 作为 2020 年完成的目标进行督办。

基层侨联“侨胞之家”创建工作是当前省、市侨联的一项主要工作。我区侨联按照省、市侨联的部署，积极开展“侨胞之家”的创建活动。目前，我区在花桥马王村设有“侨胞之家”，11 月还将在宝墩镇玉龙村成立“侨胞之家”，同时，也在积极贯彻“地方侨联 + 大学侨联 + 校友会”的重要举措，推进“联侨聚侨”工作。

面对新形势的变化，在基层建立一个归侨侨眷和海外侨胞交流沟通的平台——“侨胞之家”，并在此基础上进一步发挥好、利用好“侨胞之家”这一平台的作用，使“侨胞之家”成为凝聚侨心、汇聚侨智、发挥侨力的载体。从目前来看，“侨胞之家”有着非常大的现实需求，因此，新津侨联就此展开了深入的调研，力求为新时代“侨胞之家”高质量发展提供建设性意见。

进入新世纪以来，中国的侨情发生了巨大变化，早期回国的归侨大部分退休，成为社区管理和服务的对象．随着城市建设的发展和投资环境的优化，回国购房居住的侨胞和投资创业的华侨，华人及归国留学人员不断增加，需要社区等基层单位日常服务，省，市，区等侨联组织已不能适应新的形势和新的侨情．只有延伸建立社区侨联组织，大力开展社区侨联工作，才能使侨联组织最直接面对归侨侨眷和海外侨胞，了解侨界群众的思想，生活情况和侨界群众的冷暖和需求，才能把侨界的所思，所需，所急反映给党和政府，也才能真正组织，团结归侨侨眷和海外侨胞，把党的路线，方针，政策直接传达贯彻到侨界家家户户。社区是开展侨联工作的平台和基础，侨联工作也是社区建设的重要组成部分。开展社区侨联工作，不仅是加强党的基层统战工作的一项重要内容，而且是凝聚侨心，整合侨界资源，促进和谐社区建设的重要动力。

新津区侨联围绕全区中心工作，按照“组织起来，活跃起来”的工作要求，以“五有”，即“有组织、有队伍、有经费、有阵地、有活动”为标准，加强了侨联基层组织阵地建设。在基层党组织领导下共建基层党群服务阵地，把侨联的基层工作阵地吸收进来。做到有侨联的地方就有组织，有组织的地方就有活动，有活动的地方就有侨联的声音，有侨联的声音的地方就有侨联的贡献。把“以人为本，为侨服务”作为履行职能的宗旨，大力加强基层侨联阵地建设，创建“侨胞之家”，拓展侨联工作网络。

一、“侨胞之家”工作成效

“侨胞之家”是侨联最基层组织，处在侨联工作第一线和最前沿，可以起到团结起来、组织起来、凝聚起来的作用。

在学习贯彻中国侨联十代会精神中，新津侨联印发了《中国侨联十代会精神学习手册》，“侨胞之家”通过座谈会、报告会等多种形式，迅速在侨界群众形成了学习宣传十代会精神的热潮，充分展现了“侨胞之家”动员群众的组织力、团结侨界群众的凝聚力。

新津“侨胞之家”，利用社区网格化管理机制，发放“为侨服务卡”，注重了解掌握辖区内的归侨侨眷的生产、生活情况，做到侨情底数清、人员熟、情况明，归侨侨眷一卡在手，即可享受社区提供的就业培训、办理低保证、残疾证，申请危房改造，办社保、医保等多项贴心服务。在近期侨联开展的冬季“送温暖、献爱心”活动中、在《中华人民共和国归侨侨眷权益保护法》颁布实施30周年纪念活动中，积极开展走访慰问侨眷、侨属活动并开展侨法政策、涉侨知识宣传，让依法保障归侨侨眷合法权益的法治观念深入人心。在新津侨联微信群上开辟“侨胞之家”活动专栏，及时宣传各地好做法、好经验。真正做到了侨胞有事有人问、有人管，真心实意为广大归侨侨眷办实事、解难题，极大地提升了归侨侨眷的幸福感和对“侨胞之家”的认同感。

二、“侨胞之家”建设中存在的主要问题

2018年7月20日，新津首个“侨胞之家”挂牌仪式在新津花桥街道马王村村委会广场举行。这两年，通过调查，我们也发现了“侨胞之家”建设工作中还存在的一些问题，主要包括以下几个方面：

（一）部分街道（镇）党工委重视不够

要做好“侨胞之家”的工作，各个相关层面的重视无疑是关键。从座谈会和个别访谈了解情况来看，对于“侨胞之家”的建设，有些街道（镇）党工委的重视还不够，这些都在一定程度上影响了“侨胞之家”工作的推进。

（二）活动形式单一影响工作开展

从调查中我们了解到，当前街道（镇）归侨侨眷的活动形式比较单一，主要为联谊、茶叙、文体活动、走访等形式，对他们缺乏吸引力，这也影响到了后续工作的进一步开展，与此同时它也显示出了建设“侨胞之家”的现实迫切性。

（三）侨界人士作用发挥仍显不足

侨界人士是建设和谐社会的重要力量，如何进一步发挥他们的作用也是我们必须要研究的课题。其中特别是新侨人士和海外知名人士等侨界资源的力量，可以进一步发挥其优势，为推动我县区域经济和社会事业的发展服务。

三、推进“侨胞之家”建设的三点建议

（一）进一步加强领导

做好“侨胞之家”建设的工作，领导的重视无疑是首要的前提。街道（镇）党工委要重视侨务工作、重视统战工作，要发挥侨联在构建社会主义和谐社会中的积极作用，要稳定街道（镇）统战干部队伍。一是要坚持党的领导，运用好“党建带侨建”工作法宝，把“侨胞之家”建设纳入党群服务中心、社区服务中心建设，推动制约“侨胞之家”发展的“四缺”等问题的有效解决，扩大全区“侨胞之家”的覆盖面，增强其对侨界群众的吸引力凝聚力；二是要坚持多方借力，处理好“为我所有”和“为我所用”的关系，努力创新工作载体和工作方法；三是要坚持发动群众，调动好侨界群众参与“侨胞之家”建设的积极性，让侨胞、侨眷成为组织者、策划者、参与者、受益者，真正成为“侨胞之家”的主人；四是要坚持服务宗旨，培育好“侨胞之家”的“双向服务”功能，走出侨界“小圈子”，融入社会“大圈子”，找准工作着力点，组织引导侨界群众发挥侨智侨力，积极参与社会建设，以高水平的服务成效提升侨联组织的社会知名度和影响力。

（二）为活动提供必要的物质支持

要使“侨胞之家”活动能够得到有效的开展，必要的物质支持也是不可或缺的，在经费上区委统战部应保证区侨联活动正常运作。街道（镇）要保证“侨胞之家”开展正常活动之需要。街道（镇、村）“侨胞之家”工作要有活力、要有凝聚力，依靠的不是权利，而是积极通过开展各项有意义的活动来凝聚人心、凝聚侨心，从而达到侨界人士为社区构建社会主义和谐社会服务的目标。一切活动都需要一定工作经费给予保障，而这也是“侨胞之家”建设的基础。

（三）建立相对固定的活动场所

主动与其他群团组织合作，加强资源整合，尝试场地共用，鼓励联合联办、共建共享，把社会服务阵地的资源为我所用、为侨界群众所用，满足侨界群众创新创业、学习娱乐、文化生活等方面的现实需求；“侨胞之家”活动室可以固定向“侨胞之家”的成员开放，并由“侨胞之家”的联络员轮流值班，义务提供服务。并说明服务的内容以及接待的时间和联系电话，为归侨侨眷提供方便，进一步提高其对广大归侨侨眷的吸引力。

总之，我们认为“侨胞之家”的建设能否成功主要取决于这样三个方面：一是社会各个层面的重视和支持，活动场所和经费是“侨胞之家”建立的首要条件；二是“侨胞之家”的运转离不开侨务工作的热心人，他们是“侨胞之家”的核心，也是“侨胞之家”能正常运转的关键；三是“侨胞之家”的成功离不开服务功能的有效发挥，要真正体现“侨胞之家”的价值，就要充分发挥它的服务功能，丰富活动内容、细化服务项目、创设服务载体、拓展服务领域，让侨界人士真正感受到家的温暖。

附　录

政协浙江省委员会专门委员会贺信

丽水学院华侨学院：

欣闻丽水学院华侨学院成立十周年。谨向李其荣院长及贵院的全体教职员工表示热烈的祝贺和诚挚的慰问！

愿贵院继续努力，锐意进取，开创教学与科研两翼齐飞，教研与助力地方社会经济发展同步，在今后各项教学和科研的事业中再创新高，为丽水与与全国全省同步全面建成小康社会作出新的贡献！

浙江省政协港澳台侨和外事委员会

2020 年 12 月 12 日

贺 信

丽水学院华侨学院：

欣闻贵院喜迎建院十周年庆典，我院谨向贵院全体师生致以最热烈的祝贺以及最诚挚的祝福！

十年来，贵院坚持创特色、求卓越，以国际移民与海外华人丽水论坛为载体，在面向华侨华人研究的科学研究、人才培养、学科建设、信息发布、社会服务等方面成就显著，赢得了学界和社会的广泛赞誉。

值此承前启后，继往开来之际，祝愿贵院各项事业蓬勃发展，真诚期望我们的联系与合作更加密切！

衷心祝愿贵院建院十周年庆典圆满成功！祝愿贵院继往开来，与时俱进，蒸蒸日上，兴旺发达！

厦门大学国际关系学院（南洋研究院）

2020 年 12 月 7 日

贺 信

丽水学院华侨学院：

欣闻贵院喜迎建院十周年庆典，暨南大学国际关系学院/华侨华人研究院谨向贵院全体同仁表示热烈的祝贺和诚挚的问候！

十年来栉风沐雨，薪火绵延，华侨学院始终秉承“凝聚侨心侨力，汇集侨资侨智，研究侨策侨情，服务侨乡侨群”理念，教学科研水平不断提升，品牌特色建设不断深化。我们相信，以十周年为契机，贵院将砥砺奋进，锐意进取，为国际移民和海外华侨华人研究续创新辉煌！

最后，预祝丽水学院华侨学院建院十周年庆典暨第五届国际移民与海外华人丽水论坛取得圆满成功！

暨南大学国际关系学院/华人华侨研究院

2020年12月8日

贺 信

尊敬的李其荣院长：

欣悉丽水学院华侨学院成立十周年，我们向丽水学院华侨学院取得的佳绩表示祝贺。

十年来，丽水学院华侨学院开拓进取，先后设置了六个研究所，并取得了多项科研智库成果。办学历程得到了政府、社会和企业的高度认可。

我们相信，通过学院的齐心协力，扩大海外华人的影响力，发挥华侨华人的作用，更好地服务于海外华人社会，增强世界华人的凝聚力，推动以“侨”为特色的学科发展。

今后，我们愿与丽水学院华侨学院进一步加强联系与合作，共同携手为弘扬中华民族精神，为繁荣海外华人社会做出更大的贡献。

最后，祝丽水学院华侨学院蒸蒸日上，日益辉煌！

清华大学华商研究中心

2020 年 12 月 5 日

贺 信

尊敬的李其荣院长及诸位同仁：

十载春秋寒暑，丽水学院华侨学院在李其荣院长及诸位同仁的携手努力下，硕果累累。学院建成了结构合理、人员齐全的各分支研究机构。以服务国家、服务社会为宗旨，产生了大量富有理论价值和务实意义的学术成果。成功举办了多届国际移民与海外华人丽水论坛，在国内外学术界产生了极大的反响，提升了丽水学院在海内外学界的知名度，成就斐然。

值此十年华诞之际，衷心祝愿丽水学院华侨学院再展宏图，不断开创教学科研双丰收的新局面。也借此机会祝愿华侨学院全体同仁事业奋进、生活顺遂！

华中师范大学国际移民与海外华人研究中心
国务院侨办侨务理论研究武汉基地
2020 年 12 月 5 日

贺 信

尊敬的李其荣院长：

值此丽水学院华侨学院成立十周年华诞之际，谨向贵院致以最热烈的祝贺！

十载寒来暑往，十年春华秋实。丽水学院华侨学院在李其荣院长及诸位同仁的辛勤耕耘下，成就斐然。学院认真贯彻习近平总书记关于侨务工作的重要论述，建设结构合理的研究队伍，致力于学科建设和学术研究，积极服务于国家和地方经济与社会发展，完成了许多富有理论价值和现实意义的研究成果，成功举办了四届国际移民与海外华人丽水论坛，在国内外学术界产生了重要反响，提升了丽水学院在海内外学界的知名度。

值此庆祝十周年华诞之时，祝愿丽水学院华侨学院再接再厉，再展宏图，再创辉煌！

张秋生

国务院侨办侨务理研究江苏基地

江苏师范大学华侨华人研究中心

2020 年 12 月 6 日

贺 信

丽水学院华侨学院：

值此贵院成立十周年，谨向贵院致以热烈的祝贺和诚挚的祝福！

十年来，贵院在李其荣院长的有力领导下，各位同仁携手努力，致力于华侨华人理论研究和实践发展，突出结合世情、国情和侨情的发展变化，取得了累累硕果，逐步形成了特色鲜明的华侨学院。

衷心祝愿贵院百尺竿头，更进一步，为国际移民与海外华人研究领域的学术发展和进步贡献力量！预祝华侨学院成立十周年庆典暨第五届国际移民和海外华人丽水论坛圆满成功！

福建社会科学院华侨华人研究所

2020 年 12 月 8 日

贺 信

丽水学院华侨学院并李其荣院长：

值此丽水学院华侨学院成立十周年华诞之际，山东大学移民研究所向贵院致以热烈的祝贺！

丽水学院华侨学院十年的发展，硕果累累！丽水学院华侨学院已成为中国华侨华人学界、国际移民学界彰显中国华侨华人研究、国际移民研究成就的重要阵地！

衷心祝愿丽水学院华侨学院明天更辉煌！

山东大学移民研究所

2020 年 12 月 12 日

贺 信

尊敬的李其荣院长：

欣闻贵院十年华诞，谨向您和诸位同仁致以最热烈的祝贺！近年来，丽水学院华侨学院在您的带领下，励精图治，脱虚向实，稳扎稳打，成果丰硕，在师资配备、课题申报、平台交流和成果转化等方面突飞猛进，跻身于全国国际移民、华侨华人研究前列，受到社会各界的称赞！

恭祝贵院在新的征程中再接再厉，再创佳绩，为"一带一路"和中华民族伟大复兴作出更大贡献！预祝丽水学院华侨学院成立 10 周年和第五届国际移民暨海外华人丽水论坛圆满成功！

上海商学院国际移民研究所

2020 年 12 月 6 日

贺 信

丽水学院华侨学院：

金菊吐艳，硕果盈枝！值此贵院成立十周年华诞暨第五届“国际移民与海外华人丽水论坛”隆重召开之际，谨致诚挚谢意和热烈祝贺！

丽水是著名侨乡，海外侨胞历史悠久，人数众多，侨务资源丰厚。多年来，广大侨胞虽创业天下，但桑梓情深，为参与家乡经济社会发展、推动中外文明交流发挥了积极作用。华侨学院成立至今，始终以“联络华侨、研究华侨、服务华侨”为宗旨，以“凝聚侨心、汇集侨智、发挥侨力”为目标，密切联系广大华侨华人，充分利用华侨资源，广泛汇聚华侨力量，开展了许许多多华侨历史与文化、华侨经济与社会、华文教育等相关领域的研究和服务，成绩斐然，硕果累累！

希望本届“论坛”深入研讨后疫情时代华侨华人的生存与发展等问题，为畅通“以国内大循环为主体、国内国际双循环相互促进”的新发展格局积极建言，为华侨学院进一步发展出谋划策。

预祝贵院十周年庆典圆满成功！预祝本届“论坛”圆满成功！

丽水市人民政府侨务办公室

2020 年 12 月 8 日

贺 电

丽水学院华侨学院：

值此丽水学院华侨学院建院十周年之际，我们特发此电向贵院表示热烈的祝贺，并预祝第五届国际移民与海外华人丽水论坛成功举办！

十年来，华侨学院秉承“凝聚侨心侨力，汇集侨资侨智，研究侨策侨情，服务侨乡侨群”理念，实践“特色发展、错位竞争、融合创新”院训，逐步成为浙江省独树一帜、实力雄厚的华侨华人研究中心、华东地区特色鲜明的华侨华人人才培养培训基地、全国具有较高知名度和一定影响力的华侨华人创业创新服务平台。

希望贵院在李其荣院长的带领下，在全体教职工的齐心协力下，推动华侨与丽水文教事业双向融合发展，继续光荣业绩，再创辉煌未来！恭祝全体教职工身体健康，万事如意！

丽水市归国华侨联合会

2020 年 12 月 4 日

贺 信

丽水学院华侨学院：

值此贵院十周年华诞之际，谨向贵院致以热烈的祝贺！沧桑砥砺，春华秋实。十年来，贵院始终坚持以“联络华侨、研究华侨、服务华侨”为宗旨，以“凝聚侨心、汇集侨智、发挥侨力”为目标，开展华侨历史与文化、华侨经济与社会、华文教育等相关领域的研究和服务，通过学院领导及广大师生的不懈奋斗，在正确的办学理念和发展定位下，贵院逐步发展成一所特色鲜明的新兴学院，十年的办学历程得到了政府、社会的高度认可。

愿贵院以十周年庆典为契机，抓住改革发展的有利时机，奋发向上、锐意进取，在今后的各项事业中创造新的辉煌！

丽水市社会科学界联合会

2020 年 12 月 7 日

贺 电

丽水学院华侨学院：

值此丽水学院华侨学院建院十周年之际，我们特发此电向贵院表示热烈的祝贺，并预祝第五届国际移民和海外华人丽水论坛成功举办！

这次突发的公共卫生事件是新中国成立以来发生的传播速度最快，感染范围最广，防控难度最大的一次，目前全球疫情持续发展，华侨华人面临着前所未有的复杂形势，海外华侨华人的处境更为艰难。面对来势汹汹的疫情，国内与海外侨胞始终心手相连，守望互助，涓涓细流汇聚起了海内外中华儿女共战疫情的磅礴力量。

希望通过本次论坛的举办，深入推动华侨华人研究，进一步凝聚海内外中华儿女的智慧与力量，携手共克时艰，实现合作共赢。

祝本次论坛取得圆满成功！

青田县人民政府

2020 年 12 月 7 日

贺 信

尊敬的李其荣院长：

欣闻丽水学院华侨学院成立十周年，值此华诞之际，谨向贵校全体师生致以最热烈地祝贺和最诚挚的问候！

十载春秋风雨程，十年辉煌与时进。在十年的发展历程中，华侨学院自强不息，开拓创新，出版专著、建立了五个研究所，始终不渝地致力于发展华侨高等教育事业，为海内外培养了众多各类优秀人才，为祖国经济建设，社会发展，教育创新作出了卓越贡献，并成功举办了第四届国际移民与海外华人丽水论坛，在国内外产生了良好影响。

衷心祝愿贵校前程似锦，继续谱写新的篇章，传承昨日之精华，再铸明日之辉煌！

欧洲华商商学院

院长：黄卫平

执行院长：戴小璋

2020 年 12 月 5 日

贺 信

李其荣教授并转丽水学院华侨学院：

感谢您的邀请，因公务冲突，不能亲临贵学院成立十周年庆典暨第五届国际移民与海外华人丽水论坛。谨此祝贺华侨学院成立十周年，并预祝论坛在人类文明互鉴的探讨上取得丰硕的果实！

华中师范大学副校长 彭南生教授

2020 年 12 月 5 日

贺 信

尊敬的李其荣院长：

欣闻丽水学院华侨学院成立十周年。值此华诞之际，谨向贵院致以最热烈的祝贺！

春华秋实，弹指瞬间。短短的十年，华侨学院辛勤耕耘，建立了 5 个研究所，形成了较强的关于海外华侨华人文化与经济研究、国际移民理论和侨务理论与政策等方面的研究实力，并成功地举办了四届国际移民与海外华人丽水论坛，在国内外提高了知名度，硕果累累，成绩斐然。

愿贵院百尺竿头，更进一步，继续努力，锐意进取，开创教学与科研两翼齐飞的发展道路，在今后各项教学和科研的事业中再创新高！

周敏

美国洛杉矶加州大学（UCLA）教授亚太中心主任

2020 年 12 月 5 日于美国洛杉矶

贺 词

热烈祝贺丽水学院华侨学院十周年硕果累累，衷心祝愿华侨学院教学研究在未来更上层楼！

美国杜鲁门州立大学历史系教授令狐萍敬献

2020 年 12 月 6 日

贺　词

大家好！我是郭世宝，加拿大卡尔加里大学终身教授，曾担任加拿大民族研究会会长、第四届国务院侨办专家咨询委员，现担任《加拿大民族研究期刊》主编。首先，请允许我代表加拿大民族研究会和《加拿大民族研究期刊》向本次会议的召开表示最热烈的祝贺！同时，热烈祝贺丽水学院华侨学院成立十周年，祝贺华侨学院在过去十年取得的成就，并衷心祝愿在不远的将来再展宏图！

五年前我有幸作为特邀嘉宾参加了第一届国际移民与海外华人丽水论坛，我非常赞赏李其荣教授和他的团队，多年来不辞辛苦为研究国际移民与海外华人打造的这个平台，感谢他们多年来艰辛的付出！

本届论坛是在一个特定的历史背景下举办的，全球疫情依然十分严峻，海外华侨华人的处境仍然十分艰难，在这样的形势下研讨国际移民与海外华人具有重要的现实和历史意义，预祝论坛圆满成功，祝各位参会人员身体健康、万事如意！谢谢大家！

加拿大卡尔加里大学郭世宝

2020 年 12 月 12 日

贺 信

尊敬的李其荣教授：

值此丽水学院华侨学院成立十周年暨第，五届国际移民与海外华人丽水论坛召开之际。我谨以我个人名义，并代表墨尔本大学文学院华人华侨研究团队同仁，向您及您领导的华侨学院团队表示衷心祝贺。

贵华侨学院自 2010 年成立以来，紧跟时代步伐，不断发展壮大，已经成为国际移民及海外华人华侨研究领域具有影响力的学术机构。华侨学院十年来连续多次召开国际学术论坛及研讨会，为国际、国内学术界同行提供了一个重要的学术交流平台，同时也为促进国际移民与海外华人华侨研究发挥了积极作用，赢得了学术界同行的好评。

最后，再次祝贺贵华侨学院成立十周年、并预祝第五届国际移民与海外华人丽水论坛成功召开。

高佳

墨尔本大学 文学院亚洲研究所教授

墨尔本大学 文学院 助理院长（中国）

2020 年 12 月 7 日

华侨学院成立十周年暨第五届国际移民与海外华人丽水论坛祝词

尊敬的各位来宾：

大家好！

十分高兴受邀参加华侨学院成立十周年暨第五届国际移民与海外华人丽水论坛。

借此机会，我谨代表韩国国民大学中国人文社会研究所，向所有为丽水学院华侨学院的进步与发展做出贡献和努力的全体人员致以最诚挚的祝贺。10年以来，我们一起见证了华侨学院所取得的成就。在此，让我们共同庆祝、一同期盼未来华侨学院在海外华侨华人研究领域将红续取得更加非凡的领军成绩。并且我也衷心的希望未来会有更多的10年，我们大家继续卖不遗余力的致力于华侨华人的研究，让华侨华人领域的研究更上一个台阶，也为华侨华人研究留下一笔宝贵的财富。

同时，我也要向第五届国际移民与海外华人丽水论坛表达我最真挚的祝贺。我很荣幸地说：在过去的5年里，我们相互合作、携手并进，共同成功地举办了这一引领华侨华人研究领域的先锋论坛。虽然我们目前所处的国际大环不境有很多不稳定因素，学术领域也仍有许多亟待改善的地方，但是丽水论坛为我们提供了一个融会贯通、从容面对的平台。在此，我衷心地祝愿丽水论坛能够永葆生机与活力！我也真诚地希望大家在今后不断探求的道路上，能够继续为世界华侨华人研究的发展提供优秀典范、贡献自己的力量。

一年一度的国际移民与海外华人丽水论坛，为来自世界各国的优秀学者们提供了一个可以合作、共享和探讨华侨华人研究发展的最佳平台。与此同时，这对客座学者们如何在这一国际知名论坛上能够更好地、更有效地分享学术观点和意见也将是一次挑战。但是我坚信在这个机会与挑战并存的平台，在座的各位一定会从此次论坛中获益匪浅。同时我也十分感谢本次论坛为众多的学者们提供了可以沟通、交流和发展的宝贵机会。接下来我要由衷地感谢主办方为此次论坛的成功举办所做出的所有努力、付出的所有心，感谢你们让我们大家能够相聚在此，互相交流。我也要特别感谢所有致力于为海外华侨华人研究的创新与发展做出积极贡献的各位学者们。我衷心地祝愿本次论坛取得圆满成功!

最后，在这共同抗疫的艰难时期，祝愿大家身体健康，一切顺利。同时，期待下次与各位的再次相见，谢谢大家!

尹灵雨 政治学博士

韩国国民大学中国人文社会研究所所长

2020 年 12 月 6 日

贺　词

尊敬的李其荣院长：

热烈恭贺丽水学院华侨学院成立十周年！衷心祝贺“国际移民与海外华人丽水论坛”举办第五届！

这成功的里程碑，象征了丽水学院华侨学院的卓越成绩，也代表了李其荣院长的重要贡献，让丽水学院在华人研究领域当中树立亮丽的地标。

祝再接再厉，创出新高。

游俊豪
新加坡南洋理工大学华裔馆馆长
2020 年 12 月 5 日

贺 信

尊敬的李其荣院长：

欣悉华侨学院成立 10 周年暨第五届国际移民与海外华人丽水论坛庆典大会。我们感到十分高兴！值此 10 周年之际，请允许我们代表法国国家科研中心普瓦提埃大学国际移民研究所致以我们最衷心的祝愿！

2012 年我们曾访问丽水学院，受到热情的接待。弹指一挥间，丽水学院华侨学院经过多年的建设和发展，正逐渐成为一所多领域国际移民与海外华人研究协调发展的知名科研单位，为海外华人研究的学术发展和进步不断谱写新篇章。华侨学院多年以来科研成果层出不穷，先后成立 5 个研究所，更为海外华人研究不断增添新活力、新动力。

在此庆典之际，祝愿华侨学院在今后发展中取得更大的成绩，为国际移民与海外华人研究做出更大的贡献，同时也希望我们今后能加强中法两所科研单位之间的交流与合作，携手共同发展。

预祝贵院成立 10 周年纪念暨第五届国际移民与海外华人丽水论坛庆典圆满成功！

祝贵院拥有更灿烂的未来！

法国国家科研中心普瓦提埃大学（CNRS Universit é de Poitiers）

国际移民研究所 前所长、主任研究员、博导：

Emmanuel Ma Mung 教授

研究员：李志鹏博士

2020 年 12 月 6 日

法国 巴黎

贺　词

十年抖擞精神创华院
今后花果累累耀中华

马来亚大学
祝家丰博士

贺 信

尊敬的李其荣院长、教授：

值此华侨学院庆祝建院 10 周年的喜庆时刻，谨向您及贵院各位同仁表示热烈祝贺！

华侨学院建立 10 年来，在华侨华人学术研究、高端人才培养、开展国际交流、提供政策咨询等诸多领域成果卓著，在国内外学界甚具影响衷心期待华侨学院在今后的教学科研工作中取得更大成就！

杨保筠 博士、教授

北京大学国际关系学院

泰国法政大学比里·帕侬荣国际学院

2020 年 12 月 10 日于曼谷

贺　词

尊敬的李其荣院长：

值丽水学院华侨学院十周年华诞，谨向贵院致以最衷心的祝贺！

华侨学院在你的领导和各位同仁的努力下，研究成果丰硕，学术建设卓越，人才培养不凡，团队精神可嘉，在海外华侨华人研究的各个领域建树颇丰。国际移民与海外华人丽水论坛的成功举办，不仅有力地推进了学术交流，也使贵院在国内外知名度大幅提高。

愿贵院在学术研究和国际交流中取得更大成就。

北京大学教授

中国非洲史研究会会长、中国华侨史研究会副会长

李安山

贺 词

尊敬的李其荣院长：

欣悉“第五届国际移民与海外华人丽水论坛”即将在贵院召开，我谨代表中国社会科学院民族学与人类学研究所国际移民与海外华人研究中心，对本次会议的召开表示热烈的祝贺！贵院举办的以往四届论坛，都出版了研讨会的论文集，对国际移民与海外华人的研究起了推动作用。今年是比较特殊的一年，疫情全球蔓延，对国际社会产生深刻的影响，在这一背景下探讨国际移民与海外华人面临的问题和挑战，具有重要的学术意义和现实意义。预祝本届论坛取得圆满成功！

中国社会科学院民族学与人类学研究所研究员

曾少聪